电子商务

葛志远 李 倩 编著

北京工业大学出版社

图书在版编目（CIP）数据

电子商务／葛志远，李倩编著．—北京：北京工业大学出版社，2008.9
ISBN 978-7-5639-1971-0

Ⅰ．电…　Ⅱ．①葛…②李…　Ⅲ．电子商务—高等学校—教材　Ⅳ．F713.36

中国版本图书馆 CIP 数据核字（2008）第 115989 号

电 子 商 务

葛志远　李倩　编著

※

北京工业大学出版社出版发行

邮编：100022　电话：(010)67392308

各地新华书店总经销

徐水宏远印刷有限公司印刷

※

2008 年 9 月第 1 版　2008 年 9 月第 1 次印刷

787mm×1092mm　16 开本　19.25 印张　496 千字

ISBN 978-7-5639-1971-0/T·334

定价：35.00 元

前　言

21世纪是一个社会和商务都由数字来驱动的时代，我们无法清楚地描绘未来，但可以肯定的是，十年之后，电子商务会最终影响所有的商务活动，或者说所有的商务都将会是电子商务。简单地讲，电子商务就是利用先进的电子技术进行商务活动的总称，它的出现冲击着传统的商务模式，影响着传统的商业流程，形成崭新的运作模式，为传统的管理学、市场营销学等赋予新的内涵。

电子商务是一门跨学科的课程，综合了经济学、管理学、计算机技术、网络、数据库技术、信息安全等多方面的知识。本书共分为四大部分。第一部分包括电子商务概论、理解电子商务和电子商务对经济管理的影响，旨在让读者认识电子商务的基本概念及其相关内容和发展方向；第二部分从管理学和经济学的角度出发，阐述了在电子商务环境下，传统的供应链管理、营销方式和采购方式都发生了哪些变化；第三部分则重点介绍网络支付与结算、电子商务的安全技术等相关知识；第四部分讲述电子商务的基础技术。本书采用自顶向下和先商务应用后技术的体系结构，让读者更清晰地明白这些技术是如何支持电子商务的，使读者真正理解整个电子商务体系，掌握电子商务的理论和实践知识。

在编写过程中，充分参考并借鉴了国内外电子商务行业的一些新观点，在保证理论知识完整的同时，精选了相应的案例，并在每章最后配有习题、讨论题和实践题，以便在教学中加强学生的应用能力、分析能力和自主学习能力。本书是面向电子商务或相关专业的本科教学的，同样适合专业人员参考使用。

全书由北京工业大学葛志远博士统稿，第1～3、6～7章由葛志远著，中国人民大学信息学院李倩博士编著了第4～5章，夏艺扬编写了第8章的初稿，刘思伟编写了第9章的初稿，牟苗苗、刘佳媚、孙莉莉参与了第8～10章的编写工作，全书的校对工作由刘佳媚、孙莉莉完成。刘俊婉、邵勇两位老师参与了本书的实践部分的编写和讨论，并在本书的编写过程中提出了许多宝贵意见。

虽然书稿已经付印，但在编写过程中，越临近截稿，我们越感觉本书无论在理论知识方面还是在实践上都有待进一步提高。尤其是对于紧密联系实际的商务内容，需要不断学习和总结。编写组汗颜将此书推出，请专家和读者提出修正。您的任何建议或批评都是我们极为宝贵的财富。如果您能将意见和建议发往 gezhy@bjut.edu.cn，我们将不胜感激。

编　者

目　录

第 1 章　电子商务概论

本 章 要 点

1．了解电子商务的概念以及电子商务的不同类型。
2．掌握电子商务的框架及其组成要素。
3．熟悉电子商务的发展历史。
4．了解我国电子商务的发展情况。
5．理解本书论述的基本思路。

案例 1-1

“共享、重组、再造”的观念正在改变网络世界

保罗·拉德梅彻里去年想找一个住处，他登录到时下流行的 craigslist 在线分类广告网站上，仔细查找硅谷附近的租房信息。但结果令他非常失望，在地图上找不到房源分布的位置。他由此想出了一套解决方法，建了一个网站把 craigslist 的租房信息和 Google 的地图服务结合起来。美国房地产交易地图（HousingMaps.com）以一种可视图钉的形式来显示全国近 36 个地区的地图条目，点中一个，就会弹出窗口显示详细内容。自从 4 月份投入运行以来，这家免费网站已吸引了超过 50 万的特殊访问者。

他们所看到的是互联网未来的发展趋势。突然间，一大群编程志愿者开始大胆地把一些不相关的、甚至是竞争对手的网站数据和服务联结起来，重新组合。这样做的结果是，他们创建了一种被称为“共享、重组、再造”（Mash-ups）的新事物。

Google 的网络应用开发商阿伦·布德曼开发了一个名为 Greasemonkey 的程序，利用它可轻松实现网络资源的共享、重组和再造。他说：“网络设计的初衷就是要实现资源的共享、重组和再造。”

“Mash-ups”一词源于说唱乐，现在已成为当今网络世界的主旋律。芝加哥犯罪地图网站（Chicagocrime.org）把当地的犯罪情况与 Google 的地图搜索联系起来，这样你就可看到自己住地周围最新的治安情况。另一网站则把雅虎的实时交通数据和 Google 的地图搜索数据进行了同步处理。在亚马逊等网上书店购物时，Book Burro 使你能够点击其他书店同类商品的价格来进行比较。

网络也疯狂

资源共享、重组和再造对软件公司、网站乃至每个网民都意味着翻天覆地的变化。互联网不再只是一堆网页的集合，它正转变成一种全球化的操作系统，就像微软公司的 Windows 一样。巨兽全球公司（Monster Worldwide Inc.）的网络开发商阿伦·泰勒说：“网络西部大开荒的时代又回来了。”他创建了亚马逊网站的精简版 Amazon Light，融合了来自 Google、雅

虎和其他网站的服务。

这一切的结果是人们在网上能拥有更多的自主权。在实现此目标的过程中，所有的努力就是要在网络服务的架构上建立完善的应用，使我们期待已久的按需提供软件和服务变为可能。

同时，“共享、重组和再造”这种自下而上的做法严重威胁到那些为此项新服务提供了数据来源的公司。Mash-ups 一族常常不经请示就使用别人的数据，并在网上随意显示。一些网站的运营商为此而奋起反击也就不足为奇了。雅虎早先禁止了一家“共享、重组和再造”类网站将它的交通数据和 Google 的地图搜索相结合使用，直到这家网站办理了续租手续。亚马逊公司要求负责亚马逊精简版的泰勒改变链接方式，禁止与潜在竞争对手发生关联。亚马逊的网络服务研发人员杰弗里·巴尔说：“我们不得不谨慎从事。”

一些“共享、重组和再造”软件对使用者来说也存在着潜在危险。火狐狸（Firefox）浏览器的附加软件 Greasemonkey 允许快速安装软件“脚本”，使得网站可以在特定的计算机平台上运行。Book Burro 创始人杰西·安德鲁指出，Crooks 病毒可以编写恶意的脚本代码，通过记录按键输入的方式来盗取用户的个人金融信息。但他认为通过修改软件和对脚本代码进行检查，可以把风险减小到最低。

不管怎么样，所有这些丝毫不能减缓“共享、重组和再造”的发展势头。例如，亚马逊和其他网站巨头现在也开始公开支持这一行动，并为开发人员提供更便捷的获取数据和服务的方式。而且，它们也开始编制自己的网络服务，从而可以使更多的类似地图屏幕显示这样的计算任务能够在用户的个人计算机上实现，而不是将其放到遥不可及的服务器上运行。Google 地图（Google Maps）产品经理布雷特·泰勒指出，除了加快开发进程外，这种转变还可以让外来的用户更方便地添加自己的应用组合。

创造力

网站的吸引力何在？“共享、重组和再造”提供了一条捷径，可有效利用大众的创造力和劳动成果。这些人编写各种网络服务程序，然后通过博客网站发布相关信息，进而定制成各种软件。

到目前为止，“共享、重组和再造”的商业模式也仅局限于运行几个 Google 的广告，靠把消费者导航到电子商务网站来收取费用。一个原因是大多数网站禁止外来用户利用它们的数据来赚钱。但是随着“共享、重组和再造”网站点击率的增加，上述主流网站的广告交易量可能会减少。例如，基于地图搜索的“共享、重组和再造”可能最终会吸引各地的商家都在该网站上做广告。

网站也可以创建自己的“共享、重组和再造”服务。亚马逊的 A9.com 搜索引擎就是一个典型的“共享、重组和再造”类服务网站，每个用户都可以定制自己的服务，人们可在这个网站里查询任一特定网站的信息，例如《纽约时报》或美国宇航局。如果 A9 可以成为一个“共享、重组和再造”的中间人，让每个人都可对其网站进行重组，这样它就能领先竞争对手一大步。这个创意对其他公司也有足够的吸引力。

2005 年以后，由网民提供内容的博客网站开始蓬勃发展，在这样的空间里，大家分享观点、思想或者同一主题的内容，造就了 MySpace、YouTube 这样的网站的崛起。2006 年年终，美国《时代周刊》把年度人物颁给了所有的因特网用户，因为正是所有的因特网用户一起参与，作为内容制作者和消费者，才使因特网展现出前所未有的力量。

改编自：《商业周刊》中文版，2005 年 9 月。

1.1 引　言

20 世纪末，对人类社会发展进程最有影响的事件莫过于因特网（Internet）的出现。从 1989 年开始，因特网在世界范围内普及并以极快的速度覆盖了全球各国。1993 年，人们今天所熟知的电子商务并不存在。然而，1995 年电子商务直接在因特网上进行交易的金额在 2.5 亿～5.43 亿美元，并在随后的 5～6 年里迅速地发展、变化，但这仅仅是一个开始。

进入 21 世纪以来，人们感受到生活发生了重大的变化——向因特网社会的转变。这种变化涉及的范围非常广，从家庭、学校、企业到政府，甚至休闲活动。一些变化已经发生了，并正在向全球范围传播，而有些变化则刚刚开始。最重要的一项变化就是人们开展业务的方式，尤其是在市场和商务活动的管理方面。可以说，21 世纪是一个社会和商务都由数字来驱动的时代，我们无法清楚地描绘未来，但有一点可以肯定的是，未来十年之后，电子商务很可能会最终影响所有的商务活动，或者说所有的商务都将会是电子商务。

“管理从来都不缺时髦”。这些年来，博客、播客、Web 2.0 等新词层出不穷，正如一句曾经时髦的话：“E-everything（任何事情都是数字的）”，对于今天的企业管理者来说，要面临的就是：新名词层出不穷，网络上每天都在推销新的东西。由于信息爆炸，人们很容易被新的名词弄得眼花缭乱而不知所措，诸如 E-Commerce，E-Business，E-CRM，E-Logistics，E-Procurement，E-Marketing，Real-time Enterprise，这些名词人们可能有些不了解，也可能很熟悉。有人说，信息时代的速度是光速，其反映了这种新生事物更新的频率。事实上，如果人们理解了其背后的机理，就不会对新事物产生畏惧心理，本书就是本着这样的目的，阐述电子商务的基本内容。

1.1.1　什么是电子商务

究竟什么是电子商务呢？

（1）对于很多人来说，电子商务就是在互联网上购物，比如一个希望通过网络来搜寻并购买最新式笔记本计算机的消费者来说，电子商务是收集产品信息并在线购买产品的一种手段。

（2）对于一个基于因特网且刚刚起步的，准备为消费者提供例如旅游、金融等类型服务的公司的所有者来说，电子商务是指公司用来吸引客户并寻求为他们提供具有竞争力的价格和低成本服务的一种机制。

（3）对于公司来说，使用因特网来提供客户服务、与公司业务合作伙伴共同开发商业计划或者是在公司内部的各单位之间处理事务等大都被认为是“电子商务”。例如，一个管理家具商店的人可能也会想要一种电子系统来联结公司范围内的所有特许商店，从而实现库存商品的管理和分配。

（4）对于那些仅仅在因特网上查找某些商品的各种信息，而第二天还是到零售店中去购买此商品的人来说，他们或许也会认为自己进行了电子商务。

电子商务自产生起，就没有统一的定义，不同的研究者和组织从各自的角度提出了对电子商务的认识，并且随着时代的发展，这个概念也在不断发展。

最初电子商务“E-Commerce”是世界500强的惠普公司为了销售自己的产品而创造出来的商业概念，经过学界和新闻界的共同“加工”，在当时形成一个仅局限于交易过程的概念。惠普对电子商务的定义是：通过电子化手段来完成商业贸易活动的一种方式，电子商务使我们能够以电子交易为手段完成物品和服务等的交换，是商家和客户之间的联系纽带。

国际商会于1997年在巴黎世界电子商务会议上对电子商务的定义是：电子商务是指实现整个贸易活动的电子化。交易各方以电子交易方式而不是通过当面或直接面谈的方式进行的任何形式的商业交易。电子商务是一种多技术的集合体，包括交换数据（如电子数据交换EDI、电子邮件）、获得数据（如共享数据、电子公告牌BBS）以及自动捕获数据（如条形码）等。

后来，在另外一个世界500强IBM公司的商业包装下，又推出了一个新的“E-Business”的概念，试图把电子商务的概念推向整个商业活动中去。IBM将电子商务分成狭义的和广义的。狭义的电子商务是指电子交易，主要是指利用Web提供的通信手段在网上进行的交易。广义的电子商务指包括电子交易在内的，利用Internet进行的全面商业活动，如市场调查分析、财务核算、生产计划安排、客户联系、物资调配等，所有这些活动涉及企业的内外。它所强调的是在网络计算环境下的商务化应用，是把买方、卖方、厂商及合作伙伴在Internet、Intranet、Extranet中结合起来应用。

2002年IBM又创造了一个新概念叫“随需而变”，虽然这个概念更多的是从技术的角度出发的，但它也揭示了企业电子商务应用中的管理问题。“随需而变”的首要问题就是要界定和明确用户的需求是什么，而这往往是比技术实施困难得多、也重要得多的事情。

从“E-Commerce”到“E-Business”再到“随需而变”，说明了电子商务的内涵和外延都是在不断深化和扩展的。

1.1.2 E-Commerce与E-Business

Electronic Commerce（E-Commerce，EC）和Electronic Business（E-Business，EB）很多情况下被翻译成电子商务，其中Commerce一词被定义为在商业伙伴之间开展的交易活动，而Business是一个更宽泛的概念，除了买、卖商品和服务外，还包括客户服务、与商业伙伴之间的协作，以及在机构内部进行的各种活动等，有时候Business也被翻译成“业务”。有时中文里谈到电子商务是指EC还是EB很难分清楚。而且，随着信息技术的发展，EC与企业内部的系统之间的关系也越来越紧密。

E-Commerce，是指通过以计算机为媒体的电子网络（如因特网），作为媒介而进行的商品和服务的所有权和使用权的转移。在某些情况下，人们在其中所使用的电子连接设备是计算机，而另外一些情况下，这些设备可能只是一些计算机组件或者其他类型的终端设备，如网络电视、个人数字助理等。大部分学者都把它称为狭义上的电子商务。

一些学者认为，E-Business指商业公司、非营利性组织或政府管理部门等各种组织通过计算机网络来实施的任何内部的决策制定或部署实施。但大部分学者都赞同E-Business是广义上的电子商务，即应用计算机与网络技术，利用电子手段来实现包括电子交易在内的商业交换和组织管理活动的全过程。其中组织内部管理包括了对其产品进行生产安排、市场营销和管理方面的决策制定和实施而对计算机网络的使用。许多组织都建立了自己的企业内部计算机网络，用于内部信息交流。例如，一家公司通过其企业内部网络可以在各个部门如市场营销部、人力资源部或产品部之间实现无纸办公。许多非商业性组织，如社会和宗教团体、政府管理机构等都开始使用因特网或内部网来为其支持者提供服务。

一方面，E-Business 不仅包括通过网络电子邮件、视频交换、文件交换以及 EDI 所进行的电子交易，还包括政府职能部门所提供的电子化服务、网络银行以及跨企业共同运作等，覆盖了与商务活动有关的所有方面。另一方面，E-Business 既包括了企业内部商务活动（生产、管理、财务等），也包括了企业间以及企业与客户之间的商务活动。从更广泛的意义上来说，凡是在电子信息化条件与环境中从事的商务活动都可以称为 E-Business，现实中的很多企业即使没有购买电子商务方案，也都或多或少地在实际从事着简单的电子商务活动（传真、电话、信用卡等）。

因此，提到 E-Commerce，立刻想到的是通过因特网进行买或者卖的活动，如我们从当当网买书。但实际上 E-Commerce 涉及组织与客户之间除了金钱交易之外的许多东西，所以 E-Commerce 的概念又被人拓展成交易过程中所有相关的网络活动。这个概念使 E-Commerce 与 E-Business 相近，类似客户信息请求之类的活动也被算作 E-Commerce。

下面的公式可以说明 E-Business 与 E-Commerce 之间的关系：

$$EB=EC+BI+CRM+SCM+ERP \tag{1-1}$$

其中，BI 指商务智能（Business Intelligence），CRM 指客户关系管理（Customer Relationship Management），SCM 指供应链管理（Supply Chain Management），ERP 指企业资源计划（Enterprise Resources Planning），它们都属于企业内部管理的工具，其详细的内容在后面的章节中将进一步讲述。

通常来说，商务（Commerce）被定义为包含贸易、交易，因此 EC 被看做交易的电子媒体。而商业（Business），定义为企业的商业活动，因此 EB 就被定义为一个组织运作中的流程或相关领域，如营销销售人力资源管理等的集成。基于这样的定义，我们可以用图 1-1 所示的关系图来理解 EB 与 EC，这样的关系图也正与公式（1-1）一致。

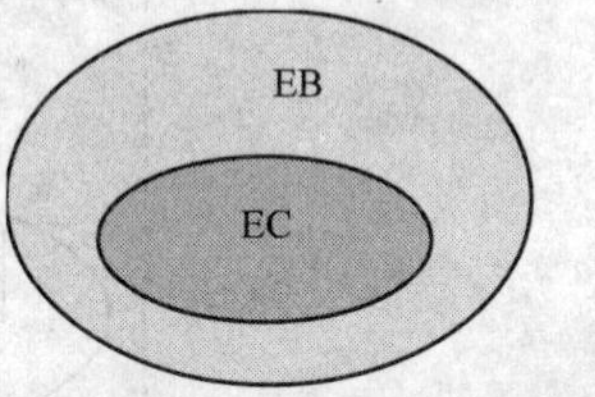

图 1-1　EC 与 EB 的关系

图 1-2 进一步体现了电子商务中的参与者之间的联系。在电子商务系统中，供应商、客户、中介以及组织内部单元，相互联系在一起形成密不可分的交易与关联网络。

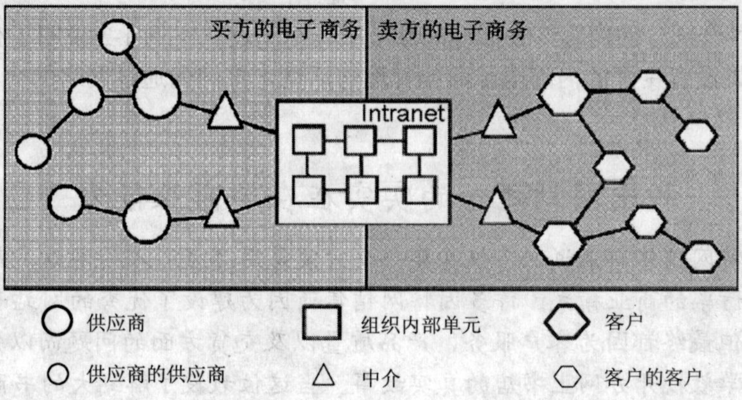

图 1-2　电子商务中的参与者

1.1.3 电子商务的概念

（1）从通信的观点看，电子商务是借助计算机网络或其他电子媒介进行信息、产品或服务传递以及支付的过程。

（2）从业务流程的观点看，电子商务是将技术应用于企业交易过程和工作流程以实现自动化的过程。

（3）从服务的观点看，电子商务是传达公司、消费者和管理层的需求，从而降低服务费用，提高产品质量和服务速度的工具。

（4）从在线的观点看，电子商务提供了通过因特网购买和销售产品以及传递信息的能力，并提供其他在线服务的可能。

（5）从合作的观点看，电子商务是在组织间和组织内部进行合作的框架。

（6）从社区的观点看，电子商务为社区成员提供了一个学习、交易和合作的集会场所。

上述内容从不同的角度定义了电子商务，这种定义是比较全面的。本书使用电子商务的广义含义，即指 E-Business。所以本书的内容不但包括组织以及个人间的以数字化方式进行的商务交易，也包括发生在企业内部的数字化事务和流程。Electronic Commerce 的含义太狭窄了，它仅仅指商业伙伴之间开展的交易活动，而通常情况下，所有在网上进行的交易活动都离不开企业内部的信息系统，即内部的各项电子商务系统是与外部交易活动紧密结合的，如图 1-3 所示。

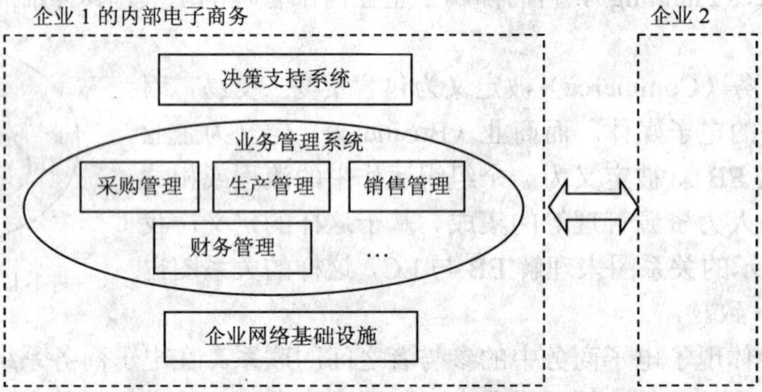

图 1-3 企业内部的商务活动与外部商务活动

图 1-3 中的各个部分的内容将在后续的章节中详细阐述。案例 1-2 说明了企业内部商务活动的复杂性，如果没有良好的内部电子商务管理与活动，单纯的通过网络的交易就难以为继。

案例 1-2

超出网站之外的实实在在的商业行为

对于一个因特网销售商来说，不仅需要一个方便易用且吸引人的网站，而且还需要一种能够赢得最大回访率的商业模式。许多因特网销售商因为建设了优秀的网站而获得了市场分析家们的赞誉，但最终都因为客户服务、产品质量以及交货方面的问题而以失败告终。

这是一个大学教授开办网上书店的真实故事。当这位教授了解到大的书商可以通过在小批量的图书交易中获得批发价从而减少销售成本的消息后，就在外部投资人的资助下，开办了属于自己的国际因特网书店。他的家人也开始帮助进货、包装和发货，订单也不断地增加。看起来，这家书店的前景一片光明。很快，媒体就把它作为一个家庭如何轻松快速地开办网上企业的典型来大肆宣传。受到宣传的影响，订单像雪片一样地飞来。但是突然之间，教授发现，要想及时准确地完成这些订单简直是不可能的。很快，教授的家就被各种各样的书籍堆满了，而他们也已不可能再接受新的订单了。由此可见，家庭式企业的能力是不足以应对大型公司运作的要求的。最后，这位教授和他的家人以及外部投资人不得不停止了业务，以便减少他们的损失。

即使是像亚马逊这样的大型国际因特网书商也曾在1999年遇到过类似的情况。1999年的圣诞节，亚马逊已经开展了玩具的在线销售业务。成功的营销策略使得玩具的销售业务非常成功。但他们发现，雪片般飞来的订单使得他们疲于应付。有好几天，甚至连公司的高级管理人员也都到仓库帮助工人卸货。更糟糕的是，由于网站所列出的玩具产品的库存告罄，他们不得不取消了大批订单。因此，使得大批的购物者不得不返回到人潮拥挤的现实商场中去购买他们的圣诞礼物。

1.2　理解电子商务

1.2.1　电子商务与因特网

1．因特网、互联网与万维网

互联网（internet）是指由许多不同类型的可以相互进行通信的网络互连而成的网络。

因特网（Internet）是指全球最大的互联网，其英文名称的第一个字母大写，表示特指。

万维网（World Wide Web，WWW）是特指由所有用HTML语言构成的文档的总和。

互联网、因特网在概念上是指通信网络。与互联网和因特网不同，万维网注重的是因特网上提供的各种各样的内容。但是随着时代的发展，这些概念的内涵也逐渐在发生改变，例如因特网在很多人看来，不仅仅指的是一项网络技术，而且包括网络上的各种各样的应用，诸如提供信息、社交的新场所、获得各种资源的地方等，这些内涵在一定程度上也包含了万维网的内容。

2．电子商务与因特网

许多人认为电子商务就是建立Web站点或公司门户网站，但实际上电子商务不局限于此。电子商务的应用丰富多样，包括在线购物、买卖股票、求职、拍卖、在研发活动中进行电子化协作，以及开展全球交易等。

在技术上，电子商务也不止是一个因特网或者万维网。第一，在互联网出现之前，就已经有了许多运用于供应链管理、客户关系管理和电子数据交换等电子商务技术。第二，有一些非万维网的因特网服务如电子邮件和新闻组为商务提供多种途径。第三，因特网不仅是一个万维网。既有人们逐渐了解并通过个人计算机进入的万维网，也有为下列设备专门设计的网络子系统，如网络电视、个人数字助理、移动电话和文本浏览器。每一种设备都具备不同的外形特征。第四，许多非网络的电子数据搜集设备，如条形码扫描器。第五，还有通过电缆调制解调器和数字用户线路（DSL）连接也能为用户提供宽带内容的万维网等。

1.2.2 电子商务的误区

1. 电子商务不是单纯的技术问题

从技术上讲，IBM 等大公司确实领导和不断丰富着电子商务概念的进化，学术界和新闻界在推动人们深刻理解电子商务概念方面也起着功不可没的作用。从电子商务本身的含义来说，它是一个在概念创造之前就已经存在的现实事物。电子商务不是仅从技术的角度就可以理解的，它涉及市场营销学、消费者行为学、经济学、管理学、商业法律等许多学科。从社会技术学的观点看，电子商务不是单纯的技术问题，而是由管理、组织和技术三位一体所构成的问题，解决这个问题的关键是管理不是技术。

2. 电子商务不是单纯的商务电子化

电子商务不是单纯的商务电子化，它是一种新的商务模式。电子商务的中心词是商务而不是电子，电子商务和商务电子化是两个不同的概念。前者研究的是如何在电子信息时代做好商务的问题，是商务性问题；后者则是研究如何对商务活动进行电子信息化的技术改造，是技术问题。信息技术不仅仅是简单的商务工具，它带来的是管理方面的革新。

在电子商务发展的最初阶段，商务电子化是典型的模式，然而，透视电子商务的飞速发展，全球电子商务浪潮为社会带来电子和商务两个基本层面的变化。电子是商务手段在“用”上的变革，商务是商务内涵对“体”的严谨。从信息革命的角度来看，正是个人计算机和互联网等信息技术应用在全球范围内的迅速普及，才带动了电子商务的兴起，并一直推动着这一浪潮的前进。可以说，信息技术是电子商务实现商务手段在“用”的层面上变革的基础。

3. 网络是改进业务程序的工具，而不是一项业务

对于提供互联网服务的企业来说，提供什么样的网络服务可能是它的一项业务，但是，对于绝大部分非网络企业来说，互联网和信息技术只是用来改造企业业务、商业活动的一种工具，是改进生产效率、工作效率的工具，而不是一项业务。

1.2.3 电子商务的维度

根据所销售的产品（服务）、销售过程和代理人（参与人）的数字化程度的不同，电子商务可以有多种形式。图 1-4 解释了这三个维度上的可能组合。产品可以是实体的或数字化的，代理人可以是实体的或数字化的，销售过程也可以是实体的或数字化的。这样便产生了 8 个立方体，每个立方体有 3 个维度。传统商务的所有维度都是实体的，完全电子商务的所有维度都是数字化的，除此以外的包括了数字和实体的混合。如果至少有一个维度是数字化的，我们就可以把它看成电子商务（不一定是完全电子商务）。例如，从亚马孙书店购买一本书就不是完全电子商务，因为这本书是实体的，而且在销售过程中需要物流企业配送。

上述三个维度中的代理人有数字代理人与实体代理人，即指企业或者公司是实体的还是虚拟的。完全实体化的组织（公司）被称为砖块加水泥组织（Brick-and-Mortar Organization），而完全电子商务组织被称为虚拟组织（Virtual Corporation）。例如，传统的百货商店就是一个完全实体化的组织，它的销售方式、代理人、销售的商品都是实体的，而网上商店则是虚拟的组织，还有一些组织既有虚拟形式又有实体部分，比如北京图书大厦也在网上开有书店，沃尔玛同样有一个网络超市。

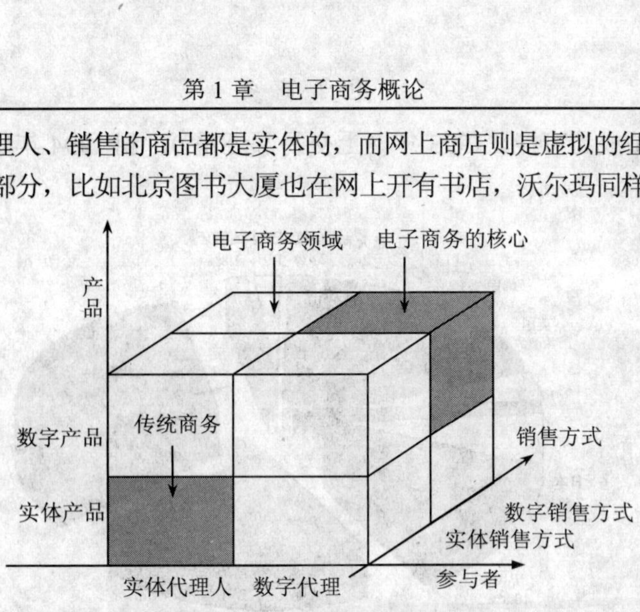

图 1-4　电子商务的维度

表 1-1 中列出了两个纯粹电子商务（即参与人、销售方式、产品/业务均为数字的）例子：苹果公司的 iTunes 音乐商店和 Skype 公司的 VoIP 业务。类似的如电子书、网上购买软件等，都是纯粹的电子商务。

表 1-1　电子商务的参与者、销售方式和产品举例

举　例	产　品	销 售 方 式	参 与 人
亚马逊 www.amazon.com	书、化妆品、DVD、珠宝、电器等，为实体产品	网上销售，为数字方式	数字代理人，是一个存在于因特网上的商店，没有具体的门店
苹果 www.apple.com	iPod MP3，实体产品	iPod 系列产品通过传统渠道销售	实体参与人
	音乐，虚拟产品	数字音乐通过网上商店进行，为数字方式	网上音乐商店，为数字代理人
Skype www.skype.com	通话服务（IP 电话业务），为虚拟产品（服务）	网上销售，为数字方式	数字代理人

1.3　电子商务的产生与发展

1.3.1　惊人的发展速度

电子商务从 1994 年到现在的十多年时间里，发展速度可谓惊人。图 1-5 列出了全球电子商务的规模，从电子商务诞生至今，一直保持着高速的增长。我国的电子商务市场同样在高速增长。中国电子商务协会理事长宋玲表示，中国电子商务这几年的发展速度在 40%左右，未来几年可能会超过 50%。

1.3.2　电子商务发展的阶段

对于电子商务发展的阶段划分，有很多种，但从因特网发展的历史来看，有两个里程碑式的事件。

（1）浏览器的诞生。1994 年美国的网景公司成立，并推出浏览器 Navigator，它使得普通人查看 HTML 网站成为可能。1993 年网上交易额还是 0，到 1994 年底，电子商务交易额就达到了 70 万美元。

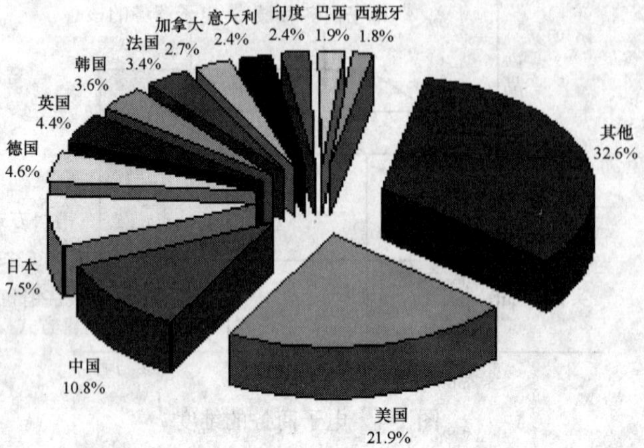

资料来源：comScore, Inc.，2006。

图 1-5　2006 年全球网民分布

（2）互联网神话的破灭。美国新经济在 20 世纪 90 年代经历了长达 8 年的神话般的增长，纳斯达克指数也持续攀升。这个空前的网络泡沫在 2001 年 3 月 21 日纳斯达克指数崩盘时破裂，网络投资开始变得理性。

以这两个事件作为电子商务发展的里程碑式坐标，电子商务的产生与发展可以分为三个阶段。

电子商务的概念还没有被提出的时候，电子商务就已经存在了，我们可以把这看成是电子商务的萌芽阶段，也是第一个阶段；第二个阶段是从 1995 年至 2000 年，这一段时间的历史也被称为第一代电子商务，是基于因特网的电子商务的飞速发展时期，结束于世界性的互联网泡沫破裂的 2001 年；第三个阶段从 2001 年至今，是电子商务理性发展的时期，但其发展速度依然很快，这个阶段被称为第二代电子商务。事实上，电子商务在其产生与发展的各个阶段都受到计算机、信息技术发展的影响，有着很深的技术驱动痕迹。

1.3.3　电子商务的萌芽

电子商务活动开始于 20 世纪 70 年代早期，当时出现了电子资金传输（Electronic Fund Transfer，EFT）。但是，此类活动仅限于大公司、金融机构，以及一些小企业。随后出现了电子数据传输（Electronic Data Interchange，EDI），这是企业通过专有网络进行商务文件交换的标准，以数字化的方式来处理商务交易。EDI 从初期的金融交易延伸到其他交易领域，参与公司也从金融机构扩展到制造商、零售商、服务商等。从证券交易到旅行预约系统，许多其他应用也纷纷涌现。这类应用被称为跨组织信息系统应用，其战略价值被广泛认同。

对于大型企业来说，EDI 从企业应用系统到企业应用系统，没有人为干预，采用标准格式的交易方式对企业降低库存、减少错误、实现高效率管理是十分有效的。传统的基于专用增值网络 VAN（Value Added Network）的 EDI 技术使大型企业的业务发展取得了很大的成功，但中小企业使用该技术却有一定困难，因为这类用户需要一个价格较低、易操作、易介入的支持人机交互的 EDI 平台，而这些是传统的 EDI 系统所无法实现的。

在 B2C 电子商务方面也有一些先驱，例如 1981 年法国有一个大规模使用数字化交易的系统 Minitel，这个系统是一个将电话和 8 英寸显示器结合在一起的视频文本系统。基于这套系统，可以提供超过 2.5 万种服务，包括订票代理、旅行服务、零售商品以及在线银行。到 20 世纪 80 年代中期，法国使用了 300 多万套 Minitel 系统。

但是这些电子商务的先驱系统都不具备 Internet 的强大功能。Internet 的出现使得传统的电子商务从专用网络、电话网络扩大到了 Internet，为电子商务发展提供了强有力的工具和广阔的空间。

1.3.4　第一代电子商务

全球信息资源共享、方便的通信服务、低廉的成本，使 Internet 的用户数在其诞生之后以指数方式增长。这对于企业家或商人而言，丰富的资源和众多的用户本身就构成了极大的商业召唤，它们意味着商机无限。

最初引人注目的商务应用是面向个人的网络销售和门户网站，这也是由当时因特网特征所决定。网络技术自 20 世纪 50 年代诞生以来，在因特网普及以前，都只是在狭小的范围中起通信的作用，所以电子商务的初期，能提供给大众的网上内容贫乏，网上销售和门户网站就成了电子商务的热点。亚马逊（Amazon）、雅虎（Yahoo）、电子港湾（eBay）成为新经济的代表。同时，自 1995 年起涌现了大量创新型应用，从交互式广告到虚拟现实体验。现在，世界上几乎所有的大中型机构都拥有自己的网站，而且美国的大部分大型公司都建立了综合性的门户站点。许多网站包含上万个页面和链接。从 1999 年开始，电子商务的重心从 B2C 转向了 B2B。到了 90 年代末，随着大量失败案例的出现，整合又成为大势所趋。

在此期间，信息技术继续高速发展，鼠标、光驱在 90 年代早期变成计算机的标准配置而不是可选件；随后的多媒体技术进一步推动计算机在家庭中的普及；微软的 Windows 95 操作系统的推出，使得计算机使用者无须掌握计算机命令，从而变得简单易用。同时，商务应用软件技术也飞速发展，商务应用软件公司不断推出新的版本，以适应新的商务要求。这些都从技术的角度驱动了电子商务的发展。

所以，对电子商务的不同的参与者来说，第一代电子商务也有所不同。

（1）对计算机科学家和信息技术人员来说，早期的电子商务的成功是之前 40 多年信息技术发展的结果，是计算机、网络技术的拓展。个人、图书馆、政府、研究机构等把知识编辑成 HTML 格式的文档，并且存放在分布全球的计算机里。网络不是被某一个人或者某个国家所控制，是一个自由的领地。他们相信基于因特网和电子商务将会保留原来的特征：自我管理的环境。

（2）第一代电子商务时期，经济学家认为，因特网将孵化出完全信息的数字市场，一个理想的完美市场，价格、成本、信息质量对顾客来说是透明的，这个市场是一个接近无限的供应商竞争，顾客可以进入到所有相关的全球市场信息网络。同样，在这个市场里商家可以很平等地获得数千万的用户。

在这个接近完全信息的市场，顾客通过搜索可以很容易得到产品价格、产品描述等信息，而且很方便地实现订货与支付，因此，搜索成本和交易成本直线下降。同时，网上购物软件还能自动搜索整个网络以寻找最佳的价格和送货时间。对商家来说，搜索客户的成本也同样下降，从而可以减少广告成本。产品的广告可以针对个人进行定制，实现一对一营销。

由于价格和成本对于顾客来说是透明的，顾客可以通过网络准确并迅速知道大部分产品的最低的价格、最好质量和可获得性。过去的商家与顾客信息不对称程度将大大减少。这样，假定在即时的因特网交流背景下和低菜单成本下，制造商可以动态地根据实际需求定价，过去的价格体系将结束。同样，在传统市场中介于制造商和客户之间的分销商、批发商和其他中介等，将会消失。制造商可以发展出与客户的直接市场。激烈竞争的结果就是：中介的灭绝，低交易成本使得品牌消失，以及基于品牌、地理和特殊门槛的垄断利润消失，企业原来的不公平的竞争优势将消失。产品价格和服务将下降到价格包含产品成本加上公平的返还给资本的市场利率，以及加上整体的一小部分付给企业家努力的报酬。所有这些都被称为无摩擦的商务。

（3）对现实的企业家来说，他们的资本支持者、营销专业人员离无摩擦商务的概念还很远。对这些企业的参与者来说，电子商务代表获得超出平常投资回报的额外的商业机会，远远高于正常的资本借贷成本。电子商务市场意味着低成本获得全球数百万的消费者，用因特网和营销技术（如电子邮件和网页）这些有力工具。这些新技术允许营销人员在实践中根据不同的需求和价格敏感度细分市场，确定目标市场，为每个群体定位产品和价格，只不过比以前的实践更为准确而已。在这个新市场，额外的利润是给予第一个行动者。第一个行动者能很快建立起庞大的客户群体，建立品牌认知度，建立完全的新的分销渠道，然后通过建立高的转换成本阻止竞争者（后进入者）。

因此，第一代电子商务的推动力是新技术可能带来的获利前景。这一阶段全球的风险资本都投向网络企业，其中纳斯达克指数突破 5 000 点大关，形成了 20 世纪最激动人心的“淘金热”——网络公司上市热。

第一代电子商务像一股金色激流。新的创业公司和运营良好的工商企业开创了网上经营并进行了大量的尝试。许多公司很快拥有高销售额，占据了最大的市场份额。但是这些公司中只有少数公司赢利，比如 Amazon 自 1996 年创立之后，连续 5 年巨额亏损，一直到 2001 年第四季度才开始赢利，但这并不影响人们对这些公司的追捧。2000 年初，有文章列举了 12 个月来销售额增长幅度在 100%～500%之间却仍然亏损的 21 家公司。从 2000 年 4 月份以后，网络经济泡沫破裂，纳斯达克指数短期内从 5 000 多点缩水一半，美国的经济陷入衰退，刚创业的网络公司“壮志未酬身先死”，80%的网络公司难以为继，投资者开始走向理性。

总而言之，第一代电子商务是以实验性、资本化和过度竞争为特征的。

1.3.5 第二代电子商务

第一代电子商务在产生之时就被充分的理想化了，例如我们将面临一个完美的电子市场，因特网使得交易双方都能够获得充分的信息，从而大大降低交易成本。另一方面，因特网即时沟通的特性以及强大的销售信息系统会消灭市场中间商。但是，在第一代电子商务时期所设想的发展前景，例如消除信息不对称、非中介化等，都没有变成事实。

（1）市场效率。第一代电子商务时期，经济学家认为电子市场将会是一个完美的市场。在电子市场中，由于因特网提供的各种搜索工具和价格比较站点，能够使消费者获得更多的产品信息，信息的不对称性以及信息的搜索成本都将得到改善。

实际上，随着电子商务的发展，消费者对于价格没有预期的那么敏感，价格差异在网上依然存在，随着创业者们找到了划分产品和服务的新途径，一个世界、一个市场、一种价格的概念已经被弱化。消费者搜索成本虽然已经全面下降，但是实际完成电子商务交易的整个交易成本依旧很高，因为用户要做的决定太多，太令人困惑。大约 65%的电子商务购买时在使用购物车的阶段就终止了，原因就是消费者面临的这些不确定因素。对于很多产品而言，直接打电话给一个可靠的产品目录商比在网上下订单要容易。

（2）非中介化。最终也没有像设想的那样出现，几乎没有多少生产商与最终消费者真正建立了一对一的销售关系。非但如此，电子商务还为中间商创造了许多新的机会，使得他们可以把内容、产品和服务引入到门户网站中，从而成为新的中间商。事实上，Yahoo.com 和 Amazon.com 就是这种中间商类型的典型实例。

正因为如此，从 2001 年以来，电子商务经历了一次真正意义上的商业转型，并且其发展速度出人意料。从商务的角度看，第一代电子商务的成功是一种混合的成功。从 1995 年开始建立起来的网络公司，到 2001 年时只有 10%左右作为独立的公司生存下来了，而且在这些生存下来的公司中只有很少一部分赢利。股市的下跌使网络公司出现了“树倒猢狲散”的局面，因特网的受欢迎程度也因此骤然减退。但是，因特网居然兑现了很多大家一度认为是谎言的承诺。人们曾经在 1999 年预测 2003 年美国 B2B 电子商务的交易额将达到 1.3 万亿美元，事实上，Forrester 公司的研究表明，2003 年基于网络的 B2B 电子商务的交易额达到 2.4 万亿美元，B2C 电子商务预计也将从 2001 年的 650 亿美元提高到 2005 年的 2 690 亿美元。

在网络进入商业领域以来的十几年里，它已经对许多行业产生了翻天覆地的影响。音乐爱好者每年可以分享 350 亿首歌曲文件，此举对唱片业来说无疑是个沉重的打击。计算机行业的巨人戴尔计算机公司围绕因特网组织自己的销售和生产活动，从而成为该行业的主宰。对戴尔公司的竞争对手如惠普、联想公司来说，摆在它们面前的选择很简单：要么效仿戴尔采取的高效率网络经营模式，要么被淘汰出局。网络战略的胜利使得更多的变革在继续，许多公司把技术预算都集中使用在因特网上，以利用网络来提高预期产值、保持低库存，并与供应商保持同步联络。

表 1-2 是 Kenneth C. Laudon 等总结的第一代电子商务和第二代电子商务的最重要的区别。

表 1-2　第一代电子商务与第二代电子商务的区别

第一代电子商务	第二代电子商务	第一代电子商务	第二代电子商务
技术驱动	业务驱动	非中间化	加强中间商的作用
强调收入增长	强调赢利和利润	完美的市场	不完善的市场、品牌以及网络效应
利用风险资本融资	利用传统方式融资	单纯的网上策略	“鼠标加水泥”的混合战略
不受管制	加强规范和控制	先行者优势	战略跟进者实力
创业企业	大型传统企业		

第二代电子商务的第一个标志是门户网站和电子商务网站的持续赢利。从中国来看，2003 年第一季度，新浪、搜狐、网易、中华网分别赢利 1 170 万美元、1 180 万美元、1 020 万美元、610 万美元，营业收入与 2002 年同期比，均增长 100%以上。

第二个标志是广大传统企业认识到互联网与电子商务是赢得市场竞争能力的新手段，而且运用这个新手段的能力正逐渐增强。还是从中国看，一些大型骨干企业逐渐意识到企业之间的竞争已经不再是单个企业的竞争，而是企业供应链联盟的竞争。互联网与电子商务是促进供应链联盟信息共享和多赢的最快捷、最方便、最实用的手段。

第三个标志是互联网与电子商务开始从社会边缘走向中心，不断夺取社会话语权。在此期间，中国网民从 200 万激增至 7 000 多万。互联网与电子商务的影响开始从“小区”走向大社会。在政治、经济、文化、思想等诸多层面，互联网与电子商务开始真正从边缘走向中心。互联网与电子商务开始在政治体制改革、社会民主化、经济体制改革、政府管理与服务、企业运营、社会管理与服务等诸多方面产生广泛的影响。互联网的力量正在兴起，并开始从资本、资源等层面全面介入社会资源的“洗牌”游戏。

第四个标志是互联网与电子商务的技术与环境逐渐成熟。移动电子商务、高速互联网、随需应变等技术开始从实验室走向实际应用。电子支付、物流配送、安全保障等体系逐渐完善，成为电子商务第二次浪潮的保障。

1.3.6 电子商务的新趋势

电子商务的未来将如何呢？一些经过大胆设想的新计划展示在世人面前，从而让大家得以管窥下一代电子商务的发展情况。下一代电子商务的覆盖范围几乎与因特网本身一样，从药品研究人员在虚拟实验室中的合作到对三大洲的数以千计的诊断设备实现计算机监控，无所不包，无处不在。新设想的特点就在于，无数的无线系统将能跟踪库存、读取电子仪表数据，并且与客户建立联系。这种下一代网络的最根本的基础是一些微小的硅芯片，即所谓的“智能微粒”，人们可以把这些芯片装入公路、桥梁中，一旦风速变大或者大桥的塔吊出现松动，芯片便会通过网络发送警报信号。

（1）一些新型的革新技术有望把人们从普通的技术工作中彻底解放出来。例如沃尔玛公司正在试验一种无线电频率识别标签——这些微型芯片的成本很快就会降到几美分。在产品从卡车搬运到仓库、再搬上货架这个过程中，标签能使计算机对产品进行全程追踪，避免了人工反复进行条形码扫描。

（2）因特网用户持续增长。全球因特网用户仍旧在不断增加，全球的用户总数早在 2002 年就超过了 5 亿人。中国的因特网用户 2008 年 6 月份已经达到 2.53 亿。

在 Web 2.0 风起云涌之际，以人为中心的第二代因特网，同样影响到了网络广告领域。在 Web1.0 的门户时代，以大企业为中心的互联网品牌广告占据主流，在向 Web 2.0 过渡的过程中，搜索引擎广告的出现激活了中小企业的广告市场，但在博客、社会网络等 Web 2.0 时代，个人在参与互联网活动的过程中，产生的个性化广告需求便需要新的载体来实现，显然门户和搜索引擎都无法实现，新的网络广告模式便应运而生。

从图 1-6 可以看出管理技术和管理理论发展的过程。

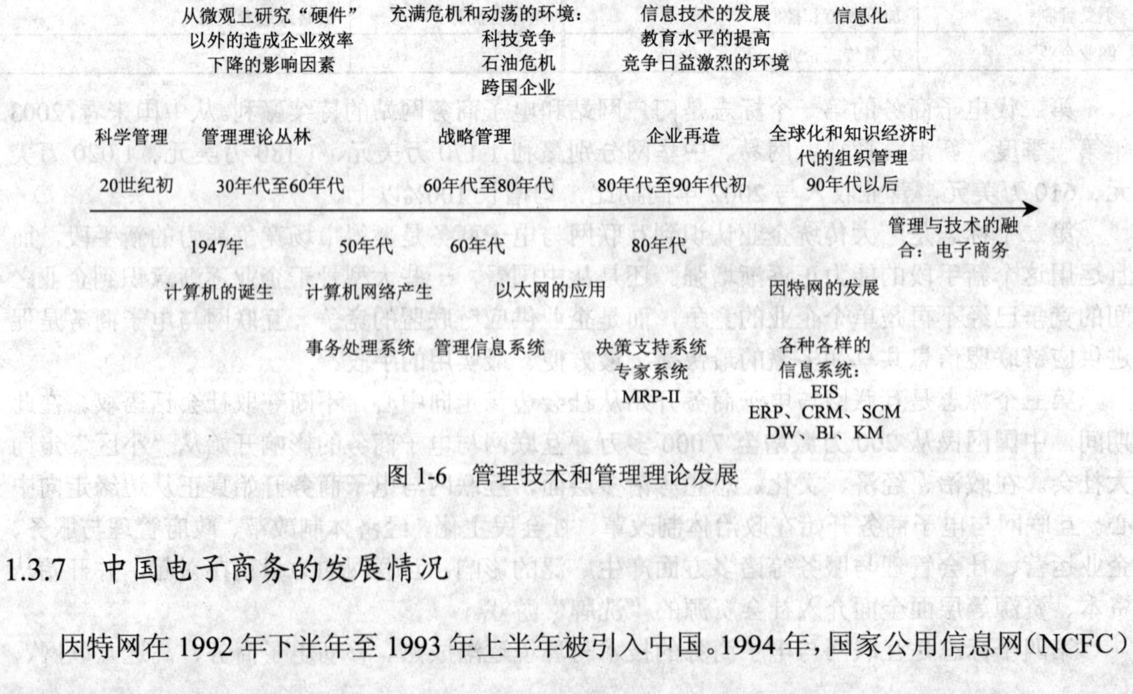

图 1-6 管理技术和管理理论发展

1.3.7 中国电子商务的发展情况

因特网在 1992 年下半年至 1993 年上半年被引入中国。1994 年，国家公用信息网（NCFC）

建设完成，并正式接入互联网，中国因特网的诞生过程结束。1994 年下半年，中国加快了因特网的发展步伐。其中，ChinaNet 和 CERNET 的建设最为引人注目，各种形式的因特网服务陆续出现，因特网的影响不断扩大。到 1995 年，网络的概念开始普及，中国 IT 应用的网络时代成功地构建了扩展的基础并开始扩展。在这之后的几年里，中国企业全面展开网络建设，公众也在各方面的诱导和宣传推动下，纷纷开始品尝网络的滋味。

中国电子商务的发展与互联网建设的历程密不可分。早在 1994 年，中国政府就开始建设“金桥”、“金卡”、“金关”等一系列“金”字工程。证券交易网络覆盖了全国，连接 300 多家证券公司的 3 000 多个营业部；金融结算系统连接了 600 多个地面卫星小站和 1 000 多个收发站，覆盖全国所有地级以上城市和 700 多个县。

1997 年以后，随着因特网基础设施的不断发展以及网络应用的不断升温，基于因特网的电子商务在中国出现并迅速兴起，将中国“网络时代”的“阶跃”推向高潮。电子商务大潮以大厂商和媒体的炒作为先锋，首先在外贸行业中掀起热浪，进而席卷了各行各业。

此后，中国电子商务的发展经历了一个剧烈震荡的发展过程。最初，中国的网站大多数是提供新闻及其他信息的门户网站。1999 年，新概念在 IT 行业和媒体上被炒得火热，各种各样有关电子商务的网站层出不穷，风险投资商们跃跃欲试，希望能够在未来的中国电子商务市场上赢得先机。同时，“Dot-com”公司如雨后春笋般建立起来。在这段时间内基础设施建设的进展配合了网民队伍的迅速扩大，为电子商务的进一步铺开培育起一个迅速扩张的潜在市场。通过各商业银行发行的金融卡已超过 1 亿张，许多持卡用户可以在网上进行消费，电子商务的支付体系日趋完善；同时电子商务物流配送企业也相继出现。

至 2000 年，“触网”成为企业提升市值的阳关大道，此时大量企业涉足电子商务。然而，也就是在 2000 年，美国纳斯达克指数的大跌宣告了全球电子商务的退潮，中国也未能例外。大潮退却之时，大量“Dot-com”纷纷倒下。几乎就是在一夜之间，人们将网络“明星”弃若敝屣。一度让人们趋之若鹜的电子商务企业举步维艰。“网络泡沫”的破裂向人们昭示着这样的信息：电子商务的主角是实实在在的产品和企业。企业如何与传统业务结合，找到新的赢利模式开始成了电子商务追求的新标准。

经过多年的发展，中国因特网功能已经至少拓展到四个方面：信息渠道、沟通、娱乐和生活助手功能。反映互联网信息渠道的应用主要有：

（1）网络新闻。

（2）搜索引擎。

（3）新兴工具（包括博客）。

起到沟通工具作用的网络应用主要有：

（1）电子邮件。

（2）即时通信。

发挥典型娱乐工具的网络应用有：

（1）网络音乐。

（2）网络影视。

（3）网络游戏。

能反映互联网生活帮手的应用主要有：

（1）网上求职。

（2）网上教育。

（3）网上购物。

（4）网上旅行预订。

（5）网上银行。

（6）网上炒股。

只有这些层次的互联网应用都非常深入人们的日常活动，才是真正数字时代的来临。图 1-7 说明了中国目前因特网用户的分布情况。图 1-8 是我国因特网上网用户的历史趋势，由此可见，中国的网络规模的发展迅速，其原因有：一方面，纯粹的规模效应是我国网络影响力愈益增长的原因；另一方面，中国政府的作用也开始变得越来越重要。政府正细心培育本土企业，以帮助他们提高在国际市场上的竞争力。另外政府也不满足于生产低端产品，而是决心把中国转变为可以与美国、日本以及其他创新大国分庭抗礼的高科技强国。

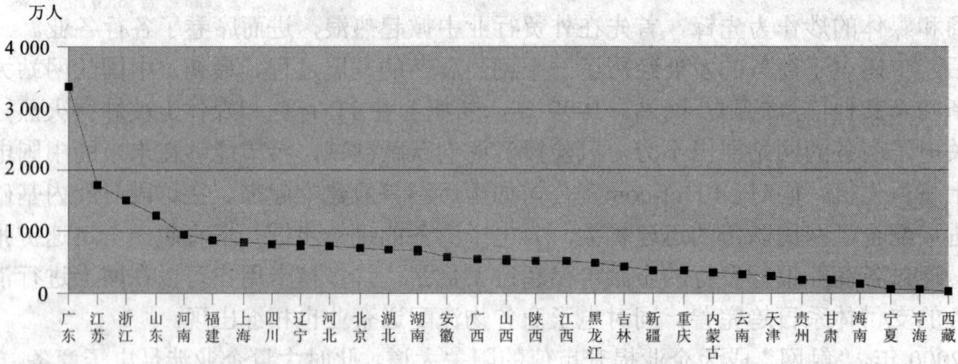

资料来源：《中国互联网发展状况统计报告》，2008 年 1 月。

图 1-7 中国目前因特网用户的分布情况

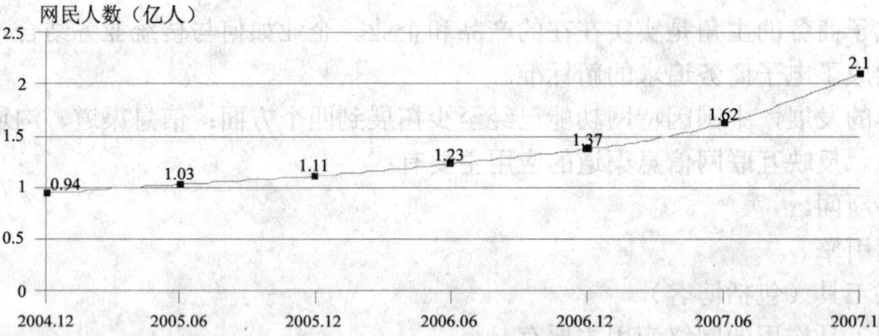

资料来源：《中国互联网发展状况统计报告》，2008 年 1 月。

图 1-8 中国因特网上网用户历史趋势

1.4 电子商务的基本框架

1.4.1 电子商务的应用层次

国际数据公司（IDC）的系统研究分析指出，电子商务的应用可以分为这样几个层次和类型：第一个层次是面向市场的以市场交易为中心的活动。它包括促成交易实现的各种商务活动，如网上展示、网上公关、网上洽谈等活动，其中网络营销是最重要的网上商务活动，还包括实现交易的电子贸易活动，主要是利用网络实现交易前的信息沟通、交易中的网上支付和交易后的售后服务等。

电子商务活动的第二个层次是指如何利用 Extranet 来重组企业内部经营管理活动，使其与企业开展的电子商务活动保持协调一致。最典型的是供应链管理，它从市场需求出发利用网络将企业的销、产、供、研等活动连接在一起，实现企业网络化、数字化管理，以最大限度地适应网络时代市场需求的变化，也就是企业内部的电子商务实现。

电子商务活动的第三个层次是指以 Internet 为基础的社会经济活动，如电子政务是指政府活动的电子化，它包括政府通过 Internet 处理政府事务，利用 Internet 进行招投标、实现政府采购、收缴税费等。第三个层次的电子商务是第一个层次和第二个层次电子商务的支撑环境。

图 1-9 表示了上述三个层次的应用类型。

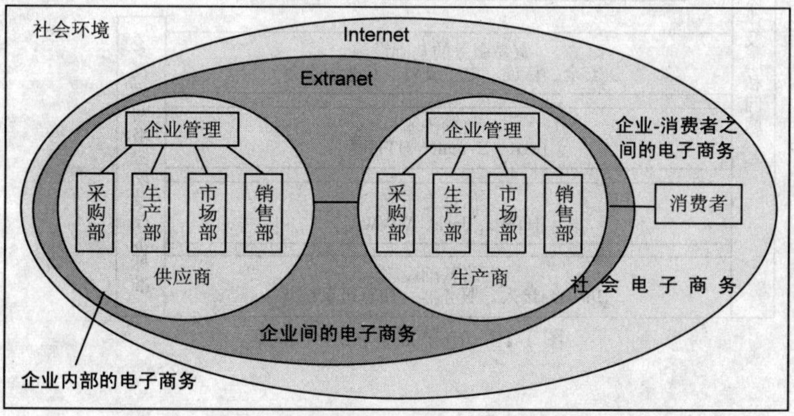

图 1-9　电子商务的应用层次

1.4.2　电子商务的框架

Efraim Turban 提出一个大厦形状的电子商务框架，在大厦的顶部是电子商务应用，支持屋顶的支柱是 5 个独立的领域：人、公共政策、市场营销和广告、业务伙伴以及支持服务，而基础设施作为整个大厦的基石支撑整个体系。上述体系主要是从管理的角度，考察电子商务各组成部分对管理的需要。

Ravi Kalakota 和 Andrew B. Whinston 两位学者提出了另一种电子商务的应用框架，如图 1-10 所示，该框架从宏观角度指出了电子商务体系的各应用层面和众多支持条件。

在这个框架中，电子商务的应用建立在两大支柱和四个层次之上。实际上，公共政策、法律及隐私问题涉及宏观政策和社会问题，是电子商务应用的外部环境，而信息传输层、信息发布层、网络基础设施和多媒体及网络协议的技术标准，涉及的都是计算机技术和网络技术等问题。

上述两个框架有相似的地方，本书综合上述观点，以一个自顶向下的结构讲述电子商务的内容。

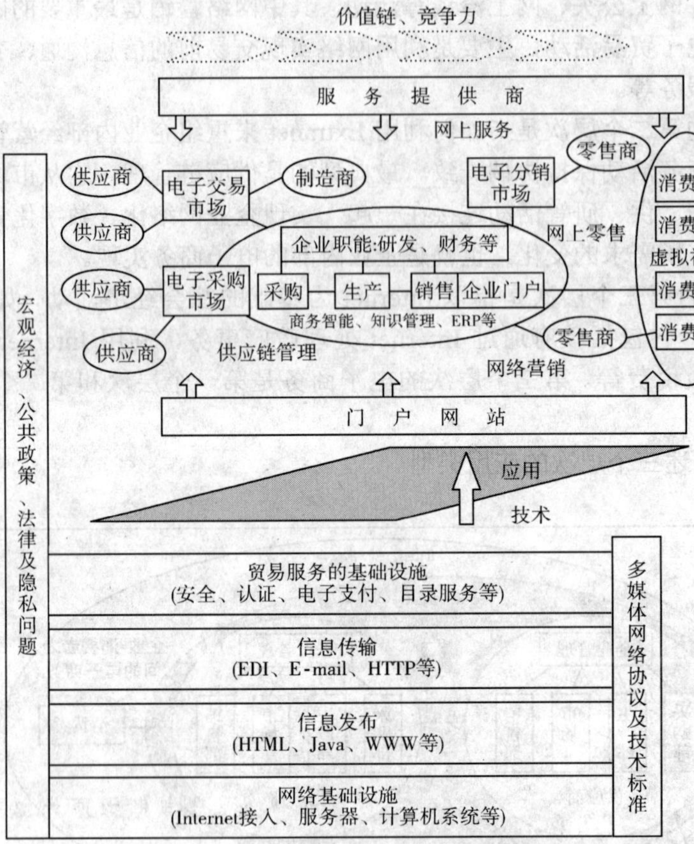

图 1-10　电子商务的应用框架

1.4.3　电子商务的基础设施

数字计算和数字通信技术的发展与应用造就了电子商务，可以说，电子商务首先是由技术驱动的，它依赖于大量的信息技术和经历了 50 多年发展的计算机科学的基本概念。电子商务技术的核心是互联网和 WWW，支持这些技术的是大量互补的技术，如 PC、局域网、关系数据库、客户/服务器计算等等。这些技术是复杂的商务应用系统的基础，如企业级计算系统、供应链管理系统制造资源计划系统以及客户关系管理系统等。电子商务技术的基本内容显示在图 1-11 所示的电子商务框架中，即包含计算机技术、网络技术、基于 WWW 的应用技术以及安全技术和电子支付技术等。图中同时列出了商业计算发展的主要阶段，表明了这些技术在商务上的应用以及对企业管理的推动过程。

1.4.4　电子商务的多学科交叉特征

电子商务是建立在多个学科基础之上的，其涉及面很广。图 1-12 展示了与电子商务相关的学科。

（1）计算机科学。计算机技术是电子商务的基础，程序语言、数据库技术、计算机网络等都属于计算机科学的研究领域。另外，人工智能中的很多理论与方法也在电子商务中占有很重要的地位，例如软件机器人、智能代理、智能学习等。

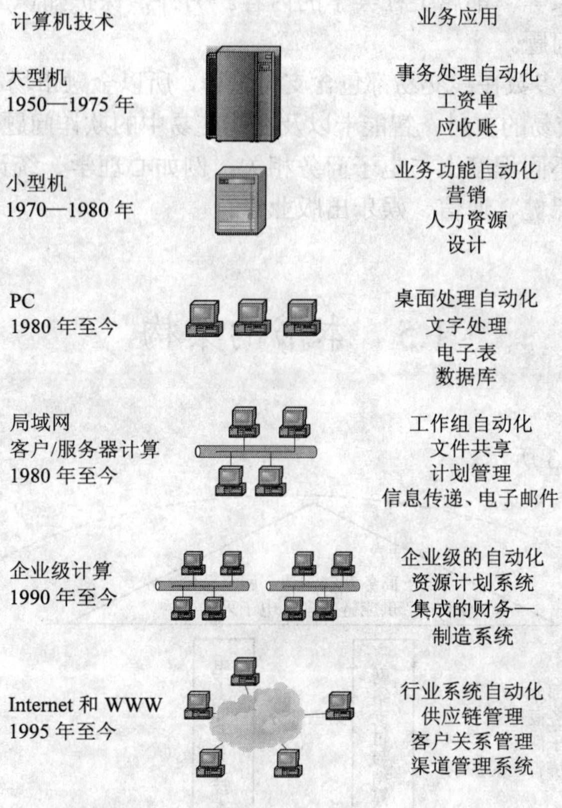

资料来源：Kenneth C L etc. 2003。

图 1-11 Internet 与商业计算革命

（2）管理科学。电子商务必须在正确的管理下运行，其核心还是商务应用。但是，由于互联网等革命性的信息技术的应用，改变了企业经营和管理的基本模式，从而产生了诸多新的企业管理理论。例如供应链管理、实时企业等。

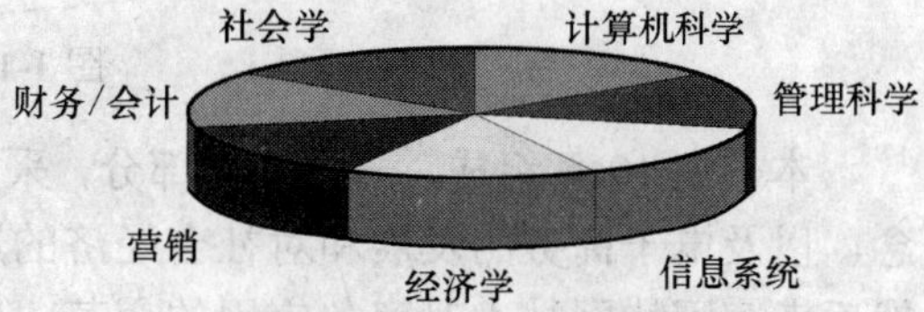

图 1-12 与电子商务相关的学科

（3）管理信息系统。电子商务通常由信息系统部门负责具体实施，以及系统的维护。电子商务系统需要通过信息技术来实现，这当中还需要进行信息分析和信息集成，以及信息系统的设计、实施、安全和支付系统的实现。

（4）经济学。电子商务受到经济力量的影响，并对国民经济和世界经济有重要影响。电子市场影响产业的基本结构，在企业竞争、市场效率、规模经济等方面均有其自身的特点，例如亚马逊就重塑了图书业的规则。有关电子商务经济学方面的研究也有很多著作可以参考。

（5）市场营销学。互联网和信息技术带来了一种全新的营销方式，正迅速成为厂商与消费者之间交流和交易不可或缺的基本媒介。电子商务中消费者对于营销和广告宣传的反应，企业如何建立品牌、市场细分、确定目标客户和产品定位等营销战略问题都是市场营销学关注的问题。

（6）财务/会计。电子商务企业的价值和电子商务环境下的会计实践等方面对会计部门提出了新的挑战。

（7）社会学。Web 作为个人和组织沟通工具的使用，因特网对一般大众的影响，以及可能造成的社会不平等现象等，都属于社会学的内容。另外，保护知识产权、保护隐私以及内容控制等问题属于法律问题。

（8）金融学。因为大多数在线交易都包含支付过程，所以金融市场和银行是电子商务的重要参与者。另外，小额交易的支付、智能卡以及在线交易中的欺诈问题也属于金融学的范畴。

其他一些学科也在不同程度上与电子商务相关，例如心理学、统计学、机器人技术和传感技术、工程学、健康保健、通信、娱乐出版业等。

1.5 本书的架构

本书的架构如图 1-13 所示。

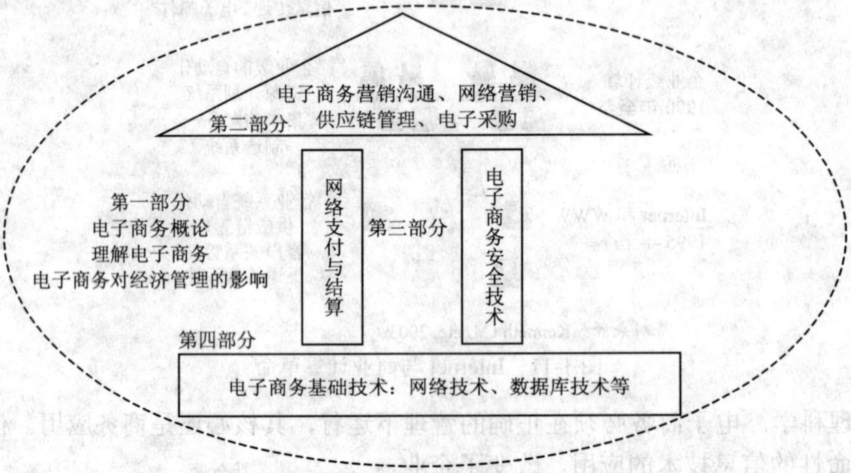

图 1-13 本书的架构

本书由 10 章组成，分为 4 个部分，采用自顶向下的架构，即首先讲述电子商务的基本概念，以及电子商务的发展和对社会经济的影响，使读者了解开展电子商务的社会经济环境；然后考察因特网技术对商务应用的变革，包括对企业与企业之间的商务的影响，如供应链管理和电子采购，和因特网作为新的沟通手段，对企业营销的改变，即讲述网络营销和基于因特网的营销沟通；在第三部分，本书讲述开展电子商务的必要技术，即基于因特网开展交易的安全技术和网上支付；最后在第 10 章对基于因特网的信息技术作一个简要介绍。

我们采用这种自顶向下的架构的最基本的好处就是，如果读者对于技术并不熟悉，或者一点都不懂，尤其是对于商学院的学生，我们通过商务应用及商务模式的阐述，一步一步告诉读者电子商务是什么，是如何推动商务发展的，其技术包含了哪些内容，这些技术又是如何支撑商务的。这样的体系对于读者彻底理解电子商务的学科体系是非常有用的。比较而言，无论是对不懂技术的读者还是精通技术的读者，如果一开始就介绍各种信息技术，那么很难理解这些技术在电子商务领域的作用，这种体系只有在读者全部学完课程以后才会明白技术体系架构。因此，本书比较适合商学院相关学科的教学使用。

1.6 问题讨论

1．指出下列活动是属于 E-Commerce 还是 E-Business？

（1）一家信息技术公司建立了自己的内部网络，员工通过这个内部网络可以实现相互通信，并在一定程度上实现无纸化办公。

（2）一些汽车制造商共同建立了一个中心票据交换所，在线购买由与他们保持长久合作关系的零配件供应商所供应的发动机零件。

（3）一家贺卡公司设立了一个网站，人们在这个网站上可以选择各种精美的电子贺卡发送给他们的亲人或朋友。

（4）一个邮票收集者通过一家公司拍卖站点向另一个邮票收集者出售其收藏品。

2．远程学习可以算是电子商务吗？为什么？

3．为什么需要从多学科的角度来理解电子商务？

4．从全球来看，电子商务的发展经历了哪些阶段？

5．有证据表明个人所受到的教育程度会极大地影响到其上网的可能性。为什么会是这样？是否会存在一种类似于基于收入的数字性划分，或者是基于个人受教育程度的数字性划分？为什么？

6．为什么对总体的电子商务交易额的统计要更难于对全部的传统市场的交易额的统计？

7．你认为什么是影响电子商务发展的主要限制因素？

8．信息技术是如何推动电子商务的发展的？

1.7 实践项目

1．从网上查找一些电子商务模式的实例。准备一个 PowerPoint 演示文稿或者写一份书面报告，介绍一个网站，解释它为什么属于该种类型。

2．寻找过去关于传统书店与网络书店之间竞争的信息。撰写报告说明电子商务是如何促进这个行业的演变的。总结在网络书店如当当网能得到的服务，并描述能得到的所有好处。

习题

1．E-Commerce 与 E-Business 的区别是什么？

2．理解电子商务的定义。

3．电子商务的发展经历了哪几个阶段？

4．与电子商务相交叉的学科有哪些？它们各自是如何影响电子商务的？

第 2 章　理解电子商务

本 章 要 点

1. 了解电子商务的特征以及其驱动力。
2. 理解电子商务环境。
3. 熟悉电子商务的法律问题。
4. 掌握电子商务的模式。

案例 2-1

音 乐 下 载

“伊丽莎白女王加入了 iPod 一族!” 2005 年 6 月，由《太阳报》曝出的这条花边新闻宣告当今世界最流行的数码产品攻陷了欧洲最重要的皇室。当人们热烈讨论 79 岁的英国女王会把哪些歌曲放进她的 iPod 时，苹果公司宣布它已经占有了 75%的 MP3 播放器市场，而与 iPod 捆绑的 iTunes 网上音乐商店已售出了 5 亿首歌曲。

此时距离 iPod 问世不过三年多，iTunes 音乐商店开张才短短两年。

在 iPod+iTunes 领衔下，数码音乐革命的浪潮势不可当。在与非法下载苦斗了多时之后，音乐工业终于找到了将网络据为己用的有效方式，正在重新焕发生机。

iPod 改变音乐工业?

从 1999 年开始，音乐工业陷入了逐年萎缩的困境中。尽管原因复杂，但网络非法下载首当其冲。当未获授权的音乐在网上迅速泛滥，唱片公司开始只有手忙脚乱地打击，争相把下载软件开发者以及网民送上法庭。

由于唱片公司害怕影响 CD 销量，他们起初只愿意在少数几家经营正版音乐下载的网站上提供歌曲的租用权：一旦消费者停止交纳月租费，他们所拥有的音乐就会自动消失。这种方式完全不能与非法下载竞争，网络盗版依旧如同洪水猛兽。

2001 年 10 月，苹果公司推出了它开发的 MP3 播放器 iPod。这款容量为 5G、售价高达 399 美元的 iPod 开始并不被人看好。2003 年 4 月，苹果与世界五大唱片巨头达成协议，获得了 100 万首歌曲的版权，开通 iTunes 在线音乐商店以相对低廉的价格（每首 99 美分）出售下载。

在网上巨型音乐资料库支持下，iPod 可达 1 000 首歌曲的存储量相当于将 100 张 CD 压缩到这个小盒子里随身携带，再按照个性化的方式播放、编排，它满足了现代人最古怪的口味、最疯狂的占有欲和最随性的享受。

眼见 iPod 的销量和 iTunes 上的音乐下载量呈爆发式增长，唱片公司终于从没完没了的法律纠纷中醒悟过来，正版音乐下载自 2003 年以来因此取得突飞猛进的发展。接着沃尔玛、可口可乐和微软都以每首计费的模式与苹果展开竞争，而雅虎、Napster 和 RealNetworks 等公司则采用包月收费、无限量下载。曾经如过街老鼠的网络下载已经变成了一块人人垂涎三尺的肥肉。

据国际唱片协会统计，2005 年上半年数字音乐已经创造了 7.9 亿美元销售额，虽然它只占音乐业总产值的 6%，但与 2004 年同期相比足足增长了两倍。而且正版下载群体的增长速度远远超过了盗版下载者。据估计，到 2009 年在线音乐销售额将增长到 19 亿美元，约占音乐总销量的 12%。在数字音乐推动下，音乐工业已经开始缓慢复苏。

如今世界几大唱片公司每家都提供了数十万首歌曲的版权，欧美地区正版音乐下载的站点达 200 多个。甚至有的公司还通过观察 P2P（点对点）软件的下载排行来分析当下流行趋势，或者将免费的试听版本放到网上供人下载来吸引消费者，为推出唱片预热。

而网络也成为发掘新人的一种成本极低的渠道。2005 年，美国的 Clap You Hands Say Yeah 和英国的 the Arctic Monkeys 两支独立乐队相继借助网络一炮走红，在正式发行唱片前就拥有了相当可观的歌迷。2004 年走红的庞龙、唐磊也是通过网络走向市场。虽然这样成功的个案还只是少数，但英国的《卫报》已经开始惊呼在数字音乐流行的带动下，网络社区和博客上的口碑传播变得越来越重要。

尽管在商业模式以及定价等问题上还存在很多争议，但网络下载已彻底改变了大众的音乐消费习惯，数字音乐代替了专辑消费，个人化娱乐的时代到来了。

音乐产业的新气象只是上演了这次变革的第一幕。

颠覆现有的观影形式

1999 年，芬兰一群年轻的电影爱好者出于对美国科幻剧集《星际迷航》的热爱，决定开始拍摄一部恶作剧版的《星际迷航》。因为找不到投资，他们从学校借来了摄影机，在一间公寓的蓝幕前完成了大部分场景，再用几台普通的计算机进行长达 6 年的后期特技效果处理。

2005 年，这部耗资仅 12 000 美元，长达 103 分钟的电影终于完成，被命名为《星屁迷航》，芬兰语对白配上了英文字幕。他们决定在网络上发行影片、供人免费下载。10 月 1 日零点，一家网络公司通过世界各地的数个服务器和 BT 下载软件开始提供《星屁迷航》下载。不到两个月，294 万人从官方网站上下载了这部影片，再加上 BT 上共享下载和其他镜像站点下载，它的被下载次数接近 400 万，创造了芬兰国产影片的观众纪录。

路透社意味深长地评论，“《星屁迷航》成功之际正值电影也同时面临着互联网带来的威胁和生机。”

种种迹象表明，世界娱乐业的巨头们已经开始积极利用网络的力量。

随着宽带网的普及，以 BT 为代表的 P2P 软件解决了视频信息在网络传输不便的技术障碍，影视作品非法下载疯狂蔓延，影视公司眼下的处境与几年前唱片公司一模一样。而且他们也是首先想通过法律武器来对付非法下载：好莱坞从去年底开始大举讨伐网络非法电影下载，当时英国《卫报》就预言，“或许好莱坞的大制片公司应该参考苹果的网络音乐商店模式。”

事实上，好莱坞在过去耗时耗力的打压中收效甚微。P2P 非法下载并没有得到遏制。在技术变革面前，电影、电视公司痛苦地意识到他们必须主动适应 P2P 时代互联网的游戏规则与新的消费模式。

携手 P2P 成为影视产品新模式

率先领跑的又是苹果公司，CEO 乔布斯在过去几年中一直坚称没人会愿意在小屏幕上观看视频，但今年 10 月苹果就推出了视频 iPod，并与 ABC 电视台合作，以每集 1.99 美元的价格在 iTunes 网络商店提供《绝望主妇》《迷失》等五部热门剧集的下载。20 天内视频内容的下载总量达到了 100 万次。

一个月后，CBS 和 NBC 同时宣布将提供黄金时段剧集下载，每集售价 99 美分。从 2006 年 1 月份起，CBS 与一家宽带运营商合作为它的 500 万宽带用户奉送上王牌节目《犯罪现场调查》《幸存者》和《急速千金》。CBS 电视台主席丽莎·莫文斯表示，“这是美国电视行业的一个新的发展方向。”而 NBC 电视台则与 DirectTV 公司合作，向拥有该公司数字录像机的用户提供节目。美国在线时代华纳公司也不甘落后地决定在明年年初开辟宽带网络，让用户可以免费在线收看《成长的烦恼》等 30 部经典电视剧。

2005 年 11 月 18 日，环球电影公司宣布将整版电影交给合法的 P2P 服务商 Wurld Media，向它的用户提供下载。这是好莱坞大制片公司第一次与 P2P 服务商合作。

这一系列的行动似乎表明半个多世纪以来人类消费电影电视的形式将会发生巨大的变革——观众将坐拥上百个频道、百万个节目，并可以自由制定播放表，而不是听命于电视台和电影公司的安排。再加上手机等新媒体的介入，电影的发行模式、电视的播放模式都将和以往有很大的不同——继音乐产业翻天覆地之后，也许下一个可能彻底发生改变的行业就是影视业。

而国内娱乐业的变化目前远落后于全球娱乐工业。虽然 2004 年网络上涌现出一大批歌手，制造出被传唱街头巷尾的超级口水歌，但唱片公司对通过网络获得共赢的尝试才刚开始。

MP3 下载收费刚开始被视作近期内中国互联网最大的金矿。生产爱国者 MP3 的华旗公司模仿苹果模式，推出了每首歌曲售价 0.99 元的正版音乐下载网站，飞乐等国内唱片公司与中搜网签约，由网站为下载埋单，网民可以免费获得正版音乐。

相比之下，影视业的行动与意识则迟缓得多。2004 年底，《天下无贼》的出品方将影片的网络版权卖给一家从事视频点播的网站，仅以 5 元的价格提供在线观看或下载。大部分的影视作品仍是在网上被免费下载。

资料来源：伊丽莎白女王的 iPod.《中国新闻周刊》，2005 年第 47 期。

2.1　电子商务的驱动力

2.1.1　电子商务的特征

电子商务的意义不仅在于其巨大的规模，而且在于它重塑了经济活动的本质。电子商务主要有以下几个特征：

（1）基于技术的核心战略决策。在新经济中，关于虚拟店面、客户服务、客户感观体验以及站点内容的战略决策都与技术决策相关。这些决策涉及服务供应商、公众交易系统和网站设计方法等方面的选择。与各种传统的砖块加水泥企业相比，数字企业在战略决策过程中不能脱离技术选择。这并不是意味着技术对传统企业不重要，而是因为传统企业的技术决策没有与战略紧密联系。

（2）实时竞争响应。新经济出现后，决策过程的时间尺度已经从月降到了分钟。在虚拟世界中，虚拟店面在 WWW 的平台上频繁地与公众进行动态对话。因此，企业更容易复制其竞争对手的成功模式。这并不意味着电子商务交易最终变成同质产品间的竞争，价格成为唯一需要考虑的因素。恰恰相反，创新速度、品牌、使用的方便性、操作的有效性、产品的分类、会员协议等将成为企业维持或者增强差异化的手段。

（3）商店全天候服务。网络商店能一天24小时，一周7天，一年365天进行营业，这里简单地表示成24×7。这种能够随时提供产品或服务的能力对于客户和商家都很有意义。从消费者角度看，他们总是能实时收集信息，查找产品，比较不同站点的价格，以及订购产品。因此，24×7已经从本质上改变了顾客对便利性和实用性的认识。从企业角度看，这样的要求已经迫使企业在战术和战略上调整对竞争的响应，例如，工厂不可能为了改装设备而关闭，店面不可能为了战略重组而停业。当改装或重组无法避免时，企业必须实施运营并对外公开。

（4）以技术为基础的用户界面。在传统型企业中，客户通过面对面方式或者借助于电话与商店的营业员、会计、经理或者其他人员进行交易。与之成对比的是，电子化环境中的用户界面是一种“人机互动”型的。在经营上，这种界面要求企业承担获取和表达客户购物信息的责任，因为在交易过程中，企业没有机会直接对客户施加影响。如果用户界面设计恰当，客户将没有必要同时或者事后与企业进行电话交谈。因此，这种“人机互动”的界面在增加销售量、降低成本方面具有很大的潜力。当界面不能正常运行时，不仅收入将减少，而且还会增加技术成本。

（5）客户主导的互动。大多数网站使用自助服务的模式来管理基于商务或者社区的交流，因此，客户控制着人机互动的交流。客户控制检索过程、浏览网站的时间、价格/产品的比较、需要联系的人员以及购买决策。在面对面的交易中，买方、卖方或者其他相关人员都有一定的控制权。商家尽量将潜在的消费者导向不同的产品或者购物场所，以便消除客户在价格上的顾虑和实时对竞争对手供应作出反应，从而影响购物过程。虚拟商店通过独特的目标促销、重新设计界面以及客户过去的搜索习惯，基于以前其他相似用户的购买行为重新推荐产品、优先享有相关信息来塑造消费者体验。但是，在在线环境下，企业影响力有限，在线交易的控制权和信息流掌握在消费者手中。

（6）客户行为知识。尽管客户控制了互动过程，但企业仍有前所未有的机会观察和追踪每一个客户的购物行为。这些行为包括访问的站点、在站点上停留的时间、在站点上浏览的页面、计划购物清单、实际购买量、消费的金额、重复购买习惯、最终完成交易者所占的比率，以及其他的衡量标准。在对客户的行为习惯跟踪的程度上，例如在跟踪消费者的偏好、知识水平或行为目的方面，传统企业是不可能实现的（即使实现了，成本也让人难以接受）。获得这些信息之后，企业可以提供一对一的商品定制服务。另外，企业可以在网上发布动态产品信息，调整向客户提供的产品种类。在战术的制定上，电子售货商欢迎回头客。在更高的战略层次上，在线企业实际上能提供某类客户特别偏爱产品的摆放位置。而且，应用一些衡量标准，如客户获取成本、客户保持成本、客户时间价值、协作协议的价值和购物定价结构（如“点击”支付或委托购物的付款方式），这种跟踪客户行为的能力可以转换成实时的客户财务估算。由于用真实情况代替了对消费者行为的语气（浏览次数、点击频率、对网站的印象等），传统的广告形式重新抬头，这就是为什么影响媒体的网络术语（如浏览率、点击率）与点击次数和购买收益相比不再对顾客具有吸引力。

2.1.2 电子商务的驱动力

管理追求的两个最基本的目标是效率与效果，如图2-1所示。电子商务采用者的基本动力也是来自这两个基本的方面。

（1）收益的增加。潜在的客户群基数的收益增加，在原有顾客中鼓励忠诚度和重复购买。

（2）效率的提高与成本的降低。通过新的管理模式与流程提高效率，并通过电子传送服务减少成本。减少的成本包括员工成本、运输成本和材料成本（纸张成本）。企业在销售商品和处理订单时，用电子商务可以降低询价、报价和确定现货等活动的处理成本。

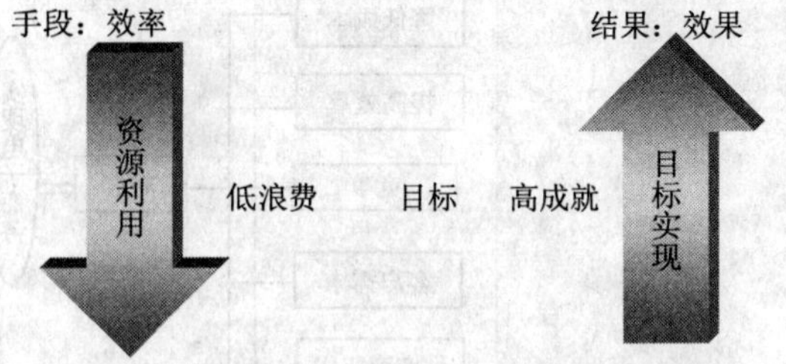

图 2-1　管理追求效率与效果

如图 2-2 所示，电子商务实际上是在组织内部通过新的管理手段与业务流程结合，以降低管理成本并提高管理效率，在组织之间，通过基于因特网的各种服务，来降低匹配成本，或者获得比以前更广泛的合作者和用户。图 2-2 中，KM（Knowledge Management）表示知识管理。

图 2-2　电子商务使各方受益

通过因特网，一家小企业在网上做的广告可以把企业的促销信息传递到世界各地的潜在顾客那里。企业也可以通过电子商务送达极为分散的一个狭小的目标市场。正如电子商务可以增加卖主的销售机会，它也增加了买主的购买机会。企业在采购时可以利用电子商务找到新的供应商和贸易伙伴。在电子商务中，讨价还价和交易条款的传递都十分便捷，因为 WWW 可以高效地传递报价。电子商务提高了企业间信息交换的速度和准确性，降低了交易双方的成本。

与传统商务相比，电子商务也给买主提供了更多的选择，因为买主可以考虑更多的产品和服务。买主每天 24 小时都可以与卖主接触。有些买主在决定购买时喜欢得到大量的信息，有些买主则只需较少的信息。电子商务可以使顾客根据自己的需要决定获得信息的多少。在电子商务的情况下，买主不必等上好几天才能收到寄来的产品目录，甚至不用等几分钟的传真，他们可以通过 WWW 立即得到所需的信息。有些产品（如软件、声音和图像）甚至可以直接通过互联网传递，这样就减少了买主的等待时间。

事实上，因特网是一个新的竞争环境，它并不会使每个商家都带来更多的收益，企业和组织必须适应这个新的竞争环境，来满足顾客需求、改善服务的质量和范围，并且避免已经存在的市场份额的损失。这是为实现管理目标而形成的外部竞争驱动力。在企业和组织的内部，电子商务能够降低运营的成本与效率，同时，通过供应链管理来降低组织之间的成本，这是为实现目标而追求的另一个驱动力。

图 2-3 说明了对组织来说实现电子商务的内部要求与外部竞争力驱动的关键要素。

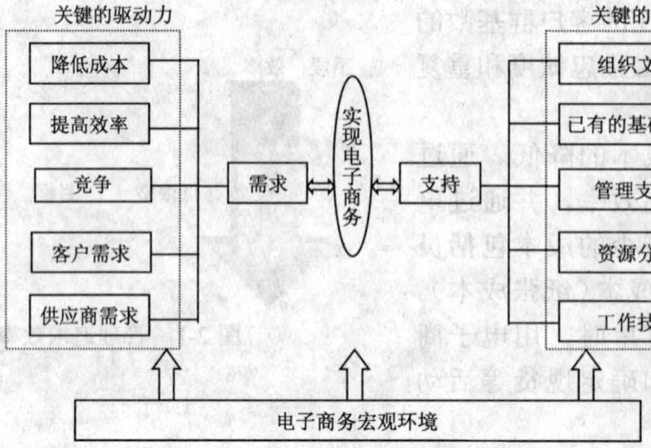

图 2-3 电子商务的驱动力

2.1.3 电子商务的收益

1. 企业的收益

对企业来说，电子商务的优势可以归纳为一句话：电子商务可以增加销售额并降低成本。表 2-1 列出了电子商务可能带来的收益。这些收益对所有采用电子商务的组织都是平等的，那些没有赢利的电子商务企业并不是没有获得这些收益，而可能是由于收益低于其投资，因为要维持企业运转需要大量的投资来建设、营销、维持电子商务的设施和服务。比如亚马逊在 2001 年第四季度以前，虽然其销售额每年都有很大的提高，但由于其需要大量的资金来维护电子商务的运作以及需要更多的资金来发展新的业务系统，一直呈巨额亏损状态。

表 2-1 电子商务可能带来的收益

有形的利益	无形的利益
增加销售： ① 新的客户，新的市场。原来的物理限制被改变，现在变成了没有地域限制的市场 ② 存在的客户：重复购买 ③ 存在的客户：交叉购买 减少营销成本： ① 减少客户服务时间 ② 在线销售 ③ 减少市场交流中的打印和分销成本 减少供应链成本： ① 减少存货 ② 增加供应商的竞争 ③ 缩短订货周期 减少管理成本： ① 商业流程更有效率，比如人力资源管理、电子支付、管理授权等 ② 另外，创建、处理、分发、存储和恢复纸质的信息成本，以及通信成本等其他成本也大幅度降低	① 合作 ② 品牌 ③ 更快的市场响应 ④ 更快的产品开发周期 ⑤ 改善客户服务 ⑥ 学习 ⑦ 满足客户期望 ⑧ 识别新的伙伴，更好地支持现有的合作伙伴 ⑨ 更好地管理营销信息与客户信息 ⑩ 客户对产品的反馈

另外，表 2-1 所列出的一些收益还与企业的具体业务相关。事实上，由于所有采用电子商务的企业都在同样的方面获得了收益，这就形成了新的竞争环境。例如，企业通过因特网拉近了与客户之间的距离，但要把它变成具体的利润，这就需要在竞争中胜出。

2．消费者的收益

案例 2-2

中国博客圈生气了

张敏最近实在恼火。6 月，他向戴尔电脑公司订购了一台售价 1 000 美元的笔记本。然而，送到他在上海的公寓的机器和他看中的那款并不完全一样。他订购的笔记本标明配有英特尔酷睿（Intel Core Duo）T2300 处理器，但送上门的机器却配置了 T2300E 处理器，后者缺少允许一台计算机同时运行多个操作系统的“虚拟技术”。

如果是在几年前，30 岁的张敏所发的这番牢骚可能不会被太多人知道。但如今，5 300 多万中国人频繁访问网上论坛，因此有相同抱怨的人很容易聚集到一起。张敏随后召集了十几个收到装 T2300E、而非 T2300 的戴尔笔记本的网友，以及一位行将起诉戴尔公司的律师。“这台计算机缺少一项功能，”张敏说，“而很多人都遇到了相同的问题。”

记住中国互联网的力量吧。在成千上万个在线论坛里，上百万内地网民畅所欲言，他们纷纷指责糟糕的客户服务、误导消费者的广告以及低劣的安全标准。“美国人认为中国互联网是被控制和审查的”，CIC Data 的首席执行官费嘉明说，“但在评论商业时，网民们直言不讳、异常活跃。” CIC Data 是上海一家专门监测网络博客和网络论坛的信息咨询公司。

当中国网民团结起来发出大规模的虚拟呼声时，他们的举动也引起了本土公司以及一些在中国有业务的跨国公司的注意。大众汽车公司在发布了一则被疑作是在嘲讽“公交族”的广告后，网上的批评声便此起彼伏。去年，通用面粉公司（General Mills）的哈根达斯遭受重创，起因是网络博客作者传播流言，说深圳一家不卫生的工厂在生产哈根达斯冰淇淋。虽然哈根达斯甚至没有在深圳设厂，但它仍然无法阻止虚假信息在中国博客圈（Blogsphere）内的扩散。“如果公司不关注博客和网上论坛，他们肯定会失去方向”，位于上海的中国市场研究集团的创始人肖恩·雷恩这样说道。

赢得网民心

一些精明的企业已经开始密切关注中国挑剔的网络用户了，并且正在试图获得他们的好感。今年春天，运动用品制造商匡威和口香糖巨头箭牌糖果公司共同举办了一次在线促销活动。它们鼓励网友们设计带有黄箭标志的匡威运动鞋。在其电视广告大受诟病后，百胜餐饮集团（YUM！ Brands Inc.）旗下的肯德基公司做了个 180 度逆转。在肯德基原来的一部广告片中，一个勤奋好学的学生高考落榜，而两个无忧无虑、吃着肯德基炸鸡的孩子却顺利通过考试。该广告一经播出，便恶评如潮，网民纷纷指责这则广告向公众传达了一种“努力换不来回报”的错误观念。迫于压力，肯德基最终把其结尾改成 3 个学生全都金榜题名。

而面对张敏等消费者的投诉，戴尔采取了更为强硬的态度。戴尔公司驻新加坡发言人朱迪·劳说，这两种处理器在运行上没有区别，并且“虚拟技术”是一种仅面向服务器计算机的技术。她承认戴尔公司确实犯了个“错误”，即没有事先向消费者告知处理器的替换。她称制造商已经向中国用户发送了知情书解释此事，但尚未为此提供任何补偿。

有些公司已经开始在驾驭网络的力量，以获知公众的需求。阿里巴巴公司控制着雅虎中国，并且还经营着淘宝网，这也是中国内地最大的拍卖网站。淘宝网在试图引入一项收费服务时受到了用户的抵制，因此这家公司进行了一项面对 2 000 万用户的在线调查，结果发现其中的 62%的人反对收费服务。“我们告诉自己人：‘放弃这个态度吧，’”阿里巴巴总裁兼 CEO 马云说，“我们更愿意倾听顾客的呼声。”

资料来源：中国博客圈生气了。《商业周刊》中文版，2006 年。

不仅企业从电子商务中获得收益，同样，消费者也从电子商务中获得很多的收益。最直接的便是能够获得更好的服务、更容易获得信息。

（1）在服务方面，企业通过网站能够实现 24 小时一周 7 天的服务，比如网上购物、电子银行实现网上转账、获得商品的售后支持，以及服务业的各种服务。

（2）增强消费者的实力。例如消费者可以通过团购改变消费者个人的力量，从而具备更强的砍价能力。有些时候对于解决问题非常有帮助。在案例 2-2“中国博客圈生气了”中说明了通过网络社区，即使面对跨国大公司，少数的消费者也有能力影响整个市场。

（3）信息的获得更加容易。通过电子市场、搜索引擎、网络社区以及其他的工具，消费者比过去更容易获得商品的信息，有更多的选择，以及可以通过价格比较来进行决策。比如当当等网上商城提供的价格比较的功能，voipcheap 就提供与 Skype 的价格比较。

（4）改进的交货流程。数字或服务类产品可以立刻送到消费者手里。

（5）生活中的好处。可以在自己家里每个房间装摄像头，当出门旅游的时候，就可以通过远程登录来查看自己家的状况。

（6）通信成本降低。网络缩短了人们之间的距离，现在通过网络实现视频对话已经很简单，比如 QQ、MSN 等就可以轻松进行远程视频对话。同时网络电话大大降低了通信成本，比如应用 Skype 软件从国外拨打中国的传统电话，只需要 0.017 美元/分钟，比用传统的方式拨打国内长途还便宜许多。

3. 社会的收益

电子商务的好处可以惠及整个社会。互联网可以安全、迅速、低成本地实现税收、退休金和社会福利的结算。另外，比起支票结算，电子结算更容易审计和监督，这可以有效地防止欺诈和盗窃。由于电子商务使得工作时间更加灵活，可让人们在家工作，交通拥挤和环境污染也可以得到缓解。电子商务还可以使产品或服务到达边缘地区。例如，不管人们住在哪里，也不管他们何时学习，他们都可以通过远程教育学习知识、获得学位。而公共服务设施也得以延伸，例如，边远地区也可以通过网络在线连接医生与护士，获得医疗服务。

2.1.4 电子商务的障碍

虽然电子商务给企业、消费者甚至整个社会都带来了根本性的变革，但同样存在着影响电子商务发展和增长的障碍。Dave Chaffey 等从宏观环境和微观层面列出可能影响电子商务发展的一些主要因素，如图 2-4 所示。

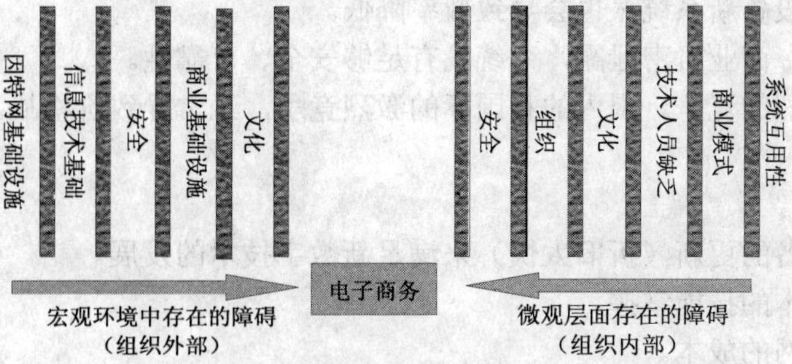

图2-4 电子商务的障碍

下面从宏观层面、微观层面、消费者的限制和社会的限制来考察电子商务发展中存在的一些问题。

1. 宏观层面的阻碍因素

（1）因特网基础设施。因特网基础设施包括因特网的普及程度、因特网连接速度、可靠性等。目前我国的因特网用户已经超过1亿，在大中型城市中已经普及。但总体来看，互联网普及率还不够，与发达国家相比，还有很大的差距。因此，企业在开展电子商务，尤其对于服务行业来说，还存在一定的障碍。

（2）信息技术基础。这涉及信息系统的标准化和应用，如软件技术标准、数据接口标准、行业数据标准等，这些因素对于企业的业务系统集成以及业务发展有重要的影响。例如一个大型企业希望价值链和供应链管理的集成整合解决方案，其需求可能不能够由一家应用软件提供商来满足，而对于不同的应用软件，之间如何进行集成则可能成为一个问题。

（3）安全问题。无论是对企业内部还是企业外部，安全问题都是一个非常重要的障碍。加密与解密、信用与风险、用户授权与缺乏公开密钥基础设施，欺骗与风险损失等都有关系。不过安全问题尽管涉及所有类型的组织，但在B2C的电子商务中最为重要，因为它反映了消费者和潜在消费者最关心的在线支付问题。

（4）商业基础设施。这涉及国际贸易协定、与税收相关的法律，以及其他与在线交易等相关的法律问题。当然这里指的是阻碍电子商务发展的商业环境，比如2004年我国电子签名法出台以前，网络交易的合法性就在法律上存在着问题，这就是阻碍电子商务发展的一个因素。有关电子商务环境将在下一节阐述。

2. 微观层面的阻碍因素

（1）没有直接看得见的利益。企业开展电子商务的动力通常来自外部竞争的压力，基于网络的信息系统为企业业务提供支持，它只是企业运作的一个工具，而并非一个单独的业务，所以，实施电子商务的收益无法直接衡量。对于缺乏竞争的传统行业尤其如此。

（2）创新的压力。新的竞争环境使得企业只有不断创新才能生存。在过去20年间，企业基于新的管理模式和技术的迅猛发展，产品开发周期变短，从而使得企业需要不断创新。另外，商业模式也很容易被复制和仿效，它会增加压力和降低长期竞争优势。

（3）信息技术的快速变化。计算机技术每年都有很大的发展，因此电子商务总是需要赶上新技术，以免落后。

（4）老技术和新技术的兼容问题。过去的老系统无法同新的系统兼容，组织需要两套系统，这将导致组织投资新系统，也会导致效率降低。

（5）担心欺诈、商业机密泄露，系统没有足够安全、可靠性。

（6）面临更激烈的竞争。国内的和国际的激烈竞争，经常导致价格战。

3．消费者的限制

（1）计算机设备的更新（折旧太快）来满足新数字技术的发展。

（2）计算机基本的技能掌握。

（3）连接因特网的成本。

（4）计算机设备的成本。

（5）个人数据和隐私缺乏安全性。因特网没有对数据真正的控制。数据保护规则并不普及，因此网站对个人数据的保护在不同的国家不一样。

（6）物理接触被电子流程所替代。

（7）由于通过非面对面的计算机交互，缺乏信用。

4．社会的限制

（1）打破人与人交互的传统方式。

（2）社会分割。不会网络的与会网络的两种群体的世界就不一样，找工作的机会，潜在的劣势，潜在的社会不稳定。

（3）浪费资源。新技术的结果，如何处置以前的旧计算机、键盘、显示器、音响和其他硬件、软件。

（4）管制网络困难，网络警察的问题。网络犯罪现在在上升。

影响B2C电子商务增长的负面因素，表2-2中列出一些不同的影响因素。

表2-2 B2C电子商务增长的负面因素

限制性因素	说明
技术成本	使用因特网需要一台PC，普通的台式机价格大约为4 000元人民币，接通家庭ADSL宽带需要每个月40～200元人民币
复杂的技能	从网上阅读比读报纸、看电视要复杂，在网上购物就需要更多的因特网知识。另外，网上支付的手续烦琐，且交易过程复杂等
对于已经成年的人来说，传统的面对面的市场的影响使得其难以转向虚拟世界	购物对很多人来说是一种文化和社会事件，大家喜欢传统方式那样的面对面讨价还价，这样的购物模式网上现在还难以复制
因特网普及的程度	由于区域经济的差别，目前很多地区的因特网渗透率还不高，并不是所有的家庭都有PC、宽带接入

2.2 电子商务环境

2.2.1 电子商务环境

因特网改变了社会经济环境，图2-5中列出了影响企业组织的商业环境的基本因素。商业环境可以划分为宏观环境与微观环境。微观环境有时候是指直接影响企业市场的运作环境，其电子市场的发展有着最重要的影响力，表现在对市场中的竞争对手、中介、上游供应商、潜在顾客的需求、服务的提供等方面的影响。宏观环境是一些间接的影响，其面更广些，如本地和国际经济条件、法律等。技术创新对组织也是极为重要的，会为更好服务和改变市场格局提供机会。

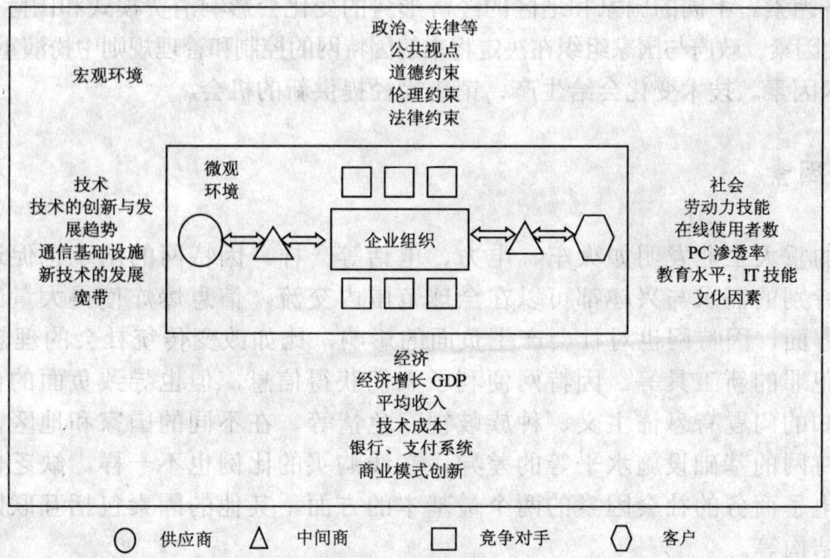

图 2-5 影响电子商务环境的基本因素

表 2-3 列出了具体的宏观环境因素和微观环境因素。其中宏观环境因素将决定微观环境的总体特征，比如，社会、法律、政治和技术环境直接影响消费者与商家对电子商务服务的需求。政府可以促进电子商务的使用，而社会传统可能会阻碍它的普及。比如，传统大众更喜欢面对面砍价的传统购物市场，这使得有些商品不适合在线销售。

表 2-3 影响电子商务的宏观环境与微观环境因素

宏观环境	微观环境
社会 ① 私人 ② 可接受的使用 ③ 因特网文化 政治、法律、伦理和税收 ① 法律和税收限制 ② 政府激励 ③ 因特网管制 经济 当前和将来的经济形势 技术 ① 新技术的选择 ② 技术变化的复制	市场 ① 竞争力 ② 价值链分析 ③ 新的渠道结构 ④ 地理位置 ⑤ 交易的商业安排 ⑥ 新的商业模式与收益模式 组织 对环境变化的适应能力 客户 ① 因特网的连接方式 ② 使用和购买的频率 ③ 购买行为 供应商 ① 因特网进入的水平 ② 使用倾向 ③ 现有系统的集成 竞争对手 竞争能力 中介 ① 新能力 ② 新中介

（1）社会因素。包括影响消费者是否做出使用因特网的决定的各种因素。

（2）法律与伦理因素。决定产品促进与销售（在线）的方法。政府寻求对个人权利和因素的保护。

（3）经济因素。不同的国家和地区的经济形势的变化会影响消费模式和国际贸易。

（4）政治因素。政府与国家组织在决定将来的因特网的控制和管理规则中扮演重要角色。

（5）技术因素。技术变化会给生产、销售途径提供新的机会。

2.2.2 社会因素

像其他的重大工业发明如火车、电力、电话等一样，因特网的出现也促进了社会的发展。那些特别的需求与兴趣都可以在全球范围内交流，信息爆炸使得大量的资源可以利用。另一方面，因特网也对社会产生负面的影响，比如改变传统社会的理想（思想），被用来作为犯罪的新工具等。因特网便利了人们获得信息，但也导致负面的信息广为流传。众所周知的问题有恐怖主义、种族歧视、色情等。在不同的国家和地区，因为上网的人数、因特网的基础设施水平等的差异，在线购买的比例也不一样。缺乏信任和安全问题是影响电子商务的社会因素的两个最基本的方面，其他的因素包括互联网渗透率、消费者群体结构等。

1．信用问题

因特网引起的最基本的社会问题就是信用问题。因特网不同于传统的通信工具与媒体，网上相见的两个陌生人之间，没有地理的概念，没有面对面沟通，从而丢失了很多信息。由于因特网交流而引发的问题的例子很多。2007 年《中国互联网分类信息 3·15 诚信调查报告》如图 2-6 所示，不难看出，网民对于网上分类信息是心存顾虑的，充斥于网上的各种虚假信息、黑中介、欺诈等行为很大程度上造成了网民对于网上信息的不信任。

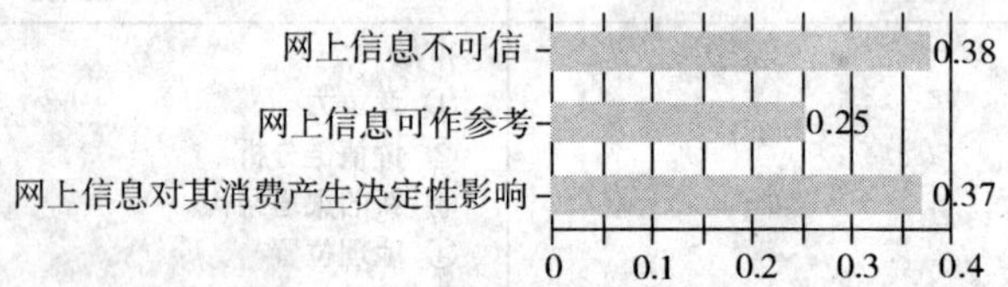

图 2-6　网民对互联网的信任程度

2．安全问题

病毒、恶意代码、流氓软件/网站、网络钓鱼等都是威胁在因特网上开展电子商务的障碍。安全问题将在第 8 章进行详细描述。

3．网络渗透率

与世界其他国家相比，中国因特网渗透率的发展水平仍有不小的差距。由图 2-7 可以看出，在全球各国中，冰岛的因特网普及率最高，达到 86%，网民规模最大的美国以及日本、韩国的互联网普及率都在 65%以上。因此和发达国家相比，中国的互联网普及程度明显落后，但发展空间还很大。

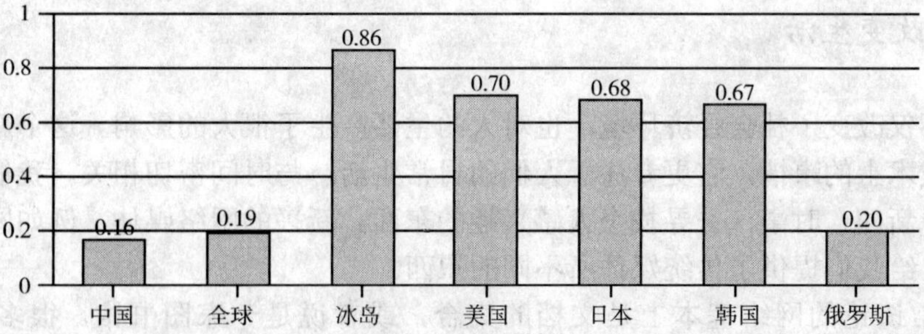

资料来源：《中国互联网络发展状况统计报告》，2008 年 1 月。

图 2-7　因特网普及率对比

4. 消费者结构分析

据中国互联网信息中心 CNNIC 最新调查报告的统计，如图 2-8 所示，中国互联网主要消费群体集中在 18～24 岁的青年人中，30 岁以下的人群占据了多数。

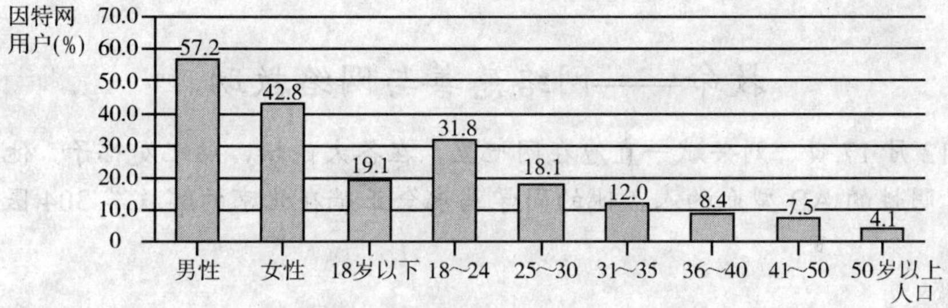

资料来源：《中国互联网络发展状况统计报告》，2008 年 1 月。

图 2-8　互联网消费群体结构

图 2-9 指明了中国非网民不上网的原因，可以看出有超过一半的非网民是因为缺乏计算机和网络基本知识或是不具备上网条件，因此，要提高互联网普及率还有很大的空间。

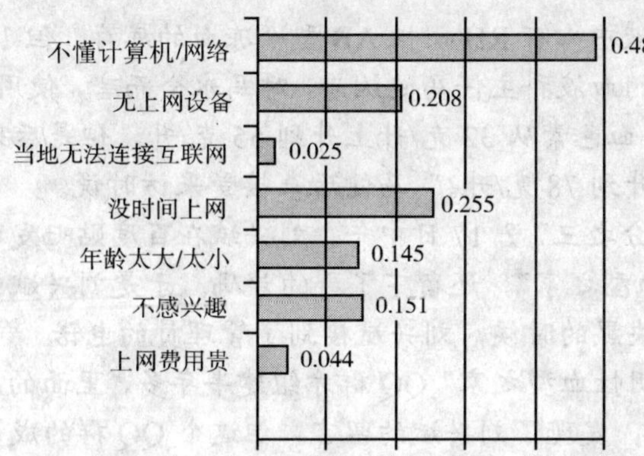

资料来源：《中国互联网络发展状况统计报告》，2008 年 1 月。

图 2-9　中国非网民不上网原因

2.2.3 网络改变生活

因特网不仅改变了社会经济环境，也对人的生活产生了很大的影响。这个新时代的网络并非仅仅是技术上的事情，它更专注于人们的日常生活，与时间密切相关。我们到网上去浏览信息，去看新闻、时事，去寻找个人感兴趣的东西。新兴的网络媒体，例如网络门户、网络电视台等，给我们提供了传统媒体所不同的东西。

人们日常谈论的网络基本上是文档的集合，或者说是一家图书馆。很多文档很少发生变化。如果你试着用 Google 或者别的搜索网站去搜索电视台有名的主持人的名字，得到的结果很可能是有关他的网页，而不是针对他昨晚上所做节目的信息。但文字、视频、图片等各种形式的网志使得我们有了更大的言论空间，能够轻松实现人们发表对事物的看法，许多人借此一夜出名。20 世纪 90 年代末的第一部网络走红小说《第一次亲密接触》，就是一个最典型的例子，其后还被搬上银幕。近两年各种网络红人层出不穷，也给人们平添了许多梦想。除此以外，聊天广场也衍生出许许多多的生活中的喜乐哀怒故事。

案例 2-3

救命——网络慈善与网络救助

2005 年 12 月 17 日，刘兴斌一直泡在网吧里，在各大论坛、贴吧发帖子。他得尽快找到一个具有 RH 阴性的 AB 型血的人。他的同学马永全正躺在北京的解放军 304 医院的病床上等血用。

寻找“万分之三”

12 月 16 日，马永全在开出租车时，腿上被歹徒扎了一刀导致大出血，需要输血。但是医院查出马永全的血型属于罕见的 RH 阴性 AB 型血。在汉族人里，RH 阴性血占的比例总共不到 0.5%，如果还要是 AB 型，则 1 万个人里只能找到 3 个左右。不仅如此，马永全还被查出有白血病。

当时，北京市红十字血液中心有 RH 阴性 AB 型冷冻血的库存。但 17 日上午，医生仍建议家属找新鲜血。负责输血的血液科主任马健认为，对马永全而言，使用新鲜血的效果更好。“输入 1 800 毫升的冷冻血，血色素从 32 克/升上升到 55 克/升。但是后来输入 400 毫升的新鲜血，血色素从 55 克/升上升到 78 克/升。”马健后来接受采访时说。

但上哪去寻找那个“万分之三”？17 日中午，刘兴斌在百度贴吧发现一个帖子，介绍一个 QQ 群“中国 RH 阴性血型之家”，还留下了群的号码。于是刘兴斌申请加入这个群并给 QQ 群的管理员留了言。天快黑的时候，刘兴斌接到了管理员的电话。

林峰管理的“中国 RH 阴性血型之家”QQ 群才组建半年多，里面的成员都是 RH 阴性血的人。17 日下午他上 QQ 群，发现了刘兴斌的留言。但这个 QQ 群的成员并没有北京的。林峰发了一圈通知后，忽然一个人发来消息：自己同样是 RH 阴性而且是 AB 型。而更幸运的是，这位名叫陈士彦的人正在北京出差。

资料来源：《中国新闻周刊》2006 年第 2 期。

2.2.4　技术

因特网技术是一种破坏性的技术，它在过去十年里对很多行业都造成了革命性的影响。比如本章的开篇案例中提到的音乐行业，以及零售行业、服务业等诸多领域，都颠覆了原有的游戏规则。在 B2B 商业组织中，传统的销售模式是通过分销网络，而现在则可以绕过中间商直接面向客户，或者有的行业会出现新的中间商。

如图 2-10 所示，因特网可以两个方面为管理者提供分析工具。它可以用来理解顾客采用技术或产品的阶段。比如，因特网现在已经是一个普及的工具，发达的欧美国家处在图中的阶段（4），而在中国，现在尚处在普及过程中，因此应该是处在阶段（3）。这表示在欧美国家企业使用因特网来开展业务是必需的，而在中国，这即将成为必需的。

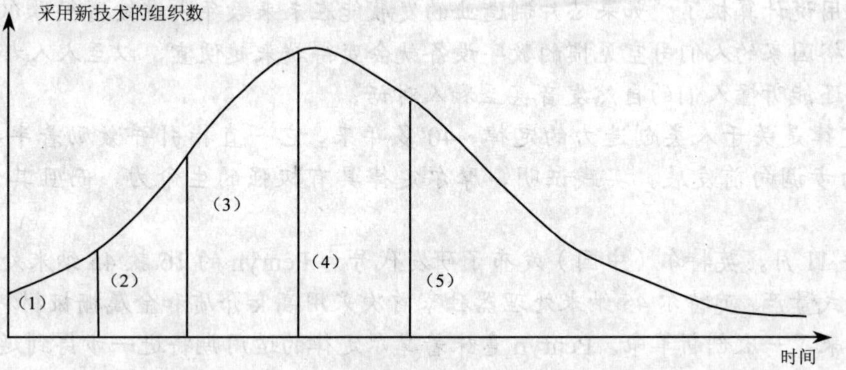

（1）一革新者（2.5%）；（2）一观念领先者（13.5%）；（3）一先发的大多数（34%）
（4）一后发的大多数（34%）；（5）一落后者（16%）

图 2-10　技术扩散曲线

在早期的先行者中，可以通过新的技术来革新管理，从而形成新的竞争力。但现在信息技术成为企业管理战略的一种选择。2003 年哈佛商业评论发表一篇文章：《IT 无关紧要》，阐述了这样的一种观点：IT 技术的应用已经成为管理的必需，这个时候它不再是跟战略有关的事情。其实这时候 IT 并非无关紧要，它已经成为基础设施，当大部分都采用新的工具来改善业务的时候，没有采用电子商务的企业属于被淘汰者，而采用的并不能为其带来之前创新者那样的核心竞争力，即图 2-8 中技术被广泛采用以后的情形。

随着信息技术功能的增强和应用范围的扩大，各个公司开始将信息技术视为对成功越来越重要的一种资源。这一点可以从企业开支中清楚地看到，根据美国商务部经济分析局的一项研究，1965 年美国公司用于信息技术的支出还不到资本支出的 5%，但是自 20 世纪 80 年代初个人计算机问世后，这一比率随即上升到 15%，90 年代初又上升至 30%以上，而在 90 年代末已接近 50%。即使在前几年技术支出萎缩的情形下，全球各地的企业每年的信息技术开支仍然超过 2 万亿美元。

然而，即使这样庞大的投资额度也不足以衡量人们对信息技术的推崇程度。高层经济的态度转变从另一方面也反映了人们对信息技术的崇拜。20 年前，高管们大多数鄙视计算机，把它视为低级雇员的劳动工具。在他们看来，计算机无非就是豪华的打字机和计算器，适合秘书、分析师和技术员等低级员工使用。他们自己连碰都不愿意碰一下键盘，更不用说把信息技术纳入战略思考了。但是，今天的情形已经大不一样了。信息技术的战略价值成了公司首席执行官们的口头禅，如何利用信息技术获得竞争优势以及如何将业务模型“数字化”也成了他们津津乐道的话题。

案例 2-4

摩尔定律引领创新革命

不断提高芯片速度的竞赛有时候似乎应该适可而止。我们的计算机已经够强大了，如果愿意的话，利用计算机的力量甚至可以再创造一个银河系。电话和个人数字助理（PDA）上有各种各样时髦花哨的附加通信功能，但很少有人会用。所以，我们还需要摩尔定律（芯片性能大约每 18 个月就会翻一番）吗？

电子业的回答是肯定的，这里面有成本和容量的原因。地球上仍然有几十亿的人口没有手机，更不用说计算机了。如果芯片制造业的发展能在未来数年内继续遵循摩尔定律的话，那么现在富裕国家的人们司空见惯的数字设备就会变得越来越便宜，以至人人都买得起，而且这些设备还能听懂人们的自然发音甚至和人对话。

摩尔定律是关于人类创造力的定律，40 多年来，它一直指引并激励着半导体工业按照可预期的步调向前发展。实践证明，摩尔定律具有极强的生命力，而且其外延仍不断延展。

2007 年 11 月，英特尔（中国）发布了研发代号为 Penryn 的 16 款 45 纳米处理器，并宣布于当月正式量产。英特尔 45 纳米处理器独家首次采用高 k 介质和金属栅极材料，为半导体制造技术带来了一次创新革命。Penryn 意味着摩尔定律的适用期将进一步得到延长，并为用户成功奠定了未来计算的创新之路。

作为创新型平台厂商，英特尔以摩尔定律的速度兑现其对客户的创新承诺，满足业界和用户对性能的要求。图 2-11 显示了英特尔利用摩尔定律实现一次次创新。可以看出几乎每两年英特尔就将硅核上的晶体管数量增加一倍，双倍的晶体管数量提供了极大的设计灵活性，进而可以提升处理器性能、扩展能力并提高能效。

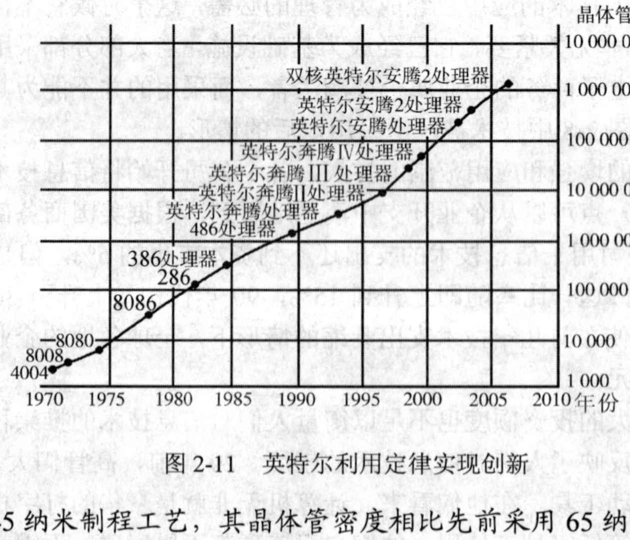

图 2-11　英特尔利用定律实现创新

但是，引入 45 纳米制程工艺，其晶体管密度相比先前采用 65 纳米制程的处理器几乎翻了一番，晶体管数量倍增。同时因为半导体制造工艺的瓶颈制约，65 纳米以下的制程将需要一次彻底的技术升级。线宽越小，芯片的功耗越小，然而，线宽尺寸缩小不可能永无止境，原有工艺在制造中采用二氧化硅作为绝缘材料，已经逼近了极限。从 65 纳米制程开始，按等比缩小尺寸规律，生产工艺已经很难再让栅极介电质继续消减变薄，到了 45 纳米制程，晶体管的尺寸还要进一步缩小，如果不能有效解决漏电流问题，摩尔定律也会就此宣布终结。

英特尔利用五年的时间采用高 k 介质材料替代传统的二氧化硅，同时引入金属栅极材料，突破了生产工艺的技术瓶颈。这种冒险的尝试使得英特尔成为“第一个吃螃蟹的人”。这种晶体管技术带来的实际意义是深远的。借此，英特尔扫除了通向 32 纳米及 22 纳米工艺技术中的重要障碍，从而将摩尔定律的使用年限延伸到下一个 10～15 年。

自戈登·摩尔 1965 年第一次提出著名的摩尔定律以来，芯片业总能在遇到拦路虎时逢凶化吉。即使是业已退休的摩尔也承认，芯片业排除万难不断进步的能力一直令他惊喜不已。正在兴起的新技术中，一些成就令摩尔再次惊讶和赞叹。

资料来源：《网络世界》2007 年 12 月。

2.3　电子商务的法律问题

2.3.1　网上交易的合法性

在电子技术引进之前，法律很少碰到文件在什么中介载体上呈现的问题。电报、电传、传真由于产生了书面的通信记录，收方得到了反映通信内容的通信记录纸，则足以形成书面证据。电子商务利用的电子邮件和电子数据交换与电报、传真类似，都以一系列电子脉冲传递信息。但由于电子合同不以原始纸张作为记录凭证，而将信息储存于计算机中，或记录于硬盘等介质中。因此，电子合同具有自身的特点：电子数据的易消失性；电子数据的易改动性；电子合同的局限性，传统的书面合同只是受到当事人保护程度和自然侵蚀的限制，而电子合同不仅会受到物理灾难的威胁；还有可能受到计算机病毒等无形灾难的攻击。

2005 年以前，虽然数据签名等安全技术能够实现网络信用与电子数据的真实性，但中国的立法滞后，通过电子方式进行交易的整个过程一直缺乏法律保护，例如电子合同、各类电子文档等的有效性法律不予认可。这种状况持续到《中华人民共和国电子签名法》2005 年 4 月 1 日起实施生效的那一天。在电子签名法出台以后，大家普遍认为解决了网上信用问题，从法律的角度，解决了以下问题：

（1）确定电子签名的法律效力。有了这样的签名，通过加密的手段，信息传递方可以确定对方的身份，整个传输没有被非法修改，也保证了传输过程中是加密传输的。签名法确定了电子签名的法律地位，解决了网上的身份问题，还可以确认机器的身份。

（2）确立数据电文的法律效力。也就是说，不管是网络上的文件还是计算机非网络化的文件，或者是一些记录，或者是电子化的合同、单证、通知等一系列的文件能不能作为法律上的证据存在，能不能符合法律上规定的书面形式的要求，电子签名法解决了这方面的问题。

（3）确定机构的有效性。通过电子签名的实施，可以建立起认证体系，使得电子商务交易中各方的身份得到一定的保障，从而构建起中国电子商务的宏观环境和诚信体系，才会有诚信和规范的经营。

但随着技术的发展，电子签名法颁布了一年多以后，曾经认为解决的问题又出现了。首先是电子签名本身的安全依然是最大的问题：电子签名加密算法的两座大厦——MD5 和 SHA-1 先后倒塌。这两种应用最为广泛的电子签名加密算法都被山东大学的王小云教授破解，这是对其破译概率为零的挑战，也是对电子签名安全性的一个沉重打击。正如新浪网友留言："MD5 和 SHA-1 都被搞定了，还拿什么加密？目前电子签名已经没有了法律基础。"虽然目前事情还没有到这一步。但这也足以威胁到电子签名"不可否认"的权威。

另外，如何规范认证服务，统一标准或实现交叉认证等还是制约电子签名应用的障碍。作为中国的第三方电子认证机构，CA 认证准入门槛低，存在无序、缺乏统一监管的行业割据状态。到 2006 年年中电子签名法实施一周年的时候，中国存在的 140 余家电子签名认证服务机构中，仅 17 家拥有国家电子认证服务许可证，其余的 120 余家竟未经认证。

除此之外，随着电子签名法的实施，电子商务领域需要许多配套法律法规去完善。在电子政务和其他社会信息化领域，电子签名的应用欠缺明确规范，电子签名有效应用还需要各个部门在一起做很多完善工作，在实践中需要不断发现问题和解决问题。

行业割据带来的最大麻烦就是证书不能在网络上互通。很多企业不得不花费大量的时间和金钱，在各个不同认证机构重复进行 CA 认证。比如各个银行均采用自己提供的数字认证，银行之间不能通用。如果 CA 之间都未取得一致，电子签名的准确性、权威性用什么来体现？据不完全统计，目前中国近 70 万家网站中，有 90%的网站都没有做任何官方记录。可以想象，在如此环境下，信用的征集必将受到客户资料保密和信息来源的双重考验，如果第三方与交易某方合作，提供虚假认证，又将如何追究法律责任？如此产生的纠纷，到底管辖权归属三方何地？如果是在因特网上，国际性的纠纷又如何解决？

事实上，电子签名的使用在中国尚未普及，即使在 2005 年中国网上购物交易额达到了 5 531 亿元，电子签名的应用依然很少。原因可归结为三点：电子签名太专业；网上安全的问题还没有受到足够的重视（网络银行还不够普及）；认证收费烦琐。这种情况也就说明了中国网上交易还存在着很大的社会与法律问题。

案例 2-5

QQ 币冲击人民币？

互联网上虚拟的东西很多，虚拟游戏、虚拟人物、虚拟房屋，甚至是虚拟的感情，不过"货币"这个东西着实有些特殊。

什么是虚拟货币？没有确切定义。自从网络游戏产业蓬勃发展以来，一种在虚拟世界里购买东西的货币出现了。短短几年时间，腾讯 Q 币、新浪 U 币、盛大元宝、网易 POPO 币等等"虚拟货币"已经在互联网这个虚拟世界里扮演上了"货币"的角色。2006 年，当这些网络上的虚拟货币形成了一定的规模以后，有人开始质疑这些货币流动的合法性。2006 年 11 月 2 日《重庆晚报》刊登了一篇文章《人民银行关注 QQ 币交易冲击人民币》，文中称人民银行成都分行的工作人员发表言论说，Q 币等虚拟货币代替人民币在网上交易非常值得关注。

市面流通的与 Q 币类似的网络虚拟货币不下 10 种，如网易币、百度币、酷币、魔兽币、天堂币、盛大（游戏区）点券等，而使用最广泛的还是 Q 币，仅 Q 币的潜在用户就已上亿。据淘宝网 2006 年 9 月的统计，腾讯专区里面的商品种类有 20 余种，日交易额超过 55 万元人民币，商品数量已经超过 30 万，专门从事腾讯产品销售的卖家已经突破 3 000 家。尽管 Q 币的官方价格是 1 元人民币/个，但是在淘宝网 Q 币的价格基本在 0.4～0.6 元人民币/个。据估计，中国互联网已具备每年几十亿元人民币的虚拟货币市场规模，并以 15%～20%的速度成长。

Q币能干什么呢？Q币的用途为支付QQ会员服务、购买QQ网络游戏中的虚拟装备、购买QQ网络游戏中的游戏币等。QQ产品卖家的专一来源于Q迷的狂热，“如果你不好好调查，真的发现不了学生中对于这种Q币的热情，其实已经不是热情了，更多是一种痴迷，感觉都有点拜物教的味道了。”在南京大学外国语学院的一个普通女生宿舍，记者看到的是几位女生同时在屏幕上打开几个QQ，不厌其烦地在腾讯网站用Q币为自己的虚拟形象购买服装和其他各种道具。

（1）Q币购买手续简单，且渠道广泛。打开QQ充值页面可以看到，充值方法非常多，包括银行卡充值、一点通充值、财付通充值（9折优惠）、电话银行充值、QQ卡充值、电信宽带充值、网通宽带充值、声讯电话充值、神州行充值卡充值。可以说，能够想到的所有充值方式，腾讯公司几乎都想到了。而用户使用网上银行则相对麻烦，开户要去银行，还要登记身份证，查询和转账也不太方便，卡上没有钱的时候，还要去银行续费等。

（2）Q币的费用很低，几乎是零成本。人民币转账和异地查询需要收费，但是Q币却不需要；某些银行已经对小额存款未达到数额标准的账户收取一定的费用，同样是小额的Q币账户不收取任何费用。

（3）购买QQ的网络服务Q币更为方便。使用Q币购买现实中的物品非常困难，使用人民币直接购买腾讯的产品也非常麻烦。由于腾讯的服务和产品面非常广泛，从通信到移动、从虚拟秀到网络游戏，电子杂志，视频服务，交友服务等，这就需要一种通用的支付方法，Q币应运而生。腾讯公司在各种服务的支付手段提供上，网上银行只是近十种方式中的一种，由于要去银行，非常不便，人们往往倾向使用方便移动支付或者Q币支付等其他方法。

（4）QQ网络服务自身的优势。QQ提供了很多内容服务，有些在现实社会找不到，如网络游戏，但也有很多是现实社会的内容重复和交叉的服务，比如电子杂志和现实中的杂志，网络宽频和现实中的DVD视频，同样的杂志网上可能是免费的，或者价格极其便宜；现实中需要不菲的价格，DVD视频在线观看网络上也只需要较少费用。同样的或者是接近的内容，网络上更便宜，而网络上可以通过Q币方便购买，QQ网络服务让Q币成为宠儿。

不过，Q币的安全方面值得担忧，很多人曾多次被木马黑客盗取上百元Q币，苦不堪言。由于Q币支付的金额较小，大部分盗取行为并没有影响到Q币在网络中的地位。

有学者认为，Q币已经具备了货币的功能。按照教科书的解释，货币指的是充当一般等价物的特殊商品，这种商品有五大职能，价值尺度、流通手段、支付手段、储藏手段和世界货币的职能。如今，可以在网上买东西，并能和人民币兑换，甚至当工资发的Q币等虚拟货币，已初步具备五大职能：

（1）价值尺度。毫无疑问，在虚拟世界里，Q币可以购买很多商品。QQ社区商品用Q币标价。Q币等虚拟货币不仅能够购买自家所提供的各种网络服务，而且还能在因特网上购买到其他企业所提供的网络服务，比如江民杀毒软件等一些网络上的流行软件。当如今网络上一些商品既用人民币又用Q币标价时，Q币好像已经成为了虚拟社会中的“尺子”。

（2）储藏手段。Q币账户永不过期。游戏点卡有有效期，手机充值卡也必须在一定期限内使用，可是Q币不同，只要腾讯公司不倒闭，Q币可以永远保存，不用担心它过期，也不用担心它作废，这一点已经等同于存在银行的电子货币，如果说Q币可以得到国家的认可，那Q币将真的成为一种合法的网络支付货币。

（3）流通手段。Q币可以实时转账。一般Q币与人民币为1∶1的比率，购买1个Q币，需要付人民币1元钱。使用腾讯的服务，无论是QQ会员、网络硬盘、QQ音乐、订阅杂志、

QQ游戏、QQ宠物等，都需要支付Q币。甚至在腾讯产品服务体系内部，Q币与Q点、QQ游戏币等之间都建立了等量交换关系。如果你从工商银行转账到建设银行，不仅要支付手续费，而且还要等待2~5天。但是如果你想把一个QQ号里的Q币转移到另一个QQ号，5分钟内肯定能完成，还不要手续费，Q币在一定程度上已经具有了流通性。并且Q币与其他网游货币的汇率也相对稳定，更有网站公开给出做市商报价，Q币的流通性已经极强。比如在淘宝网上，人民币兑换Q币的卖方报价为0.5元人民币兑1个Q币，一般私下里买入方报价为0.45~0.47元人民币兑1个Q币。另外，购买Q币的方法已经由简单地从经销商处购买，发展至可以通过拨打声讯电话、手机，每次申请面值为1、2、5、10的Q币，相当于1、2、5、10元人民币从电话费上扣除。也就是说，人民币与Q币的汇率已经基本形成，不过具有不规则的浮动性，但Q币的流通性已经不成问题。

（4）支付手段。Q币支付省事方便。在腾讯的服务内容里，无论是QQ会员、网络硬盘、QQ音乐、订阅杂志、QQ游戏、QQ宠物等，都需要支付Q币。而且由于用Q币的人越来越多，很多网站和论坛，甚至是游戏都可以用Q币进行实体商品买卖。这甚至比人民币在网上支付的过程还要简单，Q币看准了就可以交易，Q币支付给对方，对方给你商品，一切就这么简单。从目前来看，通过Q币支付远比通过人民币支付省事。有些论坛居然出现了用Q币来发工资，然后员工将Q币兑换成人民币。部分不法分子通过QQ招募散发小广告的人，一切过程都在网络上进行，为了降低在现实中的风险，在给张贴小广告的人结算工资时，雇主用Q币结算工资，再由被雇用人兑换成人民币。

（5）世界货币。Q币还未成气候。虽然Q币在中国可以充当工资，但很难兑换成美元，更别说能在国际金融市场上流通了。

所以，中国学者杨涛在2006年第7期的《法制与新闻》上发表文章称，根据《人民币管理条例》，人民币是中国法定货币，人民币在现实中是有数量限制的，而Q币等虚拟货币商家可无限发行，虚拟货币代替人民币成为网上交易的一般等价物，必会冲击我国的金融秩序，“泛滥后果不堪设想”。

为此，腾讯公司的负责人强调，腾讯的Q币并非虚拟货币，因为“Q币是腾讯公司为便利广大用户推出的用于购买相关增值服务的支付渠道，它使用范围局限于腾讯公司业务范围，在不同企业主体之间是不能交换的，不具一般等价物性质。因此，Q币并非所谓‘虚拟货币’”。正常情况下，现今使用最为广泛的Q币只能实现人民币→Q币→游戏币→增值服务的单向流通，即在正常渠道中用人民币兑换成Q币之后，不可以再将Q币兑换成人民币。腾讯公司认为，“对于参与到网络消费的网民来讲，Q币只是商品的一种，类似于游戏点卡或者手机充值卡”。

腾讯认为，Q币只有经销售途径，用户支付人民币后，才具有消费价值，而不是腾讯可以随意发行的。此外，腾讯的业务有限决定了Q币销售量也是有限的。由此，认为腾讯可以无限发行Q币，足以冲击人民币的观点是错误的。

尽管腾讯表示，腾讯的产品和服务不允许Q币转换为人民币，腾讯也坚决反对并致力于打击非法的Q币贩卖行为，不过事实上，现在Q币已经超出腾讯公司提供的服务范围，正在逐步成为网上的一种交易工具。正如杨涛所说，现实中将Q币兑换成人民币并不鲜见，甚至还出现了专门销售这种“虚拟货币”的网站。

目前国家对虚拟货币也没有明确的监管办法，但是在有关的基本法律法规里明确了其他形式的代金券等，不能与人民币进行反向兑换，这就等于明确了不允许Q币这样的“虚拟货币”兑换成人民币。

2.3.2　个人隐私问题

广泛使用的互联网已经引发了许多个人隐私方面的问题，它还会在将来发展的过程中对个人许多方面带来意想不到的问题。目前很多人使用因特网作为自己交流和传送信息的工具，但这些网上传送的信息，特别是有关自己私生活的不愿被别人知悉的信息，其保密性很难得到来自于因特网技术方面和来自于法律方面的有效保证。电子邮件和其他网上传送的个人信息很容易被解密。在因特网上，在每一个用户的个人信息都经常容易被他人窃取、存储和复制的情况下，如何保护每一个人的网上隐私就变得尤为重要。

隐私是指避免第三方介入个人事件的道德权力。因特网其实并没有带来新的隐私权问题，它只是使已经存在的许多有关隐私权方面的问题，如信息的机密性、信息的确定性和信息的整体性变得越来越难以保证。每一个人与外界发生联系而产生的种种资料都可能成为搜集的对象，几乎到了有密不保的程度。

网络空间的个人信息隐私权主要是，“公民在网络中享有的私人生活安宁与私人信息依法受到保护，不被他人非法侵犯、知悉、搜集、复制、公开和利用的一种人格权；也指禁止在网上泄露某些与个人有关的敏感信息，包括事实、图像以及毁损的意见等。”从这个角度来看，网络只是作为新的传媒介质而已，但这种介质与传统的媒介又完全不一样，其影响力十分巨大。目前因特网上对公民隐私权的侵害主要存在于以下几种情况：

（1）网站对个人信息的侵害。很多网站大都配有监视用户上网习惯的软件，甚至在未经授权的情况下就制作了用户的档案，记录用户的电子邮件地址和网上购物习惯。这无疑是对公民私人信息的一种侵犯。虽然为数不少的网站在要求访问者提供私人信息时附有信誓旦旦的隐私权保护声明，但只有极少数网站做到了网络安全专家的要求，向顾客说明数据的搜集方法、范围、获取信息的途径、网站保障数据的安全措施以及信息的使用权限。

比如，2006 年，一个名为“名片网”的网站正在悄然流行。据介绍，该网站月点击率 500 万次左右，收录了 200 万张以上的个人名片供网友免费查询，条件是“上传一张名片可查阅两张”。法律专家明确指出此举侵犯个人隐私，因为其信息并非由当事人同意而提供。

（2）专门的网络窥探业务。网络业的兴起带来对信息的狂热追求，其中蕴涵的巨大商机培植了一大批专门从事网上调查业务的公司。只需支付低廉的费用，任何机构和个人都可以获取他人详细的个人资料。一些网络公司未经用户同意或知情就在他人的硬盘上加入 Cookies（一种跟踪文件），非法监测用户上网习惯，收集访客信息，以实现自己的商业目的。美国最大的网上广告公司 Doubleclick 就因此而受到美国互联网隐私保护组织“电子隐私信息中心”（EPIC）的指控。但目前在公众和私人信息中搜集资料的网络窥探调查业务不仅不是违法行为，反而还是一项获利不菲的业务。这一对于公民隐私权最具杀伤力的行业行为必须得到法律上的规范。

（3）设备供应商的侵权行为。有些软硬件厂商在自己销售的产品中埋下“伏笔”，对消费者的数据隐私进行收集。据报道，微软的 Windows 98 系统在办公软件 Word 和 Excel 文件上生成包含用户计算机信息的唯一的确认号码，通过这个“后门程序”，导致用户信息在不知不觉中进入了微软数据库。Intel 公司则在其奔腾Ⅲ处理器芯片上加上可进行远程识别的序列码，使用户私人信息可能受到不适当的跟踪。设备供应商开发出的各种互联网跟踪工具已获得普遍应用，使得人们在网上的各种活动处于“网络侦探”的窥探之下，毫无隐私可言。

（4）电子邮件、网络广告中的个人隐私问题。电子邮件从发送到收取要经过几个服务器，在其中任何一个中转点，未加密的邮件信息都很容易被偷看。因此，一些喜欢窥探别人隐私的服务提供商就可以轻而易举地浏览进入其服务器的邮件包。另外，垃圾邮件也成为很大的威胁，我们在后面有关垃圾邮件中进一步阐述。

（5）电子商务中的隐私权问题。电子商务的兴起改变了传统的交易关系，对维护公民隐私权提出了新的挑战。在个人数据收集、个人数据二次开发利用、个人数据交易等环节都可能产生侵犯公民隐私权的问题。比如，人们经常会碰到在网上注册的事情，去一个论坛需要注册，成为一个公司的客户需要注册，到网上商城购物需要注册，注册的时候就需要输入个人信息，但这些个人信息是否会被泄露，是否会被数据库拥有方作为其他用途，或者为第三方所获得，是我们所担心的事情。虽然按照法律，用户在提交私有信息的时候，双方有约定的网上合同，但是否所有的公司都遵从这些条款或者有条款保护用户私有信息？同时这方面的法律也都是新制定的，并没有在法律实践中得到很好的检验。从表 2-4 中可以看出各种网上的个人信息可能被不同的方法和技术泄露。

表 2-4 泄露信息的方法和技术

	方法和技术
联系信息	在线表格收集。存储在数据库中。Cookies 用来记住每个来访者并在以后再次来访时的姓名、地址、电子邮件地址等信息，对 B2B 公司，还包括网站地址
档案信息	在线表格收集。Cookies 被用来分配给一个人具体的 segment，通过链接消费者数据库里的 Cookie 记录，然后提供与先前一致的 segment。用户的特征信息，比如年龄、性别、公司特征和商业用户的个体角色。有研究表明，如果有合适的理由和激励，消费者就愿意给出非金融方面的信息
行为信息（在一个网站上的）	购买历史，包括整个购买流程中的行为，都可以存储在销售订单数据库中。网页分析可以跟踪用户进入网页或 E-mail 的内容；Web 登录日志被用来存储页面访问的点击流；一个简单的 GIF 突破可以被用来评估是否读者打开了一个 E-mail；Cookies 同样被用来监视在访问这个网站的期间以及随后的访问中访问者的行为
行为信息（在不同的网站上的）	Web 日志可以告诉用户访问的先前网站。Banner 广告和因特网服务提供商评估潜在的访问的网站。这些信息能够实现一个使用者对广告的响应

但目前各国并无专门的法律法规对电子商务中的隐私权问题进行调整和规范。网上购物泄露隐私的隐忧使得许多潜在的消费者对电子商务产生了抵触，阻碍了电子商务的顺利发展。此外利用电子计算机进行的远程医疗、网上保险等新型电子商务活动中，同样也存在着隐私泄露的巨大隐患，而且这些活动中收集的数据具有不利于消费者的性质，对消费者造成的影响可能更严重。

（6）雇主对雇员隐私权的侵犯。工作场所是一个介于私人住所与公共场所之间的空间，雇主的经济利益与雇员的人格利益（隐私权等）常常会产生冲突。雇员网上浏览冲浪、聊天、发送电子邮件等行为甚至邮件的内容都可能被雇主通过监视系统拦截获悉。诸如 Dick Tracey、Spector、Little Brother、Internet Watch Dog、Web Sense 以及一种名叫“网络神探”的软件就可以监视和记录雇员在办公计算机上的一举一动。通过监视获得的雇员“不务正业”的证据甚至可以作为合法解雇雇员的依据，雇员的隐私权在这里毫无保障。

（7）政府的侵权行为。甚至连一向强调保护个人隐私的美国政府也在侵犯他人隐私事件中扮演不光彩的角色。美国联邦调查局（FBI）的“食肉者”网上邮件窃读系统最近引起轩然大波。该系统可以被安装在网络服务商的设备上，从浩如烟海的电子邮件中找出发自或送至目标嫌疑犯的邮件，并将其内容复制到“食肉者”计算机的硬盘上。但人们无法确定该系统是否仅仅读取那些只与犯罪调查有关的电子邮件而不侵犯网民的其他隐私，从而引起了用户甚至是服务商的极力反对。英国已经通过了一项授予警方和安全部门广泛的权力来截取、破译公司、组织、公民之间的电子邮件和其他信件的法律，这使得英国成为西方国家中唯一的其政府可以要求使用因特网的任何人交出破译电子邮件和其他加密资料的密钥的国家。

（8）黑客的攻击。黑客攻击个人计算机获取隐私的问题属于安全问题，关于网络安全将在第 8 章讨论。但这种利用技术窃取个人隐私的行为属于侵权行为，其违法性必须由法律做出明确界定。

（9）博客和社区对个人隐私的侵犯问题。网络博客空间的最大优势是个人充分拥有自己博客的支配权，可以任意写清道明个人所想、所闻、所见以及对某一事件的看法和评价，拥有了这些无限大“权利”的博友，不少人想获得更多人的追捧和关注。赚得眼球获得最大限度点击量成了部分博客朋友的写作动机，于是涉及个人名誉、隐私的东西难免会展现在博客上；另一部分博友完全出于泄愤，让自己的不满情绪通过博客平台得到释放，这种损人利益发泄情绪的做法，可能就会因为偏激的语言成了自己走上被告席的充分理由——侵犯了他人名誉权和隐私权。

但中国还没有把隐私权作为一项独立的人格权在法律上加以规定，在隐私权的保护方面没有专门的法律法规，仅在司法实践上确认将隐私权归于名誉权中加以保护，或作为一般人格利益的内容之一。不对隐私权进行专门立法保护无法解决中国在隐私权保护传统领域的难题（如隐私权保护与名誉权保护的交叉、与言论表达自由和新闻出版自由的界限等），更无法面对信息技术的高速发展和电子产品的广泛应用对网络空间个人隐私权提出的挑战。

我国的隐私权保护法律基础与社会环境都还相当薄弱，更谈不上对网络空间的个人隐私权进行完善的法律保护。同时由于网络本身的开放性、全球性、不完善性，以及人们隐私权法律意识的淡薄，加之隐私权侵权案件的侦察、起诉、取证、审判等方面都存在困难，使公民个人的网络隐私权无法得到基本的法律保护。就中国目前的现状而言，网上消费者既无专门的网络隐私保护的规定可供适用，也无法求助于传统隐私权的保护手段进行救济。对网络隐私的保护仅限于行业自律。

案例 2-6

某网站对用户注册数据的承诺

下面是某网站对用户注册数据的承诺：

（1）保障用户隐私权，对上网用户的个人信息保密，未经上网用户同意不得向他人泄露，但法律另有规定的除外。只有当政府机关依照法定程序要求我们披露用户的个人资料时，本网才会依法或为维护公共安全之目的向执法单位提供用户的个人资料，且不承担任何法律责任。

（2）用户自愿注册个人信息。用户在注册时，须提供一些个人资料，包括用户姓名、性别、职业、公司、电话、通信地址和电子邮件地址等。只有获得如上信息，本网才能为用户提供更加安全、周到及个性化的服务。用户在注册时提供的所有信息，都是基于自愿，用户有权在任何时候拒绝提供这些信息。注册个人信息的用户同意本网站对这些信息进行善意利用。

（3）共同维护用户名及密码的安全。用户一旦注册成功，将得到唯一的用户名和密码。用户须妥善保管您的用户名和密码，不得告诉他人，否则因此产生的风险和损失由用户自行承担。用户要对以用户名进行的所有活动和事件负全部责任。用户若发现任何非法使用自己的用户名的情况，请立即通告本网。

(4) 本网站所提供的服务会自动收集有关访问者的信息，这些信息包括访问者人数、访问时间、访问页面、来访地址等，本网站将使用这些信息来对我们的服务器进行分析和对网站进行管理。本网站使用了Cookie功能，网站会存储和获得用户登录信息，但我们不会使用Cookie来跟踪任何个人信息。即使在使用Cookie的情况下，除非您非常明确的告知我们，否则我们并不会获知您的个人信息。

(5) 本网站包含到其他站点的链接，我们对于这些站点的内容和隐私条款不负任何责任。

(6) 任何时候如果您认为不再需要本站提供的服务，您可以发送E-mail给我们，我们愿意把您的注册信息注销，注销后造成的一切后果有您本人承担。

类似案例2-6这样隐私保护声明，仅仅是依靠企业自律行为来保障。但是国内有一些网站的隐私保护声明形同虚设，这些隐私政策公告大多内容简单，且不涉及对个人资料的使用说明以及相关的安全保证，相反，还附上了许多免责条款，其效果可想而知。表2-5说明了各种因特网工具对隐私的影响，表2-6中则提出了解决技术。

表2-5 各种因特网工具对隐私的影响

因特网工具	对隐私的影响
Cookies	用于跟踪个人在一个网站上的使用记录
第三方Cookies	通常是在第三方广告网络站点。用于监视在线行为、站点访问，在数千个属于广告网络的下属站点中，目的是了解广告之间的相关性
间谍软件	可以用于记录使用者键盘的活动，包括Web站点的访问和使用的安全代码，也用于显示使用者的广告，基于他们的搜索和其他行为
搜索引擎行为定位（Google，Baidu及其他搜索引擎）	利用使用者的搜索历史、搜索偏好以及人口统计等其他使用者进入的数据，来定位广告
购物车	手机购买和支付的明细
网页中的表单	用户自愿填写的在线表单，网站通常承诺填写这些信息会使用户获得收益，比如注册成为会员
站点的处理日志	用于收集和分析每页被使用者查看的内容的详细信息
搜索引擎	用于跟踪用户声明。查看新闻组、聊天组和其他Web公共论坛，以及用户档案中的社会和政治评论。Google返回姓名、地址和连接到地址的地图等

表2-6 防止隐私泄露的技术手段

相应的技术手段	行为
反间谍软件	发现和移除间谍软件
阻止弹出式窗口	阻止弹出式广告窗口
安全电子邮件	加密电子邮件和文档
Cookie管理器	阻止客户端计算机接受Cookies

案例2-7

因特网与个人隐私

如果有一天，你通过互联网接收即时卫星地图，看见自家的楼顶和院子前面的小狗，或者经过的人们——你不必惊奇，因为到那个时候，即时影像的传输让每个人的一举一动都尽在掌握，每一个人的面孔都在别人的监视器中无处躲藏，每一个人的“话语”都有了录像的监控，于是，所有的谎言都昭然若揭。

如果有一天，你的信用卡账户突然失效或者被人恶意透支，也不必大惊小怪，说不准你的信息通过因特网早就“散布”开来，通过搜索引擎，敲下几个关键字符，你个人的资料都在别人的视线之中，你的所有资料和隐私也有可能被人收集起来，低价出售。

所有这一切都不是杞人忧天的呓语，实际上，随着因特网技术的发展，越来越多的个人资料通过因特网“泄露”出去。

搜索在给你提供必要信息的同时，也为你的“隐私”开了一个窗口。人类科技的发展速度远远超过人的观念的发展，“隐私”的话题一而再、再而三地成为被人们所关注的焦点。那么，生活在这个科技高速发展的社会中的人们，究竟还有多少不被人窥视的自由空间？当高科技遭遇个人隐私时，我们又将去往何处？这一切，都在人们的脑海中，纠结成一个个问号，期待答案。

地图搜索：无法遁形的人

卫星遥感技术和互联网结合，将会有什么样的结果？那就是你不必走出家门就可以到世界任何地方去，甚至在严冬看见彼岸在海滩游泳的人们——“Google.earth”地图的清晰度已经相当于我们在 300 米高处看到的景观。

通过各大网络公司的最新地区搜索和地图服务，网民可查看到自己邻居的树篱是否刚刚修剪过，甚至可确定停放在某家饭店前汽车的主人是谁。最清晰的，应该是美国纽约。把光标停在自由岛上，拨动鼠标滚轮，可以清楚地看到自由女神像，公园里面的树有多少棵都能数出来，溜达在岸边的游人也历历可数。在自由岛西边，隔水相望，有一座巨大建筑，前面的停车场上的停车线，也一清二楚。

中国网民看见的电子地图，北京三环内地区的确是高精度卫星图像，所有房屋一览无余。小汽车在上面是个几毫米见方的矩形，路上的行人也清晰可辨，如图 2-12 所示，Google.earth 的故宫全景图就像是在飞机上俯拍……难怪许多人惊呼：“泄密了！”

图 2-12　Google.earth 的故宫俯视图

微软本地地图搜索功能取名“street view”（街景），它计划向用户提供驾驶员看到的西雅图和旧金山市中心的图景，其使用的图片将使人们清楚地看到路上的行人和车辆。

雅虎自然不甘示弱，其负责地区业务的主管波尔·列文表示，雅虎地图搜索通过系统升级与 Google 提供的地图搜索系统相抗衡，它具备五六个特点，包括驾驶去往不同城市的路线等。此外，雅虎地图这次升级后，把本地的商户电话加入地图，和 Google 地图的做法如出一辙。

如今，搜索服务大战如火如荼，地图搜索更是商家垂涎的大蛋糕。Google、雅虎、微软三大巨头谁也不让谁，美国在线、亚马逊也不甘示弱。虽然此项新功能目前仅限于美国使用，但雅虎的最终目标是在全球站点进行普及。

“显而易见，地图服务将引发隐私担忧，肯定有人对此会感到不舒服。这样做有何市场价值？如何取得市场利益与隐私保护之间的平衡？”对于地图搜索，人们发出这样的疑问，他们认为众多家庭尤其是女性、儿童等弱势群体将更容易受到安全威胁。

对于支持者而言，他们更看重对犯罪行为的约束力。他们认为，任何可监控到的犯罪行为都可以被“记录在案”，任何谎言都会在证据面前不攻而破，这样警察就可以轻松破案，对犯罪分子来说也具有不小的威慑力。

可是，问题是当你行走在每一个角落都被卫星覆盖的街道上时，你会有多少安全感？

信用卡泄密：为陌生人埋单

2005年，美国爆发了有史以来最严重的信用卡资料泄密事件。万事达卡国际组织公开宣布，储存有大约4 000万美国信用卡客户信息的电脑系统遭到黑客入侵，导致客户资料泄密，被盗账号信息资料可能被用于金融欺诈活动。也有消息说，可能会有6.8万信用卡客户面临“替陌生人埋单”的风险。同时这一事件也波及中国，初步估计有近2.5万名中国客户受到影响。

万事达卡国际组织披露，该事件中，共有9 000个香港地区和20.5万个亚太地区的用户受到影响。在涉及泄密的9 000名香港地区持卡人当中，有761名属于高危名单，即姓名、信用卡号、密码以及有效日期等全套敏感资料被外泄，其余香港地区持卡人被泄露的只是非敏感资料。万事达卡国际组织香港发言人强调，即使敏感资料被盗取，构成金融诈骗的可能性仍然会很低。根据亚太地区资料显示，信用卡消费中每100美元才会有0.03美元的诈骗。万事达卡国际组织重申将会继续与美国联邦调查局以及各银行保持紧密联系。

据有关政府部门推算，目前仅美国一地，每年就有至少1 000万人的银行或者信用资料被他人非法窃取。此举不但给消费者造成了超过50亿美元的经济损失，更让众多公司蒙受的损失高达480亿美元以上。这种通过购买他人信用卡号码实现“我消费你付钱”的犯罪活动对美国金融业构成了巨大威胁，堪称正在慢慢腐蚀其肌体的“恶性毒瘤”。除了入侵信用卡公司的服务器盗取数据外，黑客们还通过散发精心伪装的垃圾邮件，千方百计地引诱受害者在不知情的情况下，泄露自己的信用卡或者银行账户信息（其主要手段是宣称银行因安全需要重新核对用户资料）。

专家提醒说，黑客喜欢在垃圾邮件中仿冒国外银行网站界面并植入一些特殊软件。只要用户不慎在黑客提供的虚假的账户和密码栏输入信息，该软件就会自动记录下来并立刻发送给黑客进行处理。

黑客获取别人的信用卡号码后，往往会通过上网购物，然后把自己买到的东西通过网上拍卖出售，从而通过类似“洗钱”的效果为自己赚取看上去无懈可击的昧心收入。其他的所谓高手则能通过掌握的资料，造出与真卡一样的假卡去商场消费。此外，犯罪分子甚至能用假卡去银行自动柜员机上提款。

网络在帮助人们寻找答案的同时，也让一部分人借助它的力量去为所欲为——网络是一把双刃剑，也伤到网民自己。

资料曝光：谁泄露了我的隐私？

2005年在中国互联网发生了一件娱乐圈的大事：近600位明星的私人电话号码在某著名网站的论坛曝光，随即以迅雷不及掩耳之势被其他网站转载，并被众多网友下载。一时间，中国众多明星们开始被各种各样莫名其妙的电话、短信骚扰。最先曝光的网站已将曝光电话的帖子删除，但一些网友已在网上公开叫卖这些号码，完整版更被定价为 1 000 元。某些不怀好意的人不仅将明星的电话号码贴在网上，并附有一张经过加工的照片，“包装”成低俗的网上征友。

无独有偶，美国媒体也曾发布相关报道，有黑客侵入了希尔顿饭店企业女继承人帕里斯的手机地址本，造成其手机中记录的多位美国名人的私人电话号码在网上流传开来。

2006 年 3 月，2 万名曾经投诉过警察的香港市民个人资料突然在网络上流传，包括姓名、地址、身份证号码，甚至刑事记录，这引起了这些信息被泄露的香港市民的恐慌。与此事件有关的香港投诉警方独立监察委员会日前公布了调查结果，确定此绝密资料泄露事件的原因是计算机服务商擅自将资料放到了网络服务器上，并且未设置下载密码。

如果说以上案例是被动传播且不涉及利益的话，那么被许多网民称为“流氓网站”靠卖注册者资料赢利的一家网站无疑成了众矢之的。这家网站拥有超过 9 000 万完整的个人数据资料，里面包括用户的姓名、年龄、住址、学历和联系方式等数据。其中 80%是住在中国内地、中国台湾、中国香港以及新加坡、马来西亚、美国、加拿大、澳大利亚和世界其他主要国家的华人，而另外 20%则是外籍人士。只要网民一周最低付一元钱，一周之内可以浏览全部 9 000 万份完整的个人数据资料库！

有人感叹这个价格也太便宜些了吧？

怎样保护自己的隐私？

科技的进步与个人隐私之间的关系似乎是唇齿相依，如果以放弃个人隐私而换取的科技进步是没有什么价值的，作为代表技术进步的网络技术亦是如此。技术越进步不是越没有隐私权，而是加强隐私权的保护才是最重要的事情。

一场个人信息的“保卫战”正悄然打响。

首先，要确保自己的个人资料不通过网络泄露，必须提高个人隐私保护意识。选择信誉好的网络服务商，浏览大型、健康的网站，不随意打开陌生网页，不轻易泄露诸如身份证号码、信用卡号码、电话号码以及其他个人信息，保护好个人信息安全的第一道关。在网上不要随意填写表格，另外，要注意选择安全防范能力较强的网站存储重要的个人信息。

其次，做好技术安全保护工作。采用最先进的网络安全技术，譬如杀毒、查杀木马、防火墙以及邮箱加密软件，尽量避免在公众地方（如网吧）进行网上银行、网上交易等网络活动。

再次，如果自己的隐私被侵犯，那么不要犹豫，拿起法律武器进行维权，相信你身后的数亿网民是你坚强的后盾——毕竟，当我们面临同样的挑战，当我们的隐私权受到侵犯的时候，我们都有维护自身权利的责任和义务！

最后，不管是虚拟的网络还是现实生活中，我们每一个人扮演的角色都是一样的，真诚面对人和事——如果我们网上网下都是一个样子，不会在某种失常的状态下让自己歇斯底里、暴露出隐藏着的丑陋，那么我们也决不会给那些隐私的窥探者机会，更不会担心无法遁形时候的尴尬和无奈。

当科技遭遇隐私，人性最终起着决定性的作用，而这，是我们最后的答案。

2.3.3　垃圾邮件

打开自己的电子邮箱，一些来路不明、莫名其妙的垃圾邮件充斥其中，有些甚至还传播色情、赌博等信息。这样的不愉快经历，几乎每一位网民都曾遇到过。垃圾邮件一直困扰和威胁着因特网的发展，反垃圾邮件成为全世界的共识，反垃圾邮件的呼声也日益高涨。下面这些数字清楚地说明了垃圾邮件目前的负面影响。

（1）2006 年第一季度发布的中国反垃圾邮件调查报告显示，网民收到的垃圾邮件比例占正常邮件比例的 63.97%，具体来说，平均每周网民收到的垃圾邮件的数字是 19.33 封，而我国网民基数庞大，因此经常使用邮箱的网民可能收到的垃圾邮件远远超过这个数字。

（2）安全机构 Panda Software 2006 年称，垃圾邮件已经占到了企业邮件总量的 21%，而且更令人担忧的是，其中每 20 封邮件中就有 1 封带有恶意软件。

（3）2005 年的调查显示，中国台湾网民每人每年要花费 30 小时删除垃圾邮件。

（4）2004 年起，中国成为全球垃圾邮件服务器榜的榜首。

垃圾邮件不仅仅在通信方面给客户带来很大的影响，而且其危害甚至涉及股票、金融市场的实际运转：

2006 年 8 月根据“社会科学研究网络”（Social Science Research Network）网站公布的调查称，网上每周出现大约 7.3 亿封邮件，其中 15%兜售股票。一些垃圾邮件鼓励人们购进价钱极低的股票，在投资市场制造上升的势头，从中获利。但研究显示，因为这些邮件的影响而买进低价股票的人，往往在数天内损失投资额的 8%。而买进低价股票然后发出这类垃圾邮件的人则有 4.9%至 6%的利润。

什么是垃圾邮件？哪些邮件属于垃圾邮件？在法律、法规上目前还没有大家都认可的定义，包括信息产业部出台的《互联网电子邮件服务管理办法》，也只是列举什么样的行为是被禁止的，并没有明确为“垃圾邮件”定义。中国互联网协会制定的一个反垃圾邮件规范，借鉴了国外的立法、文献，对垃圾邮件做了一个定义：第一类，收件人没有提出要求或者同意接收的广告、电子刊物等宣传性的电子邮件称为垃圾邮件。第二类，指收件人无法拒收的电子邮件。第三类，隐匿发件人身份、地址和标题等信息的电子邮件。还有一类就是发件人的信息源是虚假的。还有一部分垃圾邮件包含政治宣传、非法的色情、暴力等内容。另外，病毒也随着垃圾邮件的泛滥侵害广大用户的计算机系统，这是随垃圾邮件一起衍生出来的副产品。

垃圾邮件产生的最根本的原因是作为一种广告手段，它的成本非常低。有专家估计在美国发 100 万封电子邮件只需要 300 美元，在国内只需要几百元人民币，想想 100 万封广告电子邮件和 100 万封通过邮局寄出去的普通平信，成本相差数千倍，完全没有可比性。正是因为这种低成本，而被广告商和广告客户看好，他们把电子邮件作为推销商品一种低成本的竞争工具。在国外也是这样，无论是美国还是欧盟，垃圾邮件的数量都是极其巨大的，消耗相当多的网络资源。

另一个方面，垃圾邮件的大量产生也存在管理和技术上的原因。中国垃圾邮件的产生，很大一部分是由于邮件服务器默认设置开放转发（Openrelay）功能所产生，该功能对于普通用户可有可无，但却成为垃圾邮件的中转站，导致中国许多邮件服务器发出的邮件被拒收。并且，中国许多企业防范意识淡薄，未采取有效措施，致使企业的邮件服务器充当了“转发者”和“帮凶”的角色。

再次，相关法律法规尚需进一步完善。虽然中国互联网协会反垃圾邮件协调小组出台了相关规定，但中国互联网协会制定的各种规范并不具备法律效力，只是在本行业内有约束力，因此在执行时难免会遇到困难。

资料 2-1

SPAM

“垃圾邮件”源自于英文的 SPAM，SPAM 最早是指猪肉罐头，这个罐头为什么会成为 SPAM 的代名词呢？有一对夫妻到餐厅吃饭，妻子不愿意吃 SPAM 罐头，想吃别的，可是在餐厅里有一堆人高唱赞美 SPAM 的歌，然后歌声越唱越响，把餐厅所有声音都淹没了，只能听到 SPAM 这个词了。从此人们就用 SPAM 来形容一种泛滥成灾、喧宾夺主和剥夺他人自由选择权的一个代名词。

随着垃圾邮件的泛滥，大家觉得用 SPAM 这个词来形容它非常合适，1994 年，有人开始在网上用 SPAM 代表垃圾邮件，到现在 SPAM 大家已经不再在意它原有的意思。

垃圾邮件的危害：

（1）垃圾邮件危害了因特网的发展。在因特网上传输的垃圾邮件占用了大量的传输、存储和运算资源，不但造成网络资源浪费，且一旦垃圾邮件占到因特网总数据流量的 1/3，就会造成巨大的存储需求，降低网络的运行效率，影响网络服务器的运行，这对信息安全系统的有效性形成重大挑战。

（2）垃圾邮件损害了用户的利益。垃圾邮件以其数量多、反复性、强制性、欺骗性、不健康性和传播速度快等特点，严重干扰用户的正常生活，侵犯收件人的隐私权和信箱空间，并耗费收件人的时间、精力、金钱。

（3）用户信息的安全问题。垃圾邮件甚至成为黑客助纣为虐的工具：用数以亿万计的垃圾邮件猛烈袭击目标，造成被攻击网站网路堵塞，最终瘫痪。另外，垃圾邮件的附件可以成为病毒、恶意软件的载体，而用户甚至无法意识到一切秘密都正在呈现给别人。垃圾邮件还可能成为网络钓鱼的工具，通过假冒银行或者系统管理员等简单手法，就可能骗取用户的个人信息。

（4）垃圾邮件还损害了因特网服务提供商（ISP）的市场形象，造成无形资产流失。中国成为全球垃圾邮件服务器榜的榜首，导致国际形象受损，服务商的主机名有可能被列入国际垃圾邮件数据库，其结果使得该主机不能访问国外许多网络。而且收到垃圾邮件的用户会因为 ISP 没有建立完善的垃圾邮件过滤机制，而转向其他 ISP。据悉，国外许多邮件服务商曾以垃圾邮件过多为由，一度封杀了中国一些 ISP 的邮件服务器 IP 地址，致使中国用户蒙受了不可估量的损失。

（5）对社会造成危害。少数别有用心者利用垃圾邮件散播各种虚假信息或有害信息，严重危害了社会的稳定。

对于阻止垃圾邮件，现在已经发展了很多技术手段，但无论哪种技术都不可能 100%准确识别所有的垃圾邮件，同时不产生误判。而且技术是一个动态的发展过程，垃圾邮件技术与反垃圾邮件技术都在不断的发展过程中。可以说，垃圾邮件是全球性的问题，且已经成为一种社会现象，单靠反垃圾邮件技术的发展或是纯粹的技术手段是无法解决的，还应当采用管理与技术相结合的方式。

制定反垃圾邮件法规的国家有很多，比较完善的是欧美国家。欧盟的反垃圾邮件指令，基本内容就是在发送广告电子邮件的时候必须得到接收方的同意，如果违反了此项规定，就应当由成员国制定相关的法律予以惩罚。美国 2003 年公布反垃圾邮件法。2006 年 2 月中国信息产业部也颁布了《互联网电子邮件服务管理办法》。

资料 2-2

《互联网电子邮件服务管理办法》

一是明确了《互联网电子邮件服务管理办法》(以下简称《办法》)的适用范围。第二条规定：在中华人民共和国境内提供互联网电子邮件服务以及为互联网电子邮件服务提供接入服务和发送互联网电子邮件，适用本办法。

二是重申了电子邮件通信秘密保护原则。《办法》进一步明确了对网民通信自由和通信秘密权利的保护。《办法》第三条根据《宪法》的有关规定，明确规定，“公民使用互联网电子邮件服务的通信秘密受法律保护。除因国家安全或者追查刑事犯罪的需要，由公安机关或者检察机关依照法律规定的程序对通信内容进行检查外，任何组织或者个人不得以任何理由侵犯公民的通信秘密”。

第九条规定：互联网电子邮件服务提供者对用户的个人注册信息和互联网电子邮件地址，负有保密的义务。互联网电子邮件服务提供者及其工作人员不得非法使用用户的个人注册信息资料和互联网电子邮件地址；未经用户同意，不得泄露用户的个人注册信息和互联网电子邮件地址，但法律、行政法规另有规定的除外。

第十二条规定：任何组织或者个人不得有下列行为：(一)未经授权利用他人的计算机系统发送互联网电子邮件；(二)将采用在线自动收集、字母或者数字任意组合等手段获得的他人的互联网电子邮件地址用于出售、共享、交换或者向通过上述方式获得的电子邮件地址发送互联网电子邮件。

三是制定了互联网电子邮件服务管理的基本措施。规范和加强对互联网电子邮件服务管理，是有效打击垃圾邮件、保障电子邮件使用者合法权益的措施之一。为此，《办法》规定：第一，对提供互联网电子邮件服务实行市场准入管理。第二，建立了电子邮件服务器 IP 地址登记制度。第三，要求互联网电子邮件服务提供者按照技术标准建设服务系统，采取安全防范措施。第四，对电子邮件服务进行了具体的规范。

四是明确了垃圾邮件的界定原则。考虑到是不是“垃圾邮件”主要取决于邮件接收者的判断，“办法”没有对垃圾邮件进行界定，而是结合垃圾邮件的危害规定了几种禁止行为，如第十一条、第十二条、第十三条的内容。

五是确定了规范广告电子邮件的选择政策。对于广告电子邮件，有“选择加入”(opt-in)和“选择退出”(opt-out)两种政策选择。从遏制垃圾邮件目标看，“选择加入”更为严厉。综合考虑其他国家的立法情况，《办法》采用了“选择加入”的政策，如第十三条第(二)、(三)项和第十四条的规定。

第十三条规定：任何组织或者个人不得有下列发送或者委托发送互联网电子邮件的行为：(一)故意隐匿或者伪造互联网电子邮件信封信息；(二)未经互联网电子邮件接收者明确同意，向其发送包含商业广告内容的互联网电子邮件；(三)发送包含商业广告内容的互联网电子邮件时，未在互联网电子邮件标题信息前部注明“广告”或者“AD”字样。

第十四条规定：互联网电子邮件接收者明确同意接收包含商业广告内容的互联网电子邮件后，拒绝继续接收的，互联网电子邮件发送者应当停止发送。双方另有约定的除外。

互联网电子邮件服务发送者发送包含商业广告内容的互联网电子邮件，应当向接收者提供拒绝继续接收的联系方式，包括发送者的电子邮件地址，并保证所提供的联系方式在 30 日内有效。

六是建立了垃圾邮件的举报机制。《办法》第十五条规定了互联网电子邮件服务提供者、为互联网电子邮件服务提供接入服务的电信业务提供者应当受理用户对互联网电子邮件的举报，并为用户提供便捷的举报方式。第十六条规定了接到举报后的处理程序。

第十五条规定：互联网电子邮件服务提供者、为互联网电子邮件服务提供接入服务的电信业务提供者应当受理用户对互联网电子邮件的举报，并为用户提供便捷的举报方式。

第十六条规定：互联网电子邮件服务提供者、为互联网电子邮件服务提供接入服务的电信业务提供者应当按照下列要求处理用户举报：（一）发现被举报的互联网电子邮件明显含有本办法第十一条第一款规定的禁止内容的，应当及时向国家有关机关报告；（二）本条第一项规定之外的其他被举报的互联网电子邮件，应当向信息产业部委托中国互联网协会设立的互联网电子邮件举报受理中心（以下简称“互联网电子邮件举报受理中心”）报告；（三）被举报的互联网电子邮件涉及本单位的，应当立即开展调查，采取合理有效的防范或处理措施，并将有关情况和调查结果及时向国家有关机关或者互联网电子邮件举报受理中心报告。

七是规定了违反《办法》的处罚措施。《办法》第十九条至第二十五条规定了互联网电子邮件服务提供者违反本规定的管理措施和义务的处罚，并对违反规定发送电子邮件制定了相应的处罚措施。

2.3.4　其他法律问题

1．虚拟财产问题

随着网络游戏的发展，虚拟财产也随之出现。自 2000 年第一款网络游戏《万王之王》出版以来，网络游戏很快成为整个出版业的一个经济增长点。据 CNNIC2007 年 7 月发布的《中国互联网络发展状况统计报告》，有 47%的网民玩过网络游戏，其中付费游戏用户平均每月花费金额达到 84 元。但与网络迅速发展相伴的是大量纠纷的出现，尤其是虚拟物品交易中出现了诸多问题，诸如虚拟物品纠纷中运营商责任的界定、虚拟物品的物权归属、玩家权益维护等问题都因虚拟财产法律性质的不明确而难以解决，运营商不得不小心谨慎，玩家利益受到侵害后也往往寻求不到应有的法律救济。法律的不明确甚至欠缺给网络游戏的发展带来了许多不确定的因素，而一个行业发展成熟的标志往往是相关法律制度的健全，因此为了规范和发展网络游戏有必要加快进行相关的立法，尤其是虚拟财产方面的立法。

2．侵犯著作权问题

（1）P2P 与在线播放。过去，看电影一般是到影院或是购买影碟，现在坐在家里通过网络也能观看了，但这种提供播放的网站一定要得到影片著作权人的合法授权。据了解，目前通过网络观看影片的方式通常有两种：一是通过点对点的软件（P2P 技术）复制下载，然后观看；另一种则是直接通过网络在线播放的形式收看，相比较于前者，后者更省事。

有法律学者认为，尽管 P2P 技术本身并不违法，但这类技术，诸如 BT 和 EDonkey 等无不用于非法下载和上载版权保护的作品，从音乐到电影、软件和其他版权保护的资料，这种未经版权所有人的许可对版权保护的文件进行共享是非法的。就目前现实生活中所出现的情况看，采用 P2P 技术下载的情况更多，但你难以找到最终使用人，从美国的判例来看，法院也只是要求P2P软件的提供者承担责任。虽然法国曾出台一个规定，对通过P2P下载者收取20欧元的罚金，但这种情况在中国实现还不现实。因此，选择告网站，就是因为侵权人目标明确，只要未经授权擅自提供他人收看，就是侵权。

（2）博客与著作权。涉及博客的法律问题也浮出水面，对博客的著作权，即在没有约定的情况下作品的著作权是属于网络经营商还是博客本人，未经博客本人同意对已发表作品能否转载以及博客的稿酬给付问题还存在一定争议。

在网络日志中上载他人作品或者摘抄他人作品的某些内容是相当普遍的做法，这种做法是构成侵权还是合理使用？有人认为网络就是自由和共享，供人阅读是免费的，因而网络转载应该不构成侵权；而主张侵权的人认为我国法律明文规定要保护作者的信息网络传播权，免费转载就是在侵犯作者的知识产权，扼杀文化传播的原创精神。最高人民法院在《关于审理涉及计算机网络著作权纠纷案件适用法律若干问题的解释》第3条对这个问题进行了规定：在网络上转载、摘编其他网络或报纸、期刊上已经发表的作品，必须是在著作权人或其委托人没有声明拒绝的情况下进行，而且需要支付报酬、注明出处。按照著作权法第28条、实施条例第19条和第21条的规定，还应当指明作者姓名和作品名称，并保持作品的完整性。可见，除非权利人明确放弃获取报酬，网络转载作品必须支付相应的费用。

（3）搜索引擎与盗版MP3。由提供MP3搜索引发的版权纷争也不断发生。2006年知识产权日当天，北京市第一中级人民法院将对引起业内广泛关注的上海步升音乐文化传播有限公司与百度侵犯音乐制品著作权一案进行二审。据介绍，上海步升是就自己享有录音制作权的胡彦斌、许巍等演唱的46首歌曲，发现百度经营的网站上向公众提供MP3搜索服务而起诉的。百度则认为，自己是一家中立的搜索引擎服务提供商，按照技术规则向网络用户提供全面有针对性的搜索结果，没有提供涉案歌曲的下载服务，只是以链接形式为搜索用户提供动态的搜索服务，没有任何过错。

据律师说，关于提供搜索引擎服务，服务商在其服务器中只存储了包含链接对象网址的超文本标记语言指令组成的文档，既没有复制也未传播被链接的内容，因此不是侵权行为。但是，现在理论和实践界都有一个共同的看法，即间接或帮助侵权的概念，提供链接通道的服务者在知道链接指向的是侵权作品时，有义务及时停止链接通道服务以阻止侵权行为的发生，如果对此熟视无睹则有可能构成帮助侵权。

在一审诉讼中，法院认为，搜索引擎的服务范围限于搜集整理信息并向互联网用户提供查询服务，而不是利用搜集到的信息内容营利，故判决百度向步升支付6.8万元。

因为提供MP3搜索而成为被告，百度不仅是在国内，在全球也是首例，它给因特网所提出的问题是，在搜索引擎服务越来越具有商业价值，越来越朝着专业化方向发展的今天，提供搜索引擎的服务商在赚钱的同时，也千万不要忘了他人的著作权。

2.4 电子商务的模式

2.4.1 电子商务的应用分类

从商务中买卖双方的主导关系来看，电子商务的模式又可以分为销售方控制的模式、购买方控制的模式和中立的第三方控制的模式，如图 2-13 所示。

		内容/服务提供商		
		消费者	商家	政府
内容/服务的消费者	消费者	C2C 拍卖（eBay，淘宝网） Peer-to-Peer（QQ） 博客和社区 产品推荐	B2C 网上零售（当当） 网上服务（旅游、金融、招聘、新闻等） 比较购物中介（太平洋电脑 pconline）	G2C 政府事务：税收 政府信息发布和提供 本地政府服务
	商家	C2B 团购 顾客反馈 社区	B2B 产品销售与服务 B2B 市场 网络服务 信息与媒体所有者（赛迪）	G2B 政府服务：税收 法律管制
	政府	C2G 民众反馈 个人网站	B2G 反馈	G2G 政府间事务 信息交换

图 2-13　按交易参与者划分的电子商务分类及举例

（1）销售方控制的商业模式只提供信息的卖主网站，可通过网络订货的卖主网站。

（2）购买方控制的商业模式是通过网络发布采购信息，是采购代理人和采购信息收集者的偏好的模式。

（3）中立的第三方控制的商业模式提供特定产业或产品的搜索工具，包括众多卖主的店面在内的企业广场和拍卖场。

通常我们一提到电子商务，更多的是把它分成企业间的电子商务（B2B）、企业与消费者之间的电子商务（B2C）等模式或者类型，这种分类方法是根据电子商务参与各方的类型来进行分类的。电子商务参与方主要有三部分，即企业、个人消费者、政府。从这个角度看，电子商务的基本运作模式有如下几种：

1．企业对企业的电子商务（Business-to-Business，B2B）

企业对企业的电子商务是指企业和企业之间进行的电子商务活动，企业的目标是把商品或服务销售给其他企业，这是电子商务中业务量最大的一种类型。最初，B2B 电子商务主要是指企业间的交易，但现在大量其他的 B2B 商业模式也已经出现，包括电子分销商、B2B 服务提供商、撮合服务商以及信息中介商等，从而扩大了 B2B 电子商务的应用范围。

从功能上看，B2B 电子商务主要包括以下内容：

（1）供应商管理或采购管理。降低订货成本，缩短周转时间，用更少的人员完成更多的订货工作。

（2）库存管理。缩短“订货—运输—付款（order-ship-bill）”环节，从而降低存货成本，促进存货周转。

（3）销售管理。实现网上订货。

（4）信息传递。管理交易文档，安全及时地传递订单、发票等所有商务文档信息。

（5）支付管理。进行网上电子货币支付。

2．企业对消费者的电子商务（Business-to-Customer，B2C）

这类电子商务主要借助于互联网开展面向消费者的在线销售活动，例如，Amazon 的在线销售书店。近年来，随着互联网为企业和消费者开辟了新的交易平台，以及全球网民的增长，使得这类电子商务有了较快的发展。特别是企业的网页对于广大消费者而言，不需要统一的、标准的单据传输，且在线销售和支付行为通常只涉及信用卡或者电子货币。另外，互联网上提供的搜索浏览功能和多媒体界面，使得消费者更容易寻找和深入了解所需产品。B2C 电子商务的主要商业模式有：门户网站、在线零售商、内容提供商、交易经纪、市场创建者、服务提供商以及社区提供商。

3．消费者对消费者的电子商务（Customer-to-Customer，C2C）

这种模式即消费者对消费者的网上“拍卖”模式，是将现实中的“跳蚤市场”移植到网上，建立一个消费者之间交易的平台，给消费者提供一种向其他消费者销售商品的渠道。eBay 就是这类网上市场提供者的典型。在 C2C 电子商务中，消费者准备好要交易的商品，将要拍卖或出售的商品放到网上，然后依靠市场创建者提供的目录、搜索引擎以及交易清算功能，相应的商品就可以很方便地被展示出来，并被其他消费者找到，最后完成支付结束交易。例如个人以分类广告的形式出售住房、汽车等，因特网上的个人服务广告和知识技能的出售也是 C2C 的例子。

4．企业与政府间的电子商务（Government-to-Business，G2B；Business-to-Government，B2G）

这类模式主要有三种。

（1）政府采购的电子化。政府通过互联网发布采购清单，通过网上竞价的方式进行招标，企业以电子商务的方式通过互联网进行投标。这样既有利于提高政府的采购效率，又便于建立监督机制，避免政府腐败行为的产生。

（2）政府通过互联网实施对企业的行政事务管理，如政府用电子商务方式发放进出口许可证、开展统计工作，企业通过网上办理交税和退税等。

（3）政府商品储备向市场的抛售，或者储备的轮换。过去主要采取行政手段层层下达计划，起不到向社会抛售的效果，也没有遵循市场经济规律，近年来我国在农产品方面进行了初步的探索。如农产品储备的政府抛售和轮换：国家粮食储备通过批发市场网站，采取网上竞拍的模式；国家粮食储备、国家棉花储备、国家食糖储备通过电子商务网站进行网上拍卖。一方面，通过网上竞争形成客观公正的市场价格；另一方面，通过网上竞拍确定购买对象，可以避免政府储备抛售中的腐败和寻租行为滋生。

5．其他的电子商务类型

（1）对等电子商务（Peer-to-Peer，P2P）。对等网络技术使得 Internet 用户不需要通过中央 Web 服务器就可以直接共享文件和计算机资源。例如，Gnutella 就是一个免费的 P2P 应用软件，用户可以利用该软件直接交换音乐唱片，且通常不需要收取任何费用。Napster（napster.com）是著名的 P2P 组织者之一。如 skype/msn/qq，网络电视等都属于 P2P 模式。

（2）消费者对企业的电子商务（C2B）。即消费者对企业的集合竞价模式，是将零散的消费者及其购买需求聚合起来，形成较大批量的购买订单，从而可以得到厂商的批发商和较低的折扣价，商家也可以从大批量的订单中享受到“薄利多销”的优惠。这类模式的另一种类型是个人寻求买家将产品和服务出售给企业的情况。

（3）政府与政府间的电子商务（G2G）。各级政府的站点与政府办公自动化网连通，使政府各部门的职能紧密结合，实现“政府—政府”间的应用。

2.4.2 电子商务的商业模式

商业模式（Business model）是指企业从事某一领域经营的市场定位和赢利目标，以及为了满足目标顾客主体需要所采取的一系列的、整体的战略组合。例如，电视台提供免费电视节目，其生存依赖于广告等。像雅虎这样的门户网站也采用了类似的复杂商业模式。描述一种商业的八个关键要素如表 2-7 所示。表 2-8 列出了五种主要的收益模式。

表 2-7　商业模式的关键要素

组　成	关 键 问 题
价值主张	为什么客户要从你那里买呢？
收益模式	你怎么挣钱的？
市场机会	哪个市场是你想进入的或者服务的，有多大？
竞争环境	你想进入的市场有哪些竞争者？
竞争优势	你将有哪些特殊的优势？
市场战略	哪些计划可以促使你的产品和服务吸引你的目标客户？
组织发展	用什么样的组织结构来实施上面的商业计划？
管理梯队	有哪些经验与背景对公司领导者是很重要的？

表 2-8　五种主要的收益模式

收 益 模 式	举　例	收 益 来 源
广告	新浪、雅虎	广告费用
订阅	赛迪	订阅费
交易费用	阿里巴巴、eBay	对交易收取佣金
销售	亚马逊、当当	商品销售
会员联盟	www.mypoints.com	会员费

Laudon 在其出版的《电子商务》2004 年版本中把 B2B 模式分为电子分销商、交易所、中介人、信息中介与 B2B 服务商。在新版的著作中略去了中介与服务的模式，而只关注市场与交易。中国社科院财贸所课题组认为主要的 B2B 商业模式有：

（1）名录模式。这种模式主要是介绍各类公司的经营特点，推荐产品，宣传企业的业绩，主要代表有：Chemdex，SciQuest.com 和中国黄页 Chinapages。

（2）兼营模式。兼营模式是指既作 B2B，又作 B2C。比如：华夏旅游网的 B2B，网上旅游交易会；B2C，网上旅游超市；实华开的 B2B，国际贸易一条龙服务；B2C，EC123

打折店。

（3）政府采购和公司采购。政府采购和公司采购的数量和金额极其庞大。仅美国该市场成交额每年就高达 2 500 亿美元。主要的网站有：W.Grainger，Fastparts 和亚商商务在线网。

（4）供应链模式。《做数字商场的主人》一书的作者奥尔德里奇认为零担货物的运输服务会增长。建立一个全国性的面包连锁店可以节省 1 500 万美元，同时，控制技术安装到位，大约可以有 5 000 万美元的货物免遭偷窃。主要包括：EMS，e-speed，世联配送中心，阳光快递，红叶集团下属时空网，广东宝供物流。这一类实际上说的是物流企业。

（5）中介服务模式。包括信息中介、CA 中介服务、网络服务模式、银行中介服务等模式。

（6）拍卖模式。主要代表包括 iMark.com，Adauction.com 等。

（7）交换模式。代表网站有 PaperExchange，e-steel 等。

表 2-9 中列出了 B2C 和 B2B 交易中的区别。

表 2-9 B2C 和 B2B 交易中的区别

比较内容	B2C	B2B
进入的比例	低到中等	高到非常高
购买决策的复杂性	相当简单：个人和影响者	更复杂，购买流程涉及使用者、说明书、采购者等
渠道	相当简单：直销或者零售商	更复杂，直接或者通过批发商、代理或者分销商
购买特征	低价值、高数目；或者高价值低量	相当的价格和数量。重复购买更普遍
产品特征	通常是标准化的	标准化的，或者预约销售

2.4.3 电子商务的基本模式

B2B 和 B2C 是两种基本的电子商务类别，也占据了电子商务交易当中的最大份额。但是，B2B 与 B2C 有很多的相似之处，比如很多的企业同时面向消费者和企业，二者之间的流程基本相似，基本的区别在于客户类型的不同，企业采取不同的营销策略。同样，其他的各种类别之中也存在着相同的地方。而且，目前已经有了许多电子商务业务模式，未来还会有更多的模式出现。因此，要对电子商务的业务模式进行分类是困难的。在划分业务模式时并没有一种完全正确的方法，而是要看我们划分模式的角度。

如果把虚拟的商务世界看成是一个数字生态系统，那么图 2-10 则展示了这个数字生态系统的主要参与对象及要素。并把其主要组成部分和参与者分成：数字产品、消费者、基础设施空间、中介、支持服务机构以及内容制作者。

在本书的体系中，我们按照商务环节以及参与的各方，侧重描述如下电子商务的基本模式，参见图 2-12。

（1）供应链管理。供应链管理是以整合从最终用户到最初供应商的商业流程为途径，利用信息技术实现整个供应链的协调运营，从而获得整体的竞争优势，为客户带来价值。这种模式需要企业与企业之间进行亲密合作才能获得供应链优势。

（2）在线交易市场。不论是企业与企业之间，还是企业与消费者之间都存在着各种各样的市场，从市场所处的商业环节上来看，我们重点考察电子交易市场、电子采购市场、电子分销市场以及各种市场所采取的定价方式：拍卖模式。我们还考虑诸如 eBay 这样的提供拍卖服务的虚拟市场，虽然它属于 C2C 的电子商务模式，但它更多的是提供一个虚拟市场平台。

（3）电子零售、网上服务与门户网站。我国最早兴起的网上服务业包括网上零售、招聘服务、旅游服务等，这些是最早开展网上业务的服务产业。虚拟社区属于面向消费者的另一种商业模式，通过划分不同层次和偏好的社区，以及建立良好的客户关系，企业可以制定更为细致的商业模式。与服务业不同的是，门户网站的赢利模式是依靠其庞大的客户群，从广告、短信等其他业务当中获得收入，这种模式类似于媒体产业。虽然这些服务业更多的用户是最终消费者，但他们同样面向企业用户。

（4）网络营销。无论是营利性组织还是非营利性组织，都有营销的问题。网络营销主要考虑在虚拟世界里的营销问题，例如网络客户行为分析、网络营销技术、网络营销工具等。

（5）其他模式。除了上述一些常见的电子商务模式外，还存在着各种各样的业务模式，例如政府开展的电子商务被称之为电子政务，企业内部的各种电子业务，包括商务智能、知识管理、企业资源计划等都属于利用信息技术和网络开展的商务活动。

2.5　问 题 讨 论

1．总结 B2B 与 B2C 公司各自的特点。并比较它们在以下几个方面有什么不同：
（1）买者决定的复杂性；（2）渠道；（3）购买力的特征；（4）产品的特征。

2．讨论电子商务的模式有哪几种？并总结各自的特点。

3．比较 B2B 和 B2C 拍卖的市场潜力。

4．你认为 Q 币可以代替人民币吗？阐述原因。

5．讨论如何解决网上个人隐私泄露的问题。

2.6　实 践 项 目

浏览 Bizratede 的网站（www.bizrate.com），解释没有在此网站上列出的公司应该采取什么行动。浏览 Country Bookshop（www.countrybookshop.co.uk），找到对这个网站的评论并解释公司的益处。通过以上实践来总结 C2C 网站和 B2C 公司的关联。

习　　题

1．电子商务的驱动力是什么？

2．电子商务给企业带来的收益有哪些？

3．实施电子商务有哪些阻碍因素？

4．因特网泄露信息的方法和技术有哪些？采取哪些技术手段可以防止隐私泄露？

5．B2B 和 B2C 在交易中有何区别？

6．电子商务有哪几种收益模式？分别举例说明。

第 3 章　电子商务对经济管理的影响

本 章 要 点

1. 了解电子商务的竞争力分析。
2. 了解电子商务的价值链分析。
3. 熟悉电子商务对管理的影响。
4. 掌握电子商务的经济学影响和发展。
5. 了解网络的竞争规则。

3.1　电子商务的竞争力分析和价值链分析

3.1.1　竞争力分析

一个企业的赢利潜力决定于其所处行业的赢利能力，而一个行业的赢利水平又是由这个行业的竞争结构所决定，行业的竞争强度是其行业竞争结构的表现。哈佛大学商学院教授迈克尔·波特（Michael Porter）在其战略管理专著《竞争战略》中，提出了分析行业竞争结构的模型，如图 3-1 所示。他认为，一个企业的成功取决于其所处行业的吸引力以及企业在该行业中所处的竞争地位。行业竞争结构 5 种作用力模型可以帮助企业分析自己所处行业的竞争特点，预测行业未来的赢利潜力；决定自己是否继续从事这个行业；制定相应的竞争战略，调整资源配置或者改变行业竞争结构。

波特关于行业竞争分析和竞争战略的理论雄霸企业战略管理领域接近 20 年，波特本人也因此被誉为企业战略管理领域奠基式的人物。波特教授的行业竞争分析模型是在工业时代的背景下提出的，但是世界已经走过工业时代进入了信息时代，互联网络的普及与发展给人类世界带来了革命性的变化，互联网和电子商务带来了全球竞争法则和方式的改变。

Dave Chaffey 等也概括了因特网对五个竞争力在企业竞争中的影响，如表 3-1 所示。

表 3-1　因特网对五个竞争力在企业竞争中的影响

买方砍价实力	卖方砍价实力	替代品威胁	进入壁垒	竞争对手威胁
在线购买者的力量在增长，因为他们有更多的选择。由于顾客知识的增加和价格的透明度增加，价格也在下降	因为有更多的选择，以及电子采购、电子市场，供应商的力量在削减	替代品成了严重的威胁，因为新的数字产品或延伸产品可以很容易被引进	进入壁垒降低，新的竞争者，特别是零售商和服务商	因特网导致商品差异化更不容易了

续 表

买方砍价实力	卖方砍价实力	替代品威胁	进 入 壁 垒	竞争对手威胁
对B2B组织，与顾客建立密切的联系，并建立电子链接，这样可能会增加顾客的转换成本，形成“软锁定”	有相反的意见，这理由也成立	新替代品的引入需要小心避免市场份额的损失 因特网技术使得引进新的替代品很容易 这种威胁与新的商务模式有关	新进入者需要小心避免市场份额的损失 因特网服务比传统服务更容易被模仿，快速跟随很容易	由于产品生命周期的缩短，新产品领先的时间缩短，竞争更激烈 因特网使得进入全球市场容易，从而增加了竞争对手

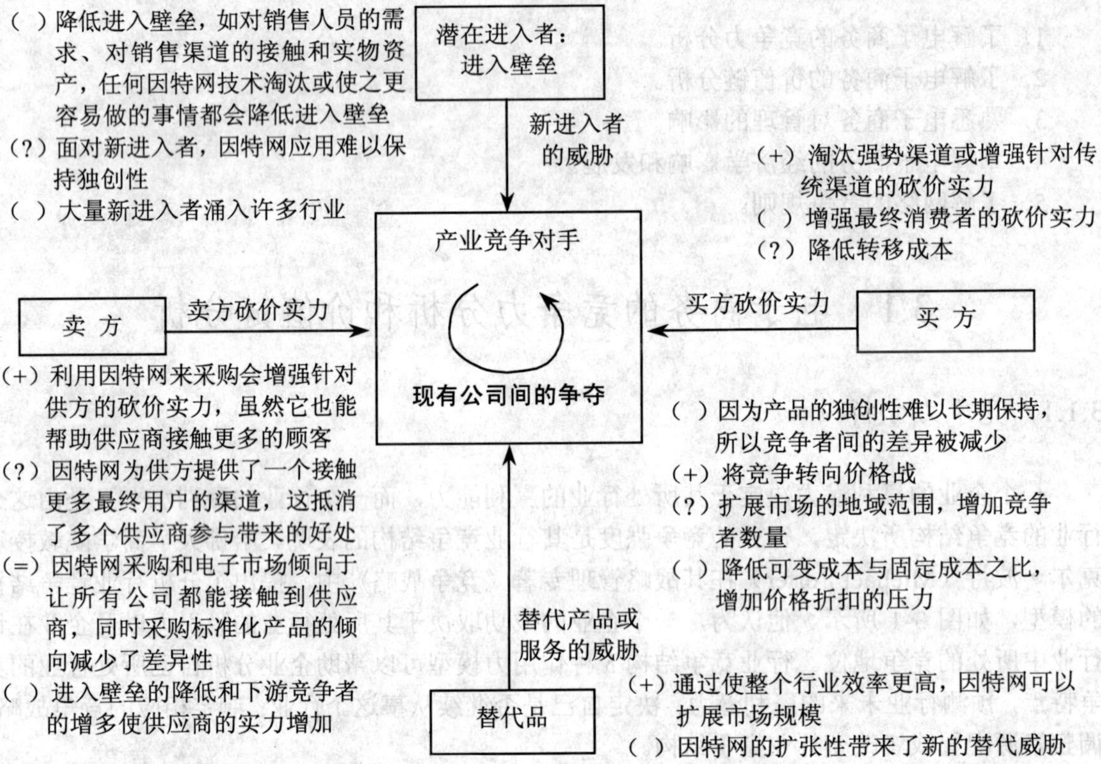

资料来源：Efraim Turban 《电子商务：管理新视角》第 36 页，2003 年。

图 3-1 迈克尔·波特的竞争战略模型

3.1.2 价值创造和价值链分析

价值链（value chain）也是由迈克尔·波特提出来的，是用于考察某企业为了创造产品或服务而采取行为的分析框架。对于每种产品/流程，可以将其中的行为相互连接和一次排列，并用图形化方式表示出来。用价值链分析这些行为时，主要考察这些行为的成本及其传递的价值，如图 3-2 所示。通过画出供应链中每个参与者的价值链图，这样就能分析向业务伙伴和顾客提供的价值。

因特网向企业提供了许多提高其运营效率并使其产品有别于他人的机会。波特考察了因特网对价值链的影响之后认为，因特网可以被结合到价值链的每种行为中，这种结合的程度和特点随行业和公司而异。波特将这种影响视为信息技术渗入到价值链的进化过程的每一个步骤。当前，因特网推进了价值链与整个价值系统，即全行业中一整套价值链的集成。它包括由多层次的供应商、销售渠道和顾客所组成的价值链。

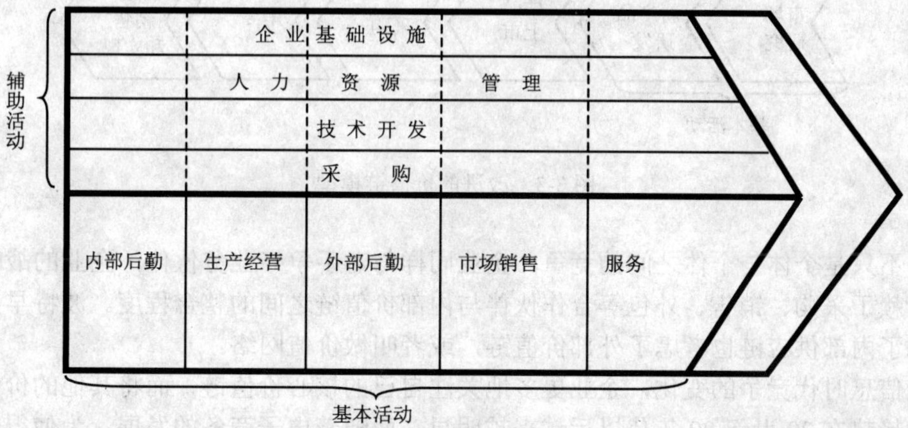

图 3-2　波特的价值链图

例如企业可以利用因特网的通信功能，将一些主要和次要的活动外包给专业化的、更有效率的公司。此外，企业还可以利用互联网更精确地协调价值链上的各个步骤，降低自己的成本。最后，企业还可以通过互联网向用户提供更与众不同的、更高价值的产品。此外，它还提供了多种服务，例如网络书店中及时的专家建议和读者述评、其他读者的购买模式信息，这些都是传统书店做不到的。

在为顾客提供产品或服务的过程中，通过降低成本和增加顾客收益来创造价值：

（1）在价值链的每一个环节，如采购、制造、销售、服务等。

（2）在每个价值链环节之间的界面上，如采购与制造环节之间。

但图 3-2 的价值链模型也有明显的缺陷：

（1）它更适用于具有实体的商品的销售，而不是服务业或数字商品。

（2）它是一个单向的推动式的模型，对于服务或数字产品，没有强调理解客户需求的重要性，即市场研究和新产品开发、创新等环节。

（3）这个模型更多的是考虑企业内部的价值链，而没有考虑企业外部与产品相关的价值网络。

Deise 针对这些问题提出了一个改进的价值链模型，如图 3-3 所示。新模型把市场研究、新产品开发等活动均作为基本活动来看待，适用于分析服务型产品。各种类型组织的网站都会通过因特网新的信息渠道来收集客户信息，以创造新的价值，比如：

（1）网上交易站点收集的顾客信息，可以帮助它理解购买行为和它的目标客户，可以跟踪客户购买偏好和购买结果。

（2）面向服务的关系建立站点，它们使用注册表、反馈表、论坛等途径来收集客户信息，以使得站点所有者能更好地理解顾客特征和购买行为。

（3）品牌建立站点也用各种方式来收集站点访问者的档案和偏好。

（4）门户和媒体网站甚至使访问者贡献内容。比如新浪开设博客、新闻评论等，通过这样的途径不但吸引访问者，同时也极大地丰富了新浪的内容，因此，博客空间也都成了各门户网站，如搜狐、百度、Google 等，吸引访问者、收集信息的新方式。

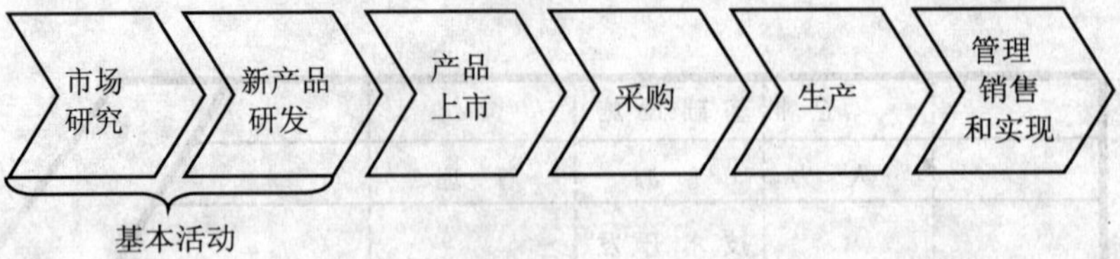

图 3-3 改进的价值链模型

竞争不只是个体与个体之间的竞争，企业同样与对手争夺业务伙伴，企业的战略目标的实现也依赖于采购、销售、外包等合作伙伴与内部价值链之间的整合程度。波特早期的工作中既考虑了内部供应链也考虑了外部价值链，或者叫做价值网络。

随着信息时代竞争的变化，企业更多地关注自己的核心价值链，而将其他的价值活动外包，这种趋势在 20 世纪 80 年代以后越来越明显。而随着电子商务的发展，为使得价值链活动更有效率，这些活动是应该在内部控制还是外包出去，都发生了明显的变化，如价值链分解（Kalakota et al.，2000）、解构（Timmers，1999）、价值链重新整合（Kalakota and Robinson，2000）或价值链重构（Timmers，1999）。

3.2 管理上的变革

3.2.1 时间与速度

通过降低信息的成本，因特网向供应链中的每一个角色提供了通过降低成本或者提升价格来最大化其地位的新机会。例如，制造商可以与其供应商通过建立基于网络的 B2B 交易网站，来降低自己的采购成本。制造商可以通过自己的网站，直接与客户建立关系，从而省去了经销商和零售商的成本；经销商可以开发高效率的库存管理系统来降低自己的成本；零售商可以开发高效率的客户关系管理系统来加强对客户的服务；消费者可以使用 WWW 来查找高质量的产品、货运服务和最优价格，由此降低了他们的交易成本和为最终产品所支付的价格。最终，整个供应链的运作效率提高了，价格下降了，消费者获得的价值增加了，而且还有助于该行业与其他可替代行业的竞争。例如，Dell 计算机公司就采用了大量的这类策略，实行了著名的 PC 销售模式，即绕开传统零售分销渠道，通过网络向消费者直销。Dell 还开发了高效的供应链系统来降低自己的成本，以及一个同样高效的客户关系管理系统来为客户服务，增加其产品的价值。

图 3-4 是 Gartner 公司总结的现代供应链管理的变化，这种管理模式是基于信息技术和互联网技术的，快速反应、信息共享是其商务本质。

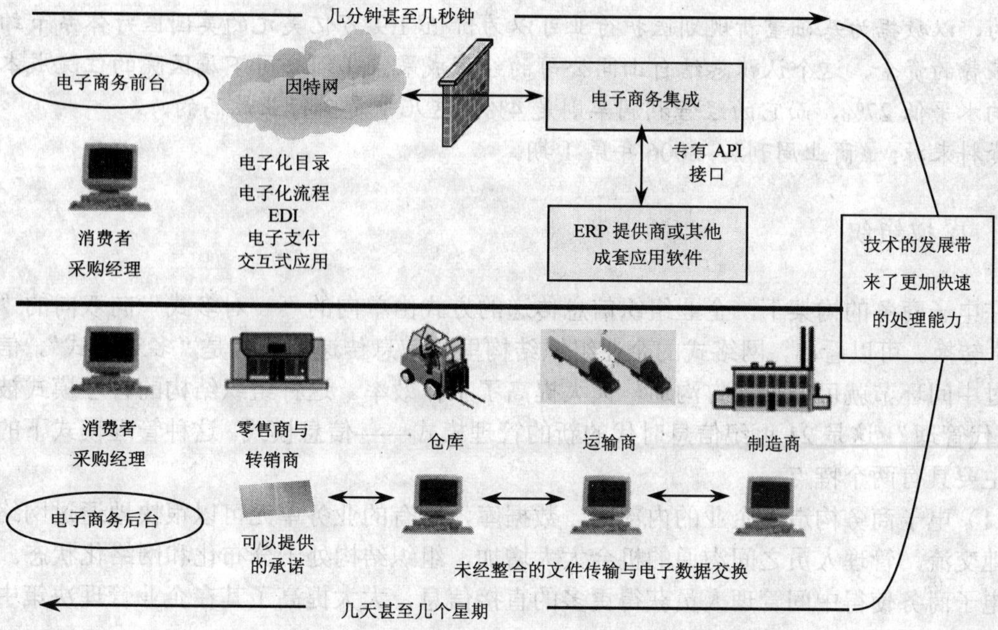

图 3-4　因特网给供应链带来的变化

3.2.2　企业流程再造

企业流程再造是指对企业经营流程进行根本性的再思考和彻底的重新设计，以求在成本、质量、服务和速度等绩效标准上取得重大改善。

在手工管理方式下，企业已经形成了一个比较成型的流程和管理方法。电子商务的出现，使得许多信息技术被导入到组织中。而这样将有可能改变原有的信息采集、描述、组织、存储、检索、分析和使用方式，甚至使信息的质量、获取途径和传递手段等都发生根本性的变化。如果在企业信息化建设中仅仅用计算机系统去模拟原手工管理系统，并不能从根本上提高企业的竞争能力，重要的是重组企业流程，对现有的企业流程进行重新设计，提高企业的运行效率，只有这样，企业才能更具有竞争力。

案例 3-1

掌握数据的医生

当人们步入医院，如果你告诉其中的大多数人他们将接受与工厂的生产流程一样严格苛刻的医护服务，他们可能会转身而去。在美国人看来，高水平的医疗意味着因人而异。要想提供悉心的医护服务，就必须根据病人的具体情况来设计医疗方案。

布兰特·詹姆斯说，这种健康医疗观是错误的。作为盐湖城非营利机构山间健康医疗公司（Intermountain Health Care）负责医学研究的副总裁，詹姆斯用数据和网络对山间公司的 21 家医院和 90 家诊所实行标准化管理。其中关键的一点是：认真观察用不同方法治疗疾病所获得的数据，随后寻找出最佳治疗方案并且让所有医生采用这种方法。这是一条有助于医疗行业赢利的战略。

詹姆斯说，标准化意味着更低的差错率，更稳定地应用最新研究成果，以及更低的成本。他认为，以数据为基础重新规划医护行业可以为价值 1.9 万亿美元的美国医疗体系节约数千亿被浪费的资金，这个认识总结自山间公司的经营成果。山间公司下属医院的住院成本比全国平均水平低 27%，而它的经营利润率则是 4%，这几乎是全行业最高的。

资料来源：《商业周刊》，2006 年第 1 期。

3.2.3 虚拟组织

在电子商务的构架下，企业组织信息传递的方式由单向的“一对多式”向双向的“多对多式”转换。可以看出，网络式的企业组织结构里的信息传递的方式是“多对多式”，信息无须经过中间环节就可以使双方沟通，大大提高了工作效率。这种组织结构的管理模式被称为“第五代管理”，这是 21 世纪信息时代的新的管理模式——信息模式。这种管理模式下的电子商务主要具有两个特点：

（1）电子商务构造了企业的内部网、数据库，所有的业务单元可以很快地通过网络直接快捷地交流，管理人员之间沟通的机会大大增加，组织结构处于分布化和网络化状态。

电子商务使得中间管理人员获得更多的直接信息，大大提高了其在企业管理决策中的作用，从而实现了扁平化的组织结构。

（2）由集权制向分权制转换。电子商务的推行，使企业过去高度集中的决策中心组织改变为分散的多中心决策组织。传统组织结构下单一决策中心的许多缺点（官僚主义、低效率、结构僵化、沟通壁垒等）在多中心的组织模式下不复存在。企业的决策由跨部门、跨职能的多功能型的组织单元来制定。这种多组织单元共同参与、共担责任，并由共同利益驱动的决策过程使员工的参与意识和决策能力大大提高，充分发挥了员工的主观能动性，从而提高了整个企业的决策能力。

在电子商务的模式下，企业的经营活动打破了时间和空间的限制，出现了一种新型企业——虚拟企业。这种虚拟企业打破了企业之间、产业之间、地域之间的一切界限，把现有的资源组合成为一种超越时空、利用电子手段传输信息的经营实体。虚拟企业可以是企业中间几个要素的重新组合，也可以是不同企业与企业之间的要素组合。虚拟企业的管理由原来的相互控制转向相互支持，由监视转向激励，由命令转向指导。

案例 3-2

无边界组织和虚拟组织

近来，医药业巨擘礼来制药公司已经找出了打破旧习俗、改变呆板习惯的方法。两年前，礼来公司的研发部门共有 7 500 名员工。今天这个数字几乎扩增至原来的 3 倍，但不同的是，公司不必为这些员工发放工资。这究竟是怎么回事？2001 年年中的时候，礼来公司创建了一个名为“InnoCentive 公司”的网上科学论坛，把一些棘手的医药问题张贴在该网站上，例如找出特殊分子的最佳方法，并为解决这些难题的人提供资金。这个网站向所有人开放，为了方便交流，公司还在网站上提供了多种语言选择，此举加速解决了那些曾经令公司研究人员挠头不已的问题。当然，礼来公司只有在得到正确的解决方案后才会向发明者提供资金，以补偿他们所付出的时间和努力。奖金额最高可达 10 万美元，尽管大部分获奖者都只得到了 2 000 美元左右的奖金。到目前为止，从新泽西到俄罗斯的研发人员已经解决了许多难题，他们获得的奖金总额达到了 42 万美元。如今，宝洁公司和道氏化学公司也在利用 InnoCentive 来削减自己的研发开支，并借此吸引更多的人浏览自己的网站。

资料来源：电子商务的惊人之处。《商业周刊》中文版，2003 年 6 月。

3.2.4　新的渠道结构

渠道结构是指组织销售其产品和服务给顾客的途径。分销渠道通常包括一个或者更多的中间商，如分销商、批发商和零售商。例如一个传统的图书市场中出版商不会直接把 CD 产品卖给零售商，而是通过具有较大存货仓库的批发商来满足市场需求。

公司与渠道伙伴的关系在因特网时代有了很大的变化，这是因为因特网为企业提供了一条绕过中间商直接面对客户的途径，叫做“去中介化”。图 3-5 说明了因特网对渠道的影响。图 3-5 中（a）是传统的销售渠道，即企业产品的销售通过批发商和零售商传到顾客手中，对于更复杂的渠道来说，甚至还需要包括分销商一级。图 3-5 中（b）和（c）显示了两种不同的非中介化，在（c）中生产商是直接面对顾客的，即直销。这种模式由于减少了批发商和零售商两个环节，从而可以节省销售成本，并且在整个供应链中增加了对市场信息的反应速度，例如全球最大的 PC 生产商 Dell 公司就是采用这种渠道模式取得成功的。

因特网还导致再中介化，即出现虚拟的网上中介。在有些产品领域，购买者在产品的选择上需要帮助，或者产品提供商在寻找客户方面需要得到帮助，在这个环节，虚拟中介能够提供自己的价值增值，于是就导致新的电子中介出现。

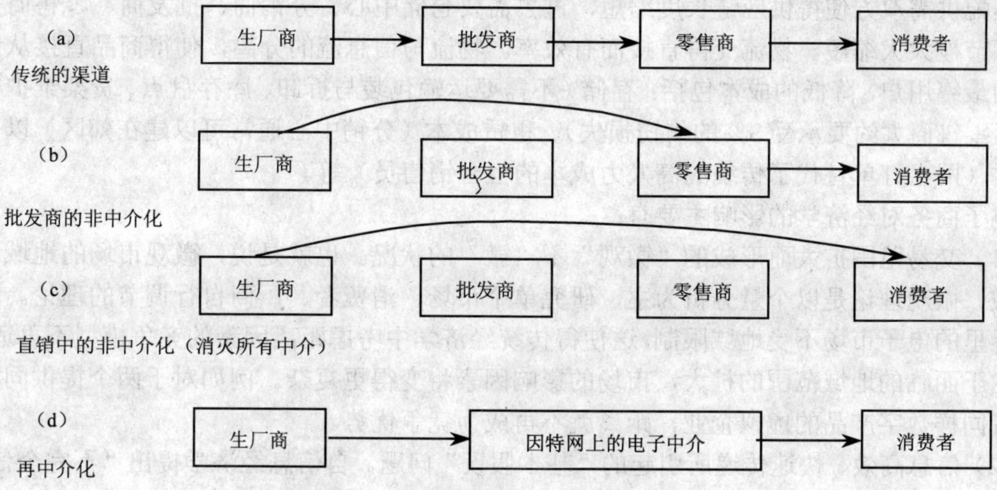

图 3-5　因特网的去中介化和再中介化

3.3　电子商务经济学

3.3.1　电子商务的经济学影响

电子商务主要从以下几个方面创造价值：

（1）极大地降低了各种类型的信息传输成本，包括一对一、一对多、多对多的信息传输成本都降低了。尤其是对那些本身就是信息的产品来说，潜在的价值创造更大。

对信息产品，举例来说，比如银行账户之间转账、支付，通过网络银行的方式就比过去的成本大大降低了。同样的例子还有电子车票、网上宾馆预订、网上健康咨询、新闻通讯等。对于那些运输成本低于商品价值的物理商品，网络打破了过去的地域限制，人们可以搜寻其他地区甚至其他国家来获得这些商品。比如，在线分类广告和C2C的拍卖可以在不同的地区，如城市、省份甚至国家之间进行。而对于运输成本很高的商品，因特网作为一个信息传输渠道导致信息与商品本身的分离，例如因特网上汽车的购买和服务的流程就与过去不一样了。同样在就业市场，人才的异地流动比过去更容易也更为频繁。

（2）降低人与人之间的交互成本。在因特网上提供详细信息的成本是很低的。公司的产品信息、售后服务信息等详细资料都可以通过网络提供，再如上市公司，按照证监会的要求，需要定期公布公司的经营情况，通过网络提供各类文件档案的成本是很低的。网络上有各种交流与通信的方式，比如电子邮件、即时通信，以及近年来开始得到广泛应用的网络电话等。电子邮件可以满足时差相隔明显的地区之间非即时通信要求；MSN、QQ、Skype等工具则可以满足在线用户之间的通信要求，甚至还提供了视频网络会议的功能；网络电话则降低了与传统电话网络之间的通信成本。这些通信工具使得全球任意两点之间的通信变得简单。除此以外，虚拟社区、论坛等可以提供人们之间的经验传递，比如商品推荐使得商家与顾客之间的交互成本降低。

（3）因特网通信与交流极大地降低了供需双方的匹配成本。技术改变了供需双方之间的距离以及成本。

匹配供需双方使得供应链长度缩短，过去需要仓储中心、分销商、批发商、零售商等长物流环节被大大缩短，物流变得直接而有效率。物流与信息流的分离，使得商品直接从制造商流向最终用户，降低的成本包括：存储（不需要运输包装与拆卸、库存盘点、货架维护等）、偷窃（零售商大约要承受3%的偷窃损失）、租赁成本（分销中心通常可以建在郊区）以及销售成本（网上订单替代了传统的高人力成本的柜台销售员）等。

电子商务对经济学的影响主要有：

（1）交易范围扩大而形成的“微观”不“微”的状况。也就是说，微观市场的地域限制被打破。微观理论是以个量分析为主，研究单个市场、消费者、厂商自行调节的理论。因特网世界里的电子市场不受地域限制，这使得传统经济学中考虑距离因素的竞争模型不再适用，而且由于面临的地域范围的扩大，市场的影响因素将变得更复杂。例如对于两个提供同样服务或者同样数字产品的虚拟企业，距离就不再成为竞争优势。

（2）信息高效、快速传递所引起的“基本假设”问题。自信息经济学提出“不完全信息”的基本假设以后，这成为分析经济问题的基本立足点。而由于因特网时代信息的易获取性，信用评价系统、网上监督系统等的发展，很多方面的不完全信息特征得以改变，“足够信息”将成为电子商务时代解决经济问题的一种思路。

（3）电子交易快捷性、高效性引起的总成本降低及边际成本的特别变化。这种成本降低反映在价值创造方面。

（4）“规模”生产与“定制”生产之间的矛盾。西方经济学中，规模报酬理论认为生产规模从最初的很小逐步扩大时，企业往往面临规模报酬递增现象，厂商扩大规模生产将是有利的。这样看来，作为厂商只要未出现规模报酬递减，就应该扩大生产，以谋求最大利益。但是电子商务时代，人们个性化需求的满足却又要生产厂商的生产系统满足顾客“小批量”、“多品种”的定制服务，因此造成传统理论实际需求的矛盾。

3.3.2　电子商务经济学的发展

随着因特网的飞速发展，20 世纪 90 年代中期，出现了许多新的经济学名词。新经济、数字经济、虚拟经济等概念层出不穷，而其中与电子商务相关的经济学概念有网络经济学、因特网经济学、电子商务经济学等。

早期的网络经济学（The Economics of Networks）在因特网普及以前就已经存在了，有时也被人称为“网络产业经济学”，实际上是通信经济学的范畴，包括对电信、电力、交通等基础设施行业的经济学研究，其着眼点是这些行业所具备的共同特征：“网络”，如通信网络、电力网络、公路网络、铁路网络、航空网络等的经济结构特征。网络经济学主要研究与有限资源的最优配置相关的经济学问题，其中主要的问题包括接入问题和对规制与竞争的讨论。

接入的概念，是当某家公司在网络中掌握“基础设施”的时候，其他公司为消费者提供服务时必须要连接到网络中的基础设施的时候，就出现了接入。不同的网络行业对应的术语也有所不同，比如在电信行业叫做接入或者互联互通，在电力工业则称为传输问题。接入问题中最核心的内容就是接入定价，即如何对网络资产的使用确定成本的分配和费用的计算。另一个重要的问题就是规制与竞争。由于网络行业存在规模经济和自然垄断的倾向，因此，对网络产业竞争的管制也成为焦点问题。

随着因特网的产生和发展，其规模、范围与影响都是以往的网络所不能相比的，由此经济学家开始考虑不同类型网络所具有的基本特征，分析网络外部性的来源、网络外部性对网络服务定价和市场结构的影响。并扩展到对兼容、技术标准合作、互联与互操作性问题的研究。与前一种“网络（产业）经济学”相比，这些研究内容超越了网络产业本身的运作，仅从网络所具有的性质出发，讨论网络形态和特征的一切经济系统的经济学问题。讨论的主要目的是分析网络产业中厂商结构和行为、市场结构和运作而非整个具有网络特征的基础设施行业的资源配置、政府规制和行业竞争。

在因特网以惊人的速度向前发展的同时，经济学家们认为继续将关于因特网的讨论放在“网络经济学”中进行已经不合时宜，因此产生了因特网经济学（Internet economics）的学科。但是因特网经济学仍然主要是从因特网服务价格和服务提供者的竞争方面出发，研究与有限资源的配置、因特网投资活力和适当的政府政策有关的问题。因此，因特网经济学实际上还是网络经济学的一个分支。同时，随着无线通信的发展，比如移动电话、卫星通信、Wi-Fi 等不同的网络的广泛应用，网络经济学就不仅仅包括有关定价、资源配置和政府规制等问题了，如何建立一个包含不同类型网络相互竞争的市场将成为分析重点之一，有人把包含这些问题的内容称为信息基础结构经济学。

同样，随着电子商务的发展，越来越多的经济学家认为，把电子商务经济学内容置于因特网经济学之内的做法是不可取的，相应出现了“电子商务经济学（Economics of Electronic Commerce）”。电子商务的根本在于它通过通信网络和传输系统使得交易更为便捷，在于它组织市场和开展交易的方式，即通过虚拟的市场代理商、数字产品和电子过程进行交易。因特网从本质上说仅仅是电子商务运作时依赖的工具。基于这一点，电子商务经济学所研究的，就是在虚拟的市场上，市场过程和产品发生了哪些变化，市场在生产、营销、消费过程中应当就产品选择、市场战略、价格指定等考虑哪些新的影响因素。这显然与因特网经济学等所研究的网络产业的资源配置、市场竞争等大不相同。

电子商务经济学讨论了网络经济时代数字产品和实物产品的经济学含义；应用基础微观经济学理论，论述电子交易市场上的质量不确定性、市场信息、市场中介和新的市场效率问题；分析在网络时代十分敏感的版权问题，系统地进行网上营销、网络广告、信息查询、产品差别定价、金融电子商务的经济学分析。

总的来说，电子商务经济学是对一个买卖双方、产品和交易过程都发生了本质性改变的市场进行的微观经济分析，目的是为一个全新商业模式的发展奠定良好的经济学基础。

曾经很多人认为，因特网是一个革命性的技术，网络经济学颠覆了传统的经济学，网络经济时代需要重建经济学系统，旧有的经济学将受到时代的抛弃。但是，实际上适用于新经济的经济学规律很大程度上都是来自传统经济学中的基本原理。虽然它尚未形成一个系统而完整的经济学理论体系，人们只是针对网络经济中出现的一些经济现象和问题进行了分散的、不完整的研究。

3.3.3 网络竞争规则

因特网给网络经济时代带来的变化之一便是竞争规则的改变，改变了传统市场游戏规则，也改变了传统的竞争规则。梅特卡夫法则、摩尔定律与达维多定律就是网络竞争中的三个著名的定律。

1. 梅特卡夫法则

梅特卡夫法则认为，网络对它的每个用户的价值与其他用户的总数成比例，用$(n^2-n)/2$表示。网络是由连接不同节点的链路组成，在其结构中具有一个固有的特征，即网络的各个组成成分之间是互补的。换句话说，一个网络所提供的服务是由许多互补的成分组成的。当存在大量的用户时，“网络”产品的用户对产品的评价会更高，因为他们从中获得了更多的效用。事实上，每增加一个新的用户，网络产品对其用户的价值都会提高。电话就是服从这一经济法则的产品范例。第一个购买电话的人会觉得它毫无用处——它不可能与任何人通话，第二个购买者使电话对第一个购买者产生了价值，因为他们可以互相通话了。第三个购买者又会提高前两个购买者的电话的价值（此时他们可以开电话会议了)。网络中用户越多，安装基数越大，潜在的通话对象就越多，该网络对用户的价值也就越高。这种消费者行为之间的相互影响就构成了“正的消费外部性”，使得消费者消费某种网络产品的价值会随着消费与该产品相兼容产品的其他消费者数量的增加而增加。

梅特卡夫法则说明了信息网络的扩张效应，解释了网络的外部性。网络外部性不仅存在于诸如电信、铁路、航空等有形的网络之中，许多无形网络也表现出这一特征。为个人计算机设计的Windows操作系统的广泛应用就是网络经济的一个很好的例子。Windows用户越多，软件公司开发的与 Windows 兼容的软件就越多，Windows 对其用户的价值就会越高。

然而，很多情况下，应用 Windows 操作系统的计算机并没有连上网络，为什么这一产品从网络经济中获得了好处呢？不管 Windows 用户有没有把其计算机通过线路连接在一起，他们都是以“社区”的形式运行的，他们都使用为 Windows 操作系统设计的软件，彼此互相共享文件，这些活动使得 Windows 产品服从网络经济的规律。微软的 Office 系列产品也是这样，使用的人越多，相互之间共享与传递就很方便，对使用者的价值就越大，那么使用者就越不愿意放弃而转向其他不能与其完全兼容的 office 软件。

网络的这种特性给用户带来了很高的从一个网络到另一个网络的转换成本，从而使得网络可以锁定用户，使得强大的公司就会变得更强大（正面强化效应），弱小的公司会更弱小（负面加强效应）。因此，以前拥有许多竞争技术的市场会越来越集中到一种技术标准上。

2．摩尔定律

摩尔定律说的是计算机硅芯片的处理能力每 18 个月就翻一番，而价格以减半数下降。自从这个定律被英特尔创始人之一摩尔先生提出以来，芯片业的发展过程逐步验证了这个定律的准确性，芯片一直按这个规律指数变化。摩尔定律的存在，使得计算机、手机、数码相机等产品的价格不断下降，同时使得一些大公司，像我们在案例 2-4 中“摩尔定律引领创新革命”中提到的英特尔公司，不断地开发新产品，不断地提高产品的性能。摩尔定律揭示了企业必须建立定时出击机制来适应快速变化的网络竞争。企业危机最根本的是创造力危机，因此企业不仅要把创新作为管理永恒的主题，更重要的是要加强对创新的时效管理，主动地、科学地排定创新步伐，这种观念即为定时出击（Time Pacing）。

3．达维多定律

达维多定律认为进入市场的第一代产品能够自动获得 50%的市场份额，所以任何企业在本产业中必须第一个淘汰自己的产品。英特尔公司的微处理器并不总是性能最好、速度最快的，但它几乎总是新一代产品的首家推出者。同样，微软公司的 MS-DOS 和 Windows 也并不是当时最好的微机操作系统，但它通过和 IBM 结成战略联盟，并不断推出新产品，终于成为市场的主流产品，无人能与之抗衡。实际上达维多定律体现的是网络经济中的马太效应（Matthews Effect）。

以上三个定律被认为是新经济中的三大定律。在传统的经济模式下，随着经营规模的扩大，企业遵循这收益递减的规则，或者说边际成本递减。但数字经济中计算机软件的生产看上去却遵循收益递增的法则，这三大定律以及前面所述的价值创造方面，被认为是造成收益递增的主要因素。

实际上，这三条定律并没有直接说明收益递增，而是从新的竞争环境角度描述收益递增的趋势。例如梅特卡夫法则是基于每一个新上网的用户都因为别人的联网而获得了更多的信息交流机会。它指出了网络具有极强的“外部性”和正反馈性：联网的用户越多，网络的价值越大，联网的需求也就越大。这样，我们可以看出梅特卡夫法则并没有说明供给方面的收益递增，而是指出了从总体上看消费方面存在效用递增——需求创造了新的需求。摩尔定律实际上是学习曲线（Learning Curve），它说明了随着产出的增加，厂商不断改进它的产品，结果单一产品的成本不断下降。学习曲线最初是在飞机制造业中发现的，现在主要被认为在 IT 的硬件业中发挥巨大作用。这的确是关于收益递增的真正原因，因为它显示了一条下降的边际成本曲线。达维多定律说明网络经济中的消费行为的黏性，描述的是产品特性对消费行为的影响，不过它所描述的黏性适用于具有虚拟网络性质的产品，比如操作系统平台、办公软件标准等。

3.4　问题讨论

1．找一个虚拟组织和无边界组织的公司，并分析这些组织的优势。

2. 电子商务经理应该如何监控和响应技术的变革？

3. 讨论电子商务对企业管理的影响。

4. 找出自己熟悉的企业，列出该组织的电子商务环境的构成，并分析它们与组织的相互关系。

3.5 实践项目

1. 通过网上银行支付手机费用，或者购买 Skype 信用点数。

2. 利用波特提出的竞争战略模型分析自己熟悉的一个 B2B 或 B2C 公司。

习 题

1. 因特网对波特模型中的五个竞争力有哪些影响？

2. 因特网如何改变价值链驱动模型？

3. 电子商务模式下的虚拟组织的特点是什么？

4. 电子商务对经济学有什么影响？

第 4 章　供应链管理

本 章 要 点

1. 了解供应链的定义以及相关知识。
2. 掌握电子商务与供应链的特点以及管理模式。
3. 掌握电子商务下的供应链职能管理。
4. 掌握电子商务下的供应链流程重组。
5. 熟悉供应链重组中的技术。

案例 4-1

甲骨文供应链管理蓬勃发展

目前，供应链管理已经受到越来越多企业的重视。资料显示，企业在供应链管理的资金投入上，已由 2006 年的 17%提高到 2007 年的 32%。在消费品、餐饮、物流、高科技、分销等行业的领先企业纷纷选择甲骨文（Oracle）供应链管理解决方案建立以信息驱动的价值链，从而提高竞争力与获利能力。

权威市场调查公司 Gartner 的数据表明，根据 2005—2006 年亚太区总体供应链管理软件收入分析，2006 年，甲骨文的供应链管理软件收入增长与 2005 年相比，涨幅高达 80%，是亚太区增速最快的供应链管理厂商。同时，甲骨文公司也是亚太区排名第一的供应链执行软件厂商。

各行业的客户采用 Oracle 全面和最佳的供应链管理组合，能够更好地对供应商和客户完成供应和需求链的规划。另外，在产品生命周期管理方面，Oracle 供应链管理组合，可以使客户更好地完成财务管理、资产生命周期管理、人力资源管理、销售及服务管理等方面的工作。

目前的形势驱使供应链管理被广泛采用。现在，知名企业注重“品牌”宣传，并加速新产品的推出，同时也更加注重核心竞争力的提高。当前的供应链管理网络还比较零散，合约厂商迫切需要一套配合和谐的中小企业供应链。另外，在供应链管理中，法规遵从与质量是关键。随着甲骨文等众多厂商不断推出供应链管理解决方案，大量新用户开始不断涌现，也使供应链管理的蓬勃发展成为必然。

为客户实现最大化业绩

Oracle 供应链业务平台相较于以往的企业价值链中创造价值的部分更加完善，其更注重客户与供应商的和谐配合，打造出了一套全球性的、跨组织的、延伸的价值链，利用技术来帮助客户实现价值链业绩的最大化。Oracle 供应链解决方案帮助企业从关注财务、ERP、供应链管理计划等内部需求，转变为重视需求驱动、管理创新、多企业协同等外部需求，即通过供应链生态的全面整合，从而有效提高企业的竞争优势与经营业绩。

甲骨文公司大中华区供应链管理解决方案总监叶浩霖在北京举行的“Oracle 供应链管理媒体见面会”上指出：“越来越多的客户选择用 Oracle 供应链管理解决方案建立以信息为主导的价值链，以提高竞争力和赢利。为了提供业界最全面和集成度最高的供应链应用产品套件，甲骨文投资巨大。甲骨文拥有出色的供应链解决方案，如 Oracle 运输管理和 Oracle Demantra，能帮助客户做出更好的决策、获得更加可预知的结果、迅速适应变化并协调全球网络与业务目标取得一致。

Oracle 供应链解决方案通过对企业价值链治理模式的分析，深入了解价值链的内部结构关系，实现战略网络优化。Oracle 供应链管理解决方案拥有杰出的产品开发、需求管理、销售和运营规划、制造、运输以及供应管理功能，在得到客户广泛认可的同时也得到了业界的肯定，在“2007 新加坡 SCMLogistics World”博览会期间举办的“供应链杰出奖”颁奖大会上，甲骨文连续两年荣获“亚太最佳供应链软件解决方案提供商”奖。

实现对客户的长期承诺

甲骨文公司合理地拓展客户供应链管理产品组合的广度与深度，在自身大力加强技术平台建设与整合的同时，还通过收购来进一步扩充 Oracle 供应链管理的技术力量：通过收购 Retek 获得了先进的零售应用系统；通过收购 G-Log 获得了先进的物流与供应链执行方案；通过收购 Siebel 获得了先进的贸易应用系统；通过收购 Demantra 获得了需求管理、销售和运营规划以及促销规划及优化方案；通过收购 Hyperion 获得了先进的企业绩效方案；通过收购 Agile 获得了先进的产品生命周期管理方案。甲骨文通过一系列的供应链管理收购策略，积累了丰富的行业经验，为业界提供最全面和集成度最高的供应链应用产品套件的同时，也使客户的投资得以增值。

甲骨文推出的“应用无极限”计划，将“保护、扩展、演进”作为宗旨，有利于增强客户的信心。甲骨文致力于提供功能全面的、面向特定行业的应用解决方案，这些解决方案是可扩展的、非常灵活的，并建立在公开标准之上，这样客户的现有投资就得到了很好的保护和优化，从而打消了客户在使用被甲骨文收购的软件公司产品时的疑虑。

一直以来，甲骨文始终以强大的业务功能及丰富的行业经验来满足关键行业的业务需求，为各行各业提供了最佳实践。目前 Oracle 供应链管理解决方案被广泛应用于高科技、工业制造、汽车、物流、消费品、化学品、航天和国防、通信、旅游、运输、公用事业、石油、天然气、自然资源、公共部门、医疗、保健、教育、研究、金融服务、专业服务、零售、批发工程和建设等各个领域。

甲骨文还通过与 IBM、Accenture、Han Consulting 等厂商建立成熟的合作伙伴生态系统，联合开发行业解决方案和最佳实践，来帮助用户更好地解决业务及技术中遇到的难点与困难，从而更好地满足客户的需求，使客户在竞争激烈的行业中获得优势并不断发展壮大，真正实现甲骨文对客户的承诺。

资料来源：IT 世界网，2007 年 11 月。

电子商务平台下，交易的建立和完成，离不开产品从生产地点运到消费地点的过程。当生产者和顾客之间发生交换时，那些将产品或服务带到市场上的企业组成的序列就称为供应链、需求链或价值链。本章将在介绍供应链的基本概念和结构的基础上，对电子商务与供应链的关系，以及电子商务平台下的仓储和配送系统进行分析。

4.1　供应链的基本概念与结构

4.1.1　供应链概念的发展

早期的观点认为供应链是制造企业中的一个内部过程，是从企业外部采购的原材料和零部件，通过生产转换和销售等活动，再传递到零售商和用户的一个过程。传统的供应链概念局限于企业的内部操作层上，注重企业自身的资源利用。

同时，有些学者把供应链的概念与采购，供应商管理相关联，用来表示与供应商之间的关系，这种观点得到了研究合作关系、JIT 关系、精细供应、供应商行为评估和用户满意度等问题的学者的重视。但这样一种关系也仅仅局限在企业与供应商之间，而且供应链中的各企业独立运作，忽略了与外部供应链成员企业的联系，往往造成企业间的目标冲突。

后来供应链的概念注意了与其他企业的联系，注意了供应链的外部环境，认为它应是一个通过链中不同企业的制造、组装、分销、零售等过程将原材料转换成产品，再到最终用户的转换过程，这是更大范围，更为系统的概念。例如，美国的史迪文斯（Stenvens）认为："通过增值过程和分销渠道控制从供应商的供应商到用户的用户的流就是供应链，它开始于供应的源点，结束于消费的终点"。伊文斯（Evens）认为："供应链管理是通过前馈的信息流和反馈的物料流及信息流，将供应商、制造商、分销商、零售商直到最终用户连成一个整体的模式"。这些定义都注意了供应链的完整性，考虑了供应链中所有成员操作的一致性（链中成员的关系）。

目前，供应链的概念更加注重围绕核心企业的网链关系，如核心企业与供应商、供应商的供应商乃至与一切前向的关系，与用户、用户的用户及一切后向的关系。此时对供应链的认识形成了一个网链的概念，哈理森（Harrison）进而将供应链定义为："供应链是执行采购原材料，将它们转换为中间产品和成品，并且将成品销售到用户的功能网链"。有些概念同时强调供应链的战略伙伴关系问题。例如菲力浦（Phillip）认为供应链中战略伙伴关系是很重要的，通过建立战略伙伴关系，可以与重要的供应商和用户更有效地开展工作。

综合来看，供应链管理是对从最终用户到原始供应商的关键业务流程的集成，它为客户和其他相关者提供价值增值的产品、服务和信息。供应链对几个关键业务流程进行管理，包括客户关系管理、需求管理、订单管理、制造流程管理、仓储管理以及运输管理。因此，供应链管理是一个高度相互作用的、复杂的系统方法，要在组织内部和组织之间考虑种种权衡。一个典型的供应链结构，如图 4-1 所示。

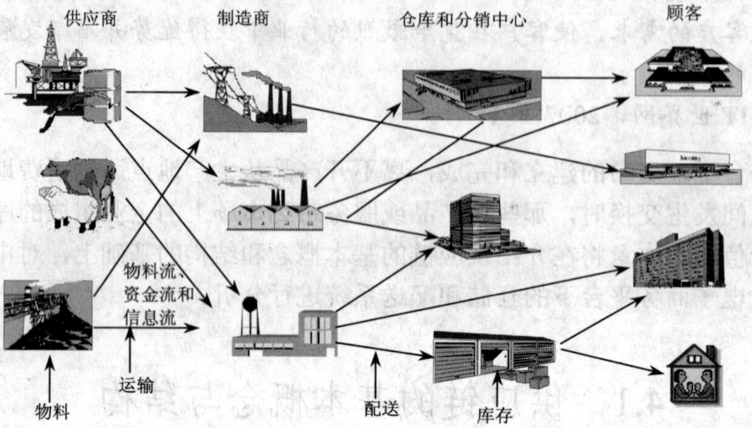

图 4-1 供应链结构

4.1.2 供应链战略

确定供应链战略，是进行供应链管理的基础和关键。战略的确定，在一定程度上，影响了整个供应链的效率和赢利能力。物流战略一般会强调下列因素：

（1）成本。供应链中各组织强调获取低廉的成本，通过成本的控制，从而获得更多的利润。

（2）客户服务。各组织的活动围绕提高存货可得率、运输完好率、提前期等有关客户服务的评价指标，从而带来长期的竞争优势。

（3）灵活性。供应链系统可以根据客户和产品的特征，而进行调整，提供适宜的仓储或配送服务。

（4）技术。供应链运作中，需要大量信息技术的支持，如 EDI、RFID、GPS 等技术，通过技术的应用，可以实现在供应链各环节的管理优化，提高运作效率。

需要注意的是，这些因素彼此存在一定的矛盾。例如，强调客户服务的战略中，提供优质的客户服务必然会发生相应的成本，从而无法实现成本战略的目标。一般情况下，基于这些因素，每个组织可以设计自己的供应链战略，并可以分为如下几种：

（1）精益战略。在确保客户所能接受的服务水平的基础上，使供应链中发生的成本最小。精益战略以消除浪费作为首要目标，消除无价值的操作、消除耽搁、降低复杂性，进行按需生产。但是低成本不一定属于精益战略，精益战略在减少浪费的同时，并不是以牺牲客户服务水平为代价的，这是精益战略在实施中容易存在的误区。

（2）敏捷战略。对变化的环境迅速做出反应，向客户提供高品质的服务。通过追踪客户需求，并根据不同客户需求量身定做相应的服务或产品，以建立企业的竞争优势，获得收益。在敏捷战略中，企业致力于客户满意度，明确客户需求，设计满足需求的产品和服务，强调质量和价值，并进行售后服务。

精益、敏捷两种战略，分别以低成本与高服务作为战略基础，但两者并不排斥，不能极端地只采用某一战略。

（3）绿色战略。以环境保护为基础的供应链战略。在这一战略的引导下，企业使用可重复利用的容器和包装，在运输中减少声音和油耗，在仓储中采用环保材料。大部分企业认为，采用绿色战略，必然会带来成本的增加，实际上从长远来看，会帮助企业降低成本。

（4）提高生产效率战略。强调最大可能的利用可得资源和设备，从而获得规模经济，降低单位生产成本，增加收益。与精益战略不同，提高生产效率战略并不是为了消除浪费，而是寻求更多资源和能力的使用，获得额外的收益。

4.1.3　供应链的结构

管理供应链的一个关键因素是明晰供应链的网络结构。关于网络构成的三个主要的结构性因素如下：

1．供应链的成员

一般而言，供应链成员包括从原产地到消费地，核心公司通过供应商或客户直接或间接相互作用的所有公司和组织。其中，主要成员是指那些为特定的客户或市场产生特定输出的业务流程中，执行运营和管理活动的公司，而辅助成员是指那些为主要成员提供资源、知识、公共设施或资产的公司。识别供应链的成员是很重要的环节，现实中核心公司往往只注重“下游”公司或客户，而忽略“上游”公司或供应商。只有明确供应链的成员，才能更好地管理供应链。但如果将所有类型的成员之间的所有流程进行集成，会导致整个网络变得高度复杂，从而带来管理效率的降低，起到反作用。因此，应该根据实际公司的需要重点集成供应链中的主要成员。

2．网络的结构性维度

在说明、分析和管理供应链时，网络的三个结构维度是必不可少的：水平结构、垂直结构以及核心公司距离供应链终点的水平位置。水平结构是跨越供应链的层次的数目，即从最终用户到原始供应商的层次数目。垂直结构是每个层次所出现的供应商、客户的数量。水平位置维度衡量的是公司在供应链中的水平位置，可以位于初始供应商附近，也可以在最终消费者附近。这些结构变量可以有不同的组合，从而构成了不同的供应链结构。在分析了水平结构和垂直结构后，企业应该根据实际情况分析出在供应链中的水平位置，是距离供应商附近还是距离消费者附近。位置不同，管理供应链制定的战略就有所不同。

3．不同类型的流程连接

供应链的成员之间可以识别出四种基本的流程，分别是受管理的流程连接、受监控的流程连接、不受管理的流程连接、非成员流程连接。受管理的流程连接是公司认为重要的、需要进行基础和管理的流程，通常需要与供应链的其他成员进行合作。受监控的流程连接相对不那么重要，公司仅仅按必要的频率，监控流程的集成和管理。不受管理的流程连接是指完全由供应链的其他成员管理的流程，或者由于资源限制，公司听任其自身发展。非成员流程连接是供应链成员与非成员之间的流程连接，例如某个供应商同时也是其他供应链的供应商，这种连接经常会影响供应链的绩效表现。

企业需要根据所处供应链的结构特征和流程连接机制，确定对不同伙伴的合作关系，采用不同的管理或监控措施。

4.1.4 供应链的整合

大部分降低成本或增加价值的机会存在于供应链的各方之间的接口。同一个供应链中的组织之间不应该相互竞争，而是通过合作以得到最终客户的满意，从而与其他供应链进行竞争。因此，进行供应链的整合是十分必要的。

整合可以给供应链上各企业带来如下优势：

(1) 共享信息和资源。供应链中所有成员和部门可以共享信息和资源，以便更好地提供产品或服务。

(2) 较低的成本。由于平衡操作、较低存货、较少开支和规模经济，可以减少费时或不增加价值的活动。

(3) 改进工作。可以获得更准确的预测、更好的规划和更高的资源利用率。

(4) 提高效率。协调作用使物料、资金、信息的流动更加迅速、可靠。

(5) 改进客服。提前期的缩短和稳定性，带来客户服务水平的提高。

(6) 更加灵活。通过整合，供应链对于市场和顾客的需求变化反应更加迅速。

(7) 提高质量。供应链通常采用一体化的质量管理程序，会保障所提供的产品或服务的质量。

供应链整合最重要的问题是需要克服组织间都是竞争对手这一传统观念，实际上如果双方认为没有合作的必要，会为了谋求单次交易利益的最大化，而经常改变规则和条件，增加了供应链中的风险。当组织和供应商能够形成以合同为基础的长期合作，以保证均能持久得到利益，这就是战略联盟。战略联盟中，组织在各个层次上进行密切合作，共享信息、专业技术、规划和系统，联合改进产品和程序，在成本和利润方面达成一致，给出公平的定价，提供可信赖的、高质量的服务。

如果组织想超过合作关系得到进一步发展，可以选择收购供应链中的其他组织，从而实现垂直整合。当然，广泛的垂直整合十分昂贵，组织不得不分散自身的资源和技术经验，降低适应环境变化所需的灵活性。

因此，供应链是否应该进行整合，进行何种程度何种层面的整合，都需要根据产品、市场、顾客、企业组织自身特点而决定，以求与其他组织建立长期稳定的合作赢利关系。

案例 4-2

新联想 挑战供应链整合

驾驭自己不了解的

2005 年 10 月的一天，刘军的办公室，在中国地图旁边，又挂上了一张世界地图。作为联想集团的首席运营官（COO），刘军开始主管新联想的全球供应链。而此前的 10 年，他只需打理联想中国的业务，对中国以外的市场知之甚少。

众所周知，并购难，整合更难。而供应链系统的整合又被认为是联想整合 IBM PC 业务中最困难的一环。董事长杨元庆曾就此作过一个比喻："给高速飞行的飞机加油，或者是给高速运转的车换轮子。"

联想收购 IBM PC 看中的是其全球销售网络，而这个网络该怎么和联想本身的供应链配合起来，成为摆在新联想面前的最重大课题。

以物流系统为例：以前联想做国内的网络，只需要整合国内的铁路、公路资源，海运会很少，但如果涉及全球业务，就必然会有更多全球空运、海运资源需要整合。并且，各个地域上的资源也是有差别的。"之前我并不了解这些，现在却要驾驭它。"刘军说，"过去 IBM 的供应链是为所有产品设计的……如何完成供应链的分割？然后如何再与联想的供应链进行整合？又如何才能够平衡在长期竞争力建设和短期见效的矛盾？"

应对这一系列的难题，刘军度过了他人生中最刻骨铭心的半年。供应链的整合和优化绝不是一场运动，而是一个需要持续不断的过程，本身就不存在真正的终点。因此说，任何时候的总结和反思，都会对后来者带来价值。

非同寻常的挑战

有专家指出：在未来几年，全球 PC 采购的需求量仍会增长，但采购成本会被进一步压低。而且 PC 也属于成熟的制造业，厂商的路数无非是快速推出新的产品以提高毛利率，降低成本以提高净利率。而通过低成本采购、规模生产、低成本运输等途径，优化的供应链可以降低产品成本。

优化供应链，刘军和他的团队首先面临三大挑战。

第一个挑战，就是要整合一个跨文化的团队。新联想的人员中，分别来自联想国际、联想中国和 IBM PC 三部分。第二个挑战，就是怎样才能扭转供应链各自为战的情况，快速提升新联想的供应链效率？这必须对现有的供应链"动手术"。重新优化全球供应链网络设计。要建成适应市场的供应链网络，必须要做大幅度的革新。还必须建立协调统一的计划系统。简单地说，就是把新联想的供应链，变成一个纯市场导向和客户导向的体系，而不是以公司内部的营销计划为导向。而新联想的供应链部门是一个分布在全球 9 000 人的组织。正如大家所熟知：一个大型公司，更多的是基于高效率的 IT 系统的支持，而新联想的 IT 系统肯定需要很长时间才能完成架构。那么，在没有 IT 系统支持的情况下，怎样在快速的时间内完成这个挑战？第三个挑战，就是如何才能既兼顾中、短期利益，又能发展长期的竞争力？如何在原有供应链基础上进一步提高效率，同时建立更理想的新系统？

改变从流程开始

面临诸多的挑战，新联想供应链整合的关键点在哪里？

刘军认为，一个企业的效率，主要是看流程的效果。事实上联想供应链的整合也是从流程开始的。"在过去 5 个月里，我们改变了三个主要的流程：第一是计划的流程；第二是物流运作的流程；第三是订单交付的流程。在接下来的一年时间里，除了主流程的完善，我们还会做很多的四级流程、五级流程层面上的改变。"刘军说。

新联想首先改变了计划的流程。一种方式是基于不动的目标，比如：计划经济按季度和月度进行计划，然后确定一个目标就不变了。而实际上市场每天都在变化，没有人能够准确预测市场，所以计划需要按照每天发生的情况实时变化。因此，新联想不是根据不动的目标做计划，而是需要根据不断更新的目标去做计划。这是计划流程上的一个很大的变化。

改变物流动作的流程，新联想采用端到端的设计流程来提高效率，而不是采取串行的工作模式。比如：在海上物流运输的时候，就可以先设计分货的流程，而不是等到岸以后再分货。

关于生产系统，所有的联想以及ThinkPad笔记本计算机，都可以利用中国非常具有竞争力的生产成本在中国制造，而后，为提高物流效率，再用空运的方式送达世界任何一个地点。而台式机，因为比较重，实行空运不太可能，因此需要对客户就近配置。对此，联想的策略是在世界各地建立重点市场，建立台式机的组装能力。零部件在那个地方就地组装，就地给客户交付。当然，其中一些半成品完全可以在中国做好，空运一些小体积高价值的物料，海运一些大的诸如机箱之类的东西，在当地进行生产交付。联想认为：将台式机供应链的制造集中在中国，一方面有利于其降低制造成本，另一方面将有利于其提高供应链整体绩效。

弹性供应链

新联想整合过程中另一个大的变化，就是增加了供应链的弹性。

好的计划才能保证你在恰当的时间和恰当的地点，当你得到订单时有恰当的物料在那里帮你实现生产。而如果是相反的情况甚至极端的情况，让生产停滞下来，即使是停一天，相比新联想今天1 300亿元人民币的销售额而言，损失也将是巨大的。所以，链应链的弹性非常重要。

过去几个月，刘军和他的团队着力于这一块，使新联想的全球计划系统完全按照订单和市场驱动，每天按照新的变化随时更新。这种变化，对于联想而言，就好比中国从计划经济向市场经济转型的过程。

但增加弹性是要花钱的。

问题还不在于花多少钱，而在于怎么样把钱花在该花的地方，这才是需要进行精心安排的，也是刘军正重点要做的。比如：过去联想生产10台计算机，为了预留弹性，可能就需要生产出13台计算机来做准备。但联想通过研究发现：其实没必要把钱花在整台计算机上，不必多准备几台计算机，我们可以把做这3台的钱买很多的物料，特别是买那些交付时间长的物料。而像那些交付时间很短的部件，比如硬盘和内存等，除非在特别短缺的时期，否则不需要预留弹性。这样就可以花同样的钱，产生更多的效力。

双模式运营

为了支持多种业务模式，联想的供应链采用了交易型客户和关系型客户的双模式，以兼顾大型客户和中型客户。即有两类生产线：一类是所谓的大流水线——把一台机器从头到尾装起来，适合规模化的生产，它的效率最高也最稳定；一类是单元式的生产线——让一个人从头到尾装一台机器，它的好处是灵活，每台机器都有不一样的配置，适合小批量、多品种的生产。在联想，前者主要是按计划生产，而关系型客户是按订单生产。

"基于联想这样的生产线和供应链设计，如果一个客户向联想买计算机，不管是大型的还是小型的，不管是交易型客户还是关系型客户，都可以用最有效的方式得到。好比长枪和短刀结合在一起，该用什么兵器的时候就用什么样的兵器，这样效率才是最高的。"刘军说。

显然，新联想的全球供应链也必须是双模式的。但明显不同的是，联想需要在供应链整合的过程中，针对IBM PC的原有模式进行重建或改善。

相比易于管理的直销模式，新联想的供应链更复杂——既支持直销，又支持分销。联想将客户划分为关系型和交易型，但这两类客户又各有消费习惯，在不同情况下分别有直销和分销两种需求。联想这一业务模式决定了其目标客户群非常庞大，也决定了对原有模式重建和完善的任务会更加艰巨。

跨越障碍

评价供应链的好坏，一是效率和交付的速度，二是成本，三是质量。

刘军认为，联想产品质量可靠，端到端供应链可以节省成本。目前在中国市场上，联想这三个指标都是领先于竞争对手的。“端到端供应链的成本，联想只有 1.4%，高于所有的竞争对手，为联想贡献了很多的利润。为什么能做到 1.4%？就是因为我们的供应链是最短的。在上海的客户拿到联想的产品时，里面的液晶屏可能是两三天前才从上海的联想保税区里面拉过来的”。

而联想的差距，是在中国以外地区的成本和效率上的差距。但“中国市场梯度差别非常大，也是全世界竞争最激烈的市场。在这个市场上能拿到冠军的人，在世界市场上，也一定有它的位置。”刘军满怀信心地说。

的确，半年来的供应链整合，新联想积累了很多的经验，也取得了成效。但整合毕竟才刚刚开始，前方的路还有很多挑战。

而挑战就在于，新联想尚未与 IBM PC 部门进行双方 IT 系统的整合。而且可以预见的是，这种整合的过程将充满艰辛——IBM 的全球渠道如何与联想的“中国制造”对接？联想的中国制造又在全球销售，如何才能了解全球的需求……

所有这些，都是新联想在供应链整合的过程中要面对的挑战。而在应对这些挑战的过程中，联想的所有经验和感悟，都将是中国企业的共同财富。

资料来源：《中外管理》，2006 年 5 月。

4.2　供应链管理与电子商务

4.2.1　电子商务下的供应链管理的特点

电子商务改变了传统经济活动的生存基础、运作方式和管理机制，因而对供应链发展产生了深远的影响。电子商务与供应链管理之间的关系如图 4-2 所示。可以看出来电子商务环境下的供应链是以中心制造厂商为核心，将上游供应商、下游经销商（客户）、物流运输商及服务商、零售商以及往来银行进行垂直一体化的整合，构成一个电子商务供应链网络，消除了整个供应链网络上不必要的运作和消耗，促进了供应链向动态的、虚拟的、全球网络化的方向发展。

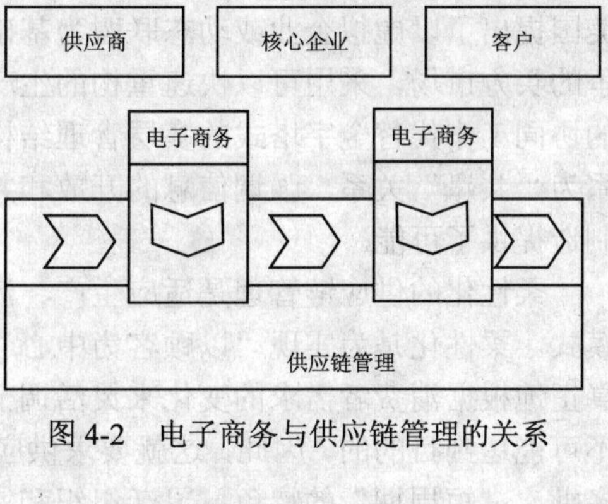

图 4-2　电子商务与供应链管理的关系

电子商务下的供应链管理有管理信息化、横向集成化、物流系统化、生产经营敏捷柔性化等特点。

1. 管理信息化

电子商务时代，供应链管理信息化是电子商务的必然要求。供应链管理信息化表现为供应链管理信息的商品化、供应链管理信息收集的数据化和自动化、供应链管理信息处理的数据库化和代码化、供应链管理信息处理的电子化和计算机化、供应链管理信息传递的标准化和实时化、供应链管理信息存储的数字化等。供应链上各企业应用信息技术，推动信息资源共享，改进整个供应链的信息精度、及时性和流动速度，从而提高整个供应链的效益。

2. 横向集成化

横向集成化不仅包括横向一体化还包括网络化。从 20 世纪 80 年代后期开始，“横向一体化”的供应链思想开始兴起，即利用企业外部资源快速响应市场需求，本企业只抓最核心的东西：产品方向和市场。“横向一体化”形成了一条从供应商到制造商再到分销商的贯穿所有企业的“链”；利用现代信息技术、网络技术和集成技术，将链上的各个企业联合起来，共同完成一项任务，与供应商和客户建立业务伙伴联盟。

供应链管理网络化有两层含义：一是供应链上企业联系的网络化，借助于 Internet 的电子订货系统和电子数据交换技术，供应链上的节点企业可以互相迅速而准确地交换所需数据与分析结果；二是组织内部的网络化，即通过组织内部网（Intranet）进行信息的传递与交换。供应链管理的网络化是供应链管理信息化的必然，是电子商务环境下供应链管理活动的主要特点之一。

3. 物流系统化

在此前的企业经营管理中，物流作为商务活动的辅助职能而存在，其本身并不构成企业管理的重要领域，其业务管理也往往是分散进行，没有总体统一的协调和控制。在电子商务时代，物流上升为企业经营中重要的一环，其经营的绩效直接决定整体交易的完成和服务的水准，尤其是物流信息对于企业及时掌握市场需求和商品的流动具有举足轻重的作用，因此，物流活动必须综合起来，进行系统化管理。通过协同电子商务将物流信息进行系统化管理，从而使得物流活动能够全方位、全过程地得到管理和协调。

4. 生产经营敏捷柔性化

全球性市场竞争的加剧，单个企业已经难以依靠自己的资源进行自我调整，在 20 世纪末，美国提出了以虚拟企业或动态联盟为基础的敏捷制造模式。敏捷制造面对的是全球化激烈竞争的买方市场，采用可以快速重构的生产单元构成的扁平组织结构，以充分自治的、分布式的协同工作代替金字塔式的多层管理结构，注重发挥人的创造性，变企业之间的生死竞争关系为“共赢”关系，强调信息的开放和共享、集成虚拟企业，而电子商务的兴起为实现敏捷制造提供了可能。

柔性化的供应链管理是适应生产、流通与消费的需求而发展起来的一种新型供应链管理模式。柔性化是为实现“以顾客为中心”理念而在生产领域提出的，但真正做到柔性化，即真正地根据消费者需求的变化来灵活调节生产工艺，没有配套的柔性化的供应链管理系统是不可能达到目的的。因此，这就要求供应链管理配送中心根据消费者需求“多品种、小批量、多批次、短周期”的特色，灵活组织和实施供应链管理。而电子商务的兴起，为企业和消费者提供多种交流方式，使得企业可以更快、更准确地预测消费者需求。

总之，电子商务供应链管理弥补了传统供应链管理的不足，它不再局限于企业内部，而是延伸到供应商和客户，甚至供应商的供应商和客户的客户，建立的是一种跨企业的协作，覆盖了从产品设计、需求预测、外协和外购、制造、分销、储运和客户服务等全过程，如图 4-3 所示。

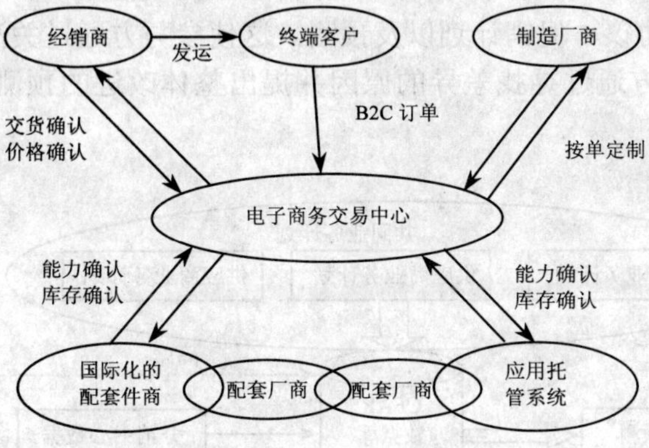

图 4-3　电子商务供应链管理拓扑结构图

4.2.2　电子商务下的供应链管理模式

1．价值链驱动模式

因特网的出现，使实物价值链与虚拟价值链得以并行，实物价值链上的每个环节都可与虚拟价值链相结合，而电子商务的出现，使得两条价值链的边界变得更为模糊。价值链驱动的最终目标是向世界各地任何规模的交易伙伴实时传递相关的动态数据流，依此来影响供应链的电子商务市场。一个价值链驱动的固化软件程度可以实时地与其他的软件程序传递数据，进行交流。例如，当某个用户发出的订单自动地传送到仓库管理系统时，系统不仅将记录放入仓库管理后台数据库中，还将同时触发一个物流配送系统进行运输，如果仓储低于库存下限，则同时会触发制造系统，发送产品生产的指令。具体价值链的内容第 3 章中已做了具体分析。

2．合作、预测与供给（CFAR）模式

合作、预测与供给（Collaborative Forecasting and Replenishment，CFAR）模式是由国际著名的商业零售连锁店 Wal-Mart 及其供应商 Warner-Lambert 等 5 家公司联合成立的零售供应链工作组（Retail Supply and Demand Chain Working Group）合作研究和探索的，它应用一系列的处理和技术模型，提供覆盖整个供应链的合作过程，通过共同管理业务过程和共享信息，改善零售和供应商的伙伴关系，以达到显著改善预测准确度，降低成本、库存总量和现货百分比，发挥出供应链的全部效率的目的。

合作、预测与供给模式具有以下三条指导性原则：

（1）合作伙伴框架结构和运用过程以消费者为中心，面向供应链进行运作。例如制造商、配送商、分销商协商达成前端合作协议，建立合作业务计划等。

（2）合作伙伴共同开发单一、共享的消费者需求预测系统，该系统驱动整个供应链计划。例如建立销售预测；创建订单预测，确定订单预测例外等。

（3）合作伙伴均承诺共享预测并在消除供应过程约束方面共担风险。例如共同确定销售计划例外，合作解决销售计划例外项目，合作解决订单预测例外项目等。

CFAR 模式是一个更为具体的基于电子商务的集成供应链管理模式，它的实施能够使供应商加强对存货的管理以及不断地修补对企业整体的预测。通过 CFAR，各方利用网络的方式来交换一系列的书面协议、促销计划以及预测，这使参与方通过关注预测数据的不同来协调整体的预测，因此各方通过寻找差异的原因并提出整体改进的预测数据。图 4-4 显示了 CFAR 模式。

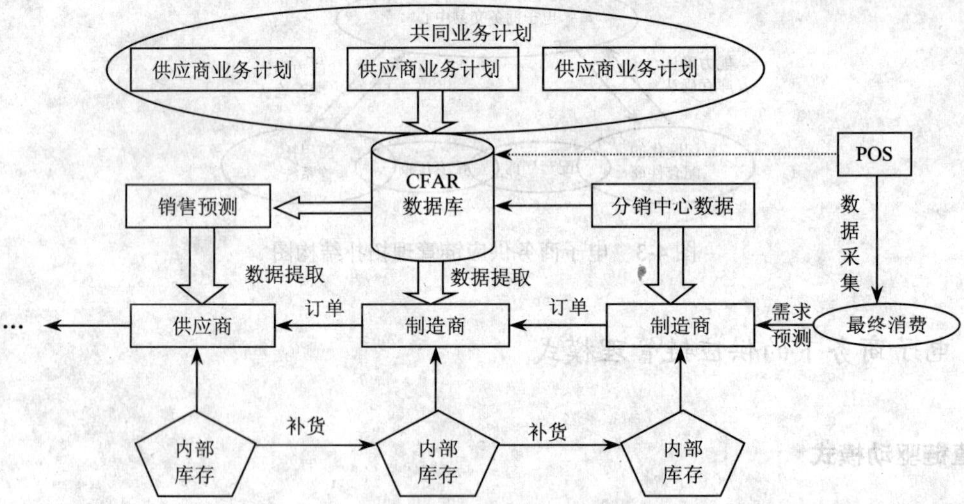

图 4-4 CFAR 模式

4.3 电子商务下的供应链职能管理

在电子商务环境下，供应链管理以各种技术为支持，尤其以 Internet/Intranet 为依托，围绕供应、生产作业、物流、满足需求来实施的。同传统的供应链管理内容相同，即主要包括计划、合作、控制从供应商到用户的物料和信息，其具体功能主要包括订单处理、原材料存储、生产计划安排、库存设计、货物运输和售后服务等。

4.3.1 库存管理

1. 库存的重要作用

在电子商务平台下的任何环节中都需要库存，来实现供应、生产和销售的顺利进行，而库存是一项巨大的投资，良好的库存管理能够加快资金的周转速度、提高资金的使用效率、增加投资的收益。然而大多数企业都在库存中遭受损失。例如：对于制造业来说，原材料短缺将影响生产，导致费用增加，产品短缺；而库存积压将增加仓储，积压资金，提高成本，减少赢利。可见，在了解库存重要性的基础上，建立一个科学的库存管理制度，是十分必要的。

在企业内，持有库存主要是起着以下几个方面的作用：

（1）使企业获得规模经济。库存使得大批量的订货成为可能，从而获得单位成本的降低，减少因缺货而形成的订单损失和信誉下降等。

（2）平衡供求方面的关系。季节性的供给和需求使企业可以依据库存调节供需的季节性变化。

（3）预防需求和订货周期的不确定性。由于市场需求情况的瞬息万变以及订货周期的不确定性，常常使库存不足，从而导致缺货损失，这时库存就显得十分重要。

（4）在某些关键领域起到缓冲、调节的作用。在供应商的采购、生产、分销到最终消费者整个环节中，起到缓冲作用，协调在时间和地点上的差异。

2．经济订货批量（EOQ）模型

库存管理可以依据需求量是不是确定的、订货频率（一次性或者重复订货）、提前期是否确定、库存与供货地点数量等不同的问题特征而对应建立不同的模型，以下介绍最常见的经济订货批量库存模型，以帮助电子商务平台下的企业，利用已有的数据信息，对库存进行管理，减少由于库存短缺带来的损失，同时避免过量库存带来的成本增加。

（1）模型应用条件。

① 需求量已知，订货成本以及订货提前期均为常数。

② 库存量随着时间均匀连续地下降，补充的过程可以在瞬间完成。

③ 存储成本与平均库存数量线性相关。

④ 单位成本固定。

⑤ 缺货成本不存在。

（2）模型内容。设总费用为 TC，每次的订货批量为 Q，年需求量为 D，每次的订货费用为 S，单位产品的存贮价值费用为 V。则一年的订货次数为 D/Q，因此订货成本为 SD/Q。平均库存水平为 $Q/2$，因此一年的库存成本为 $VQ/2$。从而一年内的总成本为

$$TC=\frac{D}{Q}S+\frac{Q}{2}V$$

于是，订货批量的大小决定了订货成本和库存成本，对上述方程进行求解，可以得到最佳订货量

$$Q_{EOQ}^{*}=\sqrt{\frac{2DS}{V}}$$

订货周期

$$T^{*}=\frac{Q_{EOQ}^{*}}{D}$$

4.3.2　配送管理

社会产品的生产量和需求量之间，不可避免地存在着空间和时间上的差异。出于生产布

局和各地区经济发展的不平衡，会导致产品此地有余而彼地不足；由于有些产品生产或消费上存在着时间差异，会导致产品此时有余而彼时不足。这些就要靠流通过程加以调节，需要现代化的运输规划来保证。产品的运输把空间上相隔的供应商和需求者联系起来。供应商通过运输以合理的价格，在合理的时间里向顾客提供质量保证的产品。

电子商务交易中供应链上从最初供应商到最终消费者，交易商品转移的实现，离不开货物的配送运输。与以往相比，目前原材料和产品的运输有许多运输方式可以选择，电子商务平台下的厂商如何选择经济适合的运输方式，高效合理地安排运输活动，需要了解进行科学的运输决策的相关内容。

1．运输系统

按照运输方式的不同，企业可选择不同的运输系统。一般而言，运输系统包括以下几种：

（1）铁路运输。铁路能够远距离运输大批量货物，因此，它在城市之间拥有巨大的运量和收入。尤其在我国，幅员辽阔，铁路是货物运输的主要方式。现在世界上几乎所有大都市都通铁路，铁路在国际运输中也占有相当大的市场份额。但是因受到铁轨、站点等的限制，铁路运输的灵活性不高。铁路一般是按照规定的时间表运营的，发货的频率要比公路低。

虽然设备和站点等的限制使得铁路营运的固定成本很高，但是铁路营运的变动成本相对较低，这使得铁路运输的总成本通常比公路运输和航空运输要低。高固定成本和低变动成本使得铁路运输的规模经济十分明显。

（2）公路运输。公路运输有速度较快、可靠性高和对产品损伤较小的特点。大多数的消费品是通过公路运输的。汽车承运人具有灵活性，他们能够在各种类型的公路上进行运输，不像铁路那样要受到铁轨和站点的限制，所以公路比其他运输方式的市场覆盖面都要高。汽车运输的特点使得它特别适合于配送短距离高价值的产品。

由于递送的灵活性，公路运输在中间产品和轻工产品的运输方面也有较大的竞争优势。总的来说，公路运输在物流作业中起着骨干作用。

在各种运输方式中，汽车运输的固定成本很低，这是因为，运输企业并不需要拥有公路。但是，变动成本相对较高，因为公路的建设和维修费用经常是以税和收费站的形式向承运人征收的。

（3）水路运输。水路运输是最古老的运输方式。其主要优点是能够运输数量巨大的货物，适合于运输低价值货物，例如谷物、钢铁矿石、煤炭、石油等。水路运输的主要缺点是其营运范围和运输速度受到限制。除非其起始地和目的地都接近水道，否则必须要有铁路和公路补充运输。水路运输是国际货物运输的主要方式。

在固定成本方面，水路运输排在铁路运输和公路运输之间。码头的开发和维护一般是由政府统一进行的。因此，与铁路和公路相比，其固定成本适中。变动成本则只包括运营中的成本，而水路运营成本相对较低。因此，水路是大宗货物长距离运输的理想选择。

（4）管道运输。与其他所有的运输方式相比，管道运输具有独特的性质，它可以每天运营 24 小时，仅受到完全更换运输商品和管道维修保养的限制，它的可靠性非常高。

管道运输最明显的缺点是不灵活，运输商品的范围受到限制：只能运送气体、液体和浆状产品等，主要是石油、天然气、水和流体的化学物品等。

管道运输的固定费用很高，主要是在建设成本以及运输控制上等。管道一旦建设完毕，其变动成本是相当低的。

（5）航空运输。航空运输的主要优点在于运输速度快，但货运的高成本使得空运并不适用于大众化的产品，通常航空一般用来运输高价值产品或时间要求比成本更为重要的产品。传统上，大多数城市间的航空货运都是利用定期的客运航班，这种做法虽然是经济的，但它降低了航空货运能力和灵活性。

与铁路、水路和管道相比，航空货运的固定成本较低。空中航线和飞机场通常是由国家投资来开发和维护的，航空货运的固定成本与购买飞机有关，也与所需特殊的搬运系统和货物集装箱有关。另一方面，由于燃料消耗、维修保养以及飞行人员和地勤人员费用较高，航空货运的变动成本是极高的。

电子商务平台下的企业可以根据产品的特征，比如有些产品不适合用管道运输；运输地点的限制，比如是否接近车站码头；自身的财务状况和客户服务水平（运送时间、稳定性、安全性等）来选择不同的运输模式，获得一定服务水平保障下的最低配送成本。

2．电子商务平台下的配送

在电子商务时代，B2C 与 B2B 的物流支持都要靠配送来提供，其供货方式也是配送制。没有配送，电子商务物流就无法实现，电子商务也就无法实现，电子商务的命运与配送业连在了一起。同时，电子商务使制造业与零售业实现“零库存”，实际上是把库存转移给了配送中心，因此配送中心成为整个社会的仓库。由此可见，配送业的地位大大提高了。

（1）配送中的多式联运。在电子商务平台下，选择配送系统更多的不是单独采用铁路、航空或公路一种运输方式，多式联运正在发挥重要的作用。第一，电子商务技术，尤其是 Extranet 使企业联盟更加容易实现。而运输企业之间通过联盟，可扩大多式联运经营。第二，多式联运方式为托运人提供了一票到底、门到门的服务方式，因为电子商务的本质特征之一就是简化交易过程，提高交易效率。在未来电子商务环境下，多式联运与其说是一种运输方式，不如说是一种组织方式或服务方式。它很可能成为运输所提供的首选服务方式。

（2）配送中的信息共享。电子商务平台构建将生产企业、配送中心（物流中心）、分销商（零售点）网络等经营过程的各方面纳入一个紧密的供应链中。此时，信息就不是只在物流企业内闭环流动，信息的快速流动、交换和共享成为信息管理的新特征。

（3）配送中常见的模式。采用邮政特快专递（EMS）服务的物流模式，实现电子商务的企业或商家从网站或虚拟网站上获得消费者的购物清单和家庭地址等信息，然后到附近的邮局办理特快专递手续将商品寄出，消费者收到邮局的取货通知，到所在地邮局将商品取回，或由邮递员直接将商品送到顾客家中。采用 EMS 方式具有方便、快捷的特点。但是这种方式存在以下的问题。首先，EMS 服务收费偏高，如果这部分费用由企业或商家负担，则其经营利润会大大降低；如果由消费者承担，则对于小件低价商品，消费者肯定难以接受。其次，EMS 很难保证消费者在期望的时间内将商品送到。

网站自建配送的物流模式。企业或网站在各地的网民密集地区设置自己的配送点，在获得消费者的购物信息后，由配送点的人员将商品为消费者送货上门。这种物流模式可以满足消费者的“即购即得”购物心理需求。但它也存在如下问题。首先是配送点的布局、人员的配备数量、商品的库存量等很难合理确定。其次，由于要满足用户的即时需求，对配送时效有严格的要求。很显然，高配送费用需要更大的商品配送规模。

网站与传统商业结合的模式。传统商业特别是连锁经营商业具有得天独厚的资源优势，丰富合理的商品种类，高附加值的服务，高效的配送体系等，这些正是电子商务主体所欠缺的。电子商务与传统连锁经营的结合能够充分发挥二者的优势，实现资源共享，优势互补。

借助第三方物流企业的模式。第三方物流就是电子商务主体将一部分或全部物流活动委托给外部的专业物流公司来完成。物流公司本身不拥有商品，而是与企业或商家签订合作协定或结成合作联盟。采用这种物流管理方式，送达消费者的时间比前述两种方式都要快，而且服务是专业化的、多功能的和全方位的。但是如果送货量太小，送货费用一般比 EMS 服务还要高。这种管理模式要求专业物流公司要在基础设施、人员素质、信息系统等方面加强建设。

可见，电子商务平台下，配送系统具有重要的地位，即便是电子商务特有的如信息共享带来的“零库存”优势，也需要基本的仓储和运输管理规则指导，目前电子商务平台下的配送系统大量采用借助第三方物流企业的模式，以下对这个模式的特点进行分析。

3. 第三方配送

了解第三方配送，要从第三方物流谈起，第三方物流（Third-party Logistics，简称 3PL），指企业将原本属于自己处理的物流活动，以合同方式委托给专业服务企业，同时通过信息系统与物流企业保持联系，达到将主要精力放到主营业务中同时又可以实现对物流全程的管理和控制。第三方物流通常涉及的是运输业和仓储业，尤其在电子商务平台下，第三方配送正在凸显重要的作用。

在电子商务交易中，企业选择第三方配送的运作模式，主要原因在于能够获得更大的竞争优势，具体表现在：

（1）业务优势。通过第三方配送，将企业在电子商务交易中的配送服务外包，一方面可以使企业获得自身不能提供的物流服务；另一方面，采用专业化的服务可以使企业获取新科技新技术的使用，而保持竞争优势。特别对于中小企业，当企业的核心业务发展迅猛时，需要配送系统快速跟上，但企业自建系统设施往往由于资金技术等限制而滞后，而第三方配送可以突破这种限制的瓶颈。

（2）成本优势。一方面，第三方配送可以降低运作成本。因为第三方配送服务业在经营规模上的经济性，使其提供的包括劳动力在内的物流运作成本降低。此外，使用第三方配送可以避免盲目投资，通过使用第三方配送，企业的固定资本转换为与运输量密切相关的可变资本，使得规划和预算更为方便。另一方面，第三方配送的使用，使企业可以减少固定资产投资，加快资本周转，将财务风险转移给第三方，尤其是业务量呈现季节性变化的公司。

（3）客户服务优势。一般而言，第三方配送企业在信息网络和配送节点上具有资源优势，可以利用便捷的信息网络加大订单的处理能力、缩短客户需求的反应时间，进行直接到户的点对点配送，实现商品的快速交付、提高顾客的满意度。另外，设施先进的第三方配送企业可以实现对在途货物的监控和管理，保证货物运输的及时和安全。

在第三方配送企业的选择中，衡量企业服务水平的主要方面包括：

（1）准时率。

准时装运率——装载的货物按照要求的发送日期离开指定地点的百分比。

准时交货率——货物在要求的交货日期交付到顾客接收地点的百分比。

（2）准确率。

挑选准确率——出现货物挑选差错的订单占订单总数的百分比。

（3）残损率。

运输残损率——在运输过程中，出现货物丢失或损害占总的吞吐量的百分比。

企业可以根据这些指标来衡量第三方配送服务的水平，从而依据自身状况，选择适当的产品实行第三方配送。

4.3.3　仓储系统管理

电子商务交易中，产品在从最初供应商到制造商，再到分销零售商，直至最终消费者的整个过程中都需要仓储系统。

1．仓储系统的重要作用

仓库是指在生产和销售环节的流通过程中担负着存储物品（包括原材料、零部件、在制品和产成品等）的职能，并提供有关存储物品的信息以供管理决策之用的设施。在传统的观念中，仓库被看做是完成市场营销过程的一种存储设施，仅仅担负着存贮产品（即库存）的功能，它增加了整个物品的配送成本，并产生了额外的仓库作业成本。尤其对规模日益庞大的企业来讲，仓库使用的效率问题已经变得越来越重要，如何在多个地点进行原材料和产品的存储，如何有效地发挥仓库的功能，在保证客户服务的前提下降低仓库的存储水平，已经成为企业所经常思考的问题。进入 21 世纪，仓库管理发展重心集中在增强仓库的灵活性和信息技术的有效利用上，信息技术的广泛应用在一定程度上增强了仓库的灵活性，使得它能够对市场的需求迅速地作出反应。另一方面，顾客需求的个性化特征和市场需求的不确定性也要求仓库必须具有较高的灵活性。

仓库具有三个基本的功能：

（1）存储功能。仓库最基本的功能就是存储物品。物品的周转性存储是指那些消耗较快需要及时补给的物品。不管仓库实际的存储周转率如何，暂时存储都是必需的，它主要依赖于整个仓库管理系统的设计、产品需求的大小以及需求提前期的长短。而物品的长久存储通常被认为是安全库存或缓冲库存，也可以是战略物资库存。导致物品长久存储的原因主要有：季节性的产品需求、不稳定的市场环境、物品的个性化特征（如肉类和果实）等。

（2）移动功能。移动功能主要包括：收货验货、搬运放置、库内运输。收货是指从运输工具上卸下货物，修改仓库的存货记录，检查产品的破损状况，确认产品的订单数目与运送记录是否一致。库内运输是指物品在仓库内部进行的物流过程，是指将所需物品筹集起来，进行必要的包装整理和配置，然后批量运送出库，同时，更改仓库物品的库存记录，核实将要运输的订单。

（3）信息传递功能。信息传递功能在电子商务平台下重要性更加突出，总是伴随着移动和存贮两个功能而发生的。在努力处理有关仓库管理的各项事务时，总需要及时而准确的仓库信息，如仓库利用水平、进出货频率、仓库的地理位置、仓库的运输情况、顾客需求状况以及仓库人员的配置等，这对一个仓库管理能否取得成功至关重要。目前，在仓库的信息传递方面，越来越多地依赖计算机和互联网络。例如，通过使用电子数据交换系统或 RFID 技术来提高仓库物品的信息传递速度和准确性，通过网络及时了解仓库的使用情况和物资的存储情况。

2. 仓储系统类型

仓储系统可以依据所存储货物的类型（原材料、半成品、成品），或货物的形态要求（散装、液态、冷冻、冷藏）等特征进行分类，选择不同的管理方法。在本部分中，将对电子商务平台下更为重要的仓储系统分类——按照所有权分为自有仓库、公共仓库和合同（租赁）仓库进行分别介绍。

（1）自有仓库。自有仓库是指由企业自己拥有并管理的仓库。使用自有仓库，能够使企业获得如下的利益：

① 较强的控制能力。企业能够在自有仓库内，按照自己的意愿存储产品，从而对仓库具有较强的控制能力。一旦顾客的需求或市场状况发生变化，企业就能够对仓库进行直接的控制和管理，使企业能够较容易地将仓库管理集成到企业的整个物流系统中去。

② 在管理上有较高的柔性化水平。对仓库设施的直接控制，使企业可以通过对仓库进行有效的内部管理来满足顾客的需求和存储产品多样化的要求，使得企业的柔性化程度较高。一般来讲，公共仓库给企业带来的柔性化程度较低。

③ 低成本优势。从长期情况来看，如果仓库能够得到有效的利用，自有仓库的运行成本相对较低。

④ 充分发挥人力资源的优势。企业一旦拥有自有仓库，可以充分利用企业的人力资源，当公司自己的工作人员在管理仓库时，可以对仓库的存储和维护更加细心，同时可以充分利用专业化带来的优势。

⑤ 税收和无形资产方面的优势。拥有自有仓库，能够带来税收方面的优势，因为在建筑设施和技术设备方面的投入和折旧能够减少企业应该支付的税额。同时，自有仓库可以给企业带来无形资产方面的优势。当企业拥有自己的仓库时，能够给顾客一种持续、长久和稳定的商业运作形象，认为公司的产品供给是稳定的和可依赖的。

但是，使用自有仓库，也存在一定的缺点：

① 在存储能力上缺乏柔性化。由于自有仓库具有固定的大小规模和技术水平，使得自有仓库缺乏一定的柔性。面对不同程度的顾客需求，自有仓库的存储能力在短期内都将受到一定的限制，在顾客的需求较低时，导致仓库设施的闲置和仓库空间的浪费。同时，自有仓库的位置一般比较固定，使得企业不能迅速随市场的变化情况而变化，这将会失去许多重要的商业机会。

② 财务方面的限制。由于建造仓库的成本比较高，对多数企业来讲，一般不具备足够的资金实力来建造或购买。另一方面，建造仓库属于长期的、高风险的投资项目（由于其特殊化的内部设计和建造以至于以后很难销售出去）。

③ 投资回报率较低。进一步来讲，对自有仓库的投资决策分析就是考察自有仓库的投资回报率。在大多数的情况下，自有仓库的投资回报率一般都很低，它很难获得与其他投资项目一致的投资回报率。

（2）公共仓库。公共仓库与自有仓库的概念刚好完全相反，公共仓库专门向客户提供相对标准的仓库服务，例如储存、搬运和运输等，因而又被称为“第三方仓库”。目前，公共仓库已经获得了很大的发展，它在企业的物流系统中扮演着极其重要的角色。使用公共仓库，一般可以使企业获得如下优点：

① 节省资金投入。使用公共仓库的最大优点就是可以节省资金的投入，减小企业财务方面的压力。企业可以免去投入在土地购买、仓库建设和仓库作业设备方面的投资，以及仓库初期的运行成本和雇用、培训仓库管理人员的开支。

② 缓解存储压力。对季节性特征比较明显的企业来讲，这一点比较明显，公共仓库的选择能够缓解市场需求高峰期的存储压力，而自有仓库由于自身的限制，在短期内不可能承受如此庞大的业务。同时，在需求淡季，企业可以不用租赁公共仓库，节省资金，从而带来明显的成本优势。

③ 减少投资风险。一般来讲，仓库设施和设备的使用寿命为20～40年，如果企业投资建造自有仓库，势必会进行仓库设备方面的投资，而仓库设备的投资风险主要来自于技术设备的不断革新和商业运营模式的日新月异，从而使得这些设备很快折旧或过时。而对公共仓库来说，就没有这方面的风险，企业可以自由地选择或更换仓库设备。

④ 较高的柔性化水平。如果仓库所在地的商业经营模式发生了改变，或者企业的经营方向发生了转变，拥有一个自有仓库或长期的仓库合约会成为企业的额外负担。而公共仓库却没有这方面的问题，短期的公共仓库合约使企业能够根据市场形势的变化（如顾客群的扩大或缩小）、不同运输方式的选择、地区产品销售的特点或者公司的财务状况等情况，自由地进行公共仓库的租赁决策。

但是，与自有仓库一样，使用公共仓库时也会伴随着一些缺点：

① 沟通方面的难题。能否有效地进行沟通成为租赁公共仓库的一个主要难题，随着信息技术的飞速发展和电子商务的蓬勃兴起，仓库作业的许多中间环节完全可以通过互联网络来实现，但对公共仓库而言，并不是所有的计算机终端接口和网络管理系统都是标准化的，它与企业进行数据传输和信息沟通不一定协调，这就给仓库的信息化管理带来一定的阻碍。而在多数情况下，公共仓库也不可能为了一个顾客而额外增加一个计算机终端设备。

② 缺少个性化服务。在公共仓库里，有时可能得不到个性化的服务，许多公共仓库的处理设备仅仅是为了提供本地化的服务，对于一些企业的特殊要求，公共仓库提供的个性化服务却很少。例如，厂商希望得到个性化的服务（如较严格的冷藏要求），但在公共仓库里可能得不到满足。

（3）合同仓库。合同仓库是指在一定的时期内，按照一定的合同约束，使用仓库内一定的设备、空间和服务。这种协定可以给仓库所有者和仓库使用者以更多的稳定性和对未来计划投资的确定性。

合同仓库将自有仓库和公共仓库两方面的优势有机地结合在一起，尽管仓库设施仍然需要一定限度的固定资产来维持，但由于双方存在长期的合同关系和共担风险的责任，使得使用合同仓库的成本低于租赁公共仓库的成本。与此同时，合同仓库的经营能够加强双方的沟通和协调，提供较大的灵活性和仓库信息资源的共享。一般来讲，合同仓库的经营者可以将提供给客户的服务范围扩大到其他物流活动，例如：运输配送、存货控制、订货处理和顾客服务以及退货处理等，从而在仓库管理、设备使用和仓库作业环节上能够达到最大限度的规模经济。

总之，在做出有关仓库问题方面的决策时，一般都是从仓库维护成本和顾客服务水平这两方面来考虑，从而合理地使用公共仓库、自有仓库和合同仓库，达到在不降低顾客服务水平的情况下使成本最低的目的。在实际的操作过程中，电子商务平台下大多数公司会发现，同时拥有自有仓库和租用公共仓库能够为企业带来很多的优势，自有仓库可以用来保持市场所必需的最基本的库存水平，公共仓库则用来存贮高峰期间的产品需求。对大多数公司而言，合同仓库是一个最佳的选择方案。

4.4 电子商务下的供应链流程重组

供应链流程主要由物资流通、信息流通及资金流通构成。简单地说，物流就是将货物从买方运送至卖方；信息流就是传递有关货物运送过程的信息；资金流就是为支付货款而进行的资金交换。在电子商务信息流、物流、资金流中，信息流是核心，物流是保障，而资金流则是实现的手段。三者之间的有效互动构成了一个完整的电子商务模型。企业在引进电子商务时，在传统销售模式和网上销售模式并存的情况下，要保证企业物流、信息流和资金流的有机统一，就需要对供应链进行有效重组。

4.4.1 物流重组

随着电子商务的进一步推广与应用，物流的重要性对电子商务活动的影响日益明显。试想，消费者网上浏览后，通过点击就完成了网上购物，但所购货物却迟迟不能送到手中，最终消费者会放弃电子商务而选择更为安全可靠的传统购物方式。因此，如果电子商务平台解决不了物流问题，就失去了应该占有的市场，电子商务跨地域优势也就一点不存在了。

在电子商务环境下，与传统的物流的主要区别在于，物流目的方较分散，这是由于网上订单的不同地域性所致，因此，电子商务环境下对物流的要求更高，需要实现准时快速交货；低成本准时的物资采购供应；物流信息的准确输送，信息反馈与共享；物流系统的敏捷性和灵活性；供需协调实现无缝供应链的连接等问题。

电子商务环境下，为物流提供了多种辅助技术和配送方式。例如实现物流配送，可以采用配送优化辅助技术 GIS 和 GPS 技术；实现库存管理，可以采用多种库存管理形式，或采用自有仓库和第三方仓库相结合，或采用合同仓库等等；实现配送系统管理，可以采用第三方物流配送来实现等等；企业还可以根据自己的实际情况做出是否选择第四方物流的决定。

1. 第四方物流

目前，国内外对第四方物流（Fourth-Party Logistics，简称 4PL）的表述方式多种多样，并没有一个非常明确和统一的定义，学术界比较认同的是安盛咨询公司的 John Gattorna 所给出的定义，“第四方物流提供商是一个供应链的集成商，他对公司内部和具有互补性的服务上所拥有的不同资源、能力和技术能进行整合和管理，并提供一整套供应链解决方案。”

从第四方物流的定义可以看出，第四方物流提供商必须开发先进的集成和同步技术，将第三方物流提供商、信息技术服务商、供应链上各企业所拥有的资源、技术及业务能力优化整合，以便提高供应链的整体运作绩效。因此，第四方物流服务商是各相关实体联系和交流的枢纽，是包括各供应链企业在内的整体系统的集成商。

第四方物流是在第三方物流不能满足客户的高需求的情况下诞生的，它是物流运作管理模式的新发展，与第三方物流存在很大不同。表 4-1 对二者做了比较分析，可以看出第三方物流由于受专业化的限制只能限于某些物流功能的运作，不能满足现代供应链企业的多样化、个性化、全球化的高需求。而第四方物流由于集成了具有互补性的资源、技能与知识，能够从供应链的角度为企业做出战略诊断，设计出综合化的物流方案，因此其发展优势是很明显的，发展前景是很巨大的，当然第四方物流只是在整体的规划方面具有优势，在具体的物流运作方面仍需要大量专业化的第三方物流企业。

表 4-1　第三方物流与第四方物流比较

比 较 内 容	第三方物流	第四方物流
服务目的	降低单个企业的外部物流运作成本	降低整个供应链的物流运作成本，提高物流服务的能力
服务范围	主要是单个企业的采购物流或者销售物流的全部或部分物流功能	提供基于供应链的物流规划方案，负责实施与监控
服务内容	单个企业的采购或销售物流系统的设计、运作，比如物流信息系统，运输管理、仓库管理及其他增值物流服务	企业的战略分析，业务流程重组，物流战略规划，衔接上下游企业的综合化物流方案，包含物流信息系统模块的企业信息系统
与客户的合作关系	合同关系、契约关系，一般在一年以上，长者达五年	长期的战略合作关系，一般有长期的合作协议，这也是第四方物流成功的关键之一
运作特点	单一功能的专业化高，多功能集成化低	多功能集成化，物流单一功能运作专业化低
物流方案设计角度	单个企业	企业供应链
服务对象	大、中、小型企业	大、中型企业
服务支撑	第三方物流运作技能，主要是运输、仓储、配送、加工、信息传递等增值服务技能	管理咨询技能、企业信息系统搭建技能、物流业务运作技能、企业变革管理能力

第四方物流可以很好地满足客户的需求，包括电子采购、订单处理能力、虚拟库存管理以及必不可少的集成技术在内的实质性增值的服务。第四方物流的作用有：

（1）能实现物流整体运作成本的持续降低。第四方物流依靠业内最优秀的第三方物流服务商、物流和供应链技术服务商，管理咨询公司，实现快速度、高质量、低成本的物流服务，并能使合作的各方彼此信任，帮助物流服务的需求方实现物流整体运作成本的持续降低。

（2）能最大限度地整合物流资源。第四方物流在工作范围上包括采购、仓储、制造、供应网络管理、分销渠道、客户服务等系列的解决方案，满足了物流一体化、系统化的要求，最大限度地节约了物流资源，提高了行业的劳动生产力。

（3）能促进全球制造资源的优化组合。目前，经济全球化的发展，使许多企业从国际贸易巨大的价格差中受益。作为全球价值链的一环，第四方物流的战略眼光和资源整合能力也正是它们所需要的。虽然第四方物流服务的需求者往往是大规模或超大规模企业，但集中采购、联合采购等供应链采购模式的出现，使得中小企业的跨国采购成为可能。

正是因为第四方物流有着这样的作用，企业管理者可以将它应用于供应链的各个环节。

4.4.2 信息流重组

要实现供应链物流系统的无缝连接,没有信息在供应链企业间充分共享是不可能实现的。信息流重塑是物流重塑的保障,它将来自各方面的信息资源综合起来,去伪存真,去粗取精,将有用信息共享、运用于管理系统中。通过共享信息,供应链上任何节点的企业都能及时掌握最终市场的需求信息和整个供应链的物流运作状况,有效地避免了"牛鞭效应",降低需求预测的不确定性和对市场变化的滞后。同时,电子商务环境下,使得先进信息系统得以广泛应用,这样会促使以前手工操作时存在的一些业务流程被改变、合并或取消,相应的组织结构和人员设置也发生变动。

资料 4-1

牛鞭效应

在研究"尿不湿"市场需求时,宝洁公司的经理注意到了一个很有意思的现象。正如预料的,该产品的销售数量是相当稳定的,没有哪一天或哪一个月的需求高于或低于其他时期。然而,这些经理注意到分销商向工厂的订单的变动程度比零售数量的波动要大得多。此外,宝洁公司向其他供应商的订单波动程度更大。调查表明,批发商订单出现波动,是糟糕的需求预测、价格波动、订单批量化和供应链配给制造成的。

这种由于信息发生扭曲,需求信息在从最终用户开始沿着供应链向零售商、分销商、制造商乃至原料供应商的传递过程中出现了逐级放大的现象,如图 4-5 所示,零售商向分销商发出的订单需求大于最终用户的实际需求、分销商向制造商发出的订单需求大于零售商的订单需求,上游节点的需求的波动程度大于下游节点需求的波动程度的现象,称为"牛鞭效应"。

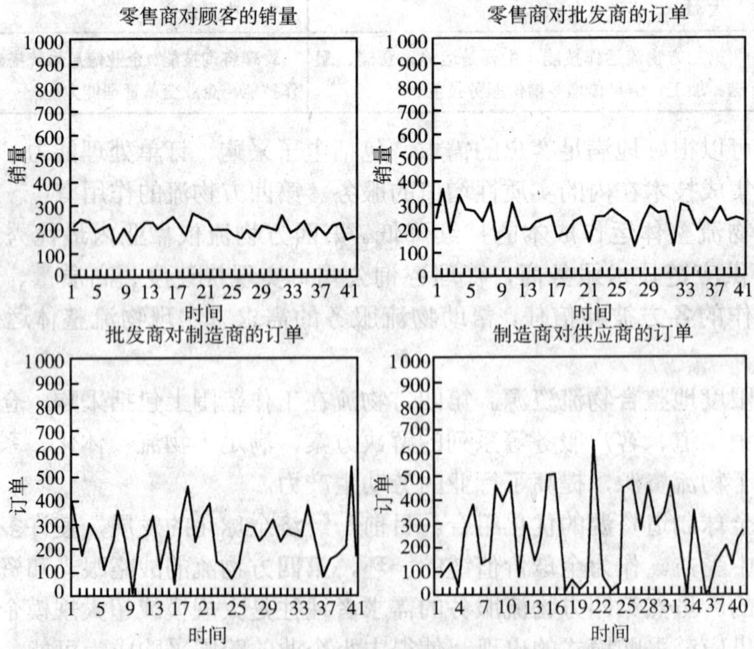

图 4-5 "牛鞭效应"解释图

1．信息流重组的内容

（1）建立高效共享的信息系统，如库存管理信息系统、配送分销系统、货物跟踪与定位系统、用户信息系统、企业资源计划（ERP），EDI/Internet 数据交换及传输系统、电子资金交易系统、零售店 POS 等。

（2）共享信息。共享信息的内容根据供应链企业合作方式的不同而有所不同，但一般包括：最终用户的需求信息、销售点 POS 信息、企业的生产能力、生产计划、促销计划、研发信息、质量控制信息、各节点的库存状况、运输在途状况等。统一供应链各企业之间信息数据的采集、传输和格式标准，做好各企业、各系统之间的对接。

（3）建立基于 Internet 的信息集成中心。基于 Internet 的信息集成中心能不间断地处理和传递所有相关信息给所有适当的参与方。信息集成中心不仅有数据存储、信息处理和上传下载的功能，而且收集了供应链中各节点的主要信息包括需求信息、库存信息、生产计划、促销计划、需求预测和运输计划等等。

2．集成式信息链模型

传统供应链中的信息链是线性的，如图 4-6 所示。这种基于线性信息链的供应链管理模式的缺陷显而易见：信息传递很难做到即时，容易产生“牛鞭效应”；非相邻节点间的信息沟通非常困难，整体协调性差。而在电子商务环境下，供应链管理强调供应链中各个成员间的协同和信息共享，要求成员能够即时对客户的需求做出响应，与供应链中任何一个成员同步。因此，建立信息集成中心是非常有必要的。

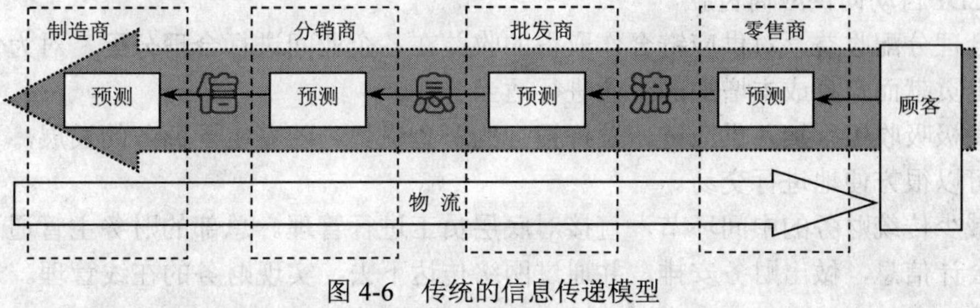

图 4-6　传统的信息传递模型

图 4-7 是区别于传统供应链的集成式信息链模型，可以看出来它有以下几个优点：

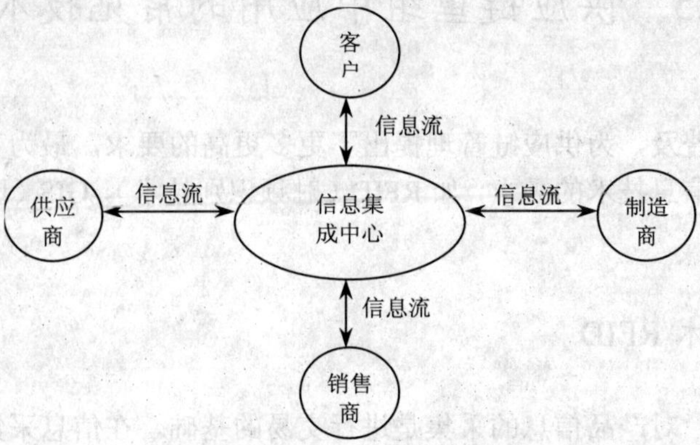

图 4-7　集成式信息链模型

（1）实现了供应链上的所有节点之间的信息实时共享，而信息的实时共享又保证了这种信息可被瞬间传送到整个供应链，使各节点能够及时并同步作出反应，提高了供应链的快速反应能力。

（2）信息集成中心为所有企业提供了一个信息交流的场所，可以实现集中决策，大大提高了供应链的整体协调能力，而且信息集成中心不受供应链中某一具体节点企业的控制，也不受节点企业间利益冲突的影响，具有一定的独立性，从而保证了信息的透明度和信息流运行的稳定性。

（3）增强了供应链的开放性和伸缩性。节点企业只要与信息集成中心联结就可以进入供应链，断开联结即可退出供应链。

（4）可方便地实现信息外包，即只需将信息集成中心业务外包就可方便地实现供应链信息外包。

4.4.3 资金流重组

资金流整合是物流和信息流得以顺利实施的动力。沿供应链从上游的供应商到下游的用户是个价值不断增加的价值链，而反方向从用户到供应商的是资金的流动，即对上游企业成本和利润的补偿。供应链上各节点的企业若得不到利益上的保证，供应链企业将失去持续改进的动力。在电子商务环境下，资金流与传统的资金流主要区别体现在支付环节。

除了支付环节外，供应链上的节点企业在进行资金流重塑时还应注意以下几个方面：

（1）改进资金流动的方式，缩减付款业务流程，加快资金流动速度。如通用汽车公司（GM）和其配件供应商 SATURN 之间的合作，当 GM 的收货员在扫描条形码确认收货的同时，通过 EDI 自动向供应商付款。

（2）合理分配收益。对供应链合作取得的收益在各企业间进行合理分配。对为供应链整体利益作出贡献而自身成本增加的企业进行适当补偿。

（3）积极吸收银行加入供应链，发挥银行的资金优势。随着电子商务的发展，各银行互相联网，可以很方便地进行交易。

（4）减少传统财务的中间环节，直接对底层员工进行管理。总部的财务主管通过网络，根据动态会计信息，做出财务安排，并通过网络传达下去，实现财务的在线管理。

4.5 供应链重组中应用的常见技术

电子商务的应用普及，为供应链管理提出了更多更高的要求，最为直接的，就是对供应链中物流管理带来了信息技术的需求，如 RFID（射频识别技术），GIS（地理信息系统），GPS（全球定位系统）等。

4.5.1 信息采集技术 RFID

电子商务平台下，对产品信息的采集是进行交易的基础。在信息采集技术中，目前应用最普遍的是条码技术，但条码也在应用中逐渐暴露了一些缺点限制，比如每次只能扫描一件产品，耐久性差，不能修改和重复使用，安全性差等等。所以，克服了这些缺点的 RFID 技术，逐渐受到业内关注，成为今后的发展方向。

射频识别技术 RFID（Radio Frequency ID）是一种综合了自动识别技术和无线电射频通信技术的新技术，不局限于视线，识别距离比光学系统远，射频识别卡可具有读写能力，可携带大量数据，难以伪造，且有智能。RFID 适用于物料跟踪，运载工具和货架识别等要求非接触数据采集和交换的场合，由于 RFID 标签具有可读写能力，对于需要频繁改变数据内容的场合尤为适用。表 4-2 显示了一个基本的 RFID 系统的组成部分。

表 4-2　RFID 系统的组成部分

组 成 部 分	作　用
RFID 单元（应答机或卡、标签）	载有目标相关信息
天线	在读写器及 RFID 单元间传输射频信号
射频收发器	产生射频信号
读写器	接受射频信号并将解码的数据传输到主机系统以供处理

RFID 单元中载有关于产品的各类相关信息，如产品的名称、运输起终点、经历某个地点的时间、交易双方等，通过 RFID 技术的应用，可以实现产品信息的正确、持久采集，在供应链的各个环节中通过电子商务平台，建立对产品信息的实时共享，从产品原材料采购到生产销售的整个过程中，辅助电子商务平台中的交易顺利进行。

案例 4-3

看沃尔玛的 RFID 实战应用

沃尔玛集团（Wal-Mart）自从 2004 年小规模尝试部署 RFID 技术以来，已获得了宝贵的经验：应用 RFID 技术改善供应链计划的实施，受限于业务合作伙伴有多大愿望参与其中。现在，零售巨人主要在店铺中应用 RFID 技术，相比之下，RFID 在其分销中心中的部署速度要缓慢得多。

“最初，我们认为应该像在店铺中一样在分销中心中部署 RFID，” 沃尔玛全球 RFID 战略经理西蒙·朗福德（Simon Langford）坦承，“但我们很快与供应商一同认识到，起初只有在店铺中部署 RFID 才能取得显著的收益。”

各种原因在于，那些向沃尔玛供应消费品、食品以及其他物品的公司中只有 3%在其托盘和包装箱中应用含有识别信息的 RFID 标签。除非有相当数量的关键供应商采用 RFID 技术，否则沃尔玛希望借助该技术加速并改善其分销流程的计划将收效甚微，朗福德解释说。如果负责卸载集装箱拖车的员工，需要以 RFID 和条形码识别托盘中的货物，那反而会延缓整个卸载过程。但是，应用 RFID 以减少店铺中的缺货情况，却令沃尔玛及其参与部署 RFID 技术的供应商收益良多，朗福德强调说。

放缓在分销中心中部署 RFID 技术，表明沃尔玛无奈之下，不得不改变其应用该技术重塑零售供应链的野心勃勃的计划。几年前，当该集团的决策者们就 RFID 部署计划展开讨论时，其所持的论调始终是，即使不是全部，绝大多数沃尔玛供应商会最终参与此项计划。他们的设想是，建立业界第一条以 RFID 驱动的供应链，并将之作为下一代数据协作的模式。

尽管沃尔玛依然看好 RFID，并计划今年在其几百家店铺中部署这一技术；但现在，在零售巨擘眼中，RFID应用仍然处于初级阶段。“在应用此项技术时，我们尽力以计划为准并保持专注。”沃尔玛IT副总裁卡罗林·沃尔顿（Carolyn Walton）表示。

两年前，沃尔玛在其3个分销中心中部署了RFID技术，并计划到2005年，扩大到12个。此后，它只增加了2个分销中心，而应用RFID的店铺则从100家猛增至1 000家。其2万家供应商中，只有600家在使用该技术。

RFID研究机构IDTechX公司最近发布的报告表明，尽管RFID在某些行业应用效果显著，但并不包括零售和军用产业。“因为在这两个行业中，如果供应商大量采用RFID标签、阅读器和芯片，价格水平会迅速攀升，变得极不经济；而且，在一个充斥着潮湿的、金属制的、或者玻璃制的物品的大托盘中，对于那些光线照不到的货箱，应用RFID并不可靠。”该报告指出。

对于沃尔玛及其供应商而言，应用RFID技术，改善缺货情况，可以提高投资回报率（ROI）。多数部署了RFID的沃尔玛店铺，都将阅读器部署在从码头到仓库的入口处、从仓库到店铺的入口处以及用于销毁包装箱的垃圾捣碎机旁。店铺的计算机系统则会根据其从阅读器中收集的信息，生成需要补充进货的物品清单；而供应商可通过Web链接到沃尔玛的库存系统，以检查供给情况。此外，沃尔玛还开始在店铺中大量部署手持RFID阅读器，以加快在仓库中搜索物品的速度；但该集团并不打算在货架上应用RFID。尽管如此，制药工业已开始全面应用该技术，这是由于美国食品和药物管理局（FDA）发布了要求通过改善物品识别手段而减少假药的命令，而这很可能导致沃尔玛在其药品柜台应用RFID技术。

沃尔玛下一个关注重点是“协作流程变化”，亦即与供应商一道，全力适应日常运营活动中的任何变化，诸如作为推广活动的一部分，对某个产品进行促销。如果4月1日在电视广告中对某个促销活动进行宣传的话，沃尔玛需要确保此前店铺已备有此类促销产品的现货。“如果促销商品不能及时到位，那么受影响的将不仅仅是我们的销售业绩，还包括供应商的。”朗福德分析道，“因此，我们最好还是在店铺中部署RFID技术，以用之自动对合作伙伴发出警告。”

对某些供应商有效的RFID应用，对其他供应商而言，很可能没有任何意义，沃尔顿指出。她举例说，她在某海滨胜地度假时，曾造访了一家沃尔玛店铺，有个员工专门司职将瓶装水源源不断地放到货架上，以保证饥渴的旅游者总是能如愿以偿。“他整天都在跑来跑去，”她描述道，“并不需要计算机生成的特别清单，告诉他已经到补充进货的时间了。由于瓶装水的销售速度太快，因此无须检查其缺货情况。那么，我们对瓶装水应用RFID标签以确保其随时有现货供应的意义在哪儿呢？我们根本不需要这么做。在这种情形下，就这种产品而言，不存在互惠互利的问题。”

资料来源：《信息周刊》网络版，2007年3月。

4.5.2 配送优化辅助技术GIS和GPS

电子商务交易的实现，离不开产品的实际配送，如何确定配送区域、配送路线、实现货物追踪，是保证交易效率的基础。GIS就是这样帮助电子商务平台实现配送优化的辅助技术。

地理信息系统GIS（Geographic Information System）是多种学科交叉的产物，它以地理空间数据为基础，采用地理模型分析方法，适时地提供多种空间的和动态的地理信息，是一种为地理研究和地理决策服务的计算机技术系统。其基本功能是将表格型数据（无论它来自数据库，还是电子表格文件或直接在程序中输入）转换为地理图形显示，然后对显示结果浏览、操作和分析。其显示范围可以从洲际地图到非常详细的街区地图，显示对象包括人口，销售情况，运输线路以及其他内容。

将 GIS 融入运输系统设计中，将极大地促进电子商务平台交易的实现效率。具体而言，基于 GIS 的物流配送系统主要集中在以下几个方面：

（1）设施定位模型。确定设施的位置。在供应链系统中如何根据供求的实际需要并结合经济效益等原则，在区域内设立多少个仓库，每个仓库的位置规模，以及仓库之间的运输线路等，都可以在 GIS 技术的辅助下实现。

（2）车辆路线模型。用于解决一个起点、多个终点的货物运输中，如何优化车辆和路线，降低运输费用。

（3）配送区域划分模型。根据各个要素的相似点，把同一层上的要素分为几个组，用以解决确定服务范围和销售市场范围等问题。

全球定位系统 GPS（Global Positioning System）是一种先进的导航技术，它由发射装置和接收装置构成，移动的车辆目标接收不同方位卫星的信号，计算出目标的经纬度坐标，发送给监控中心，监控中心根据道路交通状况向目标发出实时调度指令。GPS 具有全球性、全能性、全天候的导航功能。

将 GPS 与 GIS 相结合，支持电子商务平台下的供应链运作，正在发挥逐渐重要的作用。

（1）实现车辆和货物追踪。GPS 显示车辆或货物的位置，查询货物状态，在 GIS 的指导下，进行合理调度和管理。

（2）运输线路规划和导航。通过 GPS 定位，GIS 进行运输线路规划，并将结果显示在电子地图中，引导车辆的运行。

（3）信息查询。对配送范围内的客户、目的地、车辆进行查询，并将查询结果在地图中显示。

总之，GPS 与 GIS 相结合使得流动在不同地方的运输设备变得透明而且可以控制，对车辆进行实时定位、追踪、通信，掌握车辆货物基本信息，对车辆进行远程管理，提升了企业的信息化程度。供应链中的各个环节的供应商、制造商、消费者都可以实时获得所需的货物信息，极大地促进了电子商务贸易的进行。

4.6　问 题 讨 论

1. 供应链管理的定义是什么？供应链管理怎样与物流、价值链、虚拟网络来结合？
2. 信息系统如何支撑供应链管理？
3. 供应链管理除了文中提到的技术还需要哪些技术来支撑？并说明它们的优先顺序。
4. 选择一个熟悉的企业，分析 B2B 交易如何改变该企业的供应链？
5. 选择一个熟悉的零售业企业，分析该企业的上游和下游的供应链管理策略。
6. 结合企业案例，总结出运用电子商务进行整合供应链的好处。至少三点。

习 题

1．供应链管理的策略有哪些？各自的优势是什么？

2．电子商务下供应链的职能管理包括哪些方面？

3．总结库存管理和仓库管理的重要性和作用。

4．比较第三方物流和第四方物流的区别。

5．电子商务下供应链管理的模式有哪几种？并作具体分析。

6．电子商务下供应链的重组包括哪些方面？

第5章 电子采购

本章要点

1. 了解采购的基本概念。
2. 掌握供应商的管理。
3. 了解电子采购的概念与特点。
4. 熟悉电子采购系统的现状与发展。

在电子商务的交易过程中，每个企业都是从上游供应商处购买物料，增加附加值然后再把它卖给下游客户。由于每个环节都是按这样的次序买入卖出，因此可以发现，引发每一次交易的关键是购买。

5.1 采购的基本概念

采购是企业向供应商购买商品的一种商业行为，企业经营活动所需要的物资绝大部分是通过采购获得的。采购是企业物流管理的起始点。低价格、高质量、良好的服务是采购者的基本要求。传统上采购管理的理论都注重于采购行为本身，考虑如何选好供应商，如何谈判，使企业在采购中获得利益。

5.1.1 采购的重要性

采购之所以重要是因为它的工作质量已经关系到企业的产品质量和成本，随着社会分工的进一步细化，企业经营方式向专业化协作化方向发展，采购的比重呈上升趋势，它的地位会越来越重要。具体体现在如下几点：

（1）采购的资金量大。电子商务的每个交易所涉及的企业都需要消耗大量的采购成本。Kluge（1997）的研究如表 5-1 所示，可以看出，在许多行业中，企业的采购资金占最终产品销售额的比例都很大，在消费电器行业甚至达到了 70%。这意味着在采购成本上减少不大的比例，就会对利润产生不小的影响，其增加利润的效果要远远大于在其他方面采取的措施。所以，采购自然成为降低成本的主要环节。

（2）满足制造产品需求。企业生产部门对采购的要求不仅仅是数量，还有质量、性能与时间的要求。

表 5-1 采购成本所占的百分比

产　业	采购成本占产品销售的百分比	产　业	采购成本占产品销售的百分比
消费电器	60%～70%	汽车	50%～60%
迷你个人计算机	50%～70%	医药	25%～50%
消费品	50%～70%	服务行业	10%～40%

原材料和零件的性能和质量直接关系到产品的性能和质量。例如，清晰度是电视机的一项重要的质量指标，如果采购的显像管聚焦质量达不到要求，那么无论电视机设计得如何好，用上了不良显像管也不可能得到满意的清晰度。

时间要求是指当生产需要某些物资时能随时获得。采购部门为了满足这个需求，往往会采取早采购多采购的办法来应付，这样又造成了过量的库存和过多地占用流动资金。现代物流管理要求做到准时化采购，即 JIT 采购。

JIT 采购是 JIT 生产在物流管理中的应用。它的基本原理是在整条供应渠道上，同时对生产或客户的需求做出反应，即按照生产或客户的需求数量和时间，及时安排采购计划，不要过量不要提前。基本上做到采购物资进库以后不久，就能投入生产过程。这需要计算好采购提前期、并且使提前期稳定。为了按需求量采购，往往需要实行小批量采购。所有这些都离不开供应商的支持。

（3）采购的战略角色。一个发展成熟的企业，普遍意识到企业获得利润的空间在企业内部已经很小，要进一步提高资源的利用率，只能把注意力扩大到整个供应渠道上。人们发现在供应链所包含的系统内，存在着巨大的改进空间，可以更好地利用资源，改进获利条件。虚拟企业、敏捷制造等新的概念预示着新的生产方式的出现，总的趋势是专业化分工协作，采购的重要性理所当然地上升到企业发展的战略高度。十分典型的例子是中国的家电企业，短短十几年的时间发展成世界第一大家电生产国，但同时家电行业也进入微利时代，为了获得应有的利润率，一些成熟企业率先实施管理创新，如海尔、TCL 都成立了物流中心，投巨资上网。预计通过网上采购可以降低采购成本 15%。

（4）中国企业采购环节改进空间巨大。在中国，无论是企业界还是管理学界对采购管理长期以来没有足够的重视，在以往的管理文献中有关采购的内容很少，仅仅介绍 ABC 管理法、库存控制等，再者在 MRP、MRP-II、ERP 中的供应链管理中顺便提到采购问题。再加上买方市场的存在，使得企业当中销售部门的重要程度大于采购环节，影响了采购环节的改进。

5.1.2 采购的类型

不同的产品采用不同的购买方式，一般来说所采购物料的价值越高，需求就越复杂，采购就越耗费时间。企业通常按照物料的价值，来选择或简单自动，或严格要求，或特殊分析的不同采购策略和方案。物料的重要性所决定的采购分类一般包括如下几种：

（1）非关键物资采购。物料的利润低，供应保障无风险，只需要基本的简单采购程序即可。

（2）瓶颈物资采购。物料创造低利润，但供应保障风险较大，需要同时可替代的供货渠道，建立长期合同。

（3）战略物资采购。物料创造高利润，需要和供应商建立长期更加正式的关系，有可能建立联盟和伙伴关系。

利用这些原则判别物料的价值和重要性。同时，还需要区别常规重复采购和新订货采购的区别。如果供应商在较长时间内能够提供较好的服务，企业就可以简化采购过程，在订货管理过程中，进行常规管理。如果是第一次新订货，企业必须选择哪些物料自己制造，哪些由供应商提供。

如何确定原材料是否需要供应商订货，最简单的决策办法是考虑企业自己生产和外购哪一种的成本更低，当然还要考虑其他的因素。比如，由自己制造会更可靠，可以对供应和后续生产加强控制，缩短引入时间，使用闲置设备，保护产品设计，保留增加附加值的作业，扩大公司规模等。另一方面，向外部供应商购买，可以得到专业化效益，获得专业技术，取得规模经济，减少库存，转换风险，保持灵活性等。

5.1.3　采购的流程

采购管理科学化，首先需要规范采购作业的行为模式。若按照采购员个人的工作习惯随意操作，采购的质量则难以保证。所以任何企业都需要规定采购的一般流程，消除采购中的“三不”现象（即不管是否为企业所需，不做市场调查和咨询，不问价格高低质量好坏），以保证工作质量，堵住资金流失的漏洞。

通常的采购流程由 7 个步骤组成：

（1）采购申请。采购申请必须严格按生产或客户的需要，以及现有库存量，对品种、数量、安全库存量等因素作科学的计算后才能提出，并且要有审核制度，规定哪些物资、多大的采购资金必须经过哪级主管的批准才有效。通过采购申请环节的控制，可以防止随意和盲目采购。

（2）选择供应商。在买方市场中，由于供大于求，市场上往往有多家供应商可供选择，此时买方处于有利地位，可以货比多家，还可以提出一些服务条件，所以选好供应商是企业降低采购成本的主攻方向。此时，应该尽可能地列出所有的供应商清单，采用科学的方法挑选合适的供应商。

（3）价格谈判。价格一直是采购中的敏感问题，买方希望压低价格，而卖方又总是想方设法提高价格，所以价格谈判就成为采购员的一项重要任务，谈判也发展成一项技能。由于价格问题是一种零和对策，一方所失就是另一方所得，从长远角度看问题，任何一方的暂时的所得未必是好事。需要指出的是：价格由市场供需矛盾决定，任何一方都不可能随意要价；采购不仅仅是单一的价格问题，还有质量问题，交货时间与批量问题，包装与运输方式，售后服务问题等。需要综合权衡利弊，绝不能在价格上占点小便宜，而在其他方面损失很大。

（4）签发采购订单。采购订单相当于合同文本，具有法律效力。签发采购订单必须十分仔细，每项条款认真填写，关键处的用词需反复推敲，表达要简洁，含义要明确。对于采购的每项物品的规格、数量、价格、质量标准、交货时间与地点、包装标准、运输方式、检验形式、索赔条件与标准等都应该一一审定。

（5）跟踪订单。采购订单签发后并不是采购工作的结束，必须对订单的执行情况进行跟踪，防止发生对方的违约事件，保证订单顺利执行，货物按时进库，以保证供应。对订单实施跟踪还可以随时掌握货物的动向，万一发生意外事件，可及时采取措施，避免不必要的损失，或将损失减小到最低水平。

（6）接受货物。货物运到自己的仓库必须马上组织人员对货物进行验收。验收是按订单上的条款进行的，应该逐条进行，仔细查对。除此以外，还要查对货损情况，如货损超标，要查明原因，分清责任，为提出索赔提供证据。货物验收完毕才能签字认可。

（7）确认供应商的支付发票。支付以前必须查对支付发票与验收的货物清单是否一致，确认没有差错以后才能签字付款。

一般说来，企业按照上述的采购步骤不会发生大的失误。当然，要提高采购水平与质量，使企业在采购环节发掘更大的利润源泉，还有许多事情要做，其中，供应商管理是最令人感兴趣的一项工作。

5.1.4　采购模式

1. 采购模式的分类

采购模式是企业进行采购时所采取的方式或手段，它是企业制定采购战略时首先考虑的问题。只有确定了采购模式，企业才能制定具体的采购策略，采购模式选择的正确与否将直接关系到企业采购活动的成败。采购模式主要分为集中的采购模式和分散的采购模式两类，在此基础上，有些企业采用相对灵活的集中与分散相结合的采购模式。

集中采购是指在企业集团建立采购中心，将分散在各子公司的采购职能一律纳入采购系统，统一采购，统一管理。它是一种有效的采购管理模式，集合和统一各种采购需求，形成一个大的采购订单，向多个供应商进行综合绩效考察、询价比较、择优采购，从而获得对采购物品的品质和供应商服务质量的控制，同时通过统一的采购、库存和结算，降低采购成本。集中采购的模式如图 5-1 所示。

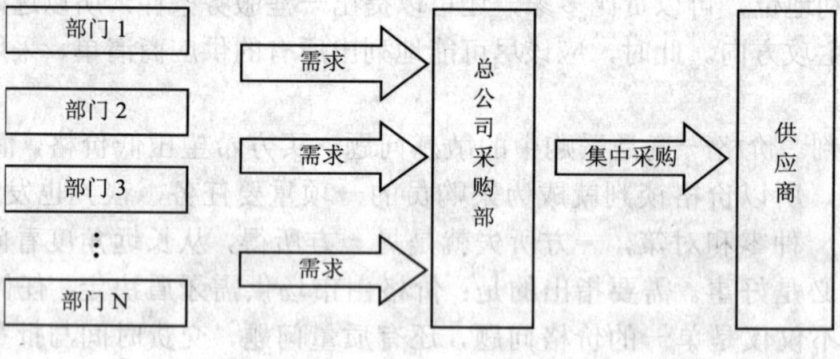

图 5-1　集中采购模式

分散采购是指总公司将物资采购权下放到各子公司，由其成立独立的采购部门进行采购工作。分散采购的模式如图 5-2 所示。

集中、分散采购是指在总公司设立采购中心，在各子公司设立采购部。公司的采购部门通常处理与采购程序相关的问题。

表 5-2 将三种采购模式的优缺点和适用范围进行对比，体现了各种采购模式的特点。

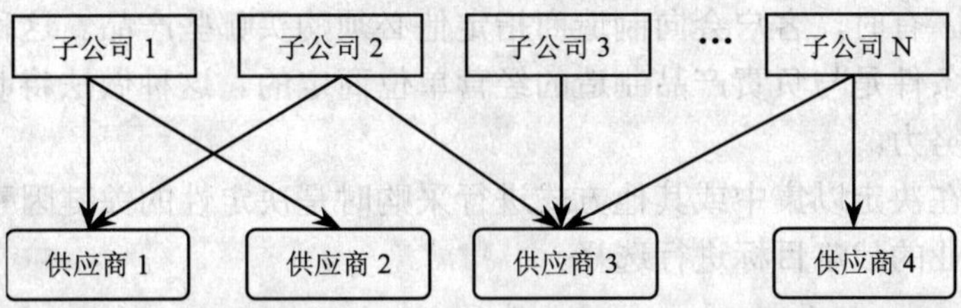

图 5-2　分散采购模式

表 5-2　三种采购模式的比较

采购模式	优　点	缺　点	适 用 范 围
集中采购	集中的采购能力，形成规模经济；对供应商统一的态度；在采购和物料方面形成专利技能；利于建立产品和供应商管理的标准化	官僚采购程序，对内部用户需求响应速度慢，采购后满意度不高	适用于几个子公司购买相同的产品，大型集团公司或跨国公司
分散采购	对于内部用户更强的顾客导向；较少的官僚采购程序；更少需要内部协调；与供应商直接沟通	不易形成规模效益，缺乏对供应商统一的态度	适用于跨行业子公司的集团公司或小型公司
集中、分散采购	既可以对通用性物品实施集中采购形成规模优势，又可以有针对性地对特殊物品实施分散采购	组织结构设置复杂，易造成人员设置重复	适用于拥有较多子公司的大型集团公司

2．采购模式的选择

集中或分散采购应到什么程度的问题难以简单地回答。大多数公司在两个极端之间进行平衡：在某个时候采用集中的采购组织，而在几年以后选择更加分散的采购组织。最近几年，许多汽车公司都决定将其采购业务集中化，从职能结构转向部门结构；相反一些主要办公设备制造商，其中心采购部门所形成的部门和经营单位却被分割成几个分散的采购部门。那么如何决定采购的模式，下面的因素和标准被经常使用。

（1）采购需求的通用性。经营单位对购买产品所要求的通用性越高，从集中的或协作的方法中得到的好处就越多。这就是为什么大型公司中的原材料和包装材料的购买通常集中在一个（公司）地点。

（2）地理位置。当经营单位位于不同的国家和地区时，这可能会极大地阻碍协作的努力。实际上，在欧洲和美国之间的贸易和管理实践中存在较大的差异。甚至在欧洲的范围内也存在着重大的文化差异。一些大型公司已经将其协作战略从全球的转为地区的。

（3）供应市场结构。有时公司会在它的一些供应市场上选择一个或数量有限的几个大型供应商组织。在这种情况下，力量的均衡肯定对供应商有利，采用一种协调的采购方法以在面对这些强有力的贸易伙伴时获得一个更好的谈判地位是有意义的。

（4）潜在的节约。一些类型的原材料的价格对采购数量非常敏感。在这种情况下，购买更多的原材料会立刻节约成本。对于标准商品和高科技部件都是如此。

（5）所需的专门技术。有时，有效的采购需要非常高的专业技术，例如在高技术半导体和微芯片的采购中，价格也与供应和需求的规律有很大关系。因此，大多数电子产品制造商已经将这些产品的购买集中化。在购买软件和硬件时也是如此。

（6）价格波动。如果物资（例如果汁，小麦，咖啡）价格对经济的敏感程度很高，集中采购的方法就会受到偏爱。

（7）客户需求。有时，客户会向制造商指定他必须购买哪些产品。这种现象在飞机工业中非常普遍。这些条件是与负责产品制造的经营单位商定的。这种做法将明显阻碍任何以采购协作作为目标的努力。

虽然上述因素在决定以集中或其他方式进行采购时是决定性的关键因素，但也要结合企业的实际情况和企业的战略目标进行选择。

5.2 供应商的管理

供应商选择是企业的一个重要决策。一个好的供应商是指拥有制造高质量产品的加工技术，拥有足够的生产能力，以及能够在获得利润的同时提供有竞争力的产品。随着经济的快速发展，同一产品在市场上的供应商越来越多，供应商的多样性更使得选择变得复杂，需要一个规范的程序来操作。

5.2.1 供应商选择决策步骤

供应商选择的决策基本步骤如图 5-3 所示，具体实施如下：

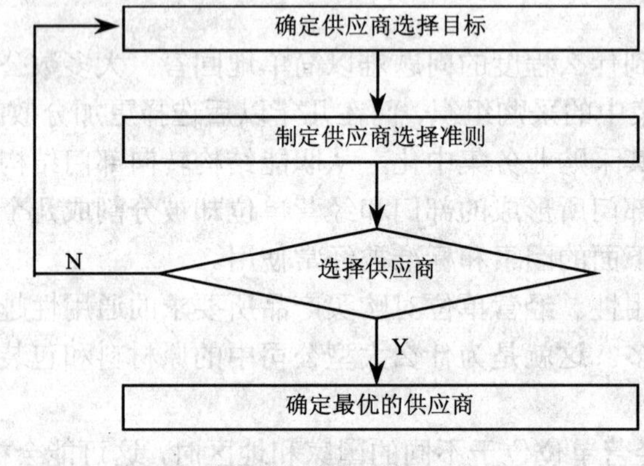

图 5-3 供应商选择的基本步骤

（1）成立供应商评估和选择小组。供应商选择绝不是采购员个人的事，而是一个集体的决策，需要企业各部门有关的人员共同参与讨论、共同决定，获得各个部门的认可，包括采购部的决策者和其他部门的决策影响者。供应商的选择涉及企业的生产、技术、计划、财务、物流、市场部门等。对于技术要求高、重要的采购项目来说特别需要设立跨职能部门的供应商选择工作小组。供应商选择工作小组应由各部门有关人员组成，包括研究与开发部、技术支持部、采购部、物流管理部、市场部、计划部等。

（2）确定全部的供应商名单。通过供应商信息数据库，以及采购人员、销售人员或行业杂志、网站等媒介渠道了解市场上能提供所需物品的供应商。

（3）列出评估指标并确定权重。确定代表供应商服务水平的有关因素，据此提出评估指标。评估指标和权重对于不同行业和产品的供应商是不尽相同的。具体内容在下节中介绍。

（4）逐项评估每个供应商的履行能力。为了保证评估的可靠，应该对供应商进行调查。在调查时一方面听取供应商提供的情况，另一方面尽量对供应商进行实地考察。考察小组由各部门有关人员组成，技术部门进行技术考察，对企业的设备，技术人员进行分析，考虑将来质量是否能够保证，以及是否能够跟上企业所需技术的发展，满足企业变动的要求；生产部门考察生产制造系统，了解人员素质、设备配置水平、生产能力、生产稳定性等；财务部门进行财务考核，了解供应商的历史背景和发展前景，审计供应商并购、被收购的可能，了解供应商经营状况，信用状况，分析价格是否合理，以及能否获得优先权。

（5）综合评分并确定供应商。在综合考虑多方面的重要因素之后，就可以给每个供应商打出综合评分，选择出合格的供应商。

5.2.2 供应商评价的主要指标

对供应商作评估的最主要指标应该包括以下几项：

（1）技术水平。技术水平是指供应商提供商品的技术参数是否能达到要求。供应商具有一支技术队伍和能力去制造或供应所需的产品吗？供应商有产品开发和改进项目的计划吗？供应商能够帮助改进产品吗？这些问题都很重要。选择具有高技术水准的供应商，对企业的长远发展是有好处的。

（2）产品质量。供应商提供的产品质量是否可靠，是一个很重要的评估指标。供应商的产品必须能够持续稳定地达到产品说明书的要求，供应商必须有一个良好的质量控制体系。对供应商提供的产品除了在工厂内作质量检验以外，还要考察实际使用效果，即检查在实际环境中使用的质量情况。

（3）供应能力。供应能力即供应商的生产能力，企业需要考察供应商是否具备相当的生产规模与发展潜力，这意味着供应商的制造设备必须能够在数量上达到一定的规模，能够保证供应所需产品的数量。

（4）价格。供应商应该能够提供有竞争力的价格，这并不意味着必须是最低的价格。这个价格是考虑了要求供应商按照所需的时间，所需数量、质量和服务后确定的。供应商还应该有能力向购买方提供改进产品成本的方案。

（5）地理位置。供应商的地理位置对库存量有相当大的影响，如果物品单价较高，需求量又大，距离近的供应商有利于管理。购买方总是期望供应商离自己近一些，或至少要求供应商在当地建立库存，地理位置近送货时间就短，意味着缺货紧急时，可以快速送到。

（6）可靠性（信誉）。可靠性是指供应商的信誉，在选择供应商时，应该选择一家有较高声誉的、经营稳定的以及财务状况良好的供应商。同时双方应该相互信任，讲究信誉，并能把这种关系保持下去。

（7）售后服务。供应商必须具有优良的售后服务。如果需要他们提供可替代元器件，或者需要提供某些技术支持，好的供应商应该能够提供这些服务。

（8）提前期。企业从下订单到拿到所需要的货物历经的时间，称为提前期。供应商能否保证较短的提前期，更为重要的是，提前期是否稳定，也是衡量供应商的重要指标。比如，尽管供应商某次供货的提前期为 24 小时，同行中处于比较高的水平，但下一次的提前期却增长为 72 小时。供应商提前期的不稳定，会比虽然提前期较长但稳定的情况，给企业带来更大的风险。

（9）交货准确率。企业提出对物料数量、质量、交货时间、地点等各方面的要求，供应商需要按照这些要求，按时按地按质按量地提供货物。

（10）快速响应能力。随着经济的发展，市场需求越来越多元化，产品从研发到退出市场的生命周期逐渐缩短，甚至只有几个月的时间。企业在调整自身生产战略的同时，需要供应商可以作出相应的原材料供给的快速反应。

5.2.3 供应商评价的方法

如何根据上述因素在众多供应商中进行选择，是电子商务平台下很多企业所面临的问题。下面是供应商评价问题的分类以及评价方法。

供应商选择问题可以根据备选供应商的特点进行分类，分类的原则和结果用表 5-3 表示。

表 5-3 供应商选择的分类原则和结果

供应商情况	出错的概率	出错后果的严重性	决策类型
在所有条件下，供应商的表现相似	高	非常小	常规简单
在所有条件下，有一个供应商表现突出	低	高	常规简单
供应商表现差异显著，最佳供应商的确定依据特定条件	高	高	复杂需特定方法

由表 5-3 可以看出，在前两种情况下，供应商选择问题相对简单，因为供应商的优劣，并不会因为条件的不同或限制的改变而发生变化，因此只需要进行常规的简单决策。而对于最后一种情况，当条件发生改变，供应商的表现也会有所差异，这时确定最佳供应商就需要对限制条件进行分析，选择适当的方法对供应商作出评价。针对这类问题，评价方法从总体上来讲可以分为三类，描述类方法、经验类方法和数量类方法。

（1）描述类方法。这类方法适合于供应商评价的某些因素无法用数量以及打分的方式进行衡量的情况。评价一个供应商需要考虑众多因素，在这些因素当中，有一些是不适合用数量的方法进行评价的，比如供应商在业内的声誉，供应商服务于同类企业的经验表现，供应商的组织架构、组织文化是否与本企业契合，供应商与企业的关系建设和沟通，供应商的劳动力条件保证等。采用描述类方法，就可以对这些因素进行描述分析，帮助决策者判别供应商，进行评价。

（2）经验类方法。这类方法是在供应商评价当中，利用权重，对供应商进行打分，并选择最优的过程，如表 5-4 所示，根据经验给各项指标赋予权重，可以得到最优解是选择供应商 C。

表 5-4 经验类方法选优

评估指标	指标权重	供应商 A	供应商 B	供应商 C
技术水平	8	7	8	5
产品质量	9	8	9	7
供应能力	7	10	7	8
价格	7	7	6	8

续　表

评估指标	指标权重	供应商A	供应商B	供应商C
地理位置	5	3	6	9
可靠性	6	4	7	8
售后服务	3	4	6	7
综合得分		298	326	329*

（3）数量类方法。如果可以获得相应的数据支持，可以建立数量类模型，对选择哪个供应商，供应量为多少等问题，进行数量求解。下面是一个数量模型的例子。

模型变量：

设 X_{kj} 为从第 j 个供应商处购买第 k 类产品的数量占第 k 类产品总额的比例；

$$r_j=\begin{cases}1, & \text{选择了第 } j \text{ 个供应商}\\ 0, & \text{其他}\end{cases};$$

c_{kj}——如果第 k 类产品全部从第 j 个供应商处购买，所花费的成本；

f_j——如果从第 j 个供应商处购买任何产品，所消耗的固定成本。

模型为

$$\min\sum_k\sum_j c_{kj}X_{kj}+\sum_j f_j r_j$$

$$\sum_j X_{kj}=1,\quad \forall k$$

$$X_{kj}\leqslant r_j,\quad \forall k,j$$

根据实际的成本等数据，建立模型求解，就可以得到选择哪些供应商，每个供应商的供应量是多少。这类算法的优势在于，在选择供应商的同时，确定了供应商对于每种产品的供应量，而这是其他方法不能达到的。同时，可以根据应用的实际情况，对约束条件进行调整求解。

5.3　电子采购概念与特点

电子采购是将日常的采购流程转移到电子平台之上，将传统的人员流动，现金流动转化为信息流动，从而方便综合物流、资金流、信息流。充分利用网络平台的优势，便捷地取得咨询信息，节约人力、物力资源，达到开源节流的目的。

电子采购不仅仅是一个系统，而且还是一个全新的运营方式，需要商务流程和运作方式发生相应的变化。电子采购并不是将网下操作原封不动地搬到网上，这样仅仅是采购的电子化。

5.3.1　电子采购需要资源整合支持

电子商务的迅猛发展，带来了虚拟市场的采购的热潮。然而，在实际应用中，一般电子商务平台并没有将与采购的上、中、下游模式相关的层面纳入经营模式考量中，造成企业不知如何利用电子采购带来的优势，从而盲目地接受顾客订单，却无法如期将货物送达。

实际上，企业必须将内部与外部资源有效整合才能创造出更多的价值。电子商务之所以成为极具竞争力的经营模式，在于它可以让企业与企业间通过网络达成交易，不仅节省了许多不必要的成本，同时也可以借助平台构建关于供应商、销售商信息的数据库。因此在资源整合基础上，建立电子采购，才可以发挥电子交易平台的重要作用。

基于这样的整合理念，业界提出协同式电子商务（Collaborative Commerce）这一概念，将不同企业间的电子采购流程规范整合起来，达到交易完全自动化状态。协同式电子商务成为电子商务平台下企业新的发展方向，因为当企业间流程规范可以完全经由网络来整合时，企业也会因此建立电子采购系统，并将效益达到最佳。

电子商务可以使买卖双方的交易行为迅速在网络上达成，而不用借由传统的通信设备。但是电子商务平台下的企业，必须重视自身内部资源与外部供应商的连接关系，才能更有效地提高电子采购模式的竞争力。

5.3.2 电子采购的特点

对比传统复杂低效又高成本的采购模式，电子采购最主要的优点在于节省许多采购流程不需要的成本。电子采购模式主要的特点有以下几点：

（1）降低采购所需的成本与时间。传统采购主要以书面资料为主，公司内部从决定采购产品到主管结束审核，往往需要很长时间，而我们知道，企业采购数量的确定是根据生产和库存状况，科学决定的，然而采购决策时间的拖沓，使得采购无法与生产需求相适应，从而带来巨大损失。而电子采购通过网络来进行下单或查询各流程进度，所有包括查询货品、下单、付款与物流都经过网络进行管理监控，可以在获得低成本的同时，实现对时间的监控。

（2）可以实现开放议价。电子采购的发展，促进了采购平台的建设，众多企业可以在此平台上议价交易；同时，许多采购平台可以集合所需物品原料相同的企业一起议价，从而使小企业获得低价的进货。

（3）实现库存和生产的密切结合。电子采购中所有厂商都可以经由相互信息的分享来达到降低库存的目的。在客户下单后，下游厂商便可以以最快的速度采购，安排生产计划，这样可以防止因供货不足或存货过多带来的成本损耗。

（4）促进采购流程的标准化。为了得到一致的交易模式，电子采购中的流程都是经过标准化设计的，参与电子采购的企业不必每次交易适应不同的流程，可以专注于产品本身的规格资料，不用了解每一个采购细节。

（5）实现产品的追踪服务。电子采购对企业而言，不仅能够提供产品和供应商的信息，更能够帮助企业在电子平台上查询货品的处理与运送情况，随时掌握出货情况。

（6）有利于内外供应链的集成。电子采购系统的实施为处于零散分布的企业 ERP、CRM 及供应链管理提供了集成的机会，为进一步的电子商务计划打下基础。电子采购尤其是基于网络的电子采购将改变制造公司的供应链，在最终客户、供应商之间形成一个天衣无缝的订单履行信息流，使企业建立一个真正统一的数据库成为可能。另外电子手段与准时制思想的融合，促进制造企业实行准时制生产，并大幅度减少超额库存及昂贵的安全储备。图 5-4 是融合了电子采购的 JIT 采购流程图。

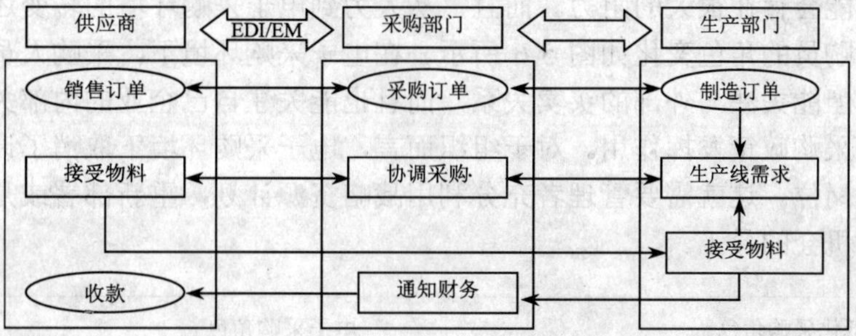

图 5-4　融合了电子采购的 JIT 采购流程图

5.3.3　电子采购的风险

企业在导入电子采购的过程中，除了能给企业带来较多效益外，还会遇到来自各方面的风险。这些风险有财务方面的，如成本风险；有涉及企业“硬件”方面的，如系统整合中的风险；也有涉及企业“软件”方面的，如管理风险；甚至还涉及供应链各环节之间的互信问题，如安全信任风险。

1．系统整合中的风险

企业所用的采购管理系统并不相同，有些企业中系统的兼容性较低，与供应商相对整合成本也就非常高。虽然企业普遍认识到资源整合的必要，但如果为了采购行为要对外整合一个自己尚未信任的公司的相关系统，势必存在很大的风险，不如按常规的方式，与供应商谈判议价，签订初始的合同。

2．成本损耗的风险

每个企业从传统的采购模式，转为电子采购时，都需要斥资建设采购系统，因为企业产品和业务的独特性，系统一般需要定制系统，这就提高了成本损耗。同时，为了保障系统的正确使用，还需要进行教育培训，花费相当的费用。企业导入电子采购所需要的成本分析如图 5-5 所示，可以看出占较大比例的主要为软件、硬件及培训成本。因此，企业在导入电子采购系统时，应该对所有成本都进行认真核算，以减少投资的盲目性。

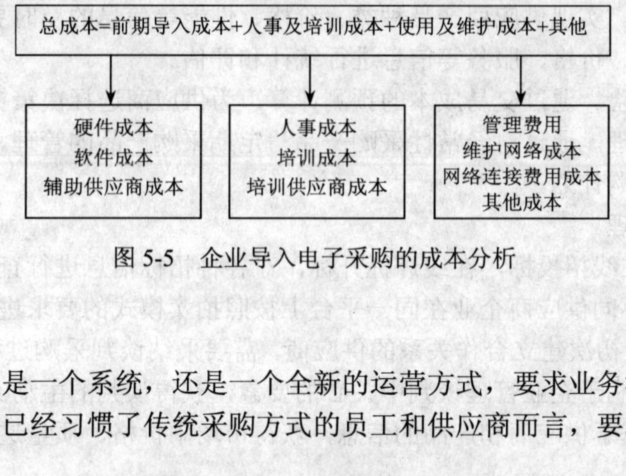

图 5-5　企业导入电子采购的成本分析

3．组织变革的风险

电子采购不仅仅是一个系统，还是一个全新的运营方式，要求业务流程和思考及行为方式的巨大改变。对于已经习惯了传统采购方式的员工和供应商而言，要求他们学习和应用全新的采购模式可能会存在很大的阻力。而且，从人力到电子采购环境的转变还意味着角色和责任的变化，采购员的角色变化如图 5-6 所示。在电子采购环境下，采购人员要有良好的客户管理技术，不但能关注与外部的买卖关系，而且也能关注自己企业的内部关系，确保整个企业信息交流和采购政策发挥作用。对于组织而言，电子采购环境下取消了许多管理任务，失去了很多工作岗位。这就需要管理者充分利用战略资源计划，重新部署或是再教育、再培养那些失去工作机会的员工。

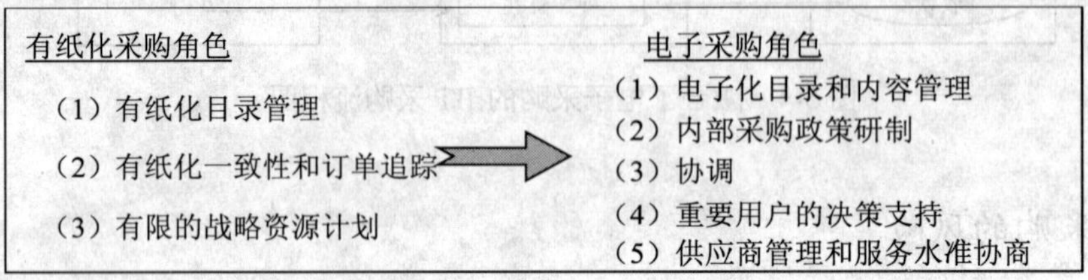

图 5-6 采购员角色的变化

4．安全、信用风险

安全问题主要存在于两个方面：第一个是互联网本身的不安全；第二个是电子采购行动在买卖双方之间通常需要交换大量的关键数据，因此很容易公开化。对于大部分企业来说，与采购相关的数据，如财务数据、定价模型、战略计划和预期的新产品公告很容易被竞争者获得，并用来研究公司所处的形势和战略。因此，管理者面临着选择哪些信息共享，与供应链中哪些伙伴共享信息。当买卖双方共享了越来越多的信息后，信用等级就变得很必要了，企业应该慎重选择信任的供应商。

5.4 电子采购系统的现状与发展

5.4.1 电子采购系统的功能

电子采购需要借助电子采购系统实现，常见的电子采购系统，一般包括以下几种功能：

（1）组织结构管理。对承担采购任务的人员及相关部门信息进行管理。

（2）供应商管理。实现供应商产品种类、价格、性能等信息的及时更新；对供应商在一段时间内供货的质量、价格、服务等信息进行统计和评估。

（3）预测交易风险。通过交易成本的预测计算，为供应商选择决策提供依据。

（4）采购计划管理。通过对经常性采购产品与定期采购产品的管理，辅助用户完成年度至月度不同层次的采购计划。

（5）采购过程管理。

① 招标采购。在线招投标，在线评标开标，对各种招标信息进行查询统计。

② 竞价采购。不同供应商企业在同一平台上按照拍卖模式的要求进行竞价。

③ 谈判采购。对初次建立合作关系的供应商，需要采纳谈判采购过程，在谈判中确定合作细节，这个过程有利于企业管理谈判中关心的要素，获得谈判的主动。

④ 直接采购。基于供应商和产品的信息，获得市场中价格、质量透明的产品。

这些采购过程，可以通过图 5-7 表示彼此之间的关系。

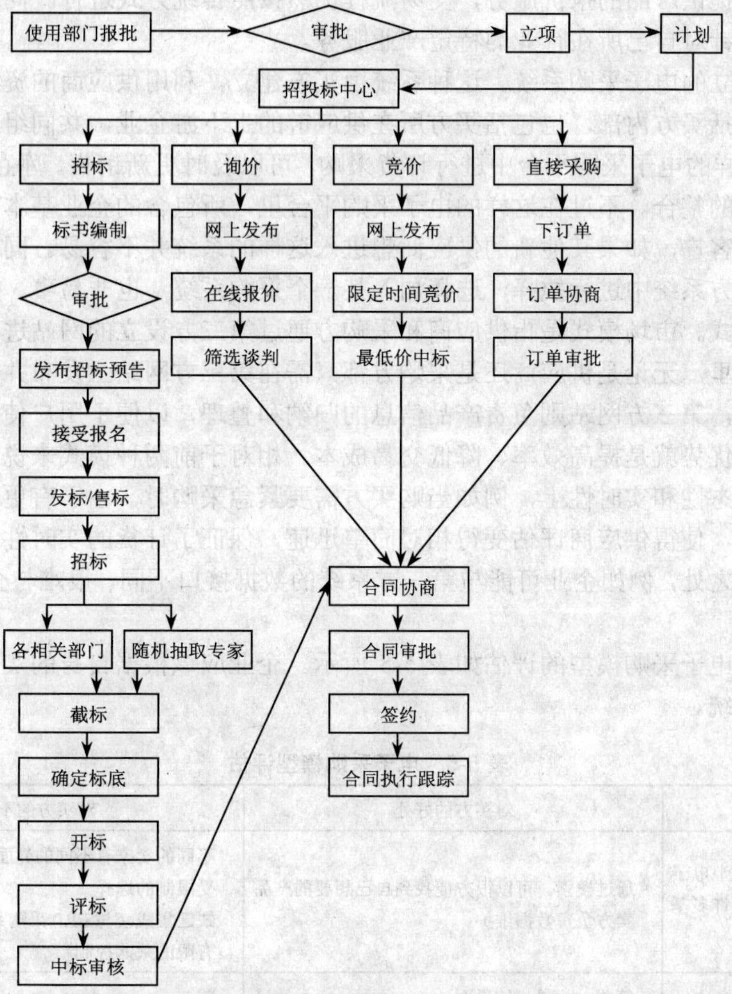

图 5-7　电子采购过程

（6）合同执行管理。如图 5-7 所示，在采购过程中实现合同在线签订、合同管理、合同状态追踪和电子支付等。

（7）采购成本管理。在采购过程中管理各种费用，编制预算，实施用款审批制度，记录费用明细。

（8）采购效果分析。帮助企业在采购流程结束后，对采购效果进行评估，包括成本、质量等。

当然，除了这些常见的功能，每个企业由于自身业务和产品的特点，对电子采购系统有独特的需求。

5.4.2　电子采购系统的现状

目前的电子采购系统一般可以分为以下三种：

（1）卖方建立的半传统半电子的采购系统。传统企业的采购通常借用电话或传真等设施实现交易，网络带来了采购电子化发展的契机。在电子采购系统中，供应商建立自己的信息网站平台，但只提供产品的报价服务，交易流程仍然按照传统方式进行。同时供应商提供的平台也大多只是针对自己所在行业的特定产业服务。

（2）买方建立的电子采购系统。这种系统由买方建立，利用供应商的资源进行全面电子化整合，不仅包括买方内部，也包括买方所在供应链的上下游企业，共同组成一个完整的采购链，于是在这样的电子采购平台中进行订货采购，可以及时更新销售、库存等系统的信息，对企业带来信息的整合。不过在这样的电子采购平台里，所包含的企业基本都是与买方经常交易彼此熟悉的客户，如果其他新的供应商想进入这样的系统并不容易。同时，对于供应商而言，在多个买方系统中进行抉择，选择加入某一个采购系统，也非易事。

（3）市场模式。市场模式是指供应商和采购方通过第三方设立的网站进行采购业务的过程。在这个模式里，无论是供应商还是采购方都只需在第三方网站上发布并描绘自己提供或需要的产品信息，第三方网站则负责产品信息的归纳和整理，以便于用户使用。第三方电子采购模式最大的优势就是提高效率、降低交易成本。相对于前两种模式来说，效率提高主要体现在采购的动态性和实时性上，例如当购买方需要紧急采购时，由于有更多的供应商信息存储在数据库中，使得供应商评估变得相对简单迅速，保证了订货的实时性。第三方电子采购系统也有不足之处，例如企业可能与第三方系统的数据接口不同，很难与企业的 ERP 系统整合。

具体这三种电子采购模型的评估如表 5-5 所示。企业应该根据自身的实际情况来建立合适的电子采购系统。

表 5-5 电子采购模型评估

采购模型	对买方的好处	对买方的不利方面
卖方建立的半传统半电子的采购系统（例如，许多基于目录的 B2B 供应商）	通过搜索，可以很方便找到自己想要的产品 卖方负责数据维护	不同的卖家有不同的界面（分类和排序） 受限制的选择 缺乏集成（与 ERP 采购系统相比） 有限的采购控制
买方建立的电子采购系统	简单——单一的界面 比卖方模型有更多的选择 与 ERP 采购系统集成 好的购买控制	需要负责维护数据 软件许可成本 培训/再培训
市场模式	简单——单一的界面 潜在的广泛选择（对供应商、产品和价格） 统一的条款、条件和订购表单	难以知道选择哪个市场（水平和垂直的） 很少能控制购买过程 不确定的服务水平（从不熟悉的供应商那里） 要与市场的数据格式接口 很难与 ERP 集成（整合）

5.4.3 电子采购模式的分析和选择

1. 电子采购模式的分析

电子采购模式为企业的采购管理提供了一种全新的管理方式和管理观念，通过方便、快捷的信息传输，可以优化采购程序，使企业与供应商之间通过透明的运作来分享资产、信息和知识。采购模式是企业进行采购时所采取的方式或手段，是企业制定采购战略时首先考虑的问题。采购模式选择的正确与否将直接关系到企业采购活动的成败。企业建立电子采购模式的决策取决于多方面的因素，其中主要的有三个：企业原来的采购模式，企业规模的大小和采购物料种类的不同。企业应先结合自身实际情况，确定采购模式，然后结合采购模式，确定企业电子采购模式，最后建立电子采购系统，实施电子采购。

（1）采购模式。在集中采购模式下，企业的规模就等于企业的采购规模；在分散采购模式下，企业的采购力量分散了，企业的规模就大于各子公司的采购规模。例如一个大型的企业，包含很多分厂，每一个分厂的规模相当于小型企业的规模，如果这些分厂独立运营，独立进行采购、生产、销售，那么虽然企业的整体规模很大，但是实际各分厂的采购规模很小，对于这样的企业，在建立电子采购系统时，就要考虑各分厂是各自选择适合自己的采购系统，还是要共同选择采购系统，是采用买方模式还是选择市场模式。

（2）企业规模。企业可以分为大企业和中小企业两种。大企业由于其规模大，财力雄厚，往往较早在企业内部利用信息技术，且通常已经拥有了较成熟的 ERP 系统或 MPR-II 系统，另外也有资金和实力进行更深更广的信息系统开发。中小企业一般不具有一整套的 ERP 或 MPR-II 系统，而只是几个关键的部门或业务流程进行了计算机化和自动化，并且可以投入进行信息系统开发的财力、物力和人力不很充足。对于中小企业而言，要建立一个精细的 EDI 链接程序太过于复杂，成本高。同时由于中小企业目前的采购量不太多，且多为零散采购，要特别建立一个 EDI 或其他相应系统也不值得，同时，中小企业也负担不起。

（3）企业采购物料种类。一般企业的采购包括与生产直接相关的原物料采购，以及与营运没有直接相关的非生产性商品，即我们常说的直接物料采购和间接物料采购。

直接物料是指与生产直接有关的物料，例如原材料、生产设备等。直接物料采购的特点是数量大、价值高、需求有一定的周期性和可预测性，而且采购直接物料时要分析的技术参数较多，供应商的选择过程比较复杂。因此通常直接物料的供应商数目较少，而且比较固定，一般不轻易更换。

间接物料分为 ORM 和 MRO 物料两种。ORM（Operation Resource Management，运营资源管理物料），通常用来描述企业日常采购的办公用品和服务，如办公供给品、家具、长凳、差旅服务、计算机、看守和维修服务、日光灯、分机电话线等物品，通常被认为是采购量大而金额小的项目，但它们却占公司总开支的不小的比例。

MRO（Maintenance，Repair and Operation，保养、维修与运营物料），例如办公用品、生产设备的零部件等。MRO 物料采购的特点是单位数量少、种类繁多、单位价值低、频率高、供应商多，但是 MRO 采购总量却不低。据 Aberdeen 集团一份研究报告统计，平均一个企业 35%的成本花费在 MRO 物料采购上。MRO 采购的另一个特点是，虽然每次采购商品的价值不高，但采购的固定成本却相对很高。形成这一特点的原因是，直接物料只满足生产部门的需要，而生产部门有详细的生产计划，因此直接物料的采购有较强的周期性和计划性，但是 MRO 物料的使用对象涵盖了整个企业的各个部门，各个部门对 MRO 物料的需求时间、数量、品质的要求都不同，从而导致 MRO 采购非常频繁，且每次都要经过一个复杂的流程，导致成本居高不下。Gartner Group 经过调查发现，75%的 MRO 采购金额低于 1 000 美元，而无论采购的是只要 5 美元的信纸还是 5 000 美元的计算机，每次采购的固定成本超过 100 美元。MRO 采购成了企业总成本中的一个黑洞，电子采购在这方面有很大的用武之地。

2. 电子采购模式选择

不同的采购规模以及不同的采购种类所适用的模式有很大的差别。在集中采购模式下，企业的规模即为企业的采购规模，企业的采购力量没有分散，因而在进行电子化采购模式选择时，只需要考虑企业规模的大小和采购物料种类的不同即可。

（1）大企业的直接物料采购。大企业内一般已运行着成熟可靠的企业信息系统，因此与此相适应的电子采购系统应该与现有的信息系统有着很好的集成性，保持信息流的通畅。缺乏集成性不仅影响了电子采购系统的效率，也会使整个企业信息系统的效率降低。而且大企业的采购量占了供应商生产量的大部分，因此双方的关系十分密切，保证顺畅的信息流有助于保持紧密的合作关系。另外大企业也有足够的能力负担建立、维护和更新产品目录的工作。因此，对大企业来说，建立买方模式的电子采购系统进行直接物料采购是比较合适的。

（2）大企业的 MRO 物料采购。买方模式和市场模式是进行 MRO 采购的最佳模式。买方模式中的采购联盟网站模式，具有相似需求的企业往往出于战略联盟的考虑，共同建立采购网站以共享供应商资源，取得对供应商的市场实力，同时达到降低采购价格的目的。市场模式满足了大企业要求集成性的需要，同时又省去了非常复杂的产品目录工作，并且提供了完整的各类产品的供应商目录，方便了企业进行多品种、小批量的 MRO 物料采购。

（3）中小企业的直接物料采购。因为没有完整的企业信息系统作为后台的支撑，所以是否有很高的集成性不是决定中小企业直接物料采购模式的关键标准。而采购方与供应商之间的关系成了决定的关键因素。如果供应商是一家大企业，采购方的采购量只是供应商销售量的一小部分，则采购方最好采用卖方模式，以配合大企业高度集成性的需要。另一种较好的方式就是买方模式中的采购联盟网站模式。对于中小企业来说，由于采购数量少，采购信息发布往往引不起供应商足够的注意和重视，若自建采购网站，可能吸引不了足够数量的供应商参与，效果就不明显。而采购联盟网站却可以集中需求、集中信息发布，利用集中机制，使总需求达到一定的数量，能方便供应商的信息查询，吸引供应商参与。同时，买方企业之间是战略联盟的合作关系，共同对供应商议价，增加了买方的市场势力，价格谈判具有更大优势，能取得批量优惠。在网站的成本投入方面，由于是多家共同出资，成本分摊给每个企业的就较少，也分散了风险。

（4）中小企业的 MRO 物料采购。对于中小企业来说，市场模式是进行物料采购唯一的理想途径。如果企业具有较高的信息化水平，与一些企业建立采购联盟网站模式也是一个很好的选择。

分散采购模式下，企业的采购规模发生了变化，对于大企业来说，分散的采购模式，使企业每个子公司的采购规模都变为中小企业的采购规模。而对于中小企业，由于企业本身规模不大，因而企业的采购模式的变化，不会改变企业的采购类型，因而在这里不考虑这些企业。

对于大企业，在实施分散采购模式时，各子公司独立采购，每个子公司对其所有的采购活动负完全责任。虽然各子公司的采购规模相当于中小企业，然而，由于这些子公司属于同一个公司，他们之间拥有着共同的利益关系。所以，分散采购模式下，大企业的每个子公司关于采购物料的电子化采购平台的选择，与中小型企业不完全相同。

（5）各子公司的直接物料采购。通常有两种模式，一种就是由大企业建立共同的电子化采购网站实施采购。然而，不同的是由于各子公司独立运营，对于各子公司来说，这种采购网站相当于买方模式下的采购联盟网站模式，各子公司独立进行财务核算。另一种选择就是市场模式，各子公司分别选择适合自己的市场模式进行采购。

（6）各子公司的 MRO 物料采购。对于各子公司的 MRO 物料采购，同样可以选择总公司自建专用网站模式和市场模式。

表 5-6 列出不同类型的企业，在不同采购模式下，对各种采购物料所采用的电子采购模式。

表 5-6 电子采购模式的选择

采购模式		集中采购				分散采购	
企业规模		大企业		小企业		大企业	
采购物料的类型		直接物料采购	MRO 物料采购	直接物料采购	MRO 物料采购	直接物料采购	MRO 物料采购
卖方模式				√			
买方模式	自用采购网站模式	√					
	采购联盟网站模式		√	√	√	√	√
市场模式			√		√	√	√

5.4.4 电子采购系统的发展

虽然越来越多的不同类型的电子采购系统，正在不同的行业背景中得到应用，但发展的过程中仍有些认识和操作上的不足。

（1）电子采购系统能够实现价值，在于可以实现采购链的整合，并非只是单纯的网上做生意。

（2）电子采购平台的赢利来自于平台上的交易达到某个额度之后，赚取合理的手续费，因此只是扩充交易平台，使其拥有跨产业的产品。若没有交易，会导致平台日渐凋零。

（3）为了在短期内达到某个交易量，电子采购系统采用集合众多买方订单要求卖方降低售价的发展模式是不可取的。逐步压缩卖方利润空间，会导致卖方转向其他的采购平台，带来系统的混乱。

（4）电子采购需要改变公司传统的采购流程，若只是建立电子平台，但在企业职权构架中并没有适当调整，冗长的行政流程会使电子采购的优势消耗殆尽。

为了获得电子采购系统的长足发展，要认清其所带来的真正价值，重视影响电子采购成功与否的关键因素：

（1）信息共享。电子采购平台不仅可以进行采购交易，还提供需求预测、库存量等各种信息，这对于买卖双方都是必要的，使他们可以清楚掌握市场的状况与相关库存，更科学地进行采购生产和销售决策，避免出现供货不足和存货积压的情况，减少成本损耗。因此，供应链上多方信息的及时获取并共享，是电子采购系统发展的重要方向。

（2）重组业务。电子采购不仅能为企业带来可观的直接收益，也是改进企业内部业务流程的推进力和切入点之一。业务重组是为了适应电子采购的应用及其发展的需要，而对企业的核心业务过程进行有效的调整和优化，以更好地配置企业资源。通过业务重组达到内部业务流程与外部电子采购的和谐统一，保持和增强企业活力。

（3）服务内容的差异。电子采购平台面临的客户来自不同的厂商，采购系统要针对客户的不同特征采用不同的服务内容。例如大企业采购产品重视的是采购价格、资金交易安全及物流速度等信息，而专业化的企业所关心的是能否提供独特的产品信息服务。因此电子采购系统不能以不变应万变，需要建立一套应对机制，满足不同客户的需要。

（4）为买卖双方制造合作契机。企业选择电子采购的根本目的在于寻找产品与价格最合适的供应商，如果采购系统全面，不仅提供不同类别不同产品的供应商名单，而且协助客户寻找质量和信用良好的供应商。这样反过来促进了供应商提高产品质量和自身信誉。

（5）建立竞争优势。电子采购系统不管用何种方式经营，都需要建立竞争优势，保证具有长期效益与不可替代性。如果仅仅为了聚集买卖双方，促成交易，方便流通，减少采购成本，这样的模式很容易被其他竞争者所模仿并取代，客户资源也有极大流失的可能。必须从供应商资料提供、产品信息管理等角度建立独创的电子交易平台，实行有针对性定制的客户服务，才能够为企业创造出特有的价值。

5.5 问题讨论

1．讨论为什么要采用电子采购？电子采购对企业和供应商分别有什么好处和不足之处？

2．结合企业的案例，解释电子采购中买方模式、卖方模式、市场模式的区别。

3．在导入电子采购时，企业的组织有什么变化？

4．讨论完全实施端对端的电子采购实际吗？说明原因。

5．找一个自己熟悉的导入电子采购的企业，分析该企业采用何种电子采购模式？并分析原因。

6．解释电子采购是如何节约成本的？

5.6 实践项目

假定你是一个采购经理，信息系统管理者或者咨询顾问。你需要高级管理团队证明电子采购能节省一大笔成本，为了要赞成在电子采购系统方面投资。有个电子表格模型，两个假想的公司，以证明：

（1）节省成本的计算。使用表 5-7 的两个公司的输入参数，建立一个电子表格模型，来计算传统的总购买成本，新的总购买成本，每个订购的成本变化百分比以及总购买成本变化的百分比。

表 5-7 两个公司的成本节省计算的输入参数

输入参数	公司 A	公司 B
订单数目	25 000	2 500
传统购买的每订单成本（平均）	￥50	￥50
每订单新成本（平均）	￥10	￥10
每订单平均价值	￥150	￥1 500

（2）利润率计算。营业额的输入参数，传统购买成本，其他成本，以及 5%的购买成本

降低，如表 5-8 所示。建立一个利润率计算模型，比较电子采购前和电子采购后的利润和，以及利润率的变化。

表 5-8　两个公司的利润计算的输入参数

输 入 参 数	公司 X	公司 Y
营业额	￥10 000 000	￥10 000 000
传统购买成本	￥5 000 000	￥1 000 000
其他成本	￥4 000 000	￥8 000 000
采购成本降低	20%	20%

（3）分析模型差异的敏感性（第一个表格），平衡传统采购成本和其他成本，比如薪水、资本（第二个表格）。向管理者解释导入电子采购后使利润发生明显变化的企业特征。

习　题

1．解释采购的概念，采购为什么重要？采购模式有哪几种？
2．简述电子采购的概念以及特点。
3．描述电子采购的流程。
4．企业应该如何选择电子采购系统模式呢？
5．如何解决电子采购发展中遇到的问题？

实践项目参考答案如下：

（1）两个公司的成本节省计算如表 5-9 所示：

表 5-9　两个公司的成本节省计算

输 入 参 数	公司 A	公司 B
①订单数目	25 000	2 500
②传统购买的每订单成本（平均）	￥50	￥50
③每订单新成本	￥10	￥10
④每订单平均价值	￥150	￥1 500
⑤传统的总购买成本（(②+④) × ①）	￥5 000 000	￥3 875 000
⑥新的总购买成本（(③+④) × ①）	￥4 000 000	￥3 775 000
⑦每订单成本变化百分比（(③–②) /②）	–80.00%	–80.00%
⑧总购买成本变化百分比（(⑥–⑤) /⑤）	–20%	–3%

（2）两个公司的利润计算如表 5-10 所示：

表 5-10　两个公司的利润计算

输 入 参 数	公司 X	公司 Y
营业额	￥10 000 000	￥10 000 000
传统购买成本	￥5 000 000	￥1 000 000

续表

输入参数	公司X		公司Y	
其他成本	￥4 000 000		￥8 000 000	
采购成本降低	20%		20%	
	之前	之后	之前	之后
营业额	￥10 000 000	￥10 000 000	￥10 000 000	￥10 000 000
购买成本	￥5 000 000	￥4 000 000	￥1 000 000	￥800 000
其他成本	￥4 000 000	￥4 000 000	￥8 000 000	￥8 000 000
利润	￥1 000 000	￥2 000 000	￥1 000 000	￥1 200 000
利润变化	—	￥1 000 000	—	￥200 000
利润变化率	—	100%	—	20%

（3）结合问题答案（1）和答案（2），得知从电子采购中受益最大的公司具备下列特征：

订单数目大；典型的低价值购买；高的当前的每订单采购成本；采购成本占总成本的比例高。

第6章　网 络 营 销

本 章 要 点

1．了解营销的基本概念。
2．熟悉网络顾客行为分析。
3．了解营销的相关理论。
4．掌握网络营销技术。

案例 6-1

因特网——新的传播媒体

美国《时代周刊》2006 年度人物：互联网用户

2006 年底，在回顾全年重大事件及全球影响力的时候，美国《时代周刊》杂志的封面上显示的是一个白色的键盘和一个计算机显示屏，这一年的年度人物是“你（You）”——每一位造就网络博客、YouTube 和 MySpace 等视频共享与社交网站风潮的全球网民。

2006 年年度人物是我们中的每一个人，是互联网上内容的所有使用者和创造者。《时代周刊》对此解释说，社会正从机构向个人过渡，个人正在成为“新数字时代”的公民。

《时代周刊》执行总编辑施滕格尔说：“我愿意看到年度人物是一个人，今年的年度人物确实是一个人，不是计算机或者类似的东西。我们只是感到没有哪一个个人可以代表这一现象。”“如果你选择一个个人为年度人物，你必须得给出他是如何影响数百万人生活的理由。但是如果你选择数百万人为年度人物，你就用不着给出理由了。”

负责撰写《时代周刊》科技新闻与书评的 Grossman 表示，内容制作者和消费者在这些社交网站上展现出前所未见的社区与合作力量。他说：“少数人的坚毅力量和不求回报的互助，不仅改变了世界，更改变了世界改变的方式。”“促成这一切的工具是全球信息网。这是一种集合数千万民众的小贡献，形成强大影响的工具。”“因为‘你’夺回了全球媒体主控权，‘你’开创且构成新的数字民主，‘你’不求回报地付出，并击败了自认主导时局的大人物，《时代周刊》2006 年风云人物就是‘你’。”

草根的声音

2006 年，Web2.0 大潮的风起云涌，彻底带热了博客概念。尽管写博客、看博客早在几年前就已兴起，但广大网民真正开始每天一“博”还是 2006 年。“你写博（客）吗？”在 2006 年已经成为一句时髦问候语。在新贵阶层掌握主流媒体话语权之外，网络为草根开了一扇门。

2006年，继新浪之后，搜狐、网易都推出了功能强大的博客平台，满足了草根“来稿必登”的狂想、“人人都是记者”的愿望。博客之后，播客、拍客，都在为满足“你”的表达欲望存在。

而在过去，想表达自己的观点并与别人分享是一件不太容易的事情，此前，传播是单维度的，只有通过报纸、杂志才能将自己的想法表达出来。博客的兴起，使得谁都可以拥有一块自由耕种的“田地”。写文章、发照片，看到越来越多人访问自己的博客并留言。

MySpace在全球拥有超过1.3亿会员，2005年被新闻集团以5.8亿美元收购，且在2006年依然每天约增加30万人。YouTube网站，每天约有1亿次浏览，2006年10月被搜索霸主Google公司以16.5亿美元并购。Stengel表示：“这些博客和视频呈现事件比传统媒体更实时且更真实。”

公民报道者

2007年第27期《中国新闻周刊》封面报道文章的题目为《公民报道者》，新闻的基本背景便是济南“7·18”暴雨。在这场暴雨引起的天灾人祸中，以网络为载体，以QQ友为主体的现场目击取得的“成功”，远远超过了传统媒体对同一话题的报道。

事实上，在7月18日当晚播放最早最及时的新闻报道，不是《齐鲁晚报》或者济南的电视台，而是互联网论坛。在众多的网民的参与中，论坛与真实世界里的暴雨同步，而在真实世界里，网民们用自己手中的手机或照相机把现场“水漫金山”拍摄、录像，并传递到互联网上。基于QQ以及论坛的信息，7月19日腾讯网花一天工夫推出了一个特殊的专题页面，叫“寻找济南暴雨中的34名死难者”。在专题开篇，腾讯的编辑写道：这是天灾，然而面对这么大的“天灾”，我们怎么能仅仅满足于“＊＊死亡，失踪＊人，受伤＊＊＊人”这样冷冰冰的信息？我们想知道逝者是如何而逝，因何而逝。

事后证明腾讯的这一操作取得的成功远远超过了传统媒体对同一话题的报道，这个专题成为济南网民公布有关信息的汇总平台。在这里，人人都是报道者。

《中国新闻周刊》对此归纳说，一些别样的新闻方式，被一些不同于传统的另类“新闻人”，在以网络为代表的新媒体的平台上不断地加以发掘。同样，在这样的报道之外，还有很多草莽英雄们，用各种方式改变中国媒体生态。例如，利用网络的力量，在短短三四年间，“公民报道者”李新德枪挑近十名厅局级官员。基于维权的现实需要，再加上对调查新闻的爱好，草根身份的“中国舆论监督网”就是在这样的背景下诞生的。

网上传播的长尾理论

根据wikipedia的解释，长尾（Long Tail）是2004年Chris Anderson在给《连线》杂志的文章中首次使用的词汇，用以描述某种经济模式如Amazon.com或Netflix在营销中出现的一种现象。长尾术语也普遍使用于统计学中，如对财富分布或词汇应用的统计。长尾理论的基本原理是：只要存储和流通的渠道足够大，需求不旺或销量不佳的产品所共同占据的市场份额可以和那些少数热销产品所占据的市场份额相匹敌甚至更大。即众多小市场会聚成可与主流大市场相匹敌的市场能量。

对于网络媒体来说，长尾理论可以解释为：即便是再小的媒体，都存在一定点击率，而这些不被人注意的小媒体所受人关注的总和，将能够匹敌那些主流的具有实力的媒体。

事实上，许多企业发现自己处在一个面对互联网而力不从心的境地，尤其是出现某种即便是一开始并不明显的危机时——互联网上完全无法控制的声音成为这些企业的无尽噩梦，无限的埋怨给企业带来了无穷的麻烦。“长尾”甩出了企业更大规模的形象危机，以“长尾”理论来验证危机的传播可得出这样的一个结论：渐趋平民化的互联网所产生的舆论压力已不再逊于高高在上的传统媒体。

越来越多的影响力巨大的事件或人物完全是以谁也无法预料的方式引爆——不是主流报纸义正词严的深入新闻报道，也不是中央电视台严肃调查取证的焦点访谈，而是许许多多个人意见式、感受分享式、调侃式、揭露提醒式的小帖子、邮件或博客文章，使得某些事件或人物迅速成为民众关注的焦点。

网民的力量

据新华社3月12日报道，黑龙江代表姜鸿斌向全国人大提交了关于星巴克立即搬离故宫的议案。姜鸿斌说：“星巴克必须立即从故宫搬出去，这一抹杀民族文化的事件必须立即停止。”至此，历时两月的“放逐”星巴克事件终于迎来了全中国民意的考验。

对于29岁的央视节目主持人芮成钢来说，上述消息或许更值得纪念。这位主持人算是整个事件的“始作俑者”。而最终催生这一事件的不过是芮成钢几个月前发表的一篇博客。

1月12日，这位主持人在其博客上发表了一篇文章：《请星巴克从故宫里出去》。此前，这家位于故宫的星巴克咖啡店已困扰他多年。文章中这样写道，“星巴克开在故宫里面，成为世界对于中国紫禁城记忆感受的一部分，实在太不合适。这不是全球化，只是侵蚀中国文化。”芮成钢还补充说，他喜欢星巴克——但却不是位于国家标志性建筑内的星巴克门店。

自芮成钢发表《请星巴克从故宫里出去》数日后，这篇文章的累计阅读量竟超过了50余万人次，并导致了近3 000条针对此文的回复。绝大多数评论中，网民们纷纷对这个诉求产生了强烈的共鸣。当然，回复中除了支持性的语言之外，还出现了大量针对星巴克的“滚出中国”等相对激烈的言辞。

在这篇文章中，芮成钢表示自己同时给星巴克的全球总裁兼CEO——吉姆当诺发去了邮件，追问他星巴克何时会从故宫里搬出去。1月14日，在得到吉姆当诺本人同意后，芮成钢将该总裁回复的主要内容在其博客上作了公布：“6年前，星巴克是被中方邀请进故宫开设分店的；星巴克是抱着尊重中国文化传统的心态开设这一家分店的；星巴克已经尽了努力让这家店和周边人文环境相适应。”不过，芮成钢对回复的邮件表示了失望，他说邮件有“人在江湖身不由己的官方感”。

此后，网络上的声音随着那篇邮件的回复并没有偃旗息鼓，更加强烈的不满此起彼伏。“长尾”就这样迅速产生，并最终甩出了星巴克此次的企业危机。

1月中旬，随着多家境外媒体对相关事件的报道，芮成钢的个人诉求逐渐演变为了全国性的诉求，星巴克故宫店的命运变得不可叵测。

此后的1月23日，中国互联网信息中心发布的《第19次中国互联网络发展状况统计报告》对这家故宫店更是起到了某种意义上的“威慑”作用，该报告显示，截至2006年底，中国网民人数达到了1.37亿，占中国人口总数的10.5%。同时，中国已有近2 080万人拥有个人博客。显然，这些数字令星巴克“惶恐不已”。

因特网时代企业营销的危机？

星巴克的此次形象危机最鲜明的特征就是：个人诉求通过“长尾”的力量演变成了全国

性的公众事件。此次事件，博客最先催发新闻元素，然后传统媒体介入其中。这一次，人们印象当中经常“拾人牙慧”的互联网，最终主宰了企业的危机传播。

事实上，在不同的互联网时代，“长尾”甩出的企业危机，其出发点有着本质的不同。

以发生在中国的企业形象危机作为参考，以下两个因素与其密切相关：（1）企业的产品广告；（2）企业的产品质量。前者直接以传统媒体的方式表现出来，很容易被作为“旁观者”的“长尾”甩出企业的形象危机；后者的质量问题先由传统媒体作出报道，再由“长尾”“深入挖掘”。

而在Web 1.0时代，企业的形象危机通常是由“群体性”事件引发出来，“长尾”甩出的企业危机产生之初就已经具有了某种“群体”性质，即这样的危机传播一开始就代表了某一群体或全体公众的诉求。

2004年，一条耐克运动鞋广告在中国播出，这条广告讲的是一位美国篮球明星与一个功夫大师和一条龙搏斗，并击败了他们。此后，这条广告迅速在网络上流传开去并引发了多数网民的集体声讨，最终这一广告在当年被禁播。同年，多数互联网用户的批评迫使一条立邦漆广告的创意人员作了道歉，在这条广告中，一条龙从柱子上滑落下来。显然，这两个事件的出发点都带有群体性的诉求：作为中华民族象征的“龙”由于遭到了相关企业的“冒犯”，一些对此感到不能接受的网民作为“长尾”甩出了企业的形象危机。

2005年3月，“苏丹红事件”或许更能说明这一时代的群体性特征。在这个“黑色三月”，跨国食品企业在中国集体遭遇了形象危机：5日，亨氏辣椒酱中被检出苏丹红一号；14日，上海家乐福被曝光其曾经销售过含有苏丹红的“坛坛乡风味辣椒萝卜”；16日，百胜公司宣布肯德基新奥尔良烤翅和新奥尔良烤鸡腿堡调料中被发现含有苏丹红一号。

“苏丹红事件”被传统媒体曝光的同时，网络上的传播更是疯狂。一次或者寥寥数次的文字输入，再经过无数网民的复制、粘贴，不作改动或者略作改动，最终产生的消息在互联网上无孔不入。

或许也正是因为这一“傻瓜式”的过程，“长尾”甩出企业危机所付出的成本实在是不值一提。低廉的成本也使得网络传播者在此后处理相似话题时倾向于放大效应，以吸引更多人的眼球。

继“苏丹红”事件仅一个月，4月15日，高露洁牙膏在中国成了另一个“人人喊打”的对象。“部分牙膏可能含致癌成分”、“高露洁可能致癌”这样的专题页面在当日国内几个大的门户网站随处可见。此后，国内媒体跟进做出了大量相关报道，高露洁牙膏在中国的销量直线下降。而事后经调查，这些标题及相关评论只不过是对当天英国某份晚报上刊登的一篇医学研究的断章取义。

值得注意的是，上述夸大信息来源的行为似乎也预示了一个全新的互联网时代将到来：一些人甚至每个人基于各自诉求制作一些内容并将其放在互联网上从而产生能量——尽管这样的内容带有某种主观性甚至不确定性。

在2007年企业危机中，信息传播的长尾效应越发明显——非正规式网络信息正成为企业危机出现的最主要来源。LG翻新机事件随着全国媒体的不断报道与挖掘，各种“更精彩”、“更骇人听闻”的负面消息纷纷曝光，从LG冰箱翻新、LG空调翻新到LG彩电翻新，小作坊做出大品牌——这种强烈的对比使得危机报道如同星星之火，很快发展成了燎原之势，LG旗下的各类产品在中国的销售也迅速下滑。LG品牌似乎一下子从高空跌入了谷底。追踪这次事件的源头，却是网上BBS一个声讨LG在华有翻新工厂的小帖子。这个小帖子引起了许多网络媒体和平面媒体的集体关注，争相报道，导致LG品牌陷入空前的形象危机。

6.1 营销的基本概念

6.1.1 因特网与营销

时至今日，因特网对营销的影响到底有多大？不同的行业，不同的组织，不同的产品和服务对于因特网的依赖性都不同。例如欧洲的廉价航空公司EasyJet和RyanAir，国内的旅游服务公司携程网和e龙网等，因特网对它们来说就极其重要，因为它们的主要业务都是通过网络来开展的。

2006年中国网络营销市场规模突破60亿元，比2005年增长44%，预计2008年中国网络营销市场规模将突破130亿元，至2010年，预计将达到230亿元。网络媒体已经超过杂志，成为电视、报纸、广播之后第四大广告投放媒体。正如案例6-1所述，随着因特网用户的增长，因特网体现出了对于我们前所未有的重要。

由于因特网的营销无地域限制，企业可以利用因特网来进行拓展市场。图6-1显示了新浪公司怎样利用因特网来支持不同国家市场的增长。

图6-1 新浪网页面（www.sina.com）

对于产品并不适合在网上销售的企业来说，因特网没有那样重要。比如中石化，是一家经营石油、天然气的勘探和开采、石油产品的炼制与销售及化工产品的生产与销售的公司，因特网对它的业务影响并不大。但即便如此，因特网对它们来说重要性也在增长。这是因为作为数字媒体的因特网的作用。因此，随着因特网用户数量的增长，因特网作为数字媒体，其重要性对所有行业都在增长，尽管它对传统行业的产品销售和业务增长作用不明显，但在线广告、信息发布都可以通过因特网这个渠道进行。图6-2显示了中国石化公司通过网站来展示其自身形象。

这就是因特网营销。

按照营销大师菲利普·科特勒的定义，营销（Marketing）是“个人和群体通过创造并同他人交换产品和价值以满足需求和欲望的一种社会和管理过程”。因特网营销（Internet Marketing），或者称为网络营销，可以简单地定义为“应用因特网和相关数字技术来达到营销目标”。它包括使用公司网站和促销技术，例如横幅（Banner）广告、电子邮件直销、从其他网站的链接或提供的服务来获得新客户，或者为现有的顾客提供支持或帮助巩固客户关系。另外的一个相近的词是E-Marketing，但E-Marketing的范畴比网络营销要广，它包括为达到营销目标所采用的企业内部的和外部的电子技术，而因特网营销仅指使用因特网和与因特网相关的技术。

图6-2 中国石化公司网站（www.sinopec.com.cn）

因特网媒体为企业营销产品和服务提供了更广泛的机会，在顾客的整个购买周期内，可以为其提供全方位的服务和更全面的信息。下面是因特网作为新型的媒体的例子。

（1）广告媒体。比如联想集团成为2008北京奥运的赞助商后在各个网络媒体使用较大版面的横幅广告、交互式或多媒体播放广告来推广产品和品牌理念，中国石化有限公司在自己的网站首页突出位置，用F1赛车运动、2008奥运赞助等宣扬自己的“竞争、开放、规范、诚信”的理念以及品牌。

（2）直接响应媒体。例如携程网的客户可以通过携程网在其他网站上的广告链接，或者通过搜索引擎的查找，来链接携程网的网站。同样，在网上注册的用户，携程网发给客户的邮件里也有网站链接，通过这样的方式促进客户访问网站以产生业务。

（3）销售、交易平台。例如互动出版网（www.china-pub.com）可以在线购买书籍，携程网等旅游网站也可以直接预订飞机票。

（4）新的商机产生（lead generation）方法。通常在购买产品的时候，商家（网站）提供给客户相关产品的信息，以识别客户是否感兴趣。

（5）分销渠道。比如数字产品的分销，这在数字音乐产品方面最为典型。苹果公司在销售其 mp3 播放器 iPod 的时候，同时提供在线音乐商店 Apple iTunes（www.itunes.com），这实际上就是音乐公司的分销渠道。

（6）客户服务机制。例如，联想的客户可以通过网络下载驱动来实现自我服务，或者查看 FAQ（Frequently Asked Questions）来寻找自己问题的答案。

（7）客户关系建立媒体。企业通过理解客户的需求来与客户交互，以提供给他们相关的产品和服务。

6.1.2 E-Marketing 与 E-Business、E-Commerce

从营销的概念来看，Marketing 比广告和销售的概念都要广。它是指企业里面为保证客户需求的进行的组织协调活动。E-Marketing 与 E-Business、E-Commerce 之间是什么关系呢？

类似第 1 章谈到 E-Business 与 E-Commerce 一样，E-Marketing 可以看做 E-Business 的一个子集。Business 的概念很广泛，而 E-Marketing 是企业中与营销有关的部分，因此，把 E-Marketing 看做是 E-Business 的子集是比较合理的。E-Marketing 与 E-Commerce 是交集的概念，因为 E-Commerce 强调的是买卖双方交易的过程，这其中包括买方的有关活动，而 E-Marketing 只注重卖方的活动。图 6-3 给出了三者之间相互关系的示意图。

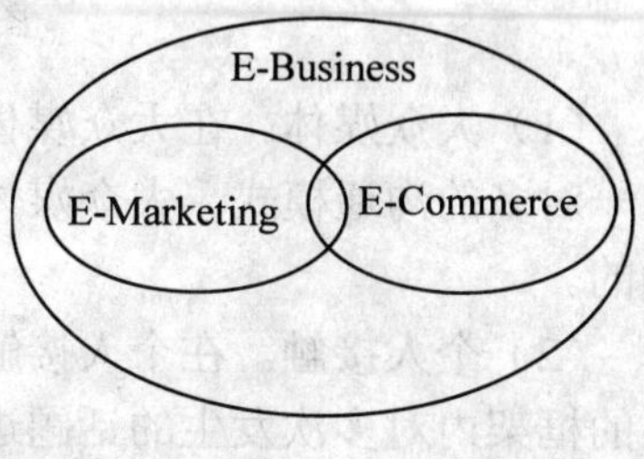

图 6-3 E-Marketing 与 E-Business、E-Commerce 关系示意图

6.1.3 媒体融合

事实上，因特网上进行营销只是企业向消费者销售其产品和服务的另一个渠道而已，电子商务可以看成是与传统营销渠道相抗衡的新的营销渠道。

大多数企业对个人接触和大众媒体这两种常用的识别和发展顾客的方法都比较熟悉。在个人接触模式下，企业的员工自行寻找潜在顾客，检查是否符合一定标准，然后进行接触，这种方式有时也叫探测法。企业若使用大众媒体法，要准备好企业自己及产品或服务广告与促销材料，然后通过电视、电台、广播、杂志、报纸、路牌广告或邮寄等方式将信息传递给潜在顾客。

有些专家则将媒体划分成广播媒体和可寻址媒体。可寻址媒体是指将广告直接送给收件人手里，包括直接邮寄、电话和电子邮件等。由于这种方法的使用者很少在其广告战略中使用地址信息，所以不把它当做大众媒体。很多企业都同时采用大众媒体和个人接触的方式来识别和发展顾客。

尽管有很多人使用因特网，而且许多公司也把网站看做公告板或广告牌，但因特网并不是大众媒体。因特网也不属于个人接触工具，尽管它提供了用电子邮件和讨论组进行个人接触的工具。Amazon.com 的缔造者杰夫·贝佐斯认为 WWW 是发展所谓“中间市场”的理想工具。中间市场很小，不适合大众媒体活动；但就个人接触方式而言，中间市场又太大了。因特网作为一种顾客接触媒体的地位，正好处于用大众媒体覆盖的大市场和用个人接触销售与促销技术所覆盖的高度集中的小市场之间，如图 6-4 所示。

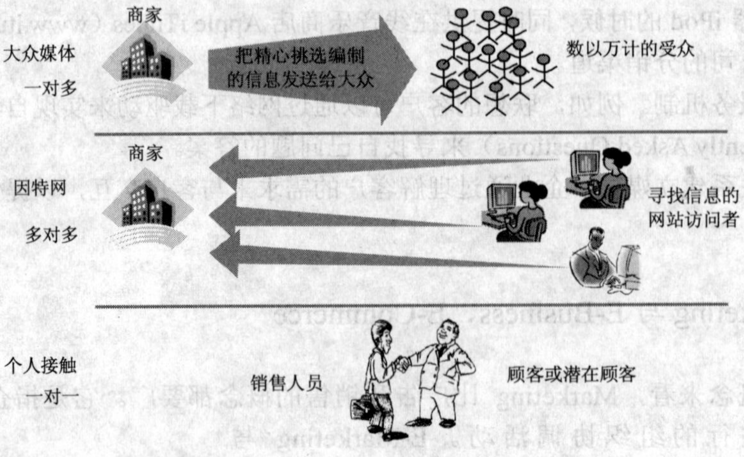

图 6-4 大众媒体、个人接触与因特网

（1）大众媒体。在大众媒体模式中，沟通是由一个广告者送达到多个潜在顾客，因此称为一对多的沟通模式。大众媒体促销过程的最重要特征就是销售者是主动的，而购买者是被动的。

（2）个人接触。在个人接触模式中，信息收集活动的最重要的特征就是在现有的信任关系的框架内对多次发生的话题进行广泛的对话，采购者和销售者（或销售者的代表）都积极参与这种信息交流。这种交流会是多次的聊天，可能会涉及天气、当地体育活动等话题，未必直接与交易有关。这类与交易无关的交流是建立和维系信任所必需的，而信任是维系个人接触模式中的关系的重要基础。低价商品通常不会采用这种方法，因为销售人员的成本相对来说太高了。

（3）因特网。因特网为消费者提出了多种沟通渠道。图 6-4 只是一种用因特网检索产品信息的方式，即多对一的沟通模式。还可以通过网络同销售商进行一对一的沟通（类似个人接触模式），也可以同其他购买者进行多对多的沟通。在因特网上搜索信息的最重要的特征就是购买者积极参与信息的搜索，并控制搜索的范围和深度。

综上所述，网络和传统公共传播媒体有两大区别，一是信息可迅速更新，另一个是数据能以妙趣横生的互动式多媒体形式呈现。这些比起传统信息利益相关者年报发布和信件发送手册来说，可谓取得了长足进步。

6.2 网络顾客行为分析

6.2.1 网上消费者

因特网正不断地深入普通百姓的生活，潜移默化地改变着中国消费者的消费观念和行为习惯。而企业在网上开展业务之前，首先需要了解自己会遇到的网上消费者是哪一类群体，他们在网络环境中的行为是怎样的。

1. 因特网使用情况

根据中国互联网络信息中心（CNNIC）2007 年 7 月发布的第 20 次统计报告，中国因特网的使用情况数据如下：

（1）截至2007年6月，中国网民总人数达到1.62亿，仅次于美国2.11亿的网民规模，位居世界第二。与2006年末相比，新增网民2 500万。虽然增长迅速，但普及率仍然偏低，只有12.3%，低于全球17.6%的平均水平，与互联网较发达国家相比差距更大。

（2）在各种接入方式中，宽带网民达到1.22亿；以手机为终端的无线接入网民数达到4 430万。

（3）中国网民中性别差异逐渐缩小，女性以45.1%的比重上升到历史新高点。

（4）网民年龄结构发展不均衡，表现出极强的年轻化特征，25岁以下网民比例已经超出半数（51.2%），30岁及以下的网民比例甚至超过了7成（70.6%）。

（5）网民中学生比重很大，达1/3强（36.7%），绝对数量接近6 000万。这一点与中国因特网用户的年轻化特点形成相互印证。

（6）农村互联网发展程度与城镇差异巨大，城镇居民互联网普及率达到21.6%，农村互联网普及率却只有5.1%；但是较2006年底，农村互联网用户规模增长51%，增速超过城镇。

2. 上网条件

根据CNNIC的报告，中国目前互联网的普及率已经超过10%，而这正是大部分创新的扩散传播过程的瓶颈，也就意味着，互联网上电子商务应用模式的创新的一个新起点。对应的，因特网用户的上网条件也有了很大的发展。CNNIC第20次《中国互联网络发展状况统计报告》中的相关数据如下：

（1）截至2007年6月底，中国上网计算机数达到6 710万台，比2006年末增长了770万台。

（2）台式机仍然是中国网民上网的主流设备流，笔记本已经成为必要的补充设备，约有1/5（21.1%）的网民使用笔记本上网。手机上网已经渐成风气，已有超过1/4（27.3%）的网民使用手机上网。

（3）13.0%的中国家庭接入了因特网。在各种上网地点中，中国网民在家上网比例达到73%。

（4）截至2007年6月底，宽带上网比例已经超过3/4（75.6%）；无线接入（含手机上网）比例已经超过1/3（34.3%），其中以手机为终端的无线接入比例达到27.3%。

（5）上网费用方面，中国绝大部分网民需要全部或部分为自己的上网费用埋单，自费比重超过90%。目前中国的人均每月上网费用为75.1元，与2006年末的83.5元相比，上网费用明显下降。

（6）超过1/3（37.2%）的网民经常去网吧上网。网吧上网第一次超过工作场所，成为中国网民第二大上网场所。

（7）中国网民平均每周上网18.6小时。与其他国家相比，中国网民上网时间较长，并在逐年提高。20点是网民上网最高峰。非学生网民的上网高峰较总体滞后一个小时，超过2/3（68%）的非学生网民经常在21点上网。

3. 网民行为与观念

（1）互联网的信息渠道功能、沟通娱乐功能已经在较大范围内被中国网民使用，但互联网的生活助手功能还没有成为网民不可分割的一部分，应用程度较浅。

（2）2007 年中国网民对互联网的总体满意度是 60.5%。与 2006 年末相比，总体满意度在提高。在各分项指标中，网民对互联网内容丰富性的满意度大幅上升；与上网费用明显下降形成鲜明对比，网民对互联网资费标准的满意度不升反降。

（3）网民对互联网信任度较低。只有约 1/3（35.1%）的网民表示对互联网信任。网民对互联网的过度不信任，会制约很多互联网应用的普及。

4．因特网的功能

（1）互联网信息渠道功能。信息渠道功能是互联网基本的功能，这一功能已被中国网民广泛使用。约 3/4（76.3%）的网民的主要信息渠道是互联网，互联网位居网民信息来源的第一位。在网民的认识中，互联网不仅仅是主要的信息渠道，而且还是多数网民首选的信息渠道，很多网民有了思维定式，认定互联网是最新最快的信息渠道。网上调查结果显示，超过 9 成（90.4%）的网民表示，需要信息时，首先想到的就是去互联网上寻找；已有超过 3/4（76.3%）的网民承认，重大新闻一般都是首先从互联网上看到。我国网民与非网民主要信息渠道对比如图 6-5 所示。

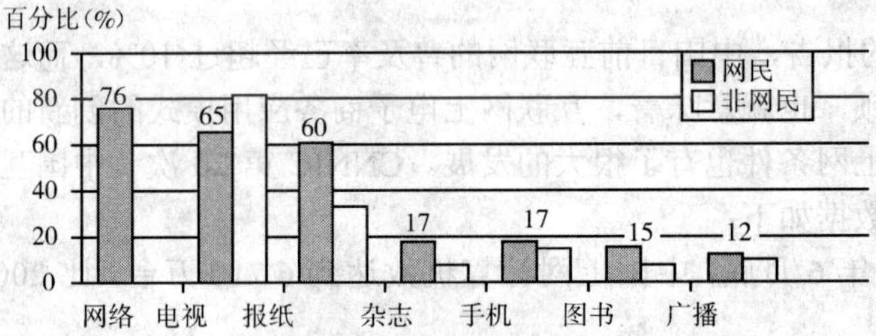

资料来源：《中国互联网络发展状况统计报告》，2007 年 7 月。

图 6-5 中国网民与非网民主要信息渠道对比图

作为传统信息渠道的电视和报纸，在多数网民中仍旧占据重要地位。超过 6 成的网民除互联网外，仍旧经常从电视报纸中获取信息。

网络新闻和搜索引擎是网络发挥信息渠道作用的代表性应用。尽管中国网民的这两种网络应用使用率都非常高，3/4 的网民都在网上看新闻和使用搜索引擎，但与互联网发展较成熟的美国相比，互联网的信息渠道地位还有提高的余地，如图 6-6 所示。除这两项外，写博客作为一项新兴的信息类工具，在中国迅速扩散开来，已经有近 1/5（19.1%）的网民青睐于在网上写博客，即博客作者约有 3 094 万人。

（2）互联网沟通功能。互联网沟通工具功能的发展有一定的中国特色。即时通信在中国异常发达，近 7 成（69.8%）的网民都使用网络聊天功能，但是即时通信在美国和韩国的使用率不到 50%；在美国和韩国电子邮件使用率已经超过了 90%，但在中国只有一半多（55.4%）的网民在用，如图 6-7 所示。

（3）互联网娱乐功能。互联网的各种功能中，娱乐功能的应用很普遍。网络音乐、网络影视和网络游戏这三项代表性网络应用使用率都很高，超过 2/3（68.5%）的网民都收听或下载过网络音乐，玩过网络游戏的网民也已经接近一半（47.0%），其中付费游戏用户平均每月花费金额达到 84 元。网上调查结果显示，已有一半多（51.1%）的网民认为如果没有互联网，娱乐生活将会非常单调。图 6-8 显示了我国网民娱乐类应用使用率，并同美国做了比较。

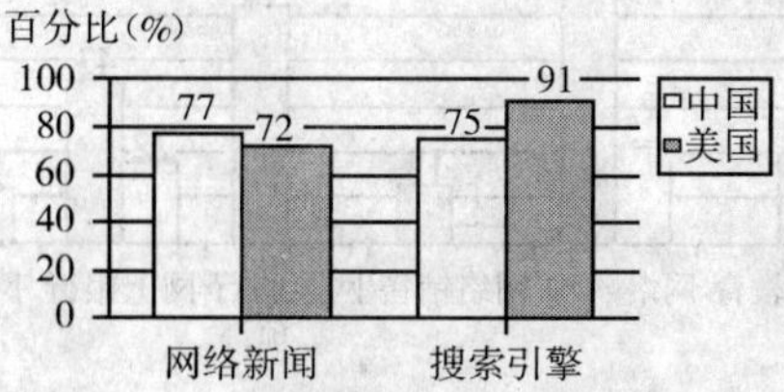

资料来源：《中国互联网络发展状况统计报告》，2007 年 7 月。

图 6-6　中国与美国网络新闻、搜索引擎使用率对比

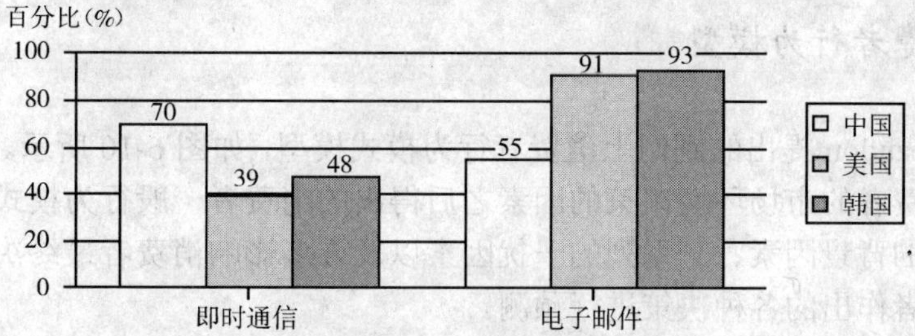

资料来源：《中国互联网络发展状况统计报告》，2007 年 7 月。

图 6-7　我国网民沟通工具类应用使用率

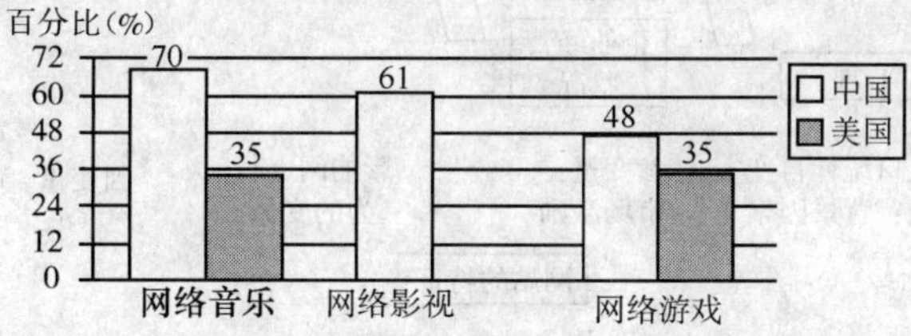

资料来源：《中国互联网络发展状况统计报告》，2007 年 7 月。

图 6-8　我国网民娱乐类应用使用率

（4）互联网生活助手功能。生活助手功能是进一步延伸的互联网功能，可以给网民带来更多的便利。一些代表性功能包括：网上求职、网上教育、网络购物、网络销售、网上旅行预订、网上银行和网上炒股等。目前中国网民对这些功能的应用比较少，使用率不高。互联网还没有深入到大多数中国网民生活的方方面面。

中国仅有 15%的网民通过网络找工作，美国已接近一半（46%）；网络购物方面，中国只有 25.5%的网民使用网络购物，而在美国，网络购物已经成为网民的普遍行为；网上旅行预订，中国网民仅有 3.9%的人进行网上旅行预订，而已有超过 6 成的美国网民充分利用了网络进行网上旅行预订。中国网民在生活助手方面应用互联网程度还不深，与美国的对比，如图 6-9 所示。

在各种网络应用中，网上银行和网上炒股更为特别一些，这两者与金融相关。每一个人都离不开金融，人们的日常生活和理财中少不了与银行等金融机构打交道。由于网络安全性等问题的存在，仅有大约 1/5 的网民涉足这些应用。

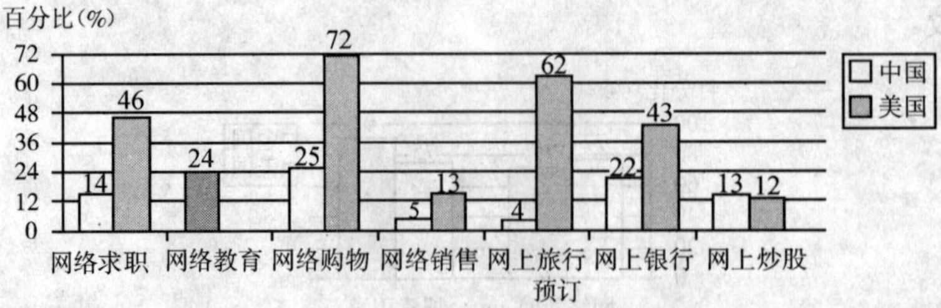

资料来源:《中国互联网络发展状况统计报告》，2007 年 7 月。

图 6-9 我国网民生活助手类应用使用率

6.2.2 在线消费者行为模型

Kenneth C. Laudon 提出的到网上消费者行为模式模型，如图 6-10 所示。这个模型是在考虑了众多营销消费者的市场环境决策的因素之后得出的消费者一般行为模式。消费者行为模式试图在消费者的背景因素、一系列的干扰因素以及许多影响消费者最终决策的直接变量的基础上，对消费者作出的各种决策进行预测。

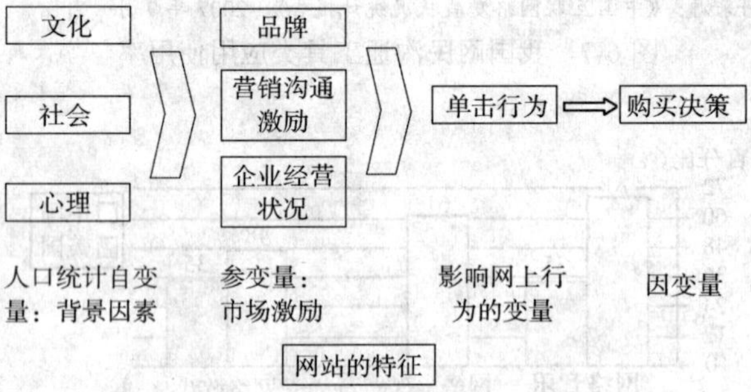

图 6-10 网上消费者行为模式

对网络营销来说，消费者在网上的具体行为特征是比较明显的。很多研究表明，不同群体使用网络的行为是不同的。Lewis 在 1997 年把网络使用者分为 5 种类型，这种分类在现在还依然有效。

（1）直接信息搜寻者。使用者上网搜寻产品、市场或娱乐信息，比如球迷进入俱乐部网站。这类用户事前通常没有在线购买的规划。

（2）非直接信息搜寻者。通常指那些“网上冲浪”者，他们只是浏览网站，并点击感兴趣的链接。这类用户可能是初学者或者网站的新用户，他们比其他类型的用户更有可能点击网页上的 Banner 广告。

（3）直接购买者。这类用户有明确的购买需求并购买具体的产品。对这类用户，产品特征、价格等的比较信息应该放到非常重要的位置。

（4）折扣搜寻者。这些用户想获得促销的产品，比如免费样品。

（5）娱乐搜寻者。这些用户主要是从网上寻找交互式游戏。

2001 年，Styler 通过深入家庭访问的研究方法，描述了在各种媒体的四种消费行为，即品牌关注、价格敏感、行家和建议者。2003 年 Moe 指出，在实体商店里，促销人员可以识别消费者的行为。对于那些关注具体产品的顾客，导购员可以帮助顾客找到其想要的东西，而对于那些只是进来逛逛的顾客，有经验的促销员能够处理是否激发他们的购买欲望或者任其自在溜达。尽管这些在网络环境里无法判断，但 Moe 和 Fader 认为通过分析点击流行为和重复访问模式，有可能识别出直接购买、浏览或是搜索行为，从而作出在线响应。

另外一种研究消费者行为的方法是按照消费者购买流程来考察，可以建立一个相应的响应模型，如图 6-11 所示。

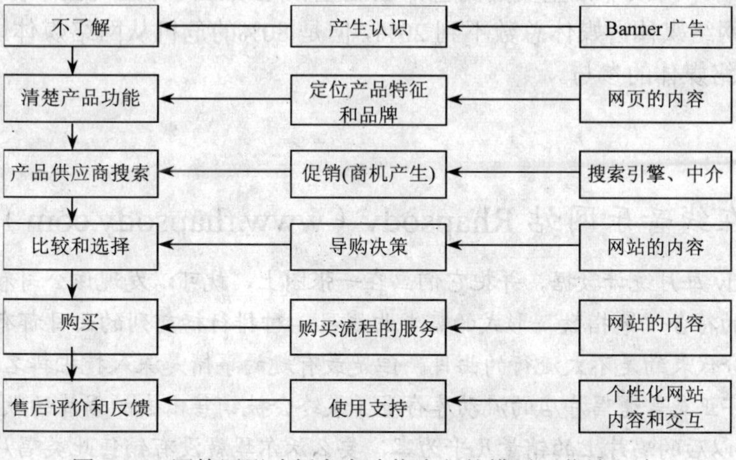

图 6-11　因特网影响新客户购物流程的模型及营销方法

6.2.3　长尾理论

1．什么是长尾

美国的在线音乐网站 Rhapsody（www.rhapsody.com）的例子就是长尾（见案例 6-2）。

美国最大的在线 DVD 影碟租赁商 Netflix 公司有 15%的出租量来自于排行榜 3 000 以外的内容。为了解释这种现象，美国《连线》杂志的主编克里斯·安德森提出了"长尾理论"：只要存储和流通的渠道足够大，需求不旺或销量不佳的产品共同占据的市场份额就可以和那些数量不多的热卖品所占据的市场份额相匹敌甚至更大。

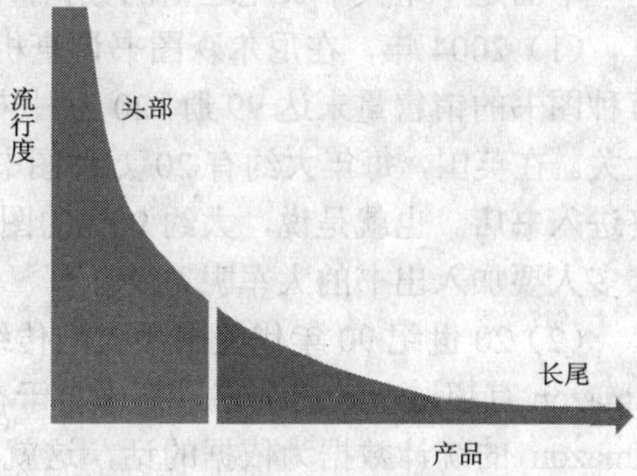

图 6-12　长尾示意图

长尾理论通常使用如图 6-12 所示的长尾曲线图来解释，头部是大热门，流行度曲线陡然下坠，但一直没有到零点。这个长长尾巴的价值就是长尾理论的核心。

"头"（head）和"尾"（tail）是两个统计学名词。正态曲线中间的突起部分叫"头"；两边相对平缓的部分叫"尾"。从人们需求的角度来看，大多数的需求会集中在头部，而这部分可以称之为流行，而分布在尾部的需求是个性化的，零散的少量的需求。而这部分差异化的，少量的需求会在需求曲线上面形成一条长长的“尾巴”，而所谓长尾效应就在于它的数量，将所有非流行的市场累加起来就会形成一个比流行市场还大的市场。

长尾效应的根本就是要强调“个性化”、“客户力量”和“小利润大市场”，也就是要赚很少的钱，但是要赚很多人的钱。要将市场细分到很细很小的时候，然后就会发现这些细小市场的累计会带来明显的长尾效应。

长尾效应还可以有效地解释市场营销中许多新的现象，例如案例 6-1 中的网上传播理论，虽然主流的网上媒体，如新浪、搜狐等门户网站，但各种小范围传播的网站、博客、论坛等，也在各种营销事件中扮演非常重要的角色，在这里长尾效应同样显现出了惊人的概括力。再如，虽然中国的网络媒体占媒体总数不到 20%，但是 80%的危机从网络媒体爆发，而且 100%的企业危机有网络媒体的参与。

案例 6-2

在线音乐网站 Rhapsody（www.rhapsody.com）

记录 Rhapsody 每月统计数据，并把它们画在一张图上，就可以发现该公司和其他任何唱片店一样，都有相同的符合“幂指数”形式的需求曲线——对排行榜前列的曲目都有巨大的需求，尾部快速下降的部分代表的是不太流行的曲目。但是最有趣的事情是深入挖掘排名在 40 000 以后的歌曲，而这个数字正是普通唱片店的流动库存量（最终会被销售出去的唱片的数量）。沃尔玛在这些排名在 40 000 以后的唱片上的销量几乎为零，要么沃尔玛就没有销售此类唱片，要么就是此类边缘唱片的少数潜在本地客户没有能够找到它们，或者他们就从来没有走进过沃尔玛商店。

而 Rhapsody 的需求一直源源不断。不仅位于排行榜前 10 万的每个曲目每个月都至少会点播一次，而且前 20 万、30 万、40 万的曲子也是这样。只要 Rhapsody 在它的歌曲库中增加了曲子，就会有听众点播这些新歌曲，尽管每个月只有少数几个人点播了它们，而且还分布在世界上不同的国家。

2．数字世界的长尾

下面是一组关于长尾理论的数据：

（1）2004 年，在尼尔森图书调查机构（Nielsen BookScan）跟踪的 120 万种图书中，95 万种图书的销售量未达 99 册，20 万种未到 1 000 册，只有 2.5 万种书目的销售量迈过了 5 000 大关。在英国，每年大约有 20 万种图书出版，其中，只有 2 万种图书成为“幸运儿”得以最终进入书店。也就是说，大约 90%的图书几乎不能创造任何商业价值。那么，为什么还有这么多人要加入出书的大军呢？

（2）20 世纪 90 年代美国最大的传统书店 Barnes & Noble 的平均上架书目为 13 万种。而 Amazon 有超过一半的销售量都来自于在传统书店排行榜上位于 13 万名开外的图书。如果以 Amazon 的统计数据为依据的话，这就意味着那些不在一般书店里出售的图书要比那些摆在书店书架上的图书形成的市场更大。

（3）在沃尔玛实体店里面，对于一张 CD，必须卖出超过 10 万张副本，才有可能收回成本并产生足够的利润。而只有不到 1%的 CD 能够达到这个销量。

（4）英国特易购（Tesco）的数据显示，典型家庭的购买品种不会超过 300 种 SKU（产品品种单位，零售业用语）快速消费品，并且其中很多是 300 种某种货品缺货时的替代品种。

特易购大百货（Tesco Extra）提供的品种是 8 万种，也就说，对典型的消费者来说，大卖场里面 99.6%的商品和他没有关系，他必须从成千上万自己不需要的商品中挑出自己需要的商品。北美的沃尔玛超级店（Wal-Mart Superstore）提供超过 15 万种 SKU。

从上面的数据里面，也许有了这样的一个概念：长尾现象只是在数字世界里才能够存在。事实上，现实是这样，这是因为现实世界里的资源稀缺性所决定的。

首先，商家的进货必须要保证有足够的销量，才能抵消库存的费用。而另一方面，商家只能吸引有限的本地客户群。对于电影院，是周围 10 英里以内的人群；音乐制品店和书店的范围更小；而录像出租店可能只有一两英里的范围。一部优秀的纪录片，在全国范围内可能有 50 万观众会感兴趣，但这却没有任何意义；真正重要的是，在非常有限的地理范围内的人群中，有多少人会对此感兴趣。

一般来说，电影院放映一部电影，至少要在两周内吸引 1 500 名的观众才能收回放映厅的租金。一个音乐制品店，平均每张 CD 至少在一年中要卖出两张，才能收回这张 CD 所占用的半英寸货架的租金。DVD 出租、电子游戏零售、书报零售等都面临同样的问题。然而，传统的商店或者渠道却难以跨越上述障碍。

另一个限制来自于物理定律本身。一定频谱范围内的无线电波只能搭载有限的广播频道；同轴电缆只能传输有限的电视频道。一天又只有 24 小时播放节目的时间，广播和电视节目的传送要占用大量的有限资源。其结果呢，也是需要在一定的地域范围内有大量的听众和观众。这同样成为很多节目难以逾越的障碍。

这是一个资源稀缺的世界。但是，随着在线分销和零售模式的出现，我们正迈入一个资源极大丰富的世界。这两个世界之间有着天壤之别。

对于 iTunes 这样的纯数字服务来说，由于不再需要货架，也没有制造成本和分销费用，卖出一件非流行品与卖出一件流行品之间没有任何区别，它们的边际利润都是一样的。流行与非流行有同样的经济基础，它们都只不过是数据库中的一条记录，等待对其需求做出响应，因而具有同样的存货价值。

结果就是，任何东西，只要有一点点的机会能够找到买主，就有存在的价值。也就是说，如果我们能够摆脱资源稀缺的限制，潜在的图书市场将至少是目前的两倍多。曾在音乐行业担任过顾问的风险投资家 Kevin Laws 是这样总结这一现象的：“最大的财富孕育自最小的销售。”

3. 长尾理论与营销的“二八法则”

长尾是如此的重要，那么，它是否颠覆了传统营销理念里的“二八法则”？“二八法则”又称“帕累托法则”，是意大利经济学家帕累托在 19 世纪末发现的经济规律，他发现在经济活动中，少数群体显得更为重要，比如：20%的人口掌握 80%的财富、20%的产品产生 80%的销售额等。因此这个法则也称为“重要少数法则”。

即便长尾理论的提出人 Chris Anderson 也承认：“真正的二八法则只是承认帕累托分布的有效性，承认某些东西卖得远比其他东西要好，这在长尾市场和传统市场中都是成立的。”所以，长尾理论彻底颠覆了二八法则是没有根据的。

长尾理论不是颠覆性的概念，更多的是指导我们在丰饶经济的条件下，寻找合适的长尾市场，开拓新的销售渠道。所以 Chris Anderson 也重点谈道“即使有二八法则的统治，在丰饶经济环境下，我们也没有理由不去经营其他的 80%产品”。或许，这就是对长尾理论最深刻的注解。

4．MP3.com 的失败

1997 年，一个名叫 Michael Robertson 的创业者开办了 MP3.com——一种看上去很像是典型的长尾商业。任何人都可以上传音乐文件并可以让任何人下载。其设想是，通过这种服务，艺术家们可以跳过唱片公司直接同听众们建立联系。那些想要在网站上毛遂自荐的乐队需要付一定的费用，MP3.com 则通过这些收费来赚钱。这样，唱片公司的专制将被终结，一幅百花齐放的美景将呈现在人们面前。

许多人实际上利用这一服务来非法地上传和共享那些商业曲目，结果导致了唱片公司对 MP3.com 提出起诉。抛开这点不提，MP3.com 也未能实现其设想的目标。那些在生存线上苦苦挣扎的乐队并没能找到新的听众群，独立音乐制作也并未获得任何改观。相反，MP3.com 为自己赢得了一份不光彩的声誉：一个良莠不分的充斥着大量粗制滥作的音乐集合。

MP3.com 的问题在于，它只顾及了长尾。它没有同唱片公司达成版权协议来提供任何主流或流行的商业音乐，因而就没有消费者所熟悉的产品作为入手点，也就失去了进一步开拓的基础。

5．长尾："头""尾"兼顾

只提供流行的东西同样好不到哪儿去。看看那些有线电视公司提供的视频点播服务，或是制片厂们维持的视频下载服务 Movielink，无一不在苦苦支撑。过于强势的内容提供方以及过高的成本使得他们能够提供的内容非常有限：通常只是最近发行的几百部片子。由于缺少选择，他们无法影响消费者的行为，也无法成为娱乐经济中一股举足轻重的力量。

与此相比，Netflix，Amazon 以及其他商业音乐服务的成功表明必须同时顾及曲线的两个端头。大量的非主流作品库藏让它们变得与众不同，但同时，流行作品仍然是在第一时间吸引顾客的关键。然后，出色的长尾商业才能进一步引导顾客们根据其爱恶，去轻松地探索那些未知的领域。

（1）在成功的长尾案例中，企业的主要作用在于提供一个分发平台（Distribution Platform），而很少自己生产内容或者产品。Google 提供的正是一个信息分发平台，自己并不生产内容。

（2）往往存在着众多廉价生产的内容和产品，这些生产目的并不以经济利益为主要驱动，更多的是由其他原因来推动。

（3）基本上处于"零库存"和近乎于没有的存储成本。苹果的 iTunes 里提供的音乐，没有库存和存储成本。Netflix 中的 DVD 几乎也是零存储成本。

（4）长尾市场由基于足够多的选择中的众多小需求堆砌而成，如果说针对这些小需求需要耗费大量市场和销售成本的话，那几乎是死路一条。Amazon 为书籍提供一个平台，需求和买卖通过匹配形成交易，没有针对众多书籍的单独宣传。

（5）接近无限的选择。亚马逊的成功在于它几乎将收集接近 100%的书籍书目，而与其他网络书店的核心优势在于，大多数网络书店能做到 90%，但亚马逊能做到 100%，对众多选择者来说，亚马逊提供了别人无法提供的接近无限的选择。

（6）专注于一个行业。到目前为止除了亚马逊，其他成功的长尾案例都集中在一个领域中，并在所在领域做透做彻底。当然，对于亚马逊，也开始满足消费者多种的需求，但书籍仍是最核心业务。

6.3 基本营销概念

6.3.1 营销组合理论

1．4Ps 组合

1964 年，美国营销专家鲍敦提出了市场营销组合概念。它是指市场营销人员综合运用并优化组合多种可控因素，以实现其营销目标的活动总称。这些可控因素后来被 Jerome McCarthy 归并为四类即 4Ps（产品—Product；价格—Price；地点—Place；促销—Promotion）组合，从那以后 4Ps 成为每一个商业人士的公用语言，它对市场营销理论和实践产生了深刻的影响，被营销经理们奉为营销理论中的经典，风行营销界 30 多年。而且，如何在 4Ps 理论指导下实现营销组合，实际上也是公司市场营销的基本运营方法。即使在今天，几乎每份营销计划书都是以 4Ps 的理论框架为基础拟订的，几乎每本营销教科书和每堂营销课程都把 4Ps 作为教学的基本内容，而且几乎每位营销经理在策划营销活动时，都自觉、不自觉地从 4Ps 理论出发考虑问题。

2．4Cs 组合

进入 20 世纪 90 年代，经济社会发生了更为巨大的变化。比如信息技术革命所带来的对企业生产经营以及社会文化方面的冲击，从而导致产品的生命周期缩短，技术创新不断，生产工艺更加现代化，单位产品的生产成本大幅下降，人们的消费理念和消费行为日益感性化和个性化等。在这种环境条件下，90 年代的市场营销出现新的变化，原来的 4Ps 组合逐渐由 4Cs 取代，即由“顾客、成本、便利和沟通”这四个要素组成的新的营销组合策略。

（1）消费者的需求与欲望（Consumer needs wants）。把产品先搁到一边，赶紧研究消费者的需求与欲望，不要再卖你能制造的产品，而要卖某人确定想要买的产品。

（2）消费者愿意付出的成本（Cost）。是针对顾客的成本，而不是厂商的成本。暂时忘掉定价策略，赶快去了解消费者要满足其需要与欲求所愿意付出的成本，或者说充分消费此项产品或服务所愿意花费的成本。

（3）购买商品的便利（Convenience）。忘掉通渠道策略，应当思考如何为消费对象提供尽可能方便的消费通道，使其消费的非货币成本降低。

（4）沟通（Communication）。最后请忘掉促销，90 年代以后的正确新词汇应该是沟通。厂商与消费对象应当采取适当的双向沟通渠道进行联系，让顾客更多地参与到企业的经营过程中来，以便更好地为其服务。

4Cs 理论的提出引起了营销传播界及工商界的极大反响，从而也成为整合营销理论的核心。

3．4R 组合

美国学者舒尔茨（Don E. Schultz）提出的 4R 营销组合理论，即市场营销应包含以下四个要素：关联、反应、关系和回报。第一个要素是关联（Relevancy），是指在竞争的环境中，厂商必须时刻关注顾客的需求及其变化，提高顾客的满意度和忠诚度，提高顾客的转换成本，同时必须注意与上游厂商形成一个卓越的价值让渡系统或战略网，提高整个战略网的竞争力；第二个要素是反应（Response），是指厂商应在顾客的需求变化时，甚至是变化前作出适当的反应，以便与顾客的需求变化相适应；第三个要素是关系（Relationship），即指关系营销，厂商应当与顾客建立长期、稳定且密切的关系，降低顾客流失率，建立顾客数据库，开展数据库营销，从而降低营销费用；第四个要素是回报（Reward），指企业营销的真正动机在于为企业带来短期的利润回报和长期的价值回报，这是营销的根本出发点和目标。

4．营销组合的演变

4Ps 组合以后，在整个 20 世纪 80 年代与 90 年代，企业的营销更多地运用 4Ps 组合策略。后来在一些特殊产品（如服务业）、特定的市场条件和市场环境中，有学者又增加了第 5 个 P——人员（People）和第 6 个 P——包装（Packing）；布莫斯和比特在研究服务营销时，加入人员（People）、实物证据（Physical evidence）和程序（Process），扩展为 7Ps。表 6-1 说明了因特网下改变的 7Ps 营销组合。在强调“大营销”的时候，科特勒又提出了两个 P，即公共关系（Public Relations）和政治（Politics）。当市场营销被提上企业战略的日程表时，科特勒再次提出了市场营销战略计划中的 4Ps，即 Probing（探查，即市场营销调研）、Partitioning（分割市场，即细分市场）、Prioritizing（优先、选择目标）和 Positioning（定位，即在顾客心目中树立什么样的形象）。这样，到今天的营销组合已演变成了 12Ps。实际上，P 字游戏的过程，就是从产品营销向服务营销、国际营销等营销观念转变的过程，在这一过程中，企业发现着眼于消费者自身的重要性日益凸显。

表 6-1 因特网改变的营销组合

产品	促销	价格	渠道	人员	过程	实物证据
质量	营销交流	配置	交易渠道	营销活动中的个体	客户焦点	品牌销售员工接触体验
品牌	个人促销	清单	销售支持	顾客接触个体	IT 支持	产品包装
特色	销售促销	折扣	渠道数目	招聘	设计特色	在线体验
支持	直销	信用		文化	研发	
客户服务		支付方式		培训和技能		
使用场合		免费或增值因素		报酬		
可获得性						
保证						

上述各种营销组合工具都是战术上的，必须在对于 STP 的战略决策后进行。STP 即市场细分（Segmentation）、目标市场选择（Targeting）、定位（Positioning），它是战略性营销的核心内容。市场细分的概念由温德尔·史密斯 1956 年正式提出，哈佛大学教授泰德·李维特教授在《营销近视病》一书中说道：“根本没有所谓的成长行业，只有消费者的需要，而消费者的需要随时可能改变。”

根据 STP 的概念，市场是一个综合体，是多层次、多元化的消费需求集合体，任何企业都无法满足所有的需求，企业应该根据不同需求、购买力等因素把市场分为由相似需求构成的消费群，即若干子市场，这就是市场细分。企业可以根据自身战略和产品情况从子市场中选取有一定规模和发展前景，并且把符合公司的目标和能力的细分市场作为公司的目标市场。随后，企业需要将产品定位在目标消费者所偏好的位置上，并通过一系列营销活动向目标消费者传达这一定位信息，让他们注意到品牌，并感知到这就是他们所需要的。

5. 营销组合之间的关系

事实上，不管是4Ps还是4Cs，只是看问题的角度不同，企业的竞争立足点也不同了。通常来说，企业应该用4Cs来思考，用4Ps来行动。4Cs是站在消费者的角度上来看营销，决定了企业的未来；4Ps是站在企业的角度来看营销，把握着企业的现在。

4Cs 以客户需求为导向，但客户需求有一个合理性的问题。客户总是希望物美价廉，特别在价格上要求越低越好，但是这样的话企业就会付出更大的成本，久而久之就会影响企业的发展。从长远来看，企业要遵循双赢的原则，4Cs 没有体现既赢得客户，又长期拥有客户关系的营销思想，这是4Cs需要解决的问题。

6.3.2 产品

1. 数字产品

对于因特网上开展业务来说，厂家首先要思考的是能够提供何种产品或服务。无论是实体商品还是数字商品，都可以在因特网上进行销售，例如亚马逊销售图书、CD 甚至钻石项链，而iTunes则销售数字音乐。

对具有典型信息产品的一些厂商来说，可以选择通过Web传递给顾客新的数字产品。开发新产品或增加“数字价值”给顾客需要考虑以下几个方面：

（1）能否提供附加的信息或交易服务给存在的顾客？比如：对网上书店来说，提供顾客的评论，预览书，或在线卖书；对旅游公司，提供旅游景点和住宿的视频导游。

（2）能定位新客户细分通过当前信息的重新打包，或者使用因特网创建新的计划？例如一个在线书商，创建电子书服务，或者一个DVD出租服务，像亚马逊公司所做的那样。

（3）能否用自己的能力吸引顾客来产生新的收益来源，例如广告或者互补产品的销售。

（4）当前的业务是否会因其他公司提供的某种价值（自己当前提供的）而受到伤害？考虑如果其他公司使用上面提到的某种产品策略的结果。

当然，市场转换只是在那些能够将现有产品转换成数字产品或服务的行业发生，比如音乐、书、新闻、杂志出版和软件等。

2. 大规模定制

因特网提供的另一个选择就是产品的大规模定制（Mass Customization）。产品的大规模定制或个性化使得顾客可以在产品设计中扮演更积极的角色，它也是向产消者（prosumer）前进的一部分。而实现这一点正是基于因特网，因特网改变了生产者与消费者一对多的关系和生产者的统治地位，从而使得消费者可以加入到生产中。

资料 6-1

产消者（Prosumer）

Prosumer 一词是 1980 年由 Alvin Toffler 在他的书 *The Third Wave* 中引入的。Toffler 认为，未来的产品将同消费捆绑在一起。在书中，Toffler 将世界看成相互连接的用户相互合作创造产品。而这种预见发生在 Web 发明之前 10 年里。

Logophilia WordSpy 将已经应用到网络营销中的 prosumer 一词归纳为：

（1）一个具备足够的知识，专业特征的业余消费者，即“专业”+“消费者”（“professional” + “consumer”）。

（2）一个能够帮助厂商设计个性化产品的顾客（producer+consumer）。

（3）一个能够创造自己使用的商品并可能销售的人（producing+consumer）。

（4）一个与公司一起采取措施克服困难或改正错误，或与顾客公司或市场并预料未来的消费者（proactive+consumer）。

一个 Prosumer 应用的例子就是 BMW 的 Z3 敞篷车。BMW 用互动的 Web 站点启动他们的 Z3 敞篷车生产项目，在这个网站上使用者可以设计他们自己喜好的敞篷车特征。由于 BMW 公司已经收集了大部分忠诚客户的数据，Z3 敞篷车网站收集到的客户的特征结合客户的数据，系统将能够给出一个精确的指示来投入生产。

在网络经济时代，通过因特网提供的企业与顾客即时双向的交流通道，全球各地的顾客可以随时了解一个企业的产品或业务，获得基于信息的服务，提出反馈意见，发出订单乃至根据自己的需求参与产品的设计。这样，企业的产品虽然可能由于顾客的个性化定制而各不相同，但由于网络的作用而仍然享有大批量生产的规模经济。生产者和消费者因为工业革命而“离异”，现在却由于网络时代的大规模定制而“破镜重圆”。融合了农业经济时代和工业经济时代生产制作的优点，大规模定制使得网络经济时代的产品借着信息技术，使生产者把商品和服务的生产链的末端交到消费者手中，不仅享有更低的成本，而且贴近顾客需求。

正如亨利·福特首倡大规模生产（Mass Production）并成为其代表一样，一些国际著名的公司，如宝马汽车公司、戴尔计算机公司、上海通用汽车公司等正采取大规模定制的方式来保持或获取竞争优势。它们通过建立企业内部的网络提供这一服务。如通用汽车公司别克牌汽车制造厂提供一种服务系统，让客户在汽车销售商的陈列厅的计算机终端前设计自己所喜欢的汽车结构。现在大约有 5%的新车买主真正地填写自己设计的汽车订单，从费用上看，按客户要求定制的汽车，其单价不一定比批量生产的标准汽车贵。对整个汽车行业来说，在客户提出要求后再制造和在客户提出前制造，可减少世界各地价值 500 多亿美元的成品库存。

当然，大规模定制的概念还存在着一定的争议。产品做到定制，是指按照每个消费者，或者一小群消费者的特殊需求来生产，从客户的角度来看就是个性化。然而，个性化是不能大规模的。因此，大规模定制只能是指生产过程中，使产品生产中具有共性的那一部分实现大规模生产，同时针对个性化的部分能够实现柔性生产。事实上，大部分的消费者的基本需求是相同的，这也就使得标准化的产品成为最主要的市场需求，而个性化的部分，或者个性化的产品，相对是少数。

3. 改变扩展产品

当一个消费者买了一台新计算机，它不仅仅包括一个可触摸的计算机实物，而且包括计算机销售商的信息，使用手册，包装，保修和后续技术服务。所有这些都属于扩展产品，即核心产品的附加产品或服务，或者增值部分。

附加在核心产品上的扩展产品，例如服务，很容易数字化，并且这些数字价值很多是免费的。通常这些内容作为企业门户或者服务社区展现。图 6-13 是诺基亚中国主页，在这个主页上的显著位置列出了产品支持、保修和维修、设置等数字服务内容，并且给出其他的服务，如新产品的信息、配件信息以及有关的活动信息。

图 6-13　诺基亚中国主页（http://www.nokia.com.cn/）

4. 在线消费者行为研究

因特网提供了解和学习产品的许多选择。作为相对低成本的收集市场研究信息方法，特别是关于消费者对产品和服务的看法。这些选择包括：

（1）在线关注的群体。在线关注的群体可以提供消费者产品使用的体验。

（2）在线问卷调查。通常关注访问者的体验，但也可以包括有关产品的调查。

（3）顾客反馈或支持论坛。顾客的反馈可以是在站点直接贴评论，而第三方的独立站点（社区）可以给出未来产品创新的信息。

（4）Web 日志。这通常是市场研究可以获得的基础之一。从 Web 站点自身的日志里可以获得很多关于消费者的信息，比如点击率，停留时间，哪些信息访问者更为关注等。

5. 新产品开发的速度

因特网可以用于加快新产品的开发速度。当公司推出一种新的数字产品或者数字服务时，通过因特网可以迅速进行在线测试。作为市场研究的一部分，公司可以使用他们自己的与消费者接触的界面来迅速获得使用者的观点，并且其成本通常比传统的市场研究更低。

6．新产品传播的速度

新产品或服务的传播依靠最初的“连接者”的采用情况，这些连接者是指口口相传鼓励使用新产品。对于在线环境，这些连接者可能使用个人博客、电子邮件来宣传他们的观点。一个良好的网络社区有助于新产品的迅速传播，比如近年来流行的一种 Linux 发行版 Ubuntu，通过建立良好的社区，在短短几年内迅速超越 Red Hat、Debian 等很流行的 Linux 版本，2006 年成为最流行的 Linux 发行版之一。2007 年 8 月 Alexa 权威的 Linux 发行版（Distribution）排名榜显示，Ubuntu 社区和 Ubuntu 官方网站的访问量分别列第一和第三名（第二名为 Debian）。

事实上，社区、电子邮件等这些类似口口相传的个人之间交流方式，以及博客这样的表达个人观点的媒体，使得很多具有良好质量的，获得良好声誉的产品，能够迅速传播开来。

6.3.3 在线品牌

将传统的品牌转为在线品牌，可能是最普通的方法。在西方国家，由于网络基础设施的发达，以及因特网用户的普及，这一点比较容易做到，比如福特、Argos（一家传统的目录零售商）等。

在线品牌基本策略有如下三种：

（1）延伸传统品牌。有些公司决定在其网站上创建与原有品牌略微不同的版本。比如早期的敦豪速递公司（DHL）网站基于其在线品牌“红色星球”，通过这种方法，公司能够将其区分与他们类似的竞争对手。

（2）已经存在的数字品牌的伙伴。它可以使得公司从已经存在的熟知品牌中获得良好的推广，比如 MSN、Yahoo Message 等。

（3）创建一个新的数字品牌。Mozilla 公司的 Thundbird、Firefox 或者金山公司的 WPS 等。

因特网是一把双刃剑。一方面，消费者对已知品牌可能会更加信任它。然而，由于在线环境下的顾客可以很容易获得新奇的体验，或者说，网络鼓励消费者实验其他品牌，这使得用户的忠诚度可能会减少。从另一个角度看，这也是一种优势，它使得在线品牌可以在较短的时间内建立品牌忠诚度。

品牌的发展导致了人们难以区分单纯的离线和在线品牌，Jeffrey F. Rayport 等在其 *e-Commerce* 一书中列出了以下几种品牌的发展：

（1）雅虎等品牌是以在线方式建立的，但却用传统的方式来增加它们的品牌知名度。

（2）感觉上是传统的品牌，建立在现实的世界中，但它们是在线品牌的延伸——二者的结合。

（3）将它们的产品从传统离线品牌转变为一个单纯的在线品牌。

（4）虽然建立在虚拟世界中，感觉上是在线品牌，但它们却是传统的品牌。

（5）成功地建立起了在线和传统品牌的桥梁。

（6）建立在现实世界中，但却是用在线的营销手段来提高品牌的知名度和忠诚度。

上述情况在我国有的存在，而有的尚未发展到此阶段。事实上，相比美欧等发达国家，我国很多传统企业并未建立起在线品牌。我国的制造业、零售业等都是改革开放以后才发展起来的，这当中没有形成强有力的持久的离线品牌，因此，传统品牌转为在线品牌的情形较少。例如联想集团在近年开展在线直销方式，可以看成是这种情形。中国移动、中国联通、中国电信等企业，在网上开展其服务，也属于这种方式。

同时由于我国经济的复杂性，因特网用户的分布情况也比较复杂，大城市的网络基础设施较发达，而边远山区则较差。因此，对于一家传统企业，在这样的复杂商业环境下，一方面可以将其服务延伸到因特网上，同时也必须保留传统的方式。

6.3.4　价格

价格策略是迄今研究最不深入也是最为复杂和困难的问题之一。因为价格对企业、消费者乃至中间商来说都是最为敏感的问题，而网络上信息自由的特点使这三方对某产品的价格信息都有比较充分的了解，它的最终结果是使某种产品变化不定、且存在差异的价格水平趋于一致，这对那些执行差别化定价策略的公司会产生重要的影响。

因特网对于营销组合中价格的影响主要有以下三个方面：

1. 增加价格透明度

俗话说："货比三家"。如果要去购买一个计算机的配件，你会怎么做呢？可以去各个商家询问价格，了解市场情况，最后再决定在其中某一物美价廉的公司购买。然而，相比去实体商店收集信息，在网上收集要容易得多。因此，在因特网上提供价格信息也成为增值的业务之一。图 6-14 显示了中关村在线提供的每日报价的信息，这样，消费者在购买其所需的东西之前，就已经有了一定的了解。

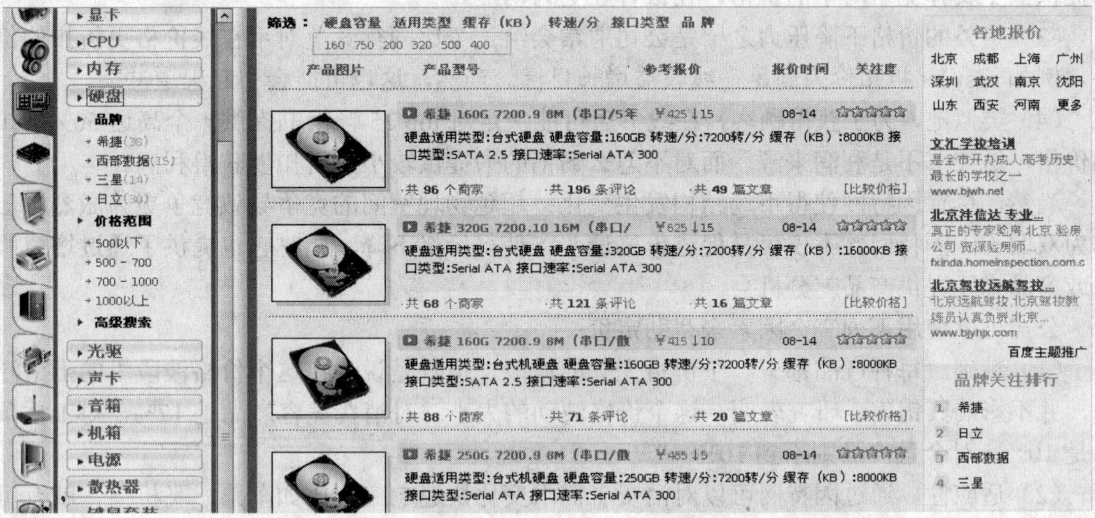

图 6-14　中关村在线每日报价网页（http://detail.zol.com.cn/price）

顾客关于价格的知识在增长，这归结于价格信息的可获得性。一个供应商可以使用价格歧视技术，例如，对不同国家的顾客使用不同的价格。但是如果没有事先对价格歧视采取有关措施的话，消费者会很容易发现歧视现象的。在线价格需要将价格需求弹性考虑进去。这是基于经济学理论的客户行为指标。

直观上价格透明度是通过因特网价格比较服务，或者客户自己在不同的网站之间进行比较。在线价格相对缺乏弹性，这是因为下面两个方面：

（1）价格只是一个变量，消费者在决定供应商时还根据其他的方面，比如品牌，熟悉程度，信用和可感觉到的服务水平。

（2）客户通常只是表现“满意”的行为。也就是说，顾客并不追求完美理性，即有限理性，换而言之，尽管消费者在选择产品或供应商时可能寻求某些方面的最小化，比如价格，但并不是绝对的。

随着网上零售商店的增加，消费者要在各网站上进行详细搜寻并比较，也是一件很费时的事情。由此诞生了许多比较购物网站，这些网站的基本服务是通过自己的购物搜索引擎，对不同商家提供的商品信息进行比较，从而节省消费者的成本和时间。

不过专业的比较购物网站在过去几年里的发展并不算很好，也许这是由于不同的商家，其价格包含的信息不同，从而无法进行直接的比较的结果。比如 PC World（www.pcworld. co.uk）与 Maplin（www.maplin.co.uk）或者实体商店里同一品牌同一型号的台式计算机，其报价各不相同，有时候价格差别甚至很多，究其原因，是因为是否包含三年保修的售后服务所致。而且，由于品牌效应，大部分消费者可能仅在 2～3 个最大的网上零售商店之间比较，这并不会花费太多的时间，也不必具备专门的技术知识。相比当当这样的著名品牌，比较购物网站的知名度就小得多了。

2．向下的价格压力

（1）价格透明度是价格下降的一个理由。这意味着如果有其他的商家能够提供比你更低的价格，那么你就在价格方面存在着竞争劣势，除非你的价格包含了特殊的服务。

（2）由于因特网销售商不需要物理的店面开销以及零售分销网络，这意味着网络公司能够提供低于实体竞争对手的价格。在银行业更为明显。

（3）另外的价格下降压力之一是公司通常会给一个比同行竞争对手在线价格更折扣的价格。例如 easyJet 折扣价为满足在线收益增长目标。当然，这也可能会引起渠道冲突。

（4）类似地，为了获得顾客，在线书店可能决定对 top 25 畅销书提供一个高达 50%折扣的价格，这类书不是利润来源，而对不怎么畅销的书提供较小的折扣以获得利润。

当然，尽管因特网使得市场结构发生变化：超越物理空间的竞争导致竞争更为激烈，但作为双面刃，因特网并不仅仅是促进价格透明，使得价格下降，同时它也提供了通过增值服务或产品描述提供产品差分机会。

公司可以使用下列三个因素来帮助定价：

（1）精确。每种产品都有一个价格无关的波段，也就是说，在这个价格波段里的上下浮动，并不影响其销售。研究表明，这个价格波动的大小：对消费美容产品是 17%，对工程项目是 10%，对金融产品则不到 10%。

（2）适应性。通过因特网可以对消费者需求变化快速响应。比如车票、飞机票，就有可能根据需求来动态改变。再比如高档轿车，因特网就可能使其价格提高，因为它们在因特网上可以面向更大的客户群。

（3）细分。指对不同的客户群体采用不同的价格。以前尽管这种细分策略广泛应用于 B2B 市场，对于传统的 B2C 市场，在销售时并不知道顾客的信息，细分无法实现。例如，汽车制造商可以针对不同的客户给出不同的促销价格，而不是像以前那样提供给每一个购买者相同的折扣。另一个例子就是公司能够区分那些普通客户和临时客户，对于那些无法从别的地方满足其需求的临时客户，可以将价格提高20%。

3. 新的定价方法

（1）目录定价。卖主可以使用定价目录事先调整商品和服务的价格，买主可以从显示的目录中选取商品并支付相应的价格。这些网站提供详细的图片和商品说明书。例如当当网上提供许多高折扣的书，但价格是固定的，不允许还价。顾客只能通过改变配送速度和配送价格来影响总价格。

（2）拍卖定价。买主通过拍卖定价同其他人竞价，出价最高者得到标的商品或服务。拍卖网站会提供拍卖商品的详细情况：商品描述、起拍价、竞标开始时间、竞标结束时间。随后，网站会对买方和卖方的表现进行评价，并将结果提供给当前和潜在的客户。

（3）反向拍卖定价。卖主互相竞价，价格最低者可以为买主供货。在许多情况下，卖主在竞价之前要进行资格审定。大多数情况下，这些网站和潜在卖主存在链接，网站对卖主业绩进行评级，再将信息提供给当前和潜在的购买者。

（4）团购。买主将某种特定商品的需求集中起来，以求获得规模效益。潜在买主在制定时间提交商品订单，同时商议价格。社区工具（例如BBS）能使订货用户鼓励别的用户也提交订单。当然，这种团购有地域的限制，如果购买者基本上都在同一个城市，那么相互联系起来就比较方便，也比较容易建立起相互信任关系，而且，分发商品也变得简单。因此，团购通常都是以不同专业领域不同地域来组织的。

（5）协商定价。用协商定价法，用户和网站可以在价格上进行协商。选择商品后，与网站就价格磋商，直到交易达成。

6.3.5 网上营销渠道

在因特网环境下，由于购买者可以很容易通过链接从一个网站导航到另一个网站，因此“渠道”的概念相对模糊，它还同促销、伙伴关系相关。比如手机零售商，为了触及到它的支持者，它必须考虑从自己的网站到第三方能够促销其产品和服务的网站。成功的零售商是那些能够在第三方网站向目标客户最大化它们的形象或可视化。这些第三方网站包括搜索引擎、与手机有关的在线门户网站、产品比较商等。

1. 购买地点

从买卖双方交易的角度来看，购买地点也存在着买方、卖方网站的区别。表6-2列出了虚拟空间里购买地点的例子。

表6-2 虚拟空间里购买地点举例

购买地点	举例
卖方自己控制的	卖主站点，即销售产品的厂家的站点，比如戴尔计算机公司 www.dell.com
面向卖方	与卖方相关的第三方控制的中介，如分销商或代理商
中立站点	不受消费者控制的中介，如独立的搜索引擎，比如 www.computer.com 比较购物站点，拍卖网站，如 www.eBay.com、淘宝网等

续表

购买地点	举例
面向购买者	被买方控制的中介 购买代理和团购网站
购买者控制的	公司自己的采购网站，比如通用电气交易流程网络 www.tpn.geis.com

尽管因特网消除了地域的界限，也没有时间的限制，但是，对于物流来说，地域的界限并没有消除，同时，对于不同国家不同民族的人们来说，语言也是沟通的障碍。因此，购买地点对于电子商务来说还是一个需要考虑的事情，这就是本地化（Localization）。本地化包括以下三个方面：

（1）不同的产品需求。

（2）语言差别。

（3）文化差别。

因特网站点没有地点的概念，全球各地均能够访问同一站点，那么如何实现本地化呢？有些公司通过语言、域名的区别来实现不同国家不同的内容。例如，Yahoo！中国的域名是www.yahoo.com.cn，所采用的语言是中文。如果你的操作系统是中文版（本地语言），设置的时区为中国，那么，当你访问雅虎网站时，系统会自动转到雅虎中文的主页。通过这样的技术手段，公司就实现了本地化。

2．新的渠道结构

（1）非中介化（Disintermediation）。非中介化是指在一个给定的价值链中去除负责特定中介环节的组织或业务流程。在直销（Direct marketing）中，生产商绕过了批发商和零售商，直接将产品出售给消费者。在某些行业或某些国家，尤其是像 20 世纪 90 年代以前中国改革开放初期的国有企业运营网络，低效率的分销网络可能由多达 10 层的中介组成，使产品价格上升了 500%。

如果生产商能直接与消费者相连以缩短销售链，那么这种低效率就可以被消灭，送货时间可以被缩短，并且生产商能与消费者建立更密切的关系。当因特网能够充当从消费者至生产商的信息渠道，使得消费者能直接向生产商下单时，因特网为生产商提供机会直接接触消费者，传统中介在此时就被消灭了，或者减少了整个链条上的中介。但是直销可能会导致渠道冲突问题。戴尔公司就曾面临这一问题，如案例 6-3 所讲。

直销除了成本上的优势以外，各方还能够获得更大的机会相互影响——卖方由于直接与消费者相连从而可以更好地理解市场，消费者通过与生产商直接相连可以获得更多的产品信息。

（2）再中介化（Reinterme diation）。然而，当消费者直接去不同的网站选择商品的时候，这就变得没有效率。比如说，有人要买保险，为了决定最好的价格和服务，他们不得不比较五个不同的公司然后再去其中一个购买。而且，有些产品购买者在选择产品的时候需要帮助，因此，新的在线辅助手段或者中介出现了，它们取代了传统中介的角色，这就是再中介化。再中介化把在买家和卖家之间的这些低效率的事情去掉，对中介来说，因特网提供了接触新顾客的新途径、给顾客创造价值的新途径，以及创造收入的新途径，图 6-15 显示了这一演变过程。

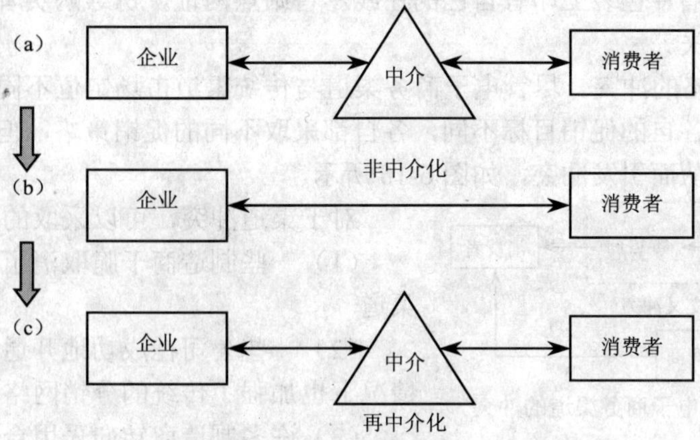

图 6-15　中介的演变

例如，音乐厂商现在不可能直接分发 CD 给零售商，而是利用大批发商（有大规模仓储）根据需求分销，而以前的分销渠道更长。苹果公司的 iTunes 音乐商店则充当了中介的角色。

3. 渠道冲突

在非中介化给企业提供直销的机会并增加利润的同时，它也对已经存在的分销渠道中的业务伙伴形成了威胁。在中国的 PC 业，联想（Lenovo）一直与国际品牌 Dell 形成激烈的竞争。Dell 的成功之道在于其直销模式，而联想多年以来形成了全国性的良好的分销网络，这个网络也是联想成功的基础。在过去几年里，直销模式在此行业被认为是好的销售模式，例如 Dell 只需要 4 天的存货，而联想则需要 10 天的存货，两种供应链在物流管理方面的优劣相对明显。于是，联想自 2000 年以后，一直尝试分销渠道与直销渠道共存的销售模式。然而，联想这样的尝试却引起了渠道冲突（channel conflict）。

在商务环境下，渠道指的是商品分销的不同方式。传统的渠道包括制造商直接销售产品和通过中间商（分销商、零售商等）销售产品。电子商务在网络上的出现创建出了一种分销商品的新渠道，也引起了渠道冲突。当一种新的销售产品或服务的方式将会破坏原有的销售方式时，就产生了渠道冲突。

渠道冲突由来已久，但网络进一步促进了生产商与客户建立直接的关系，从而除去像分销商和零售商这样的“中间人”。例如音乐界，类似苹果的 iTunes 音乐商店这样的新中介的出现，无疑会使得传统的零售商等中介被淘汰。渠道冲突表现在以下三个方面：

（1）对价格策略的冲突。价格是引起电子商务渠道与传统渠道冲突的主要因素。由于实行电子商务能为企业节省巨额的促销和流通费用，降低了产品的成本，价格会低于传统渠道上相同产品的价格，甚至可以绕过中间商直接向消费者供货使低价销售得以实现。而这往往会引起传统渠道商的不满，产生冲突。例如，淘宝网依靠其强大的资源、购物的便利性及价格低廉，每天都吸引着众多的网上购买者。价格优势已经成为吸引购买者的一大亮点，这无疑会对传统渠道商的利益造成伤害，从而产生冲突。

（2）对渠道策略的冲突。在传统的分销渠道中，产品由渠道分销商代理层层下发到最终消费者手中，每一级分销商都将抽取一定比例的利润。而电子商务渠道却拉直了生产与消费者间的迂回路线，使生产者尽可能地绕过中间的渠道商，直接与消费者进行交易。这样必定影响到传统渠道商的利润分配。著名的 Sony 唱片公司就被全美唱片零售商协会起诉其滥用版权垄断优势，在唱片包装上印有自己的在线零售站点网址，诱导购买者转向网络购买，从而给经销商造成损失。

（3）对促销策略的冲突。尽管电子商务渠道与传统渠道市场定位不同，双方各自占据着不同的细分市场，各自的促销目标不同，各自都采取不同的促销策略，但很可能会影响到其他渠道商的利益，从而引发冲突，如图6-16所示。

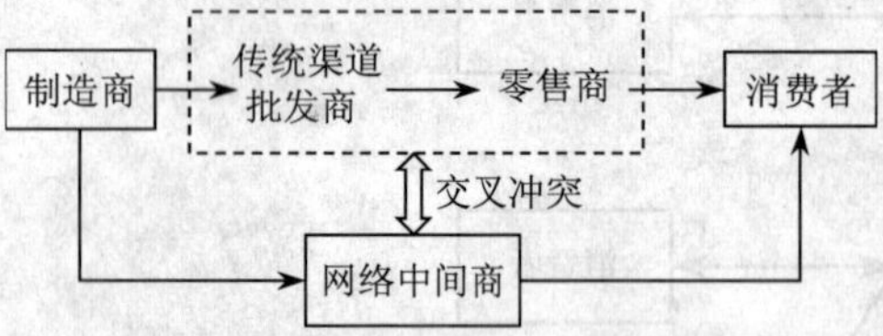

图6-16 传统渠道与电子商务渠道的冲突

对于渠道冲突，可以采取的行动包括：

（1）一些制造商干脆取消了面对面的直接销售渠道。

（2）一些公司在成功地开通了网络直接销售的情况下也加强了传统的分销网络。

（3）许多制造商转向采用合作模式，而不是选择单一渠道。公司给当地零售商提供很大的支持，并支付给他们网上销售收入的25%作为运输费和服务费，即便是这些零售店没有参与任何运输或服务。

案例6-3

直销与传统的渠道——Dell面临的挑战

Dell的直销面临着危机？直销可是戴尔赖以成功的模式以及生财之道，是其一直宣扬的核心的竞争力。

但是，2004年末，戴尔消费者业务的赢利状况开始恶化，从2005年下半年开始的一年多里，戴尔有三个季度都没能达到销售或收益预期。2006年第二个季度的利润更是锐减了51%。2006年底，戴尔再次遭受重创，该公司宣布召回410万台笔记本计算机的电池，原因是这些电池会变得过热导致着火。而且，在2006年，戴尔的增长低于美国计算机市场的整体水平，这可是十多年来的首次。根据Sanford C. Bernstein & Co.的数据，在2006财政年度，戴尔来自消费者业务的收入仅仅占其559亿美元年收入的15%，而在惠普867亿美元的年收入当中，消费者业务的贡献达到了30%左右。

到2006年底，戴尔的股价较2000年3月22日时的最高收盘价58.13美元下跌了60%以上。相比之下，惠普的股价同期则上涨了30%左右。这样疲弱的表现对于戴尔来说是一种极大的退步，要知道，在20世纪90年代，戴尔的股票可是标准普尔500指数的领头羊。

2007年当地时间2月1日，戴尔公司突然宣布，现任首席执行官凯文·罗林斯（Kevin Rollins）的辞呈即刻生效。公司创始人兼董事长迈克尔·戴尔取代凯文·罗林斯出任CEO，并将留任董事。而媒体对此用标题“直销为王的旧时代已经过去，重出江湖的戴尔希望能够另辟新战场”来表明Dell目前所面临的困境。

那么，Dell的直销究竟面临着什么样的挑战或者困境呢？

消费者的购买行为

要想知道全球最大的个人计算机制造商何以会面临多年来最为严重的危机，只需看看克里斯·康罗伊（Chris Conroy）最近是怎么购买他的新款笔记本计算机的，你就全明白了。

现年31岁的康罗伊为华盛顿一家科学杂志出版商工作，他首先登录到戴尔公司的网站上浏览了一番计算机产品。但是，由于他原来的笔记本计算机很快就不能正常运行了，因此他想，在互联网上购买计算机、然后再送货上门，这样花费的时间太长了。

于是在周末，康罗伊就去了一家 Circuit City Stores Inc.商店，那里并没有任何戴尔计算机出售。他在店内随便看了看几款笔记本计算机，然后就选中了一台价值 1 200 美元的惠普（Hewlett-Packard Co.）计算机。“最重要的是，我当时就能亲身体验，无须再去担心送货的问题。”康罗伊说。

康罗伊的经历表明戴尔目前面临一个根本的问题。多年来，以电话和网上直销著称的戴尔凭借面向企业的大宗销售（其中多为台式计算机）而长盛不衰。借助这种直销业务模式，戴尔成为业内备受推崇的高效运营典范，因为其价格较惠普和 Gateway Inc.等对手更具有竞争力。

然而，当业务向个体消费者拓展的时候，这种直销模式就遇到了困难，因为顾客倾向于从商店购买计算机，因为他当时就能亲身体验，而且无须担心送货的问题。同样，对于笔记本计算机，顾客也更倾向于从商店里购买，因为他们能亲手感觉重量和看到外观。

市场的转型

据研究机构 Gartner 的报告，2006 年美国 PC 市场的增长只有 1.2%，且市场的主要增长点在交易型业务，占据了整个市场的 70%以上，面向大企业的关系型业务则持续性萎缩。相对应的是，戴尔一直在目前消费旺盛的个人市场缺乏亮点。作为全球最大也是最成熟的市场，美国个人计算机市场跌入衰退周期。同样在中国，戴尔 75%的业务来自企业和行业市场。

过去几年来，计算机需求的增长大多来自于消费者，而不是戴尔关注的企业市场。几年以前台式计算机市场就开始降温，原因是许多公司放慢了计算机升级的步伐。根据国际数据公司（IDC）的资料，2006 年台式计算机占全球计算机发货量的 65.5%，低于 2000 年的 78.8%。与此同时，随着笔记本计算机价格下降，加之新的无线技术令笔记本计算机无论是在家还是在途的使用性更强，消费者逐渐转向了笔记本计算机。在企业需求还集中在对员工现有的台式计算机更新换代的同时，消费者却在添置第二台、第三台、第四台家用计算机，因为妈妈、爸爸和孩子们要听数字音乐、分享数码照片，还要玩游戏。

而这个领域正是戴尔的弱项：其计算机款式缺乏竞争对手拥有的花哨样式和功能。尤其是就笔记本计算机而言，消费者更愿意在商店里体验和测试各种型号，但是戴尔的计算机却不在商店出售。根据 NPD Group 的资料，2007 年第一季度，笔记本计算机销量 56%出自商店，较两年前的 50%有所上升。

而且，更为不利的是，戴尔的笔记本计算机不像苹果、索尼和惠普等公司那样具有吸引人的设计。

虽然戴尔表示它仍然视消费者为一个重要的市场，但实际上，戴尔还是忽视了消费者市场的兴起。该公司一度雇用兼职工人接听有意购买计算机的消费者的电话，这些工人的流动率每年高达 300%。戴尔为诸如打印机、存储系统和计算机服务器等企业类产品投入了巨资。它拒绝了零售商希望在商店出售戴尔计算机的建议。在 2004 年的一次会议上，戴尔的首席执行官凯文•罗林斯甚至宣称，“我们从未将消费者当做一个企业予以重视。”

物流和资金流的问题

在中国，由于物流和资金流问题，戴尔的直接模式在渗透中国内地最广大的乡镇市场时非常困难。在最近的一次中国客户见面会上，戴尔亚太及日本副总裁、中国区总裁刘峻岭表示，戴尔正在为这部分市场制定详细战略。然而，事情远非如此简单，“戴尔直销坚持款到发货，然而难以保证的物流和资金流问题使中国广大的三四级城市以下市场成为戴尔在中国难以啃到的骨头。”一位前戴尔中国的销售人员说。

与之相对照，戴尔的老对手惠普和联想公司强大的分销商像发达的树根一样深入中国乡镇，开展着中国顾客最习惯的一手交钱，一手交货的交易方式。

戴尔中国自2007年4月份以来因液晶显示器等配件缺货，造成中国很多的消费者无法在戴尔直销承诺的时间内获得订购的计算机，到8月，在中国任何一个消费者投诉网站上，有关戴尔拖延交货日期的投诉都已数不胜数。

对于中国消费者的抱怨，6月19日下午，戴尔中国在其官方博客上首次向受到影响的客户正式道歉，表示消费者不能及时拿到产品的原因在于全球17、19英寸液晶显示器缺货。不过戴尔同时指出，这种缺货现象是“暂时的供应短缺”，目前戴尔已经采取了紧急调货的措施。

在等待了近2个月后，戴尔在中国的缺货情况并未出现好转的迹象。消费者对于戴尔中国的首次道歉显然无法满意。戴尔中国在2007年8月6日再次在其官方博客上道歉，称：“关于戴尔部分产品的订单情况，最近很多用户和我们反映，您订的戴尔产品不能够及时到货。对于我们给您的工作和生活带来的不便，我在这里向您道歉。”

然而，消费者对其道歉依然无法满意，在依旧没有改善其服务的同时，也没有对已造成损失的顾客提出赔偿方案。因此，消费者们在中国最大的一个笔记本消费社区发起“征集万人集体诉讼戴尔拖延出货时间，维护消费者权益”活动。该活动的公告在2007年8月说：“戴尔公司公开承诺订购计算机产品的订货至交货时间通常只需1～2周，然而，近期该公司以原料缺货为由一再拖延交货时间，相当一部分客户反映‘等近一个月均未收货’。”各大论坛充斥着广大网友对戴尔不满的言论。

其他的问题

戴尔所宣扬的直销模式的最大优势便是供应链成本的降低，与此同时，削减成本、提高效率也成为其制胜的法宝之一。可就是这样的制胜法宝，产生了其他的一些副作用。比如，从2003年开始，戴尔的管理人士决定雇用临时工人接手公司在美国的5个呼叫中心，而不是聘用成本更高的全职员工。到2005年，戴尔的呼叫中心员工（负责接听有意购买计算机的消费者的电话）当中有75%为临时工人。三年前，这些员工中的绝大多数还是全职员工。这样做产生了意想不到的恶果。到2005年末，戴尔发现其美国消费者业务的销量开始停滞不前。美国密歇根大学一份调查显示，戴尔2005年的顾客满意度比去年下跌了6.3%，仅是74%。

当然，这部分与直销模式没有直接的关联。然而，对于戴尔的客户来说，在整个购买过程中都只是面对的一个虚拟公司，一个网站，没有与公司任何员工有面对面的接触。售后一旦出了问题，顾客唯一与公司接触的界面只有呼叫中心的电话，如果这时候听到的是冷冰冰的，严格按照公司规定的流程来回答问题的呼叫中心员工的生硬的回答，那就没有比这更糟糕的经历了。

当然，上述问题并非说明直销模式的过时，所有这些只是说明戴尔遇到了从前没有碰到的问题，遇到了新的挑战而已。在2007年2月，当戴尔公司宣布公司创始人兼董事长迈克尔·戴尔重新出任CEO的消息时，戴尔的股价在几个小时内就上涨4%。

解决渠道冲突问题不仅仅与渠道相关，与营销组合的其他因素同样关联。我国学者李健等在中国管理信息化，2007年3月第10卷3期《企业实行电子商务引发的渠道冲突及管理策略》一文中描述了一个解决渠道冲突的策略组合：

（1）产品策略。

① 尽量避免使用两种渠道分销同样的产品可以降低冲突：Webb KL（2000）认为一些供应商利用了一些很有创造性的方法来区别网络销售产品与中间商产品，从而降低冲突。比如给网络销售产品赋予不同的品牌或者名称，即使它和在中间商销售的产品没有本质区别。他认为这样可以降低网络销售产品与中间商产品的对比度，从而降低冲突。比如吉普森吉他（Gibson Guitars）考虑到在网络上销售吉他会与经销商产生冲突，所以仅出售吉他弦和零件等附属配件给消费者。

② 根据产品的生命周期来制定不同的销售策略可以降低冲突：在产品需求快速增长的时候网络销售与其中间商伙伴销售的冲突会比较小，但是在成熟期间和产品需求下降的时候网络销售与其中间商伙伴销售的冲突将会很大（Lele 1986）。

（2）价格策略。供应商在网络销售上的定价高于其中间商的定价有利于降低渠道冲突：Webb KL（1997）认为价格上的差别是产生渠道冲突的一个重要因素，中间商往往会对价格有着很强的敏感性，因而容易做出过激的行动。因此，怎么定价对管理这种新型冲突有着决定性的作用。King J 和 Gilbert A（2000）认为越来越多的制造商都选择在网络销售的价格不比在其他中间商低以及不在网络销售上打折扣来降低渠道冲突。

（3）促销策略。鼓励和推动两类渠道间的交叉促销可以促进 E-channel 与传统渠道的合作，减少新型渠道冲突的产生：E-channel 的采用使得企业拥有了与最终消费者直接接触的宝贵机会，不再受困于强大的分销商有时故意造成的隔绝。但为了促进渠道间的合作和共同进步，企业应利用网络优势，在为自身产品做好宣传的同时，向消费者介绍并推荐更适合的传统渠道中的合作伙伴，或是在网站上辟出专栏让传统分销商进行广告宣传，甚至在某些目标市场不接受网上直接订购，而是提供给消费者当地可供选择的分销商信息。同样通过传统渠道来扩大企业网站知名度或宣传企业经由第三方网站提供的网上业务是一种很好的方式：一方面传统分销商能够利用与消费者的接触机会及其对消费者购买习惯的了解，适时地向理想的目标顾客进行宣传；另一方面还能促进渠道间的合作与交流，避免冲突的产生。

（4）渠道策略。供应商把其在线订单的配送交给其分销伙伴来完成有利于降低渠道冲突：网络销售最大的优点是能够快速地提供资金流、信息流的转移，但是它也有一个致命的缺点就是不能提供快速的物流转移来与其他流配套。由于这个原因，很多制造商都借助于其中间商的快速的物流配套设施来实现物流转移，并与其建立良好的伙伴关系。例如 Cisco 公司在 1999 年的销售收入 80%来自在线业务，但是实际上只有 1%的产品是通过直接渠道到达客户手中的。因为 Cisco 虽然在线订单，但大多数产品是通过管理其库存的中间商才到达客户手中。所以，可以说 Cisco 是利用网络来帮助其传统销售渠道。

6.4 网络营销技术

由于网络营销是基于因特网的，其所使用的媒体的宣传能力与以前所使用的传统媒体有很大的区别，要理解网络营销与传统营销的差别，需要了解一些基本的网络营销技术。本节对网站、网站事务日志、Cookies 和 Web bugs 等方面进行介绍。这几项技术并非是相互不相干的。事实上，网站事务日志、Cookies 和 Web bugs 是建立网站所采用的一些基本技术，以帮助企业更好地建立网站，或者收集用户数据，而网站则是一个企业综合的窗口。客户关系管理系统则是通过收集客户信息，并进行相关分析，从而实现客户关系管理的各项功能。从系统的角度来看，客户关系管理系统与企业门户网站之间是不同的功能划分，他们之间通过数据接口彼此相连。

除此以外，很多其他的技术是进行营销分析的基础，比如数据库、数据仓库和数据挖掘等数据分析技术，就是进行客户分析的基本手段。从这个角度看，网络营销技术远不止上述几项。

6.4.1 网站界面

一个网站并不是简单地把内容组织在一起，面对需要发布的大量的信息以及向用户提供的其他服务，网站需要有效地组织页面和有效地向客户传递信息。事实上，企业网站的首页成为面向客户的窗口或者门户，而网站内容的有效组织则成为客户体验、获取信息的良好途径。

由于计算机屏幕的可视空间是有限的，如何有效地利用这块“宝地”不是容易的事情；另一方面，待发布组织的信息量是庞大的，据称 IBM 的站点有 200 万个页面组成。因此，良好的信息体系和 Web 设计是展示品牌理念、传递产品信息和服务的窗口。表 6-3 列出了部分影响消费者网上购物的网站设计特点。

表 6-3 影响网上购物的网站设计特点

设 计 特 点	描 述
美好的浏览经历	提供互动性、娱乐性，有人情味，能够引起人们访问网站的兴趣
下载速度快	越快越好，如果时间较长的话，应该向用户提供相关信息或为用户提供其他的避免无聊的服务
简单的产品列表导航	顾客能够很容易找到他们所需要的产品
购买商品时所需要的点击次数少	点击的次数越少，购买的可能性越大
提供代理商功能	推荐代理商或者配置能够帮助顾客快速正确地选择
应答系统	自动回复电子邮件，显示 800 电话号码

网站的每个访问者都是一个潜在的顾客，这些访问者的目的可能都不相同，但最基本的目的可能是：

（1）了解企业所提供的产品或服务。

（2）购买企业所提供的产品或服务。

（3）了解所采购的产品的担保服务和维修信息。

（4）了解企业或组织的一般信息。

（5）了解企业的财务信息并进行投资或信用担保的决策。

（6）了解企业的管理人员。

（7）了解组织的人员或部门的联系信息。

因此，想成功提供整合形象并为潜在消费者提供所需信息的话，企业在建造网站时要满足下列目标：

（1）表达企业的整体形象。

（2）提供对企业基本信息的访问。

（3）允许访问者以不同的方式访问网站。

（4）为消费者提供有意义的双向沟通方式。

（5）维系消费者的注意力并鼓励重复访问。

（6）提供对产品和服务及使用方式的便捷访问。

联想计算机集团主页面就是一个有效的 WWW 展示的例子，如图 6-17 所示。这个网站上有一个产品或活动展示厅（展示联想的新产品、要推广的产品或者重要的活动）、不同客户的产品搜索、公司信息的链接及辅助服务等。页面上还有网站搜索功能。联想通过这个页面展示公司奥运赞助商的身份并参与奥运的行动。这是它想通过因特网向顾客及潜在顾客传递公司形象的有效延伸。

图 6-17　联想计算机集团（中国）的主页（http://www.lenovo.com.cn/）

相反，如果一个网站虽然提供了许多信息，但没有任何有意义的展示，则会给浏览者提供完全不同的感受和印象。

对于信息贫乏的消费性产品，如口香糖、啤酒、灯泡来说，要找出某种内在的能激起访问者兴趣的内容却是一种比较大的挑战。宝洁公司就是这样一家产品信息并不丰富的公司，然而该公司的营销站点却成为一家消费性品牌如何向顾客提供有价值信息的典范，如图 6-18 所示。宝洁公司站点通过简洁的页面向用户传递其产品的信息，并且提供“生活小技巧”知识，从而取得良好的营销效果。

6.4.2　网站事务日志

相对于传统商店而言，电子商务网站如何了解更多的客户消费行为信息？对于实体的零售商店，要记录每一个顾客在商店逗留期间的行为是非常困难的，能采取的手段（比如安装监视器）也比较有限，并且成本也很高。从技术上讲，在网上商店记录客户行为要容易得多，这就是电子商务网站的优势。记录网站的客户信息主要来源于网站服务器所记录的事务日志（transaction log）。事务日志主要包含以下内容：

图 6-18　宝洁公司（中国）的主页（http://www.pg.com.cn/）

（1）访问者的地址。

（2）日期与时间。

（3）所请求和访问的网页或对象。

（4）网站服务器的响应。

（5）用户使用的浏览器及版本、操作系统及版本。

（6）在访问网站期间，用户浏览的所有网页和对象的历史信息。

日志记录的信息非常庞大，因此需要专门的软件来分析。一般的分析手段有 IP 分析、来路（国家、地区）分析、流量分析、网址访问分析、浏览量和访问量分析。日志分析可以：

（1）掌握访问者历史信息，调整优化站点内容和设计。

（2）使其个性化以适应访问者的口味和习惯，从而提高用户的忠诚度。

（3）改善访问者的质量、数量和回访率。

（4）通过多角度的分析、多种格式的报告，可以帮助找出黑客的攻击点及其 IP 等。

除了事务日志之外，还有两个主要的记录用户数据的来源：注册表（registration forms）和购物车数据库（shopping cart database）。注册表收集用户的个人信息，如姓名、地址、电话、邮编、电子邮件地址，以及其他一些个人感兴趣的愿意填写的信息。购物车数据库则记录用户所有的商品选择、购物和支付信息。

6.4.3　Cookies 和 Web bugs

1. Cookies

Cookies 并非字面所代表的含义，很难被翻译成中文，如果一定要直译的话，只有叫做

“小甜饼”。Cookies 是一种能够让网站服务器把少量数据储存到客户端的硬盘或内存，或是从客户端的硬盘读取数据的一种技术，作为一个特别文件在浏览者访问网站时使用。当用户浏览某网站时，由 Web 服务器置于用户硬盘上的一个非常小的文本文件，它可以记录用户的用户 ID、密码、浏览过的网页、停留的时间、计算机的型号、操作系统和浏览器类型以及提供的任何个人信息。当用户再次来到该网站时，网站通过读取 Cookies，得知用户的相关信息，就可以做出相应的动作，例如在页面显示欢迎用户的标语，或者让用户不用输入 ID、密码就直接登录等。Web 站点还可能允许其他 Web 站点（例如，其广告商）在个人计算机上放置 Cookies（称为第三方 Cookies）。

Cookies 是使用 Web 所必需的部件。Web 站点使用 Cookies 中的信息来提供个性化的内容（当地新闻和天气、热销产品等）、完成交易（用于联机银行或购物）以及搜集统计数据。但是，Web 站点仅有权访问浏览者所提供的个人信息，或者只记录个人在该站点所执行的操作。

Cookies 通常被用于收集用户数据，或者为用户定制化网站界面或相应的功能，比如：

（1）网站浏览人数管理。由于代理服务器、缓存等的使用，唯一能帮助网站精确统计来访人数的方法就是为每个访问者建立一个唯一的 ID。使用 Cookies，网站可以完成以下工作：测定多少人访问过；测定访问者中有多少是新用户（即第一次来访），多少是老用户；测定一个用户多久访问一次网站。通常情况下，网站设计者是借助后台数据库来实现以上目的的。当用户第一次访问该网站时，网站在数据库中建立一个新的 ID，并把 ID 通过 Cookies 传送给用户。用户再次来访时，网站把该用户 ID 对应的计数器加 1，得到用户的来访次数或判断用户是新用户还是老用户。

（2）按照用户的喜好定制网页外观。有的网站设计者，为用户提供了改变网页内容、布局和颜色的权力，允许用户输入自己的信息，然后通过这些信息对网站的一些参数进行修改，以定制网页的外观。

（3）在电子商务站点中实现诸如“购物篮”等功能。可以使用 Cookies 记录用户的 ID，这样当你往“购物篮”中放了新东西时，网站就能记录下来，并在网站的数据库里对应着你的 ID 记录。当你“埋单”时，网站通过 ID 检索数据库中你的所有选择就能知道你的“购物篮”里有些什么。在一般的事例中，网站的数据库能够保存的有用户所选择的内容、用户浏览过的网页、用户在表单里填写的信息等；而包含有用户的唯一 ID 的 Cookies 则保存在用户的计算机里。

几乎所有的网站设计者在进行网站设计时都使用了 Cookies，因为他们都想给浏览网站的用户提供一个更友好的、人文化的浏览环境，同时也能更加准确地收集访问者的信息。从本质上讲，它可以看做是用户的身份证。但 Cookies 不能作为代码执行，也不会传送病毒，且为用户所专有，并只能由提供它的服务器来读取。一个网站只能取得它放在用户的计算机中的信息，它无法从其他的 Cookies 文件中取得信息，也无法得到用户的计算机上的其他任何东西。

Cookies 中的内容大多数经过了加密处理，因此一般用户看来只是一些毫无意义的字母数字组合，只有服务器的 CGI 处理程序才知道它们真正的含义。图 6-19 显示了 Firefox 里 Cookies 记录的例子。

Cookies 文件中并未存储什么大不了的信息，以致能危害用户计算机的安全性。但是它的确可以反映用户常去的网站和网页。很多公司在许多网站都设有 Cookies，这就是说，他们有可能偷偷摸摸地收集人们的网上冲浪的习惯。这从某种程度上泄露了用户的隐私。

由于 Cookies 是用户浏览的网站传输到用户计算机硬盘中的文本文件或内存中的数据，因此它在硬盘中存放的位置与使用的操作系统和浏览器密切相关。在 Windows XP 下使用

IE 的计算机中，Cookies 文件的存放位置在类似这样的目录里 C:\Documents and Settings\用户名\Cookies。而使用 Firefox 浏览器的话，则所有 Cookies 都存于一个叫“cookies.txt”的文件中，所在目录类似为 C:\program files\Mozilla\Firefox。

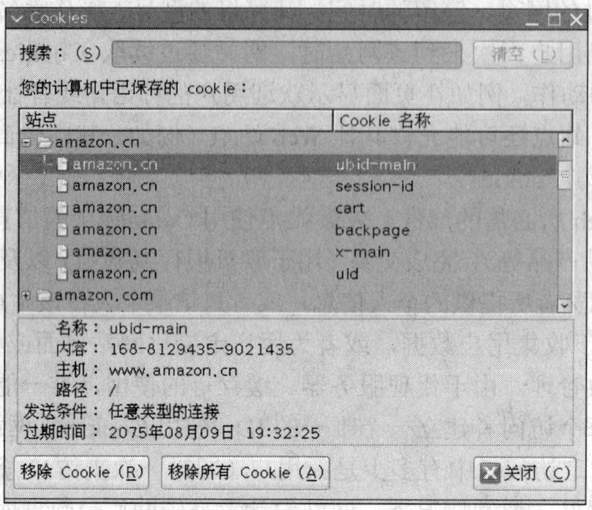

图 6-19 Firefox 里保存的 Cookies 的举例

Cookies 是用文本格式保存的，因此用写字板等字处理软件，就可以很容易查看那些神秘的 Cookies 了。在这些 Cookies 中有些网点用户也许压根没访问过，这也不奇怪，因为在很多流行的网站中存有一些其他公司的广告。例如你要是访问 A 网站，就有可能收到一个 B 公司的 Cookies。

一些别有用心者设计的 Cookies 却非常不安全，它会告诉该网站用户访问了哪些网站、点击过哪些广告、甚至是在网上输入其他信息!如有可能，它还会收集用户的邮件地址、电话号码等。无论是微软的 IE 浏览器还是 Firefox 浏览器，都提供给用户拒绝 Cookies 的选项。在 Firefox 的首选项的隐私选项里，可以将 Cookies 设定为接受，并且可将 Cookies 的有效期设定为“直到它们过期”、“关闭 Firefox”、“每次均询问”。在 IE 中可以按照级别来调整是否接受 Cookies。而在 Opera 浏览器里，其 Cookies 选项如图 6-20 所示。另一种方法是使你的 Cookies 设为只读文件。这会防止任何新的 Cookies 写入硬盘，同时使它只在这一浏览器中起作用。在关闭浏览器后，就删除 Cookies 文件也能起到同样效果。另外，也有不少控制 Cookies 的软件，例如 Firefox 里的插件 Cookie Monster 等。

2. Web bugs

Web bugs 是指为了收集信息而编入网页中的极小的图片，它的大小多为 1 像素×1 像素，用户一般无法直接看见。它植入网页或以 HTML 编写的电子邮件里，当用户浏览网页时（为了获取网页图像就得访问服务器），Web bugs 就会自动把个人信息传给远程服务器，这样内容发送者就可以掌握用户的有关信息，包括 IP 地址、域名、所属组织以及使用的服务提供商等。

Web bugs 不仅可以用在 Web 页和 HTML 格式的电子邮件里，也可以插入 Word 文档，如果能结合 Cookies，可以获取对方更详细的网络使用信息。也就是说，用户在毫不知觉的情况下就会被人检测出正在浏览 Web 页或者阅读邮件。

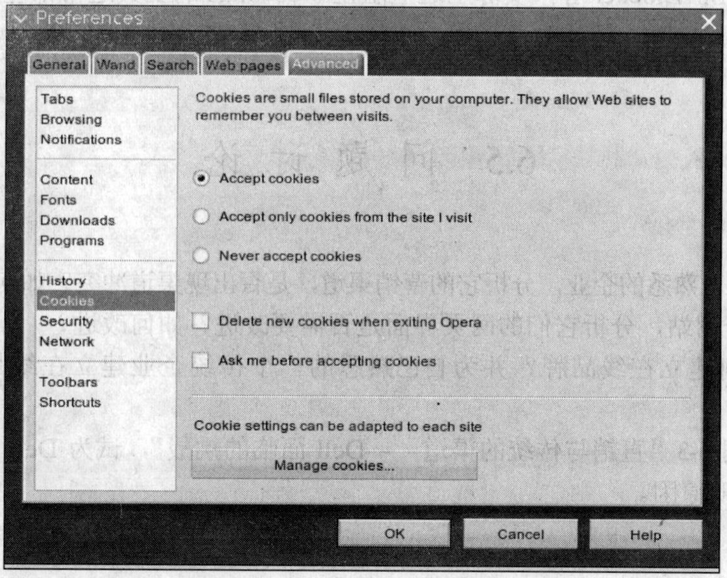

图 6-20　Opera 浏览器里的 Cookies 选项

Web bugs 和日志文件、Cookies 都是进行网上信息收集的技术。与 Cookies 不同的是，Web bugs 是在用户毫不知觉的情况下收集用户信息的，Cookies 是通过保存在硬盘上的小的文本文件来记录信息，至少还有迹可循，而 Web bugs 通常被设计成无色的或者是白色的，1 像素×1 像素大小更不可能被肉眼发现。只有通过浏览器的“View Source（查看源代码）”功能，在网页中查找“IMG（图形）”标记，才可能判断出当前网页中是否使用了 Web bugs。

Web bugs 所能做的可能还不止这些，再加上其伪装的隐秘性，Web Bugs 的危害比 Cookie 还要大。Web bugs 能够将用户的 IP 地址、所访问的网址和 Cookie 信息传给网站，嵌入在电子邮件中的 Web bugs 能将电子邮件地址储存到先前所设置的 Cookie 文件中。最简单、最常用的 bug 是一个空白的 GIF 图片，它与 Cookie 一起工作，将用户的网上浏览过程信息传给第三方。“可执行的 bugs”会在用户的计算机上安装一个文件，只要用户一上网，他们就会收集信息。这类 bugs 能够扫描计算机中的所有文件，并将其中所包含的密码信息如医疗或金融文件中的密码信息发送出去。“基于脚本的可执行 bugs”能够神不知鬼不觉地从计算机中窃取用户信息。

想想 2004 年曾经流行的 JPEG 绑定病毒和伪装 GIF 病毒，它们之间是不是有某种相似性？虽然病毒是一种可繁殖的自动传播的程序，基于脚本的可执行的 Web bugs 不是这样，但后者要是更进一步具有破坏性的话，那后果可想而知。从隐私保护的角度看，Web bugs 这种做法很成问题，某种程度上无异于那些具有流氓行为的软件。出于这个缘故，Web bugs 遭到了来自隐私保护者的强烈批判。

要拒绝 Web bugs，可以在 IE 浏览器里将隐私设置设定为高等级（安全级别为高），这样可以阻止任何用户额外手动许可站点在机器上写 Cookies，也禁止了任何可执行的代码。类似的设置在 Firefox 和 Opera 等流行的浏览器里都可以实现。但引来的麻烦就是，那些默认不可信任的站点，如很多论坛、网页或信箱可能登录不了，需要手动添加到可信任的站点列表里，或者手动添加到 Cookies 许可列表里才行。除此之外，也有很多排除 Web bugs 的工具，例如 Spy Filter、SpyBlocker 等，实际上这些阻止 Web bugs 的工具通常都能够阻止弹出式广告、Cookies 等。

6.5 问题讨论

1．找一个自己熟悉的企业，分析它的营销渠道，是否出现渠道冲突？如何解决渠道冲突？

2．找出几个网站，分析它们的网页界面是否需要改进？如何改进？

3．讨论如何建立在线品牌？并为自己熟悉的一个传统企业建立在线品牌制定相应的可行策略。

4．回顾案例 6-3“直销与传统的渠道——Dell 面临的挑战”，试为 Dell 面临的问题提出解决策略，并说明原因。

6.6 实践项目

1．为自己熟悉的企业制订一个网络营销计划。

2．浏览网页后，在自己的计算机上找出 Cookies 的存放位置，并提出如何组织它们的策略。

习题

1．E-Marketing 与 E-Business、E-Commerce 之间的关系？

2．简要回答 4Ps、4Cs、4R 等营销理论的核心，并说明因特网是如何改变营销理论的？

3．什么是长尾理论？并举例说明。

4．因特网上的价格受哪些方面影响？

5．什么是 Cookies 和 Web bugs？

第 7 章　电子商务营销沟通

本 章 要 点

1. 了解不同类型的营销方式。
2. 掌握网络广告的主要形式及策略。
3. 掌握客户关系管理系统及运作机制。
4. 了解 Web2.0 及 Wiki。
5. 熟悉 Web2.0 的营销方式。

案例 7-1

网络营销各家出招

“互动、个性化和垂直网站将成为未来网络营销发展的新热点，届时中国互联网业将会迎来一个更广阔的前景。”中国互联网协会秘书长黄澄清在互联网大会后的专访会上对记者说，互动、个性和垂直，既为网络的发展带来了机遇，也为网络发展注入了新的活力。

随着网络技术的变革，网络营销也随之被赋予了新的特点，“互动”网络营销已经在新趋势的带领下走上了前台，成为新时代网络营销的重心。

腾讯：网络拥有巨大的营销能量

北京时间 2007 年 9 月 17 日消息，在近日召开的“2007 首届中国青少年与品牌营销论坛”上，腾讯网络营销服务与企业品牌执行副总裁刘胜义指出，中国拥有 4 万亿美元的强大购买力，青少年是其中的主要组成部分；中国 1.6 亿庞大的网民队伍中，25 岁以下网民比例已经超出半数（51.2%），作为直指青少年市场的最直接媒体之一，网络的重要性及其产生的营销能量是不言而喻的。

他感慨说，“国内外的大量研究证明，传统的说服式教育在统称‘80 后’，甚至‘90 后’的年轻人群体里被叫暂停，如何与强烈需要差异化定位的个性群体达成积极互动以期品牌得到良好影响，是放在众多品牌营销团队面前的难题。”

据介绍，腾讯最新发布的“腾讯智慧”营销战略理念，通过可衡量的效果、互动式的体验、精确化的导航、差异化的定位，来帮助行业和品牌把握青少年行为习惯和兴趣爱好，精准锁定对象和目标，展现年轻人乐于接受的个性化生活空间，让青少年在互动中体验企业产品，从而帮助企业提高消费者对企业营销活动的参与热情，将品牌影响力无形中渗入到他们中间。

百度：推出“品牌专区”

2007 年 12 月 3 日晚间消息，百度宣布，该公司计划推出一款名为“品牌专区”（Brand-Link）

的新广告产品，可以帮助用户在搜索特定品牌名称时获得大量同该品牌相关的专门内容。目前，多家行业领先的品牌正在参与这一模式的试运行。

用户登录百度品牌专区之后，当搜索特定品牌名称时，可以获得大量同该品牌相关的专门内容，包括新闻报道、推广声明、产品信息以及营销计划等。百度预计这一产品可以给其带来更多流量，同时提升其品牌在网络营销客户中的知名度。

淘宝：推出网络广告业务

淘宝网2007年7月28日对外宣布正式推出网络广告业务。此前，淘宝网曾受到业内指责说“淘宝会抢市场不会赚钱”。

“我们并不是为了反击外界的指责才这么做的。”淘宝网卢维兴向网易科技表示。据他介绍，正式宣布之前，淘宝已经做了一个月的网络广告尝试，而且效果相当理想。其中，不仅有宝洁、Apple、摩托罗拉、罗技等国际品牌，也有李宁、美特斯邦威等新兴品牌通过网络进行销售，甚至连北京同仁堂、嘉兴三珍斋这些曾经远离网络的老字号也纷纷尝鲜。为了吸引品牌广告客户，此次淘宝试水的网络营销业务，是那些快速消费品品牌厂商。

卢维兴介绍说，淘宝的杀手锏主要是超高人气+目标明确。去淘宝的用户目的非常明确，要么去买卖东西，要么去做购物前的比较、咨询。甚至有人调侃，如果不是去买东西，淘宝或许是一个很无聊的网站。而像门户网站等，用户可能去看新闻信息，可能去上博客，可能去逛论坛，可能去用邮箱。用户量虽然很大，但目标相当分散。

艾瑞咨询集团总裁杨伟庆在听到这一消息后，向网易科技表示，淘宝网是一个好的网络平台，有极大的传媒价值，网络广告是它的一个有益补充。但是在推出广告的同时，淘宝网也面临一些考验。因为广告会对用户的浏览造成一定干扰，如何在不干扰到用户的情况下，又起到预期的广告效果，这对于淘宝网而言将是个考验。

杨伟庆表示，由于淘宝网络是个电子商务平台，因此他预计网络广告的费用应该不会太高，从这个角度来说，杨伟庆不认为淘宝网会对门户的广告业务造成冲击。

据淘宝提供的资料显示，淘宝目前流量就已位居中国所有网站第6位，网页的日浏览量超过1.8亿；其中首页日浏览量超过500万。而淘宝每天交易额更超过1亿元人民币。

新浪：2008营销战略

随着2008年北京奥运会的临近，企业通过门户网站进行体育营销的需求正日益迫切。新浪网日前启动了2008营销战略，宣布将整合自身多方面的资源，为企业量身定做能够全面满足企业营销需求的2008体育营销方案。

“在2008年广告客户争夺战中，虽然新浪不是奥运赞助商，但新浪在网民和企业中的强大影响力是许多网站所不具备的，而这恰是网络营销的关键所在。”业内专家在对2008各大门户网站营销前景预测时作出以上分析。据了解，北京奥运期间，新浪将依靠其在体育营销方面多年的经验、强大的品牌影响力以及丰富的内外部资源优势，采用多层次立体化营销，为企业进行推广。

新浪销售及市场资深副总裁杜红介绍说，新浪博客频道目前日均流量超过3亿，一个旨在从个人博客中获益的新广告系统正在测试之中，在北京奥运会期间，将会有大量用户访问新浪博客和播客服务。新浪将充分利用其全线产品帮助企业覆盖更多的人群并保证信息精准地达到。同时，还将通过行业专家、明星的参与，提升企业网络营销页面的关注度和参与度，整合客户资源，推动企业与企业之间的联合营销推广，共同赢得更大的市场空间。

资料来源：IT 世界网。

7.1　促销与沟通

营销沟通的一个基本目的就是通过鼓励消费者购买产品，将营销沟通直接用于商品的促销。另一个基本目的是让消费者了解企业产品和服务与众不同的特征，从而树立和加强品牌。这两种不同的目的导致不同的沟通方式：促销沟通与品牌沟通。促销沟通几乎总是建议消费者"现在就买"，并且所提供的价格也是鼓励消费者即刻购买。品牌沟通则很少鼓励消费者立即购买，而是大力吹捧消费该产品或服务可以获得与众不同的收益。Dave Chaffery 等列出了一个网站增加访客的沟通选项组合，如图 7-1 所示。

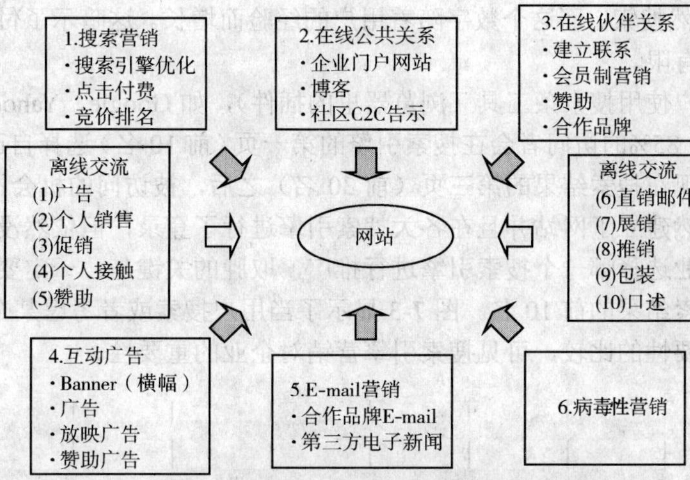

图 7-1　网站增加访客的沟通选项组合

Jeffrey Rayport 等则按照沟通媒体与用户关注的焦点将营销沟通划分为四种市场沟通方式，如图 7-2 所示。

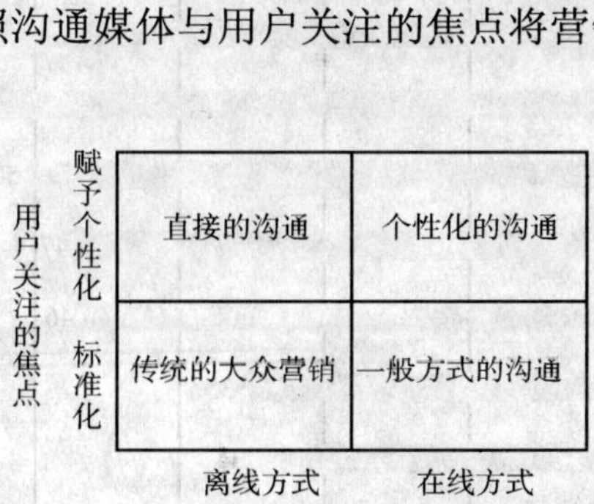

图 7-2　市场沟通方式

本节介绍几种基本的基于因特网的营销沟通方式：搜索引擎营销、病毒性营销、博客营销、许可营销和会员制营销。

7.1.1 搜索引擎营销

搜索引擎营销（Search Engine Marketing，SEM）是网络营销的一种新形式，SEM就是企业有效地利用搜索引擎来进行网络营销和推广。搜索引擎排名营销是一个非常有用的网络营销途径。就拿Google来说，每天在其引擎的搜索达2亿人次。如果自己的网站能在搜索结果中排名第一页或第一名的话，想想那将带来多少的订单！

先看一组数据：

（1）一半以上的因特网使用者每天至少搜索一次。

（2）81.7%的人认为如果他们没有发现一个中肯的答案在三页之内，将开始一个新的搜索。因此，某种程度上，如果不在开头10个里面，不会有访问者，这也依靠列表的相关度。有关的细节：22.6%会在头几个结果之后重新搜索；另外的18.6%在第一页（累计41.2%）之内；25%在第二页之内，而另外的14.6%会在第三页之内。

（3）用户倾向于选择自然搜索结果，而不是付费搜索列表；60.8%的雅虎用户，72.3%的Google用户选择自然搜索。而这个数字随着用户的经验而增长。这暗示了付费搜索广告的公司对用户的可见度有限。

（4）一般的用户使用搜索条工具（浏览器里的插件），如Google、Yahoo!或MSN。

市场调查显示，85%的访问者会在搜索引擎的第一页（前10名）选择自己所需要的网站，而当企业的网站出现在搜索结果的第三页（前30名）之后，被访问的机会不超过4%。这也正是众多企业，虽然建立了网站并且在各大搜索引擎进行了登录，但依然没有获得收益的最根本原因。不管企业选择哪一个搜索引擎进行推广，取胜的关键是：一定要让自己的网站出现在该搜索引擎搜索结果的前10名。图7-3显示了当用户搜索或者考虑某个产品或服务时，不同信息来源的重要性的比较，可见搜索引擎营销对企业的重要性。

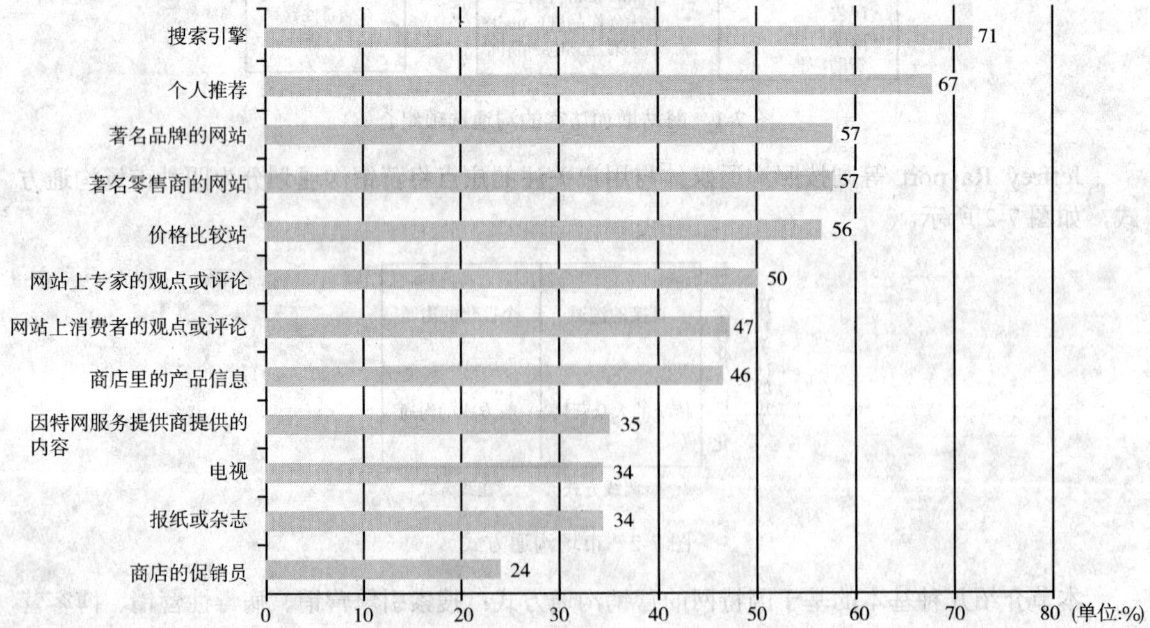

图7-3 信息来源比较

搜索引擎营销可分两种：免费的和收费的。免费的搜索引擎营销是指利用搜索引擎的基本功能，通过某些措施，使自己的网站尽可能地排在搜索结果的前面，这种技术通常被称为搜索引擎优化（Search Engine Optimization，SEO）。收费的搜索引擎营销则有不同的手段和方法，比如点击付费、竞价排名等。表 7-1 显示了 2003—2006 年中国搜索引擎运营商的收入情况。

表 7-1　2003—2006 年中国搜索引擎运营商收入情况　　单位：亿元

运营商	2003 年	2004 年	2005 年	2006 年
百度	0.3	1.1	2.7	7.7
Google	0.1	0.3	1.5	3.0
雅虎	1.2	2.0	2.8	1.0
新浪	0.4	0.8	1.1	0.9
搜狐	0.5	0.5	0.3	0.4
其他	0.4	1.0	1.0	0.9

资料来源：iResearch Inc. 2007。

搜索引擎优化，是“针对各种搜索引擎的检索特点，让网站建设和网页设计的基本要素适合搜索引擎的检索原则（即搜索引擎友好），从而获得搜索引擎收录并在检索结果中排名靠前”。对于企业来说，如果其网站不能被人访问，也就没有意义，其业务相应也就无法开展。因此如何使自己的网站被主要的搜索引擎收录、然后获得较靠前的排名，则成为网站建设者们绞尽脑汁的话题。然而，如何使自己的网站在搜索引擎的结果中排名靠前呢？影响网站在搜索引擎排名的因素很多，可以把这些因素分成内部的和外部的。

内部的因素包括网页的优化，比如网页的标签、关键词等。现在的搜索引擎普遍使用超链接分析技术，除了分析索引网页本身的文字，还分析索引所有指向该网页的链接的 URL、AnchorText（锚文字）、甚至链接周围的文字。所以，有时候，即使某个网页 A 中并没有某个词比如“电子商务”，但如果有别的网页 B 用链接“电子商务”指向这个网页 A，那么用户搜索“电子商务”时也能找到网页 A。而且，如果有越多网页（C、D、E、F……）用名为“电子商务”的链接指向这个网页 A，或者给出这个链接的源网页（B、C、D、E、F……）越优秀，那么网页 A 在用户搜索“电子商务”时也会被认为更相关，排名也会越靠前。

Meta 标签优化包括主题（Title），网站描述（Description）和关键词（Keywords）。还有一些其他的隐藏文字比如 Author（作者），Category（目录），Language（编码语种）等。这些设置有助于搜索引擎分析网页。另外，如何选取关键词并在网页中放置关键词，也是影响搜索结果的因素。搜索就得用关键词。关键词分析和选择是 SEO 最重要的工作之一。首先要给网站确定主关键词（一般在 5 个），然后针对这些关键词进行优化，包括关键词密度（Density），相关度（Relevancy），突出性（Prominency）等。

另一影响网站排名的因素是外部因素，即关联性链接。网页内容都是以超文本（Hypertext）的方式来互相链接的，网站之间也是如此。除了搜索引擎以外，人们每天也通过不同网站之间的链接来 Surfing（“冲浪”）。其他网站到自己的网站的链接越多，自己也就会获得更多的访问量。更重要的是，自己的网站的外部链接数越多，会被搜索引擎认为它的重要性越大，从而给自己更高的排名。另外，对方网站的排名越高，对提高自己网站排名的效果越好。也就是说，如果对方是一个非常有名的网站，那么与它友情链接胜过于与其他几个甚至几十个不知名网站的链接。

网站做完了以后，将网站提交到搜索引擎，这就是所谓的搜索引擎登录。目前主要的搜索引擎是要付费的，例如表 7-2 举例说明了这种营销方式所需要的花费。不过，到目前为止，最大的搜索引擎 Google 目前还是免费，而且它主宰着全球 60%以上的搜索市场。

表 7-2 搜索引擎登录排名方案

营销资源	搜索引擎登录排名服务
搜狐	搜狐搜索引擎推广型登录 确保排名在搜狐关键词搜索结果页面第 1 页。1 000 元人民币/词/年起
新浪	新浪搜索引擎推广增值服务 在新浪搜索结果页面第 1 页排名靠前，在所在目录的第 1 页排名靠前。500 元人民币/词/年起
网易	网易超值型/扩展型搜索引擎推广 在分类搜索中任意级目录下的“推荐网站”栏目第 1 页及关键词搜索结果页面第 1 页靠前。1 500 元人民币/词/年起
百度	百度关键词竞价排名 网站排在百度、Lycos 中国、Tom、21CN 等上 1 000 家大型门户、搜索引擎和加盟网站的前列。2 400 元人民币/词/年起，0.30 元/次点击

注：上表中的价格仅为举例。

资料 7-1

搜索引擎的基本原理

搜索引擎并不真正搜索互联网，它搜索的实际上是预先整理好的网页索引数据库。搜索引擎，也不能真正理解网页上的内容，它只能机械地匹配网页上的文字。

真正意义上的搜索引擎，通常指的是收集了互联网上几千万到几十亿个网页并对网页中的每一个文字（即关键词）进行索引，建立索引数据库的全文搜索引擎。当用户查找某个关键词的时候，所有在页面内容中包含了该关键词的网页都将作为搜索结果被搜出来。在经过复杂的算法进行排序后，这些结果将按照与搜索关键词的相关度高低，依次排列。

搜索引擎的原理，可以看做四步：

（1）从互联网上抓取网页。搜索引擎通常依靠一个叫“网络机器人（Spider）”或叫“网络蜘蛛（Crawlers）”的软件，它遍历整个因特网，能够扫描一定 IP 地址范围内的网站，并沿着网络上的链接从一个网页到另一个网页，从一个网站到另一个网站采集网页资料。

（2）建立索引数据库。由分析索引系统程序对收集回来的网页进行分析，提取相关网页信息（包括网页所在 URL、编码类型、页面内容包含的所有关键词、关键词位置、生成时间、大小、与其他网页的链接关系等），根据一定的相关度算法进行大量复杂计算，得到每一个网页针对页面文字中及超链接中每一个关键词的相关度（或重要性），然后用这些相关信息建立网页索引数据库。

（3）在索引数据库中搜索排序。当用户输入关键词搜索后，由搜索系统程序从网页索引数据库中找到符合该关键词的所有相关网页。因为所有相关网页针对该关键词的相关度早已算好，所以只需按照现成的相关度数值排序，相关度越高，排名越靠前。

（4）最后，由页面生成系统将搜索结果的链接地址和页面内容摘要等内容组织起来返回给用户。

搜索引擎的 Spider 一般要定期重新访问所有网页（各搜索引擎的周期不同，可能是几天、几周或几月，也可能对不同重要性的网页有不同的更新频率），更新网页索引数据库，以反映出网页文字的更新情况，增加新的网页信息，去除死链接，并根据网页文字和链接关系的变化重新排序。这样，网页的具体文字变化情况就会反映到用户查询的结果中。

我们平时看到的全文搜索引擎，实际上只是一个搜索引擎系统的检索界面，当你输入关键词进行查询时，搜索引擎会从庞大的数据库中找到符合该关键词的所有相关网页的索引，并按一定的排名规则呈现给我们。不同的搜索引擎，网页索引数据库不同，排名规则也不尽相同，所以，当我们以同一关键词用不同的搜索引擎查询时，搜索结果也就不尽相同。

大型搜索引擎的数据库储存了互联网上几千万至几十亿的网页索引，数据量达到几千 G 甚至几万 G。但即使最大的搜索引擎建立超过 20 亿网页的索引数据库，也只能占到互联网上普通网页的 30%，不同搜索引擎之间的网页数据重叠率一般在 70%以下。我们使用不同搜索引擎的重要原因，就是因为它们能分别搜索到不同的网页。而互联网上有更大量的网页，是搜索引擎无法抓取索引的，也是我们无法用搜索引擎搜索到的。

付费的搜索引擎营销还包括点击付费（Pay Per Click，PPC）广告和竞价排名等。点击付费广告是大公司最常用的网络广告形式。这种方法费用很高，但效果也很好。比如搜狐和新浪首页上的 banner 广告。这种形式的广告是这样收费的：起价+点击数×每次点击的价格。越是著名的搜索引擎，起价越高，最高可达数万甚至数十万元，每次点击的价格在 0.30 元左右。提供点击付费的网站非常多，主要有各大门户网站（如搜狐、新浪）和搜索引擎（如百度），以及其他浏览量较大的网站，比如提供软件下载的华军等。

竞价排名服务是指由客户为自己的网页购买关键字排名，按点击计费的一种服务。客户可以通过调整每次点击付费价格，控制自己在特定关键字搜索结果中的排名；并可以通过设定不同的关键词捕捉到不同类型的目标访问者。

案例 7-2

搜索引擎改变企业的销售情况

尼尔·蒙克里夫和朋友开了一家名为“两只大脚”的网上商店，专门销售大尺码的鞋子。如果在 Google 上敲入“大脚”或是类似的关键词，他的网站会出现在搜索结果的第一行。托搜索引擎特别是 Google 的福，2003 年中，他每个月销售 4 万美元的鞋子，其中 95%的订单来自搜索引擎的引荐，其中来自 Google 的又占了多数。

蒙克里夫没有花一分钱做广告，搜索给他带来了生意。但是 2003 年 11 月 14 日之后，电话铃不再响起，订单也没有了，整个感恩节销售季毁了，接下来的圣诞节销售季也完了，他无法按期偿还贷款，甚至付不起电费。

这一切源自于 Google 对搜索结果算法的一次改变，而这次为了挫败搜索作弊行为的改变，却毁了蒙克里夫的生意和生活。他被迫购买了 Google 的关键词，但是效果远不如从前。在优化了网站页面之后，经过了长时间的等待，他的网站又回到了搜索结果的前列，生意慢慢好起来。

资料来源：新搜神记。《IT 经理世界》2006 年第 2 期。

7.1.2 病毒性营销

病毒性营销是一种常用的网络营销方法，常用于网站推广、品牌推广等。病毒性营销利用的是用户口碑传播的原理，在互联网上，这种“口碑传播”更为方便，可以像病毒一样迅速蔓延，因此病毒性营销成为一种高效的信息传播方式。而且，由于这种传播是用户之间自发进行的，因此几乎是不需要费用的网络营销手段。

病毒性营销并非真的以传播病毒的方式开展营销，而是通过用户的口碑宣传网络，信息像病毒一样传播和扩散，利用快速复制的方式传向数以千计、数以百万计的受众。病毒性营销的经典范例是Hotmail.com。Hotmail是世界上最大的免费电子邮件服务提供商之一，在创建之后的1年半时间里，就吸引了1 200万注册用户，而且还在以每天超过15万新用户的速度发展，令人不可思议的是，在网站创建的12个月内，Hotmail只花费很少的营销费用，还不到其直接竞争者的3%。Hotmail之所以爆炸式的发展，就是由于利用了“病毒性营销”的巨大效力。病毒性营销的成功案例还包括Amazon、ICQ、QQ、eGroups等国际著名网络公司。病毒性营销既可以被看做是一种网络营销方法，也可以被认为是一种网络营销思想，即通过提供有价值的信息和服务，利用用户之间的主动传播来实现网络营销信息传递的目的。

美国著名的电子商务顾问Ralph F. Wilson博士将一个有效的病毒式营销战略归纳为六个要素。一个病毒式营销战略不一定要包含所有要素，但包含的要素越多，营销效果可能越好。这六个基本要素是：

（1）提供有价值的产品或服务。在市场营销人员的词汇中，“免费”一直是最有效的词语，大多数病毒式营销计划就是通过提供免费的新产品或服务来引起注意的。

（2）提供无需费力向他人传递信息的方式。病毒只在易于传染的情况下才会传播，因此，携带营销信息的媒体必须易于传递和复制。

（3）信息传递范围很容易向很大规模扩散。

（4）利用公众的积极性和行为。

（5）利用现有的通信网络。

（6）利用别人的资源。

案例 7-3

所向披靡的病毒性营销

来自“一块月饼”

在中秋之际，也许许多朋友收到这样一个页面：“近日，知名人士×××收到朋友赠送的一盒精美的月饼，非常开心的拿出一两个来尝鲜。可不吃不知道一吃吓一跳，刚吃了一口，感觉有点不对劲，发现嘴里好像有个纸团，拿出来一看，上面还写着一行字，您看准咯：×××，中秋快乐。”

至于这个page，据说是来自bokee.net，正是这么一个中秋的祝福，在互联网在中秋期间，犹如病毒一样，迅速扩散开来。虽然无法统计这种扩散范围和力度有多大，但是这么一个简简单单的页面对bokee.net造成了多么大的影响？

在2006年9月24日之前，bokee.net正常的排名在3 000～4 000名，从24日流量开始逐渐提升，这时候应该是月饼事件开始阶段，然后逐渐升温，到了9月29日流量达到峰值，当日alexa排名为176位，在月饼事件期间，日流量保持在1 000名以内。

经过月饼事件后，bokee.net综合排名已经2 000左右，流量并没有像某些网站，在大规模的炒作之后，流量大幅度下滑，而是逐渐趋于1 000～2 000波动的排名。经一段时间的观察bokee.net日注册用户有了一定幅度的提高，网站活跃度有所提高，包括销售也是。bokee.net通过月饼事件实现了一次引爆流行的扩张，成功地应用了病毒性营销，使得用户聚合达到引爆的临界点，获得了临界的突围。

汉堡王“听话的小鸡”

Burger King在美国是仅次于麦当劳的快餐连锁店，在2005年的4月7号推出了首创的视频互动线上游戏——“听话的小鸡”，来推广新的鸡块快餐，这一回，完全摒弃了所有传统的电视广告狂轰滥炸的方式进行传播，而是依靠互动、主动引发的网络口碑传播，也就是病毒性营销。

“听话的小鸡”这个互动广告极为简单，一个页面，有一个视频窗口站立着一个人形小鸡，下面有一个输入栏，供参与者输入英文单词。当你输入一个单词时，视频窗口里的小鸡，会按照你输入的单词的意思做出相对应的动作，这是一个完全会按照你的命令去执行的小鸡，跟Burger King的定位“Have it your way”配合得天衣无缝，通过一种互动游戏式的体验传递出来。Burger King不会在这个页面中让你接触到它的促销信息，但是在搜索栏下面，Burger King提供了4个按钮，其中一个按钮是PHOTO，也就是收藏了一些小鸡的照片，类似拍摄花絮。一个按钮是CHICKEN’S MASK，这个按钮提供了一个可以制作成小鸡面具的图像，你可以把这个图像打印然后沿虚线剪下，制作出与这个小鸡一样的面具。还有一个按钮是TELL A FRIEND，可以发邮件给把这个网址告知给朋友，最后一个按钮才是可以直接链接到Burger King网站的按钮。

起初只是让20多位人员把网址通知各自的朋友圈，接下来令人意想不到的奇迹发生了。网址启动后一周内达到了1 500万～2 000万次点击，平均每次访问逗留时间长达6分钟。这次掀起的热潮连创作者也大表诧异，形容说：“情况简直完全失控!”有乐此不疲的网民，更索性把网站书签记录到PDA中，随时在街上无线上网探望“小鸡”。而很多访问了这个网站的网民，也顺便会点击下面几个按钮，直接进入Burger King的网站，浏览到最新的鸡块汉堡快餐促销信息。

相比起传统的电视广告的干扰式的传播，“听话的小鸡”通过网络的口口相传得到了最深入的传播，接触过这个网站的网民，都会主动地把网址复制并通过电子邮件或者是网络即时通信工具发送给朋友，干扰式的广告很容易就被受众过滤掉，然而这个几乎没有花媒介费用的广告运动却得到了巨大的成功，受众非但没有过滤掉它，甚至还乐此不疲地主动成为传播的其中一个环节。

微软“公益I'm”

3月初的一天，MSN用户突然发现了MSN上一个小小的差别：在MSN上的联系列表上，不少好友的名称前多出了一个“I’m”绿色的小标识，很明显地挂在每个人的昵称前，像一面小旗帜。这是微软的I’m Initiative慈善计划，每位MSN用户（必须使用的是Windows Live Messenger 8.1版本以上）只要在自己的昵称前输入指定的9家慈善组织的代码，如*sierra（地球环境协会)，那么自己的昵称前就会出现“I'm”小旗帜，乍一看就让人以为是：I'm×××，一点也不突兀。每次MSN用户使用I'm进行交谈时候，微软都将把这次活动的广告收入中的一部分捐赠给由这名客户自己选择的参与I'm活动的组织。每家社会事业组织在本次活动中获得的资金不设上限，同时微软做出承诺：将在本次活动的第一年里对这9家组织中的每一家做出至少100 000美元的捐赠。

显然，这个活动，微软想要推广自己新推出的新版本MSN，却以公益的名义，让原来的老MSN用户在热心公益的大旗下，一个接一个地告知了新老用户。

微软MSN的使用人群是一群具有社会关怀特征的群体。根据调查，绝大多数MSN用户都愿意为公益事业作出自己的一份贡献，并且愿意来帮助改变世界。只不过并不是每个人都能有时间或经济能力为他们所关心的社会公益事业奉献自己的力量。而现在众多MSN用户只要不断地使用MSN聊天就可以实现“助人快乐”的愿望，他/她当然乐意把这种助人的方式告诉自己的亲朋好友。

病毒性营销的精髓在于一定要找到一个能众口相传的“由头”。而慈善，并且是人人都可以参与的慈善，无疑是最能激发这群MSN用户的社会责任感的“由头”。而微软MSN庞大的用户基础也为微软开展病毒式传播提供了成功保障。每个MSN用户把自己MSN列表上的联系人告知一遍，口口相传，呈几何效应散发，形成相当庞大的传播量。这个活动本来只在美国地区开展，但是在中国也受到了热烈的追捧，足见其传播的迅速和反响的热烈。

病毒性营销成风

病毒性营销已经成为互联网营销的重要手段，众多企业不约而同地使用这种模式，并推陈出新，形成一股病毒性营销风潮。

著名交友网站爱情公寓，也曾举办过类似的病毒性营销活动。2006年，西方万圣节，爱情公寓给阿尔卑斯做过的鬼节送礼活动就是如此。他们这样告诉爱情公寓上面的用户，在万圣节到来的时候，如果自己的小屋没有收到礼物，那么小屋将变成鬼屋，屋内会出现鬼哭狼嚎的可怕情景。这样，阿尔卑斯就作为礼物被所有爱情公寓上的注册用户互相送出，其品牌关注度猛然间提高到前所未有地位。

而在2006年春节前夕，百事可乐联合网易做了一个“百事祝福传千里，齐心共创新纪录”活动，也是走了病毒性营销的套路。网易先以邮件方式向所有的邮箱用户告知这个活动，网易邮箱用户只要填写自己的姓名和好友的姓名并写上祝福的话，系统就会自动生成一个有百事字样的祝福彩色邮件，并发送到自己指定的邮件地址去，发送到一定的数量还有奖励。如此一来，百事借助送祝福的名头，在短短的时间内把自己的品牌影响传导到网易庞大的邮件用户和其他邮箱用户中间去了。在这里，病毒性营销的传播“由头”是“送祝福、创纪录”，而介质则是邮件。

7.1.3 博客营销

博客营销，简单来说，就是利用博客这种网络应用形式开展网络营销。博客具有知识性、自主性、共享性等基本特征，正是博客这种性质决定了博客营销是一种基于个人知识资源（包括思想、体验等表现形式）的网络信息传递形式。因此，开展博客营销的基础问题是对某个领域知识的掌握、学习和有效利用，并通过对知识的传播达到营销信息传递的目的。

与博客营销相关的概念还有企业博客、营销博客等，这些也都是从博客具体应用的角度来界定描述，主要区别那些出于个人兴趣甚至以个人隐私为内容的个人博客。

对未来半年读者注册博客空间可能性的研究显示：未来一段时间内，博客仍会有一个大规模的增长。《2006 年中国博客调查报告》显示中国网友使用博客情况，如图 7-4 所示。

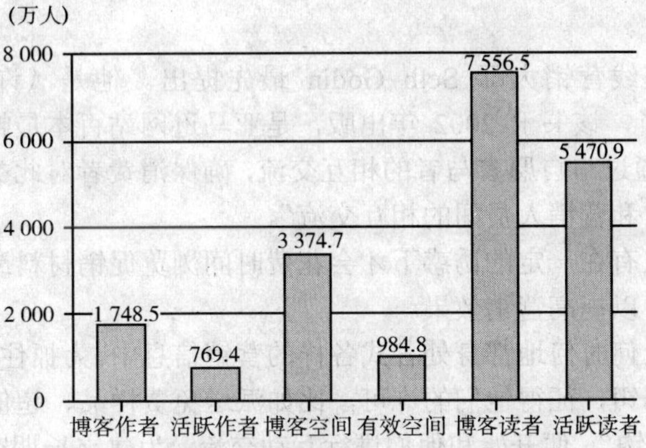

图 7-4　2006 年中国网友使用博客情况

（1）中国的网民群体中有 1 748.5 万人注册有自己的博客空间，但是其中只有不到一半（44%）的人会经常更新自己的博客。

（2）平均每个博客人注册过将近两个博客空间，而绝大多数（80.6%）只会更新一个。

（3）在超过 3 300 万个博客空间中，只有不到 30%的空间为有效空间，存在较大的空间浪费。

（4）在博客领域，同样存在著名的“二八法则”：80%（多数）的博客内容是由 20%（少数）的活跃博客作者创造的。

通过网友对博客功能的使用情况，可以看出博客信息传播速度快的原因，博客用户使用第一位的功能是“评论”，第二位是“友情链接”，网友感兴趣的信息很快会在自己的博客上建立链接。而在网络世界里，负面信息更容易受到关注，而且根据中国互联网调查中心的数据，绝大多数网民建博客是为了“记录自己的心情”，同时，超过 60%的用户是为了“表达自己的观点”。

在博客上，对企业的评价能以比传统媒体更快的速度传播。在博客类网站上，企业产品信息的传播是相对困难的，但博客上企业的负面消息，在博客圈子之间的传播效率却非常高。一个美国网民发帖，讲述了一件怪事：Bic 圆珠笔能够轻而易举地撬开到处都在使用的 Kryptonite 牌 U 形锁。2 天后，很多博客转载了他的视频短片。7 天后，关注 Kryptonite 的人达到史无前例的 180 万，并引起传统媒体的注意。迫于压力，Kryptonite 公司免费发送了 10 万多把新锁，以更换出现问题的锁。Kryptonite 公司为此遭受了 1 000 万美元的损失。

对博客上的信息传递问题，中国互联网络信息中心（CNNIC）的报告评价，“在博客领域，同样存在著名的‘二八法则’：80%（多数）的博客内容是由 20%（少数）的活跃博客作者创造的”。所以企业处理博客公关问题，应该关注活跃博客上的信息，如果在这些博客上出现不利信息，最好及早发现，采取措施。

实力媒体中国区总经理郭志明提供了这样一个博客公关模式：在活跃博客里找出对企业品牌忠诚的“粉丝”，与他们建立联系，而且要注意的是，企业不应该付给他们报酬，但是应该很努力地让他们一直都喜欢企业的品牌。因为一旦付给他们报酬，其他网友就会觉得这些博客的动机不纯正，说服力会大大减弱。不需要他们天天在博客网站中赞美企业，只要在企业需要的时候请他们站出来就好了。

7.1.4 许可营销

“许可营销”由在线营销大师 Seth Godin 最先提出。他是《许可营销》（*Permission Marketing*）一书的作者，该书于 2002 年出版，是亚马逊网站百本最畅销书籍之一。引用书中所言：“许可营销是通过与自愿参与者的相互交流，确保消费者对此类营销信息投入更多关注。这将有效推动客户和营销人员间的相互交流”。

绝大多数的顾客只有在一定的诱惑下才会花费时间浏览促销材料或提供个人信息，而企业利用这些个人信息可以提高营销效果。

如今的消费者无论何时何地都身处各式各样的营销信息中。为抓住目标客户群的注意力，企业必须先利用某种诱饵，征得他们的许可，比如派送免费样品、超值优惠或激励性的竞买活动等。一旦目标“上钩”，便开始和他们进行互动交流，为建立长期客户关系奠定基础。若一切顺利的话更有希望完成一笔交易。企业仅需和此类目标客户进行沟通，便可利用许可营销的方式使其对此类营销信息给予更多关注。

将许可营销的基本原理运用在网络环境中极其有效，因为在线式运营成本较低，且媒介能自行推动此类“选择性添加”行为。广告发布后，许可营销的参与者必须先进行“选择性添加”，而非“选择性退出”。

电子邮件是许可营销的一个重要组成部分。除了作为 Internet 上应用最广泛的工具之一，电子邮件也成为一种非常有效的营销工具。企业从用户那里获得电子邮件地址之后，就可以向他们发送可能感兴趣的营销信息。有些企业定期发送信息，甚至是每周都发，有些企业则在适当的时候进行促销。这些方式不仅是廉价的，而且是有针对性的、可衡量的，并且是有效的。

以前很多人将许可营销片面地理解为许可 E-mail 营销，认为许可营销的主要方法是通过邮件列表、新闻邮件、电子刊物等形式，在向用户提供有价值信息的同时附带一定数量的商业广告。这种对网络许可营销的定义过于片面和狭隘，过多地从营销方出发，而没有考虑网络受众的角度。真正的网络许可营销是基于网络受众的许可，通过社群、邮件、Blog、即时通信、网络门户等与网络受众进行互动和响应，了解网络受众的需求并建立起网络忠诚，从而达到网络营销的目的并创造社会价值或商业价值。例如无线许可营销就包括短信的方式向客户发出促销的活动信息等。

1. 网络许可

是否弹出广告、是否退订邮件列表、SNS 社会网络中的链路强弱等等，都是网络许可的范畴，它直接意味着对方对你的许可和许可等级。许可成为一个持续的事情，那么就是一个忠诚度的问题，在这样一个忠诚度的前提下，许可程度可能是持续提升的，也可能是保持当前许可程度不变的。

网络许可的金字塔如图 7-5 所示，网络受众在许可金字塔中的行为分为 4 种：进入金字塔、离开金字塔、在金字塔中升级、在金字塔中降级。具体表现为吸引受众浏览网站，网络受众流失从此不再来，网络许可的程度提升到更高层次，网络许可的程度下降到低层次。

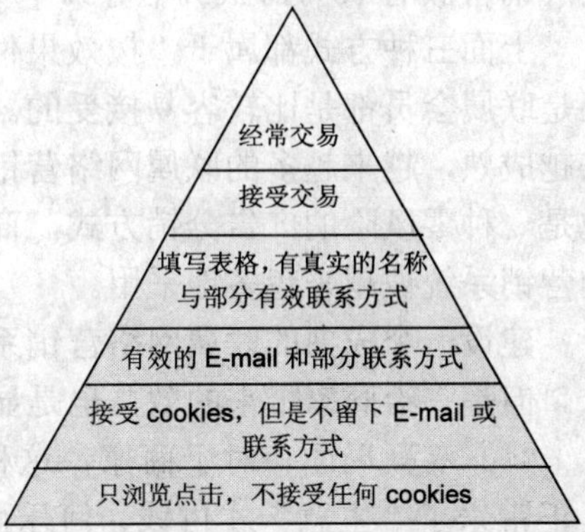

图 7-5 网络许可的金字塔

2. 网络忠诚

网络忠诚是指顾客能够持续来访并保持当前的许可程度甚至提高了许可程度的级别，从而企业有机会持续地更好地向他们营销。

7.1.5 会员制营销

会员制营销（Affiliate Marketing），也被称为联属网络营销、网站联盟等，在美国已经发展了很多年，自 1996 年 Amazon 发布它的联属分销项目以来，会员制营销模式已经被成千上万的网站使用，它不仅让 Amazon 为数以万计的网站提供额外的收入来源，而且已经成为网络 SOHO 族的主要生存方式。而目前在我国，联属网络营销还在萌芽阶段，广大网络营销人员和网管人员对会员制营销还比较陌生。

会员制营销指的是网站 A 为网站 B 放置广告按钮，然后从为网站 B 带来的销售额中获得回佣的一种广告系统。某些广告主通过这种方式获得市场信息而不是现金销售。这种方式被营销费用比较紧张的新网站采用的比较普遍。

会员制营销实际上是一种广告渠道和产品分销渠道。它有三个要素：

（1）商家网站（Merchant Website），即通过联属网络进行广告或者分销的商家网站（广告主）。

（2）联属会员（Affiliate），即提供广告渠道或者分销渠道的会员，主要是联属网站，也可以是电子邮件的方式。

（3）联属网络营销管理系统（Affiliate Management Software），商家网站通过这种系统来跟踪记录每一个联属会员所产生的点击数（Clicks）、印象数（Impressions）、引导数（Leads）和成交次数或成交额（Sales），然后根据联属协议上规定的支付方法支付联属会员费用。

根据商家网站给联属会员的回报支付方式，会员制营销可以分为三种形式：

（1）按点击数付费（Cost-Per-Click）。联属网络营销管理系统记录每个客人在联属会员网站上点击到商家网站的文字或者图片的链接（或者 E-mail 链接）次数，商家（Merchant）按每次点击多少钱的方式支付广告费。

（2）按引导数付费（Cost-Per-Lead，有的叫 Cost-Per-Acquisition）。访问者通过联属会员的链接进入商家网站后，如果填写并提交了某个表单，管理系统就会产生一个对应给这个联属会员的引导（Lead）记录，商家按引导记录数给会员付费。

（3）按销售额付费（Cost-Per-Sale）。商家只在联属会员的链接介绍的客人在商家网站上产生了实际的购买行为后（大多数是在线支付）才给联属会员付费，一般是设定一个佣金比例（销售额的10%到50%不等）。

上面三种方式都属于“按效果付费（Pay for Performance）”的营销方式，无论对于商家还是联属会员都是比较容易接受的。由于网站的自动化流程越来越完善，在线支付系统也越来越成熟，越来越多的联属网络营销系统采用按销售额付费的方法。由于这种方法对商家来说是一种零风险的广告分销方式，商家也愿意设定比较高的佣金比例，这样就使得这种方式的营销系统被越来越多地采用。

建设一个成熟的联属网络营销系统不是一件容易的事，需要很多技术、资金和人力的投入。但是它给商家带来的效益也是显而易见的。

（1）双赢局面。对于商家，这种“按效果付费”的营销方式意味着他们只需要在对方真正带来了“生意”才付钱，何乐而不为？而对于联属会员，只要有访问量，他们自己不需要有自己的产品就能挣钱——不需要生产，不需要进货，不需要处理订单，不需要提供售后服务！

（2）较低的客户成本和广告成本。对比麦肯锡公司对电视广告成本和杂志广告成本的统计，联属网络营销所带来的平均客户成本是电视广告的1/3，是杂志广告的1/2。

（3）更广的网络覆盖面以及品牌强化。假设一下，对于某个特定市场（或者特定关键词），如果你排在Google搜索结果的第21名，而你的联属会员网站可能占据了前20位的一半，甚至包括前三位！你在他们网站上的链接和旗帜广告可以吸引你目标市场的大部分眼球，这对于提高访问量和强化品牌是非常有效的。

（4）集中精力进行产品开发和销售服务。由于通过这种方式可以基本上解决网站访问量的问题，商家可以集中精力放到产品开发、客户服务上面，可以大大提高工作效率。

（5）可计算的结果。联属网络营销“按效果付费”的广告和分销方式相比传统方式的一个显著特点是，客户的每一个点击行为和在线进程都可以被管理软件记录下来，从而可以让商家知道每一分钱的用途，而且还可以通过对这些记录的分析来为产品开发和营销策略提供科学的决策依据。

7.2 网络广告

7.2.1 网络广告的主要形式

网络广告，主要指以国际互联网为载体发布的营利性商业广告，目的是诱导人们的兴趣和行为，以推销其商品、服务或观念。世界上第一则网络广告出现在1994年末的美国，在当时的《热线杂志》（*Hotwired*）上刊登了现在被称为“banner”的网络广告。此后，网络广告被普遍认识并在全世界范围内飞速发展起来。我国也不例外，1997年3月，Chinabyte网站上出现的第一条商业性网络广告，标志着中国网络广告的诞生。它迅速地以其自身的独特优势成为了传媒业的新宠。网络广告的主要形式有：

（1）网幅广告（包含Banner、Button、通栏、竖边、巨幅等）。网幅广告是以GIF、JPG、Flash等格式建立的图像文件，定位在网页中大多用来表现广告内容，同时还可使用Java等语言使其产生交互性，用Shockwave等插件工具增强表现力。

（2）文本链接广告。文本链接广告是以一排文字作为一个广告，点击就可以进入相应的广告页面。这是一种对浏览者干扰最少，但却是较为有效果的网络广告形式。有时候，最简单的广告形式效果反而最好。

（3）电子邮件广告。电子邮件广告具有针对性强（除非肆意滥发）、费用低廉的特点，且广告内容不受限制。电子邮件广告可以针对具体某一个人发送特定的广告，为其他网上广告方式所不及。

（4）赞助。赞助式广告的形式多种多样，在传统的网络广告之外，给予广告主更多的选择。如 TCL 赞助搜狐世界杯频道。

（5）与内容相结合。广告与内容的结合可以说是赞助式广告的一种，从表面上看起来它们更像网页上的内容而并非广告。在传统的印刷媒体上，这类广告都会有明显的标示，指出这是广告，而在网页上通常没有清楚的界限。

（6）插播式广告（弹出式广告）。访客在请求登录网页时强制插入一个广告页面或弹出广告窗口。它们有点类似电视广告，都是打断正常节目的播放，强迫观看。插播式广告有各种尺寸，有全屏的也有小窗口的，而且互动的程度也不同，从静态的到全部动态的都有。浏览者可以通过关闭窗口不看广告（电视广告是无法做到的），但是它们的出现没有任何征兆，肯定会被浏览者看到。

（7）Rich Media。一般指使用浏览器插件或其他脚本语言、Java 语言等编写的具有复杂视觉效果和交互功能的网络广告，这些效果的使用是否有效一方面取决于站点的服务器端设置，另一方面取决于访问者的浏览器是否能顺利查看。一般来说，Rich Media 能表现更多、更精彩的广告内容。

（8）其他新型广告。比如视频广告、路演广告、巨幅连播广告、翻页广告、祝贺广告等。

1. 网络广告效果评估

广告效果，即广告作品发布后所产生的经济作用、心理作用和社会作用。广告效果可以分为广告的经济效果、广告的心理效果和广告的社会效果。同样，网络广告效果，即广告通过网络媒体发布后所产生的作用。网络广告效果测定主要是测量上网者对网络广告所产生的反应。比如对于通栏广告来说，上网者有如下三种选择：没注意、浏览但不点击、点击。网络广告效果监测在收集以上数据的基础上，再综合上网者的其他变量，从而得出一系列指标，作为衡量网络广告效果好坏的标准。通常有以下几个指标来衡量网络广告效果：

（1）被动浏览。主要是以浏览者进入广告页面的次数为标准。

（2）主动点击。这种效果评估标准是指网络广告效果的好坏关键要看浏览者是否点击了该广告，点击的次数有多少。

（3）交互。交互是网络媒体与传统媒体的又一重要区别，网络广告很好地体现了交互这一特点，浏览者在浏览广告的同时还要与广告赞助商形成信息的交流，这样的网络广告才是有效的。该指标评价广告效果的好坏就主要看目标受众主动与广告赞助商联系的次数的多少。

（4）销售收入。广告能引起销售收入，那么广告当然是有效的。问题在于销售收入在多大程度上要依赖于网络广告。因为引起销售的因素是很多的，包括促销、公关、产品、价格、销售渠道、消费者的消费行为特性等。所以，用销售效果为标准来衡量网络广告效果是困难的。

一般来说，达到以上四种衡量标准的难易程度与广告衡量的准确程度是正相关的。即衡量广告效果的标准越易达到，这种衡量的准确程度就越低。所谓衡量效果的准确与否都是相对的概念，对于不同类型、不同目的的广告要选择不同的测量方法，如衡量企业形象广告效果，就应该用浏览率或点击率作为标准，采用销售效果为标准就不太适合。每种效果测定的标准都要通过具体的试验以及实践的经验来最终确定。试验是尤其重要的手段。比如，对于Banner广告来说，研究点击率和广告的面积、文件类型、广告与页面内容的相关性的关系是非常有意义的。

2．网络广告的计价模式

网络广告的计价模式通常有以下几种：

（1）广告显示1 000次所应付的费用。它所反映的定价原则是：按显示次数给广告定价，这种定价思路与传统广告中定价思路源出一脉。

（2）按点击付费（Cost-Per-Click）。在这种模式下广告主仅为用户点击广告的行为付费，而不再为广告的显示次数付费。

（3）按交互付费（Cost-Per-Action）。在这种模式下广告主为目标受众主动与广告赞助商联系的次数的多少而付费。

（4）按位置、时段和广告形式的综合计费。目前中国互联网广告的主要计价模式。它以广告在网站中出现的位置、时间段和广告形式为基础对广告主征收固定费用。这种计费模式是与广告发布位置、时间和广告形式挂钩的，而不是与显示次数和访客行为挂钩。在这一模式下，发布商是按照自己所需来制定广告收费标准的。

7.2.2 网民的特征与网络广告

艾瑞市场咨询公司对我国网民的行为特征进行了调查，其结果表明：

1．网络广告日均接触时间长

根据2008年7月中国互联网络中心发布的《第22次中国互联网络发展状况统计报告》表明，截至2008年6月，中国网民已经达到2.53亿，这是一个非常庞大和独特的群体。网络正在成为网民日常生活不可或缺的媒介之一，并且成为网民获取信息的重要渠道。根据艾瑞市场咨询2005年12月网络广告在线调查研究结果，网络已经成为中国网民接触广告的主要渠道之一。75%的受调研网民表示能够在日常生活中以各种形式接触到网络广告。

从中国网民的媒体广告接触习惯来看，中国网民每日有意识的接触电视广告12分钟，网络广告9分钟，其次是报纸和杂志广告各8分钟。广告接触时间的长短直接决定了消费者对媒介广告的认知和接受度。

网络媒体的发展使得网络用户对网络依赖程度加大，访问时间变得更长，但网民的网络浏览习惯不像其他传统媒体一样有规律可循。比如有固定的收听广播、看电视节目或周期性的阅读杂志报纸。网络非线性的媒体结构使得用户的浏览过程也呈发散性。虽然用户的网络广告接触时间可能很长，但用户的单页浏览时间仅为42秒，而且用户同时在浏览其他的内容。很难控制同一广告在用户面前的出现频次。过于繁多的品牌、产品广告也使得用户很难对广告主的品牌留下深刻印象。

根据艾瑞市场咨询的另一份调研研究显示，目前即时通信、社区博客、数字杂志等网路服务正在流行。网络从信息媒体变成应用工具，用户的网络参与性和依赖性表现在用户广告接触方面就是用户会以一定的频率、定期使用网络服务或访问固定的网站。使得广告主有机会和广告受众进行一次较为“亲密”的对话。

2．网络广告品牌强化效果较好

从网民对品牌接触的反馈来看，电视广告由于其视觉冲击效果强，容易在用户心中留下较为深刻的印象，网络媒体作为一种品牌印象加深的手段，效果也是非常明显的。像网站、网络服务类产品，通过电视广告、大面积的户外广告来吸引用户，扩大其影响力，第二阶段可以考虑采用在线的网络推广，降低成本的同时，也有不错的效果。

3．网络广告影响消费力度大

电视广告与网络广告都被认为是对网民的消费决策影响最大的媒体。电视广告依然是企业推广产品和品牌的最有效渠道，39%被调研网民认为在日常消费中受电视广告影响最大。尤其是在快速消费品行业，电视广告有着不可替代的覆盖和强制呈现的优势。同时有 26%的受调研网民表示网络广告成为消费最重要的广告参照。这与广告主们对网络销售广告转化率低、品牌推广效果难以衡量的印象稍有差距。艾瑞市场咨询认为，网络广告一方面要抓住“网民”的眼睛，一方面要主动地利用多渠道与用户沟通。在广告中出现促销或是价格信息，会提升用户对广告的关注程度，此外，注重让用户感受到一些与自己相关信息的存在，比如他喜爱的角色或身边的朋友的名字出现在广告中，紧紧抓住网络媒体互动性的特征。

从调查的数据结果来看，高达 30%的男性网民认为网络是对其消费决策影响最大的媒体，仅比电视广告低 6 个百分点，网络成为与男性消费者沟通的有效渠道。从男女在购买的差异来分析，男性用户对数码、家电、汽车等耐用消费品兴趣较大，同时对所购产品的功能更为关注，一般是作为家庭耐用消费品的主要决策者。男性消费者决策偏于理性，对信息的全面性要求较高。女性用户是时装、化妆品、日用产品的重要消费群体，从调查得到的数据显示，女性用户在产品功能等方面没有显著差异时，喜欢购买媒体曝光率高的产品，受电视广告和杂志广告的影响较大。

伴随媒体不断多元化，通过单一媒体能够接触的用户越来越有限，网络作为一个快速发展中的媒体，已经成为重要的营销手段。从上述网民的行为特征来看，中国网民的网络广告接触时间、品牌强化效果与消费影响力都有利于网络营销的发展。

7.2.3　网上促销

在进行网络营销时，对网上营销活动的整体策划中，网上促销是其中极为重要的一项内容。促销（Sales Promotion，SP）是指企业利用多种方式和手段来支持市场营销的各种活动。而网上促销（Cyber Sales Promotion）是指利用 Internet 等电子手段来组织促销活动，以辅助和促进消费者对商品或服务的购买和使用。根据促销对象的不同，网上促销策略可分为：消费者促销、中间商促销和零售商促销等。

网上促销的很多手段都是离线促销手段在网络中的实现，比如网上折价促销、网上变相折价促销、网上赠品促销、网上抽奖促销、积分促销、网上联合促销等。

1．网上折价促销

折价亦称打折、折扣，是目前网上最常用的一种促销方式。由于网上销售商品不能给人全面、直观的印象，也不可试用、触摸等原因，再加上配送成本和付款方式的复杂性，目前网民在网上购物的热情远低于商场超市等传统购物场所，因此网上商品的价格一般都要比传统方式销售时要低，以吸引人们购买。而幅度比较大的折扣可以促使消费者进行网上购物的尝试并做出购买决定。目前大部分网上销售商品都有不同程度的价格折扣，如8848、当当书店等。

折价券是直接价格打折的一种变化形式，有些商品因在网上直接销售有一定的困难性，便结合传统营销方式，可从网上下载、打印折价券或直接填写优惠表单，到指定地点购买商品时可享受一定优惠。

2．网上变相折价促销

变相折价促销是指在不提高或稍微增加价格的前提下，提高产品或服务的品质数量，较大幅度地增加产品或服务的附加值，让消费者感到物有所值。由于网上直接价格折扣容易造成消费者对品质的怀疑，利用增加商品附加值的促销方法会更容易获得消费者的信任。

3．网上赠品促销

赠品促销目前在网上的应用不算太多，一般情况下，在新产品推出试用、产品更新、对抗竞争品牌、开辟新市场情况下利用赠品促销可以达到比较好的促销效果。

赠品促销的优点：

（1）可以提升品牌和网站的知名度。

（2）鼓励人们经常访问网站以获得更多的优惠信息。

（3）能根据消费者索取赠品的热情程度而总结分析营销效果和产品本身的反应情况等。

赠品促销应注意赠品的选择：

（1）不要选择次品、劣质品作为赠品，这样做只会起到反作用。

（2）明确促销目的，选择适当的能够吸引消费者的产品或服务。

（3）注意时间和时机，注意赠品的时间性，如冬季不能赠送只在夏季才能用的物品，另外在危机公关等情况下也可考虑不计成本的赠品活动以挽回负面影响。

（4）注意预算和市场需求，赠品要在能接受的预算内，不可过度赠送赠品而造成营销困境。

4．网上抽奖促销

抽奖促销是网上应用较广泛的促销形式之一，是大部分网站乐意采用的促销方式。抽奖促销是以一个人或数人获得超出参加活动成本的奖品为手段进行商品或服务的促销。网上抽奖活动主要附加于调查、产品销售、扩大用户群、庆典、推广某项活动等。消费者或访问者通过填写问卷、注册、购买产品或参加网上活动等方式获得抽奖机会。

网上抽奖促销活动应注意以下几点：

（1）奖品要有诱惑力，可考虑大额超值的产品吸引人们参加。

（2）活动参加方式要简单化。因为目前上网费偏高，网络速度不够快，以及浏览者兴趣不同等原因，网上抽奖活动要策划得有趣味性和容易参加。太过复杂和难度太大的活动较难吸引匆匆的访客。

（3）抽奖结果的公正公平性。由于网络的虚拟性和参加者的广泛地域性，对抽奖结果的真实性要有一定的保证，应该及时请公证人员进行全程公证，并及时通过 E-mail、公告等形式向参加者通告活动进度和结果。

5. 积分促销

积分促销在网络上的应用比起传统营销方式要简单且容易操作。网上积分活动很容易通过编程和数据库等来实现，并且结果可信度很高，操作起来相对较为简便。积分促销一般设置价值较高的奖品，消费者通过多次购买或多次参加某项活动来增加积分以获得奖品。

积分促销的优点有：

（1）可以增加上网者访问网站和参加某项活动的次数。

（2）可以增加上网者对网站的忠诚度。

（3）可以提高活动的知名度等。

现在不少电子商务网站“发行”的“虚拟货币”应该是积分促销的另一种体现，如 8848 的“e 元”、酷必得的“酷币”等。网站通过举办活动来使会员“挣钱”，同时可以用仅能在网站使用的“虚拟货币”来购买本站的商品，实际上是给会员购买者相应的优惠。

6. 网上联合促销

由不同商家联合进行的促销活动称为联合促销，联合促销的产品或服务可以起到一定的优势互补、互相提升自身价值等效应。如果应用得当，联合促销可起到相当好的促销效果，如网络公司可以和传统商家联合，以提供在网络上无法实现的服务，例如网上销售汽车和润滑油公司联合等。

以上六种是网上促销活动中比较常见又较重要的方式，其他如节假日的促销、事件促销等都可从以上几种促销方式进行综合应用。但要想使促销活动达到良好的效果，必须事先进行市场分析、竞争对手分析以及网上活动实施的可行性分析，与整体营销计划结合，创意地组织实施促销活动，使促销活动新奇、富有销售力和影响力。

7.2.4　网上广告的策略

1. 注重用户的广告体验

网络广告在引入阶段以狂轰滥炸来吸引用户注意，弹出窗口、撕页广告在给用户留下印象的同时也打搅了用户正常浏览，不仅降低网站用户的满意度，也为品牌形象留下隐患。

注重用户体验就是站在用户的角度思考，用户在接触广告时就已经建立了一个与品牌之间的对话，如何能与用户建立更进一步的关系，让用户在短时间里对广告产生兴趣，需要让用户有一种认同感。这种认同感可能产生于让用户感受到广告对他的关注，比如呈现他近期关心过的产品或是通过创意让他对产品的科技、人性化功能产生认同。这种认同感就像顾客看到海报走进了店里面。接下来给顾客呈现什么？技术参数？产品功能？销售渠道？应根据网站用户的流量流向，对进入广告页面后进行优化。让顾客能够很容易地找到他感兴趣的内容并设法留住他，让他对产品品牌产生更深一步的印象。

如何让顾客与品牌建立一个长期的关系？吸引他加入下一步的会员计划是个好主意。吸引用户加入会员并不是给他一个泄露个人信息或是受到垃圾骚扰的陷阱。在一定的保密协定下让用户自主选择与企业间的沟通方式，之后逐步地对用户与消费相关的属性进行收集，在明显位置放置用户退订方式，观察用户的反馈记录，停止打搅对此类信息没有兴趣的用户。让用户感觉自己是联系的主导者。

2. 注重为用户带来价值

在广告主辛辛苦苦找寻消费者的同时，消费者也在为选择适合自己的产品感到困惑。网络营销作为连接产品与用户之间的桥梁，不仅是帮助企业向消费者传递信息，同时也应为消费者提供一些有价值的信息。比如应用 CRM 系统为母亲提供幼儿不同阶段应选择的营养组合与奶粉产品建议，为轮胎消费者定期提供车胎保养、更换建议等。在促进产品销售的同时，也为用户带来了有价值信息。同时对提升品牌忠诚度也有贡献。

3. 注重利用新媒体接触用户

有效的组合使用各种网络新媒体来进行用户沟通。数字杂志、即时通信、RSS 阅读器、博客、Wiki 样的新媒体形式已经形成了一定的用户规模，而且用户使用习惯和媒体表现形式上也具有一定特性。

数字杂志的媒体表现能力比网站更强，下载到本地数字杂志文件可以在不影响用户阅读体验的同时承载更多的多媒体元素。除了视频、声音、特效等产生的视觉冲击以外，各类数码产品可以将其功能在 flash 中模拟，让用户切实感受到产品功能带给他的最终体验，比文字描述、媒体演示更具魅力。即时通信广告渗透在整个软件使用过程中，用户也可以很方便地把内容转发给自己朋友中的信息需求者。此外，即时通信软件也可以让信息迅速地扩散，使得一些有诱惑力的促销活动能够短时间里聚集较多的参与者。

综上所述，网络营销活动应从网民行为特征、信息需求出发，利用网络媒体的互动性和快速传播的特点，与网民建立更深入的联系。

7.3 客户关系管理

7.3.1 客户关系管理系统

客户关系管理（Customer Relationship Management，CRM）系统是一种重要的网络营销技术。客户关系管理系统是记录客户与企业（包括网站）的所有接触活动并声称客户资料的信息库，企业中任何一个需要了解客户信息的人都能够获得这些客户资料。CRM 系统也提供分析和使用客户信息的功能。客户不仅可以通过网络与企业建立联系，还可以通过电话呼叫中心、中心服务代表、销售代表、自动声讯应答系统、ATM 机和信息亭、商店里的 POS 终端以及移动设备（移动商务）与企业联系。以前，企业一般没有独立的客户信息库，而是与产品线组织在一起，一个产品线下维护一份客户列表，而这些信息通常在企业内是不共享的，由此而产生了许多问题。

比如，海尔公司生产各类家电：冰箱、空调、洗衣机、热水器、洗碗机、抽油烟机、计算机等，而每个家庭都需要几种而不是一种产品，如果各个产品部门之间不能够协调一致地以一个界面面对同一个客户，而是以不同的界面面向同一个客户的话，将面临很大的问题：许多从不同部门打来的促销电话、邮件，将使客户产生厌烦的感觉。

CRM 系统是企业从以产品线为中心的企业向以客户为中心和进行营销细分的企业进行转变的一部分。CRM 将客户视为不同的个体并向他们提供差异化的产品和服务。本质上它是一种强调单个顾客需求的强大的数据库技术。系统里的客户资料可以包含下述信息：

（1）客户与企业的关系情况。

（2）所购买的产品及其使用情况。

（3）人口统计数据及心理统计数据。

（4）获利程度。

（5）汇总客户通过多种分销渠道与企业进行接触的历史数据。

（6）客户所收到的销售信息以及他们的反馈信息。

有了这些资料，CRM 就能帮助企业销售更多的产品和服务，开发新产品，扩大产品的使用范围，降低营销成本，识别和留住可赢利的客户，优化服务，留住生命周期里价值高的客户，并实现与客户进行个性化的沟通，提高客户的忠诚度，增加产品的获利能力。

案例 7-4

用 MSN 卖快餐

午餐时段，北京上地信息产业园里人声鼎沸。员工成群结队地从办公大楼里走出来，在旁边各类档次和风味、拥挤不堪的餐馆里开始就餐。他们的面孔看上去都很年轻，大多数都在 IT 企业工作。这些天性自由、个性十足的年轻人往往有着另类的喜好和加班习惯，大部分人都不喜欢企业的员工食堂，他们喜欢并期待着新鲜玩意儿。

陈佳西：信息技术帮助我们实现了商业模式创新

揣摩这些年轻人的口味并不容易。不过，快餐公司“正午 de 盘子”（简称“盘子”）好像没费什么劲就赢得了他们的信任和青睐。这家 2006 年 6 月才开业的小公司一开始也平淡无奇，无非是在写字楼下向行人散发订餐菜单。但情况随后很快发生了改变，几天后，其收到的订单数量一下子就增加到 200 份；2006 年年底，“盘子”的分店增加到 5 家，每天吃“盘子”的人达到 3 000 人。

“盘子”没有实体店铺，它留下的联系方式也只有一个——MSN Messenger ID 号。实际上，它的菜单上也留了一个电话号码，不过是用小得看不清的小字体印刷的，而拨打这个电话订餐的顾客并不多。“盘子”的飞速成长令同行非常吃惊，“我不相信 MSN 是他们的主要订餐方式。”武汉哆哥饭包快餐公司老板刘黎曾浏览过“盘子”的主页，他认为用 MSN 订餐并不是一个好主意，结果他得到的答案是——“‘盘子’超过 95%订单是通过 MSN 来的。”

“MSN 帮助我们吸引客户，‘盘子’也成为他们的好朋友。”“盘子”的创始人陈佳西说。

让我们来看看“盘子”是如何“俘获”这群富有个性的目标客户群的吧。首先“盘子”的顾客都青睐“聊天文化”，前一分钟他们还在为某个美国公司的软件外包项目编写代码，屏幕上的光标不停闪烁、布满了一行行的代码；后一分钟他们就会切换到即时通信工具的聊天界面，在对话框里输入："嗨，哥们，今天中午想吃什么？"宽松的工作方式通常被IT企业普遍认可，管理层认为这样可以激发员工的激情和创意，包括允许员工穿着拖鞋来上班和上班的时候聊天。

然后，一个昵称名为"正午de盘子（生活，向前进！）"的MSN开始吸引他们的注意。"我也记不清什么时候开始和'盘子'聊上的，好像整个公司的人都在和这个MSN聊天。"北京鼎新信息系统开发公司的工程师邱英涛是一名"盘子"的Fans。

通过"粘贴、复制MSN ID号"，"盘子"的顾客开始口口相传，一传十、十传百。渐渐地，每个人的MSN聊天列表里都多出一位"午餐秘书"。这实际上是一个MSN机器人程序，它不仅完成了大部分常规的订餐命令的处理，如"dc"就是订餐的汉语拼音命令，还节省了大量的人工接线员席位。当这些IT员工对机器人（事实上，很多顾客至今还不知道其面对的"盘子"是一个机器人）第一次说"你好！"时，"盘子"的生意就开始了。

"你好，我想订一份快餐。""没问题，您想吃点什么？"（MSN机器人随即会给出提示，帮助顾客转到选餐界面）"您的快餐我们会在半小时后送到，谢谢。"

和MSN机器人一起工作的，还有几名人工接线员，他们要留心有的顾客会突然冒出"给我送一份火锅"这样的"无理要求"。同时，他们还要监控每天订餐的高峰时段10:30—13:00、17:00—19:00，MSN机器人处理的订单是否都能准确无误地发送到每个配送中心。

当每天处理的订单达到几千份时，"盘子"的生意就成了大买卖。由16名厨师组成的制作团队在距离上地数千米的封闭厨房里严阵以待，在这里生产供几千人享用的食物，并将在高峰时段前运抵配送中心，再由每个配送中心的运输部队送到每幢写字楼的门口。这时，等候在门口的送餐员就开始飞奔向目标，当他们出现在顾客面前时，顾客和"盘子"的聊天可能还没结束，"明天您想吃点什么？""我可以多要一杯可乐吗？"

"盘子"的生意模式看似简单，复制起来却非常不易。华为公司的一位年轻员工发现"盘子"很受欢迎后，立刻辞职创业。他复制了MSN机器人、订餐页面，甚至宣传口号，结果并没有赚到钱。最后他找到陈佳西想知道"为什么我不行？"

比起MSN"盘子"的CRM更重要

和一年前相比，"盘子"的IT系统和管理水平已经上了一个大台阶，最大的表现就是IT系统与管理流程几乎完全融合。"'盘子'的业务虽然简单，但从MSN机器人下订单，直到快餐送到顾客手里，所有的信息都由IT系统来调度和分析。"陈佳西说。

实际上，正如陈佳西女士所言，MSN机器人只是"盘子"特色经营的冰山一角，其真正吸引顾客的是饭菜质量，保证服务的是后台管理。使用"盘子"订餐系统后，你会发现随后的订餐会有很大变化——你再次光临它的订餐MSN，你就已经是它的"熟人"了，不用再输入任何联系信息。从技术角度来讲，这根本没有任何难度，但这种理念却称得上是CRM（客户关系管理）的很好应用。相比很多耗费巨资购买CRM软件、又始终难以评估CRM的ROI（投资回报率）、觉得CRM不过是"花架子"的企业来说，"盘子"的CRM应用应该能给予他们很多启发。

"为什么'盘子'的模仿者没能复制它的成功？"在Oracle亚洲研发中心CRM咨询顾问张荣看来，"盘子"在技术上并无壁垒可言，MSN人人都会用的，订餐网站也很简单；做盒饭，好像更加没什么技术含量。"盘子"成功的秘密武器在于抓住了服务型企业最核心的一点——以客户为中心，并且把这种理念有机地融入由MSN机器人、订餐平台等组成的IT系统中，从而形成了一个很实用的 CRM 系统，为特定目标客户提供方便快捷、个性化的服务，提高了客户满意度，并有效地挽留住了客户。所以，“盘子”在运营 1 年后，已经从“抢占市场”开始进入“稳定运营”阶段。

但是，“盘子”想从“小盘子”做成“大盘子”，势必会面对更多的挑战，“行业竞争并没有绝对的优势可言。”武汉哆哥饭包快餐公司老板刘黎说，“目前，‘盘子’拥有的市场先入、订餐模式新颖等诸多优势，但麻烦也会随之增加，例如 MSN 机器人并不是一个可靠的订餐系统（网络瘫痪怎么办？信息丢失怎么办？），比起真正的 CRM 系统来，‘盘子’还有不少问题需要应对。”

“盘子”的 CRM“体系”

（1）目标市场。“盘子”的目标人群很明确，就是北京中关村、上地信息产业基地、中关村软件园等区域的 IT 一族。这群人由于工作繁忙，没有时间好好享受食物，是盒饭的最大消费者。另外，他们工作地点集中，订餐需求量很大。

（2）市场营销。“盘子”只针对 IT 人士聚集的地区，主要通过网站及客户口口相传，以及少量的宣传传单，营销成本非常低，但效果很好。

（3）配送管理。“盘子”把订餐的目标客户公司/写字楼的名称都列出在网站上，作为可选项，一方面方便客户选择，另一方面也缩小了配送范围。相对集中的订餐人群大大减少了其配送的成本。如果由客户直接输入地址的话，不但麻烦，“盘子”还可能会把一份盒饭送到莫名其妙的地址去，配送成本高且不能保证按时送到。

（4）订单管理。用 MSN 接受订单。这一点很符合 IT 人士的习惯。“盘子”有一个 MSN 小机器人，输入 dc（订餐）指令后就返回一个链接，点开链接后客户就可以自己选择食物种类并配餐，然后选择送餐时间并自动在 MSN 里确认，同时也可以输入额外的需求。请注意两点：

① 客户不需要每次都输地址/电话等基本信息，“盘子”的数据库保存了这些信息，能根据 MSN ID 进行迅速检索（客户管理）。

② “盘子”用 MSN 代替客服电话。这是最特别的，邮件能得到“盘子”很及时地响应后，比电话还方便。“盘子”更进一步——用 MSN 来接受客户请求（Service Request 管理），这种方式比建立一个呼叫中心的成本低很多。它能这样做的原因是，对 IT 人士而言，键盘鼠标远比电话更亲切、更方便。

（5）iStore。“盘子”配餐的菜、饭、饮料等种类和数量都动态更新到其网站上，供客户选择，完全是 iStore 的雏形。另外，客户可以自己选择各种饭菜的搭配，实现个性化的客户自助服务，不需要呼叫中心坐席人员的参与，既节约成本又能提高客户满意度。

（6）积分管理。提高客户忠诚度和防止客户流失，是快餐行业最大的难题。“盘子”用一套积分奖励系统来挽留客户，使客户可以很方便地查到自己订餐的历史记录和积分。我想下一步“盘子”完全可以分析出每位常客的口味偏好和用餐时间偏好，做些有针对性的个性化促销。另外，它也可以对高积分的客户或集团大客户，设计相应的营销方案（Marketing 管理）。

资料来源：http://my.donews.com/，2006 年 11 月。

7.3.2　CRM 系统功能分析

完整的 CRM 系统包括操作层的 CRM，协作层次的 CRM 和分析层次的 CRM，如图 7-6

所示。

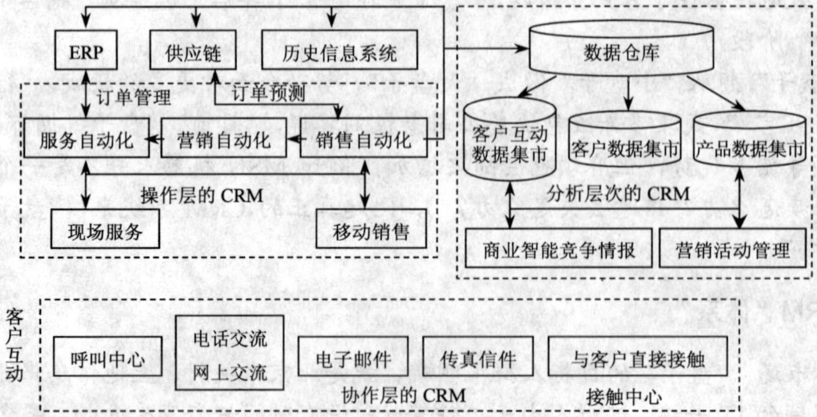

图 7-6 CRM 系统图

1. 操作层的 CRM

操作层的 CRM 使前台交互系统和后台的订单执行系统可以无缝集成链接，并同步所有客户的交互活动，以此使相关部门的业务人员在日常的工作中能够共享客户资源，减少信息流动的滞留点，从而使企业作为一个统一的信息平台面对客户，大大地减少客户在与企业接触过程中产生的种种不协调。操作层 CRM 主要由销售自动化、营销自动化和服务自动化构成，其中：

（1）销售自动化（Sales Automation，SA），包括订单管理、发票管理、分销管理、渠道管理及销售机会管理等。

（2）营销自动化（Marketing Automation，MA），用于计划、设计并执行各种营销活动，寻找潜在客户，并将他们自动集中到数据库中，通过自动分配工具分发给销售人员，如促销活动管理工具等。

（3）服务自动化（Customer Service Automation，CSA），包括任务自动分配、设备管理、服务合同及保质期管理等。

2. 协作层的 CRM

协作层的 CRM 用于同客户沟通所需手段（包括电话、传真、网络、电子邮件等）的集成和自动化，即通过实现多种与客户互动的交流渠道，并使各种渠道融会贯通，以保证企业和客户均能得到完整、准确和一致的信息，使客户和企业客户服务人员能够一起完成某项活动。比如，技术支持中心的人员通过电话的方式指导客户调试某个程序，因为这个过程同时有员工和客户共同参与，因此他们是协作的。如果问题无法通过在线的方式解决，协作层应用还必须由智能路由对请求进行升级，员工应及时做出工作转发的决定。

3. 分析层次的 CRM

分析层次的 CRM 用于对以上两种系统所产生和积累的大量数据即进行过滤，然后存储到数据仓库（Database Warehouse，DW）中进行分析，再利用数据挖掘（Data Mining，DM）等商务智能技术对数据进行分析，自动分成客户互动数据集市、客户数据集市和产品数据集市，发掘、理解客户行为，建立客户行为预测模型，透视客户需求、消费习惯、行为模式等，可以更好地了解客户的消费模式，并对客户进行分类（如根据客户的当前贡献与潜在贡献寻找最为重要的客户），从而能针对客户的实际需求，制定相应的营销战略，开发出相应的产品或服务，来更好地满足客户需求。

（1）客户互动数据集市。具体功能包括促销手段分析、客户订单/合同分析、产品投诉率分析、退货率分析、产品故障率分析、产品缺陷分析、服务质量分析、投诉分类分析、维修历史分析、维修人员分析等。

（2）客户数据集市。具体功能包括客户结构分析、客户分布分析、客户行为分析、信用度分析、客户赢利能力分析、购买时序分析、购买地点分析、客户满意度分析、大客户分析、潜在客户分析等。

（3）产品数据集市。具体功能包括市场结构分析、产品结构分析、销售业绩分析、销售渠道分析、市场时序分析、市场区域分析、产品价格分析、投资回报率分析、库存分析、销售机会分析、销售统计分析等。

7.3.3　CRM 的运作机制

电子商务环境下，要求 CRM 系统不仅仅要充分利用涉及营销、销售、服务和技术支持等企业的外部资源，还要能够与企业现有的 ERP 和 SCM 系统相集成，消除数据与应用的不一致性，将客户的需求、企业的生产制造活动和供应商的制造资源进行整合，全面发挥 CRM 的作用，来满足市场竞争的需要。同时，CRM 的运作离不开相应的技术来支撑，例如数据仓库、数据挖掘技术等。

1．与 ERP、SCM 有机结合

ERP（Enterprise Resource Planning，企业资源计划）将管理、财会、销售、制造等公司各部门的业务及各项资源整合起来，让各部门的人员都可以共享这些资源，并能立即回应。也就是说各部门的资料或者数据的变动，都能及时反映给其他部门，以往需要各部门做简报的工作，上级主管从 ERP 系统中就可以得知并随时掌握各部门的状况。ERP 对企业资源进行合理安排，实现资源的最优化。但是目前 ERP 本身还存在许多问题，主要在于无法实时地以现有资源响应客户的需求，因而难以对现实世界供应链提供支持。虽然 ERP 的一些部门级系统有客户资料，但是这些资料很难对客户有全面的认识和实时的了解，也难以在统一信息的基础上面对客户，很难实时预测业务伙伴明天会怎样和顾客群的变化状况。

CRM 要解决以往客户信息的不确定性，首先要将企业内部和外部所有与客户相关的资料和数据集成在同一个系统中，让所有客户接触的一线工作人员都操作这些资料；同时还要对过去十分随意的前台工作，导入流程管理的概念，每一类客户的需求都会接触一串规范的内部流程。但是由于企业进行事务的处理必然会牵涉到人、财、物的管理，这是单纯的 CRM 所不能胜任的。

SCM（供应链管理）着眼于企业与供应商和客户之间供给与需求的平衡，在最小成本满足客户需求的水准下，对从供应商到客户之间的整个渠道进行全面的管理。供应链中的各个参与企业的协同必须建立在每个企业内部 ERP 基础之上，并且变原有的封闭式管理平台为价

值链层面的有限开放环境，这样保证了供应链各环节的信息流、物流的共享和协同，保证了系统的安全和有效。但是SCM往往缺乏来自企业后台的动态信息，无法实现实时信息处理，使得业务层和数据层之间出现断层，客户交易信息很难实时响应。

由上述分析，可知实现CRM、ERP、SCM的有机结合是十分必要的。图7-7显示了三者结合后的系统。在整合后的系统中，ERP应优先考虑生产管理、产品管理、人力资源管理、财务管理等模块；SCM主要考虑物流管理、订单管理、库存管理、物料管理等模块；CRM主要考虑营销管理、销售管理、客户服务与支持等模块。ERP与CRM在客户、产品信息和决策支持、信息交流方面进行有机结合，从而实现从客户到供应商完全连通，企业内部流程和外部交易完全一体化，通过CRM实现与客户的互动营销，通过ERP实现整个供应链上的数据流畅通，从而使得SCM更加完善，为最终用户提供高效快捷、灵活的支持和服务。

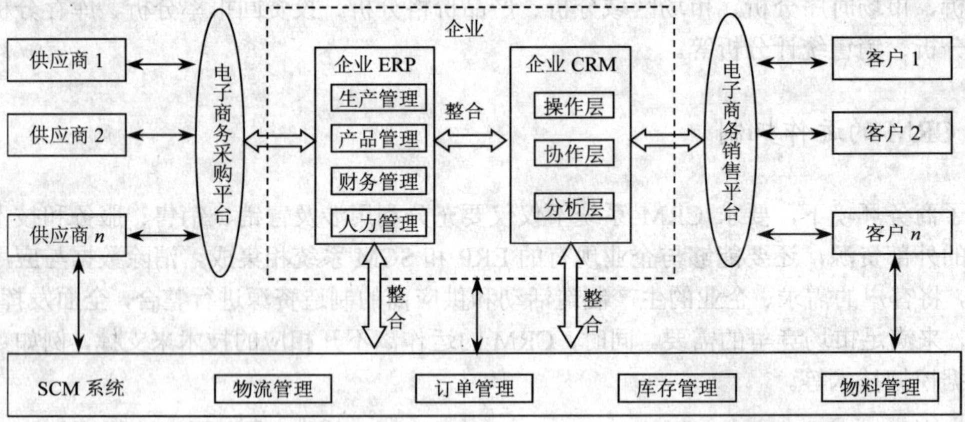

图7-7 CRM、ERP、SCM集成系统

2. 相关技术

在CRM分析层中用到数据仓库和数据挖掘技术。CRM数据仓库除了具备一般数据仓库的特点（面向主题、集成、相对稳定、反映历史变化）外，之所以适用CRM，主要在于其动态性。它不仅可以为企业提供共享、实时、多级别的决策支持环境，还能帮助企业进行长期投资分析与短期资源分配及职责变化的客户关系分析，使之适应市场的快速变化。CRM数据仓库主要功能包括客户行为分析、重点客户发现和市场评估等。

CRM中的数据挖掘技术是为了让数据仓库用户了解未知信息的数据存在方式、关系和趋向。在CRM系统应用中，它主要针对客户数据，帮助企业更好地了解客户及其行为。其主要功能包括：确定数据分类、形成数据组群；确定数据之间是否存在联系，以及它们是否存在一定的方式或次序；帮助企业识别客户，快速定位哪些人是自己的客户或潜在的客户，并且分析出他们的完整特征，以便有区别地对待客户，将主要精力放在给公司带来80%利润的20%客户；进行购物篮分析和需求预测，实施交叉销售与主动销售。

除了上述两种技术外，CRM系统还用到销售点管理系统（Point of Sale，POS）、呼叫中心（Call Center）和网络客户互动服务（Web–based Customer）等。所有这些技术都通过因特网提供客户服务与互动的良好平台，为客户提供及时性服务和个性化服务，为实现全方位的客户关系打下了很好的基础。

7.4　Web 2.0

7.4.1　Web 2.0 的含义

Web 2.0 是互联网建设的一种新模式，不再是单方向地对用户输出信息，而是让用户参与到共同建设上来，实现用户个性化、自主化的网络新体验。互联网协会对 Web2.0 解释为：互联网 2.0（Web 2.0）是互联网的一次理念和思想体系的升级换代，从原来的自上而下的由少数资源控制者集中控制主导的互联网体系转变为自下而上的由广大用户集体智慧和力量主导的互联网体系，以 Blog、Tag、SNS、RSS、Wiki 等应用为核心，依据六度分隔、XML、Ajax 等理论和技术实现的互联网新一代模式。Web 2.0 与 Web 1.0 的区别如表 7-3 所示，可以看出 Web 2.0 更强调以用户为中心，注重用户个性化和交互性，强调开放、共享、创新、自由的精神。

表 7-3　Web 1.0 和 Web 2.0 比较

比较角度	Web 1.0	Web 2.0
知识生产	商业公司将已有人类知识搬到网上	通过用户间的交流和协作，对知识进行组织和再加工
内容产生者	商业公司为主体	用户为主体
交互性	网站对用户为主．	以用户为主
技术上	因特网技术在发展与普及过程中	更强调个性化、交互性和用户体验

1. Tag

Tag（标签）本质上是一种采用关键词的分类技术。传统的文章分类是由网站编辑按照栏目来分类，不同栏目内会存在一些相同主题的内容，就再采用专栏将这些内容组织起来。Tag 技术深化了文章的分类方法，是一种多维度的分类方法，将信息分类从栏目的方式转向关键词的方式，关键词的应用还在一定程度上增加了文章内容的语义性，并将信息分类工作转交给用户，主要通过用户给自己的文章设定关键词（即“加标签”）。根据标签可以将相关的内容聚集起来，一个标签还形成一个共同兴趣的“圈子”，用户对标签的选择还可以自动筛选出热门话题，用户通过标签可以方便地找到相关资料，并找到自己的圈子，这样不仅可以增加个性化，还可以加大用户间的沟通和交互协作。

2. SNS

SNS（Social Network Service）即社会化网络服务，起源于美国社会心理学家米尔格伦（Stanley Milgram）于 1967 年提出的六度分隔理论：“你和任何一个陌生人之间所间隔的人不会超过六个，也就是说，最多通过六个人你就能够认识任何一个陌生人。”放在 Web 2.0 的背景下，每个用户都拥有自己的 Blog、自己维护的 Wiki、社会化书签或者 Podcast（播客），用户通过 Tag、RSS 或者 IM（即时通信）、邮件等方式连接到一起，按照六度分隔理论，每个个体的社交圈都不断放大，最后成为一个大型网络，这就是社会化网络服务。

3. RSS

RSS 是一种借助 XML 技术形式，完成互联网站点间信息的自动传送，即某一站点用来和其他站点之间共享内容的一种（也叫聚合内容）技术。应用 RSS 技术，用户可以使用 RSS 阅读器软件将感兴趣的内容聚合在一起，不登录网站即可实时掌握内容更新情况，并可以批量下载所选内容，实现“一站式”信息浏览；对内容提供者来说，RSS 技术提供了一个实时、高效、安全、低成本的信息发布渠道，能让别人更容易发现你的站点及信息，并追踪阅读；网站之间也可以更方便地共享彼此内容。

美国 RSS 及博客广告代理商 Pheedo 发布的报告显示，消费者对 RSS 阅读器里独立于文章之外的广告点击量比显示在文章中的广告点击率高出很多，比例分别是 7.99%和 0.85%。

4. Podcast

Podcast，中文译名尚未统一，但最多的是将其翻译为“播客”。播客，最早源于美国的一种叫做“Podcasting”的数字广播技术，出现初期借助于苹果公司的 iPod 便携播放器和相关软件，网友可将音乐或广播等数字声讯文件下载到自己的 iPod、MP3 播放器或其他便携式数字声讯播放器中随身收听，也可将自己的声讯或视频文件上传到网络上与他人共享。目前，“播客”这个词既可以指使用这一传播方式的一类人，也可以指制作好的音频视频文件。早在播客之前，就已经有网络电台、在线收听，但这些节目仍由传统的电台制作和发布，而播客则降低了在线广播的技术壁垒，让每个人都可以成为 DJ 或节目主持人，“人人皆可成为媒体”成为播客的口号。目前中国的播客网站有上百家，根据《INTERNET GUIDE2007 中国互联网调查报告》，2006 年中国播客/视频分享的营收规模达到了 0.4 亿元，比起 2005 年的 0.19 亿元，增长了 110.53%，预计 2008 年将达到 1.8 亿元。并且根据该报告显示，在播客/视频分享领域用户到达率的前三名分别是：土豆网（9.86%），优酷（8.91%），Mofile（8.7%）。

5. Blog

Blog 是继 E-mail、BBS、ICQ 之后出现的第四种网络交流方式。能让个人在 Web 上表达自己的心声，获得志同道合者的反馈并与其交流。Blog 的写作者（Blogger）既是档案的创作人（Creator），也是档案的管理人（Archivist）。Blog 可以收集和共享用户任何感兴趣的事物。许多人使用 Blog 只是要组织自己的想法，而有些人则在全球成千上万的浏览者中赢得影响力。无论网络用户要发表什么意见，Blog 都可以帮忙表达出来。对于一个小型团队来说，群组、协作式或公共社区 Blog 是极好用的沟通工具，可以让团队在 Web 上拥有专属的空间以共享新闻、链接和想法。

Blog 有多种存在方式，包括：

（1）托管博客。直接从博客托管提供商处注册申请即可拥有自己的博客空间。

（2）用户自建独立网站的博客。有自己的域名、空间和页面风格，需要用户具备一定的知识。

（3）附属博客。将自己的博客作为某一个网站的一部分。

7.4.2 Wiki

Wiki（互联网百科全书）属于一种人类知识网格系统，人们可以在 Web 的基础上对 Wiki

文本进行浏览、创建、更改；同时 Wiki 系统还支持面向社群的协作式写作，其写作者自然构成了一个社群，Wiki 系统为这个社群提供简单的交流工具。Wiki 主要应用在知识管理、新闻传播、教育教学等许多领域。

1. Wiki 应用于知识管理

知识管理最初产生于企业，属于管理学范畴的新的理论和实践，后来逐渐延伸到教育、政府、社区以及社会的各个领域。它的核心理念是强调知识的积累、共享、交流与创新；隐性知识的获取和利用；通过技术特别是信息技术所提供的支持，使知识发挥更大价值。

从知识管理的角度看，Wiki 体现的思想和知识管理的理念不谋而合。Wiki 可以作为支持知识管理的有力工具。以 Wiki 作为平台和工具，可以进行知识的积累、共享、交流与创新，促进隐性知识的获取和利用。反过来，在知识管理的思想指导下，可以更好地发挥 Wiki 的作用。

（1）Wiki 作为公共知识组织的工具。目前，Wiki 最重大的影响力即来自于公共知识组织领域。Wikipedia 是迄今为止 Wiki 在公共知识组织领域应用得最成功的典范。Wikipedia 是第一个使用 Wiki 系统编纂百科全书的协作计划。它的目的是通过全球性的开发写作计划，将普通人脑海中的智慧集合起来，创造一本由作者自由选择、包含各种语种、囊括所有知识、全球性的、为每一个人服务的百科全书。Wikipedia 的 Logo 如图 7-8 所示。

图 7-8 Wikipedia 的 Logo

如今，Wikipedia 已经涵盖了 125 个语言版本，总词条数超过 330 万，而且现在每个月的访问量超过 25 亿次。据 Wikipedia 的创始人威尔士称，为英文 Wikipedia 供稿或者编辑文章的人有数十万之多，其核心团队大约有 200 人，在这个核心内圈之外还有一个约 2 000 人的核心队伍，每个月他们每人都有 100 次以上的编辑。在这个核心之外，还有大约 1 万人，他们每人至少会进行 5 次编辑。尽管 Wikipedia 的每一个词条编辑得并非都是毫无瑕疵，但它的每一个词条都在变得越来越好。

（2）Wiki 作为企业知识组织与管理的工具。目前，不论是企业、政府还是非营利性组织，都十分重视开发组织内部的知识资源，尤其是员工头脑中的隐性知识，从而提升组织的整体竞争力。例如诺基亚公司（Nokia）使用 Socialtext 公司的 Wiki 软件来推进“洞察力和远见”团队（Insight&Foresight）内部的信息交流。米其林中国公司（Michelin China）也使用 Wiki 作为知识库管理工具。其 IT 部门的吉恩 • N.西默耐特（Jean-Noel Simonnet）认为：“我们的目的是共享所有信息、程序，设置文件，这样我们会减少对某个特定员工的知识依赖，团队中也不会有人将文件留在个人目录中。”此外，迪斯尼公司（Disney）、柯达公司（Kodak）、摩托罗拉公司（Motorola）和思爱普软件系统公司（SAP）也都使用了 Wiki。与传统的企业知识管理工具相比，Wiki 的优势有以下几个方面。

① 提供良好的知识共享渠道。由于 Wiki 是一个完全开放的思想交流平台，组织内的任何人都可以在上面发表自己的言论，随时与其他员工进行相互探讨，而且，员工间的交流可以跨越部门的界限建立起不同的社群，通过社群成员间的相互协作和知识共享来共同完成组织的某项任务，如起草产品的推广方案、制定组织的发展战略等。

② 促进隐性知识的转化。隐性知识是指隐含的经验类知识，它存在于员工的头脑中或者

组织的结构文化中，很难用语言进行准确描述，不易被他人学习利用。由于 Wiki 支持多种格式的文件类型，而且操作简单，因此员工可以随时根据需要在 Wiki 平台上通过发布图片、动画、录像等方式将那些难以用文字或语言表述的隐性知识形象地表现出来（自己所掌握的某项独特的工作技巧等），从而使其他员工能够更加直观地了解和学习这些知识，实现组织内部的知识共享。

③ 加强知识共享的精神激励。Wiki 为组织提供了一个资源共建的知识共享平台，它允许任何员工对 Wiki 页面进行修改、删除和创建，共同对 Wiki 站点进行维护，因此对组织内的每个员工而言，都可以为组织内部知识共享的顺利实现作出贡献，从而增加自己的成就感，更好地激发自己参与知识共享的热情与积极性。而且员工在通过 Wiki 平台贡献自己知识的同时，还能迅速树立起个人声誉，谁贡献的知识越多、越有价值就越能获得其他人的尊重和敬仰。

2. Wiki 在新闻传播方面的应用

2004 年 11 月维基媒体基金会运用 Wiki 技术创办了维基新闻网站（www.wikinews.org），首次将这项技术同新闻传播结合起来，引起了新闻界的关注。作为 Wikipedia 的一个衍生物，维基新闻（http://www.wikinews.org）秉承了前者自由、平等、共享等理念，以多人协作的方式发布和维护新闻条目。这赋予了所有人发布新闻的权利，极大地促进了世界范围内信息的进一步传递和共享。根据维基百科的在线讨论页，设立维基新闻最初的目的是“以中立的立场来协作报道和汇总所有主题的新闻”。在 Wiki 新闻的“使命声明”网页中写道：Wiki 新闻的目标是“建设一个具有时效性、相关性、有新闻价值和娱乐性的没有偏见的网站”。

Wiki 在新闻传播方面的应用，使公众有了更多的选择权和知情权，是对传统新闻观念的一重突破，具有国际性、快速编辑性、公开性、中立性、志愿性和自由性等特点。

3. Wiki 在教育教学的应用

由于 Wiki 的操作简易、开放、共享共创等特性，将其用于教育领域，可以促使人们共享共创知识、激发知识创新、培养信息处理能力和协作能力。例如：中国的先得教育维客（http://wiki.nsjy.net/）就是一个典型的教育精品资源专题 Wiki 网站，如图 7-9 所示。该站所有内容由被称为“网络共产主义者”的教育者们集体义务撰写，理念是“各尽所能，各取所需，共建网络大同世界”，目前已经开通了教育效益学、游戏化学习、教育博客、经典教育、Wiki、虚拟教研中心、研究性学习、儒家教育等专题。

Wiki 用于教育教学领域有以下几点优势：

（1）作为教学信息源。通过将教学内容信息发布在 Wiki 站点上，可以让学习者在课堂之外继续得到老师的指导和帮助，巩固课堂上所学知识。Wiki 同时也为全国各地的同学和老师提供平台，在 Wiki 站点可以共同讨论相关主题，共享灵感和智慧，最后完成相关主题的设计，开拓了开放型思维的模式。

（2）提供协同研究的平台。Wiki 不仅仅可以支持实时和非实时的交互，而且是完全开放的思想交流平台，学习者随时可以与其他学习者或教师进行相互探讨，更好地进行交流，并且可以共同完成编写一份研究报告或者相互修订研究成果。教师对学生的指导可以与学生的研究过程融为一体，不仅在学生研究成果完成后可以随时在网上批阅，而且在学生研究写作过程中就可以批阅，或写批语，或直接修改，不仅反馈周期短，并可以动态化地指导学生。

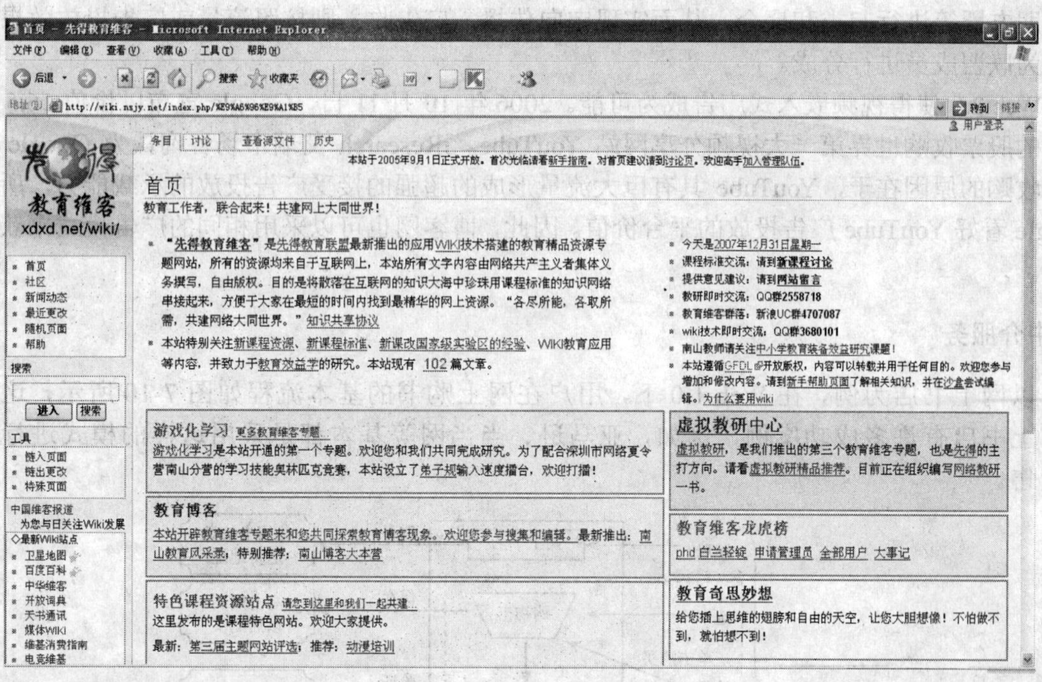

图 7-9　先得教育维克网站

（3）提供多元化的研究性评价。Wiki 技术支持研究性学习的多元化的评价，由于 Wiki 通过文本数据库或者关系型数据库实现了版本控制和版本对比，学习者通过版本控制和对比，很容易就能看到自己的学习过程及成果，同时也能让教师更容易了解和跟踪学习者的学习。例如：Wiki 保留网页每一次更新的版本，即使参与者将整个页面删掉，管理者也会很方便地从记录中恢复最正确的页面版本并可以随时找回以前的版本，版本控制既使多人协作成为可能，又保护了内容不会丢失；Wiki 站点的每个页面都有更新记录，也可以和以前的版本进行对比，任意两个版本之间都可以进行对比，Wiki 会自动找出它们的差别，这就记录了研究性学习的整个过程，包括情境问题产生、实践体验和表达交流。Wiki 还具有更新通知的功能，只要有人对页面进行了更改，它就会以电子邮件的方式发送更新消息给同一主题探究的所有使用者，这有利于对学习者的学习过程及成果做出最即时的评价，让学习者及时反思，不断改进，真正实现研究性学习的过程评价。

7.4.3　Web 2.0 的营销方式

1．广告模式

Web 2.0 时代的广告业务，更加注重个性化和服务化。通过 Web 2.0 理念和技术，用户的黏度很高，能获得高流量，从而得到广告商的注意。例如，Tag 技术形成的圈子概念，将使广告更有针对性，可以出售 Tag 关键词，根据关键词显示相关广告。因此，Web 2.0 时代使得广告可以定向地朝某个特定群体投放，这样更有针对性，提高了投放广告的效果，广告投放价值也增加了。比如，和讯网也在中国率先发起成立博客广告联盟，通过广告代理平台，整合大批量博客的广告位出售给广告主，并根据联盟成员的个人背景、博客内容、受众分析以及朋友圈等进行归类和聚合，从而实现定向传播，广告收入则按照流量或广告投放效果等方式为联盟成员进行分成。

Web 2.0 使得视频嵌入式广告成为可能。2006 年 10 月 11 日，Google 宣布以价值 16.5 亿美元的股票收购世界第一大视频分享网站 YouTube。iResearch 艾瑞市场咨询认为 Google 出巨资收购的原因在于，YouTube 具有巨大流量形成的超强的接受广告投放的承载能力，所以 Google 看好 YouTube 广告投放的平台价值。因此，博客网也可以采用相同的广告模式来获取赢利。

2．中介服务

以网上书店为例，在 Web 1.0 下，用户在网上购书的基本流程如图 7-10 所示，这样的网上书店有许多成功案例，例如，亚马逊、当当网等基本都是采用这样的模式进行网上销售。

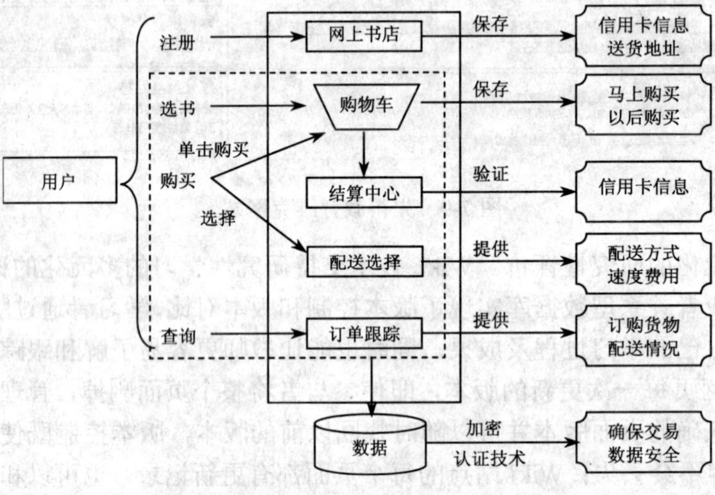

图 7-10 Web 1.0 下的网上购书流程

随着 Web 2.0 的出现，使得许多中介服务出现，例如豆瓣网等，网上购书流程变为图 7-11 所示的形式。可以看出，豆瓣网实质上是起一个中介商的作用，它向光临网站的顾客提供信息。当用户选中自己感兴趣的书时，可以参看其他用户对该书的评论，在随后出现的书价比较的页面上，不论是当当网或是卓越网的链接地址都含有加入这些购书网联盟的代码，如果用户通过点击这个链接成功实现对某书的购买，这样豆瓣网就可以与购书的网站实现销售利润的分成，给豆瓣网带来收入。由此可以看出来，Web 2.0 下出现的中介服务带给了用户极大的便利性，并且由于网站 Web 2.0 的广泛的用户参与性和信任性，网站大部分内容均是由用户自己添加和维护的，网站管理者只是负责内容的审核，从而省去大量的编辑费用，给中介服务带来很大的利润。

3．无线增值业务

手机博客与手机杂志订阅是目前新兴的 Web 2.0 无线业务。手机用户数量巨大，而且目前消费者对手机付费的模式已经认同，因此，基于手机开发的 Web 2.0 产品会取得理想效果。例如，北京掌联科技的“白领 de 手机博客”经过 5 个月的运行，目前已经有 10 万名用户，有望成为中国最大的手机广告营销商。

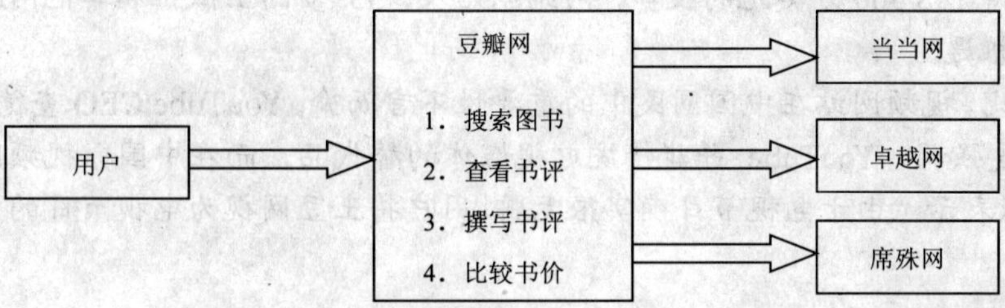

图 7-11　Web 2.0 下的网上购书流程

案例 7-5

Web 2.0 的中国版本

Facebook 的中国克隆

校内网（xiaonei.com）并非只是看起来像 Facebook。除借鉴了 Facebook 的设计之外，校内网还模仿了它的战略，并将其“移植”到中国。并非只有校内网这样做，几乎所有美国主要 Web 2.0 网站都拥有大量中国模仿者。

考虑到大多数美国主要 Web 2.0 网站还没有正式推出中文版本，出现这种情况并不足为奇。基于这一原因，一些有胆识的创业者只是简单地“复制”了国外公司的创意和图片，并针对中国用户口味做了本地化，就创建了自己的网站。不过，随着中国 Web 2.0 市场日趋饱和，新兴公司要想获得投资越来越不容易。中国视频共享网站土豆网 CEO 王微表示：“这是一件好事，因为它意味着投资者的识别能力正在不断增强。”

中国 Web 2.0 市场的迅猛发展引发了一系列问题。例如，奥美中国区总裁郭怡广表示，中国的网络带宽和数据中心已经不足以满足 Web 2.0 网站日益增长的需求。受此影响，很多网站的访问速度较慢，用户体验不佳。另一个问题在于，中国电信和中国网通之间的网络传输并不顺畅，很多公司被迫创建了“镜像”网站。

中国社会从很大程度上建立在个人关系上，这为社交网站的普及提供了基础。市场研究公司 Pearl Research 的总裁埃里森 · 梁(Allison Luong)表示，社交网站可以看做是个人关系的自然延伸。因此，对于希望进军中国市场的美国 Web 2.0 公司来说，文化方面的差异并不是大问题。

一些中国 Web 2.0 公司，例如 Anothr.com 和豆瓣网，已经推出了英文网站，尝试吸引来自中国之外的用户。与此同时，还有一些中国 Web 2.0 公司正在寻求与国外公司合作。

Web 2.0 风起

2006 年夏天，土豆网 CEO 王微将几罐油漆交给员工，让他们尽情挥洒自己的创意，去装饰公司的办公室。员工们用各种大胆的颜色在白墙上喷上笑脸、心形以及“Java”、“Ajax”等高科技术语，将这间曾是服装厂的陈旧砖砌建筑改造成了一个前卫的办公室，使之与土豆网所谓“中国版 YouTube”的风格相符。这个故事告诉我们，中国二三十岁的年轻工程师和创业者们正在努力追逐 Web 2.0 的脚步。

从社交网络到视频分享，符合本地网民口味的中国版 Facebook、Twitter 等 Web 2.0 网站正日益流行。在这个网民数量超过美国，且仍在快速增长的国家，门户网站不再一统天下。土豆网已经获得了 8 500 万美元的投资，网站创始人、35 岁的王微正和其他网络创业者一起迎接新一轮的机遇。

与美国相比，视频网站在中国网民中的重要性不言而喻。YouTube CEO 查德·赫利（Chad Hurley）曾反复强调，YouTube 并非传统电视媒体的替代品。而在中国，视频网站却恰恰替代了电视，王微表示：“由于电视节目确实很无聊，用户将土豆网视为电视节目的直接替代品。”

量身定做

毕业于加州大学伯克利分校的中国人郭春龙，在滑雪受伤后的漫长恢复期，突发感触，在 2006 年 6 月推出了音乐分享网站友播（yobo.com），这位 35 岁的音乐爱好者认为，中国网民需要一个发现新音乐并同好友分享的网站。郭春龙表示：“在这里，用户不需要对音乐有深入的了解。网站上也没有太多的音乐流派，但都非常流行。”

友播借鉴了音乐与推荐网站 Pandora、Oakland 及音乐社交网站 Last.fm 的多种元素，用户可以收听音乐、推荐或者送歌给好友。

上海创业公司若邻网则完全照搬了 LinkedIn 的模式，为商务人士提供社交服务，试图开拓在中国商务交往中至关重要的人际关系网络。但这个网站很快就发现，完全照搬国外模式在中国行不通。若邻网 CEO 陈浩源透露，LinkedIn 要求用户为额外的功能付费，但中国网民更喜欢免费的服务。

中国网民更为年轻，缺少 LinkedIn 赖以生存的平均年龄 41 岁、年收入 11 万美元的用户基础，而且中国网民对社交网络的兴趣并不浓厚。因此，若邻网针对用户的社交需求重新进行设计，提供了创建和共享活动、个人日历与生活、照片以及随笔等功能。

这些创业公司面临激烈的竞争。土豆网只是数百家视频网站中的一个，其他崭露头角的视频网站还包括优酷网、56.com 以及酷 6 等。

光速创投的埃里克·奥布莱恩称：“中国的竞争如此激烈，与之相比，美国市场的竞争简直是小菜一碟。如果有哪个领域的公司引发关注，第二天就会突然冒出 20 个竞争者。”

资料来源：《旧金山纪事报》，Web 2.0 的中国版本，2008 年 8 月；英国 *Economist* 杂志，Facebook 的中国克隆，2007 年 9 月。

7.5 问题讨论

1．请将网络广告与报纸、电视、广播三种传统媒体进行比较，讨论它们的优缺点。

2．找一个自己熟悉的企业，试论述该企业制定网络营销方案的思路。

3．讨论哪些管理方法可以用在整合 CRM 系统中？

4．讨论哪些技术可以用来建设和维护网络客户关系？

5．讨论 Wiki 除了应用于文中提到的三个领域，还在哪些领域有所应用？并说明使用 Wiki 模式的好处。

7.6 实 践 项 目

1．假如你是一个 B2C 网站的电子商务经历，试着写一份解释为什么许可营销方法可用的报告。

2．在传统的购书网站例如当当和 Web 2.0 下，购书网站例如豆瓣网分别订书，并比较各自的购书流程以及优缺点，分析哪种模式更适合自己。

3．回顾案例 7-3“用 MSN 卖快餐”，并试着通过 MSN 订餐，考虑如何完善“盘子”的 CRM 体系？

习　题

1．网络营销方式有哪几种？并指出各自的优缺点。

2．网络广告有哪几种形式？并指出各自的优缺点。

3．客户关系管理系统包括哪几个层次？它们各自的功能是什么？

4．Web 2.0 有哪几种表现形式？并选择其中的一种作具体分析。

5．什么是 Wiki？总结 Wiki 的主要应用领域，并说明 Wiki 模式的优势。

第 8 章　电子商务安全技术

本 章 要 点

1. 了解电子商务和移动电子商务的安全问题。
2. 掌握加密解密技术。
3. 熟悉电子商务中的认证技术。
4. 了解网络安全机制的实现。
5. 熟悉安全技术在电子商务中的应用。

案例 8-1

网 络 安 全

Vista 操作系统面临的威胁

2007 年 12 月初，McAfee 公司在美国公布的最新安全报告显示，随着 Windows Vista 的市场份额突破 10%的大关，越来越多的恶意软件作者开始寻找其中的安全漏洞。根据目前互联网上流传的信息，Windows Vista 将有可能在明年初被发现大约 40 个安全漏洞。

McAfee 旗下 Avert 实验室透出的消息称，目前大多数的恶意软件都忽视了 Vista，但这并不是因为 Vista 安全，而是市场占有率不足。

此前 IDC 对于漏洞和风险评估的调研报告指出，如果某种软件的市场占有率低于 10%，那么其面临的安全威胁将低于 1%。但如果超过 10%，其安全威胁的变化将以每 10%翻番的速度增长。举例来讲，前者有点类似于智能手机操作系统，而后者类似于时下流行的 Windows XP 操作系统。

事实上，在 Windows Vista 发布的一年内，该操作系统一度被认为是最糟糕的发明之一——耗时六年，却在推出时受到用户批评，而微软不得不允许整机 OEM 厂商继续预装低版本的 XP 系统。但这样的结果是 XP 的系统漏洞和安全问题越来越多，但 Vista 则“安全得多”。

不过，这个现象正在发生变化。根据微软的统计，在 2007 年 10 月底时，Vista 市场份额就由 9 月底时的 7.4%提高到了约 7.9%。到 2008 年一季度，Vista 的出货量将达到 10%的桌面系统份额。根据经验，这一数字将标志着黑客查找 Vista 中安全缺陷的开始。在此阶段尽管 XP 系统漏洞仍能给黑客提供高额回报，但 Vista 的诱惑也不小，毕竟基于 Vista 的防御体系将会比 XP 少很多。

企业网络安全

随着网络信息化的普及，人们对互联网的依赖日益加深，网络受到外部病毒攻击和安全威胁的几率也越来越高。就企业网络而言，2007年的一项安全调查发现：国内企业对互联网危险的防范十分薄弱，在遭受Web病毒及其他攻击威胁时，可能导致企业网络陷入不可弥补的灾难性后果。

根据调查统计数据显示，参与调查的企业平均得分仅为52.9分，其中63.6%的企业用户处于“高度风险”级别，而处于“低度风险”保障区内的企业用户只有10%。虽然77.6%中国企业部署了网关防护、防病毒软件等安全设备，但大约4成用户几乎不安装计算机操作系统补丁、不升级安全防护软件。近一半用户从来不对操作系统和安全设备的日志进行分析，而安全产品成为“摆设”的状况在企业内部依旧很普遍。

病毒——“网银大盗”

与网络紧密联系的电子商务企业要想正常运营，首先就要解决网络安全问题，而病毒无疑是网络安全最大的隐患。下面，来看一个威胁网银安全的病毒——“网银大盗221184”。

“网银大盗221184”（Win32.Troj.Autorun.ti221184），这是一个木马释放出来的DLL文件。该病毒是个盗取网银账号的木马，它释放一系列文件，自动运行iexplore.exe，根据黑客发出的指令信息，在用户机器上获取相应的信息，并以邮件的形式发送到黑客指定邮箱。

该DLL运行后，首先查询windows\temp\目录下是否存在debug.log文件，该文件是病毒衍生物之一，如存在，就说明完整的病毒已进入计算机系统。当“同伙”到齐后，该病毒就具备了作案的能力。它会释放出大量其他病毒文件，并在各磁盘分区中生成autorun.inf文件。如果用户在受害计算机上使用U盘等存储器，病毒就会立即将其感染，以便扩大自己的传染范围。接着，病毒创建系统服务，实现随系统启动而自动启动之目的。然后在用户不知晓的情况下运行iexplore.exe，建立远程连接，从黑客指定的163邮箱获取新的指令，并通过这些新指令创建线程，搜索网银页面的进程，发现之后立即注入其中，截获用户发出的账号密码等信息。得手后，立即再次建立远程连接，将它们发送到黑客指定的Gmail邮箱。

“会泄露秘密的键盘”

今天的网络安全不仅受到病毒、黑客、垃圾邮件的袭击，而且不断有新的因素出现并威胁着网络的安全，“会泄露秘密的键盘”无疑是这其中的一个。

不要以为挡住显示屏，别人就无法知道你在计算机上写了些什么。加州大学伯克利分校的计算机专家道格·泰加指出，借助一款售价仅为10美元的麦克风，他就可以从打字者键盘发出的声音分析出键入的文字，准确率高达96%。这个分析过程与打字者本人的打字习惯、键盘类型、周围环境或输入的文字都没有关系，甚至麦克风都无须与打字者处于同一个房间。关键之处在于，键盘上不同的键在被敲击时，发出的声音会有轻微的不同，就像敲击鼓的中部和边缘会发出迥然不同的声音一样。只要收集10分钟的键盘敲击声音数据，特殊的软件就能应用标准算法破译出文字的内容。

鉴于以上泄露密码的风险，广东发展银行在其“个人银行登录”系统中运用了更加安全的手段防止密码被盗，当用户点击密码框时，系统会自动弹出小键盘，这样可以用鼠标点击输入密码，避免了敲击键盘带来的泄露密码的风险。

“QQ 大盗”

不光银行采用了这种防止密码被盗的安全措施，网络聊天工具也加入到这一行列中来。QQ 是人们经常使用的即时通信工具，憨态可掬的小企鹅人见人爱，但是总有少数不法分子想对它暗下毒手。

盗号是针对 QQ 的一大重要威胁，在前两年腾讯公司取消免费注册服务时期尤为猖獗，虽然现在免费注册重新恢复，但是 5、6 位的小号仍然成为“蒙面大盗”们垂涎的对象。盗号的方法很多，其中有些采用暴力破解。应对的措施除了科学地设置密码外，申请密码保护也非常关键。

另外有些盗窃 QQ 密码的木马和病毒，在你运行 QQ 时，它会隐藏正常的登录窗口，弹出一个模仿窗口让你输入账号和密码，然后记录下来发送到指定的邮箱中。

如何来应对这种威胁呢？——使用软键盘！QQ2004 Beta 版登录窗口提供了软键盘功能（类似于前面介绍的网上银行的登录页面），这种通过鼠标点击输入密码的方法，可以有效防止键盘记录程序的监听。

参考文献：《网络世界》，2007 年第 48 期（2007 年 12 月 17 日）第 25 页；
《三联生活周刊》，2005 年第 37 期（2005 年 10 月 3 日）第 14 页；
http://lwdown.com/article/article_2674_1.html；
http://tech.ccidnet.com/art/1099/20071130/1293845_1.html，2007.12.3。

8.1　电子商务的安全

8.1.1　电子商务的安全问题

随着电子商务以及网络的飞速发展和普及，电子商务的安全问题也越来越突出，影响了电子商务的进一步发展与完善，如何为电子商务的用户提供一个安全、快捷的电子商务环境，成为一个突出的关键问题。一个真正的电子商务系统并非单纯意味着一个商家和用户之间开展交易的界面，而应该是 Web 站点与公司的后端数据库系统相连接，向客户提供有关产品的库存、发货情况以及账款状况的实时信息，从而实现在数字时空中完成现实生活中的交易活动。这种新的完整的电子商务系统可以实现内部网络与 Internet 连接，使小到企业的商业机密、商务活动的正常运转，大至国家的政治、经济机密都面临网上黑客与病毒的考验。因此，安全性始终是电子商务的核心和关键问题。

电子商务系统既不是一个单纯的商务系统，也不是一个简单的计算机网络系统，而是这两者的结合，是运行在计算机网络上的商务系统。它的安全性主要体现在网络安全性和网络交易安全性。两者是相辅相成密不可分的，网络是实现交易的基础，是交易的平台，没有安全的网络保障就没有安全的网络交易；安全的电子商务系统也是网络安全的组成部分。对于电子商务的网络交易安全如图 8-1 所示，主要包括以下几个方面。

（1）保密性。交易中的商务信息均有保密的要求。如信用卡的账号和用户名，就可能被盗用；订货和付款信息被竞争对手获悉，就可能丧失商机。因此在电子商务中的信息一般都有加密的要求。

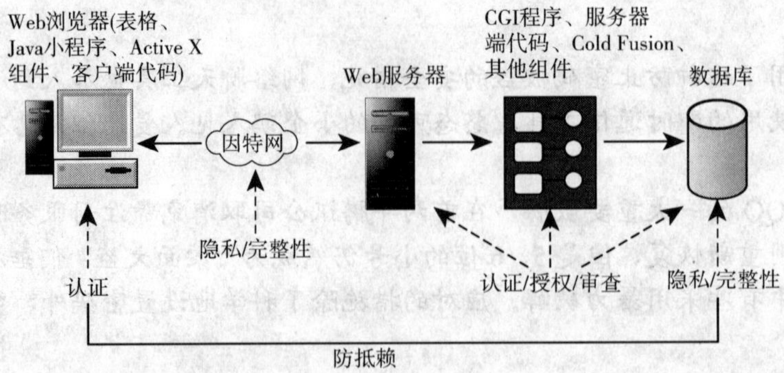

图 8-1 电子商务的网络交易安全

（2）身份的确定性。网上交易的双方绝大多数都是陌生的，且相隔千里。因此，要使交易能够成功，首先要想办法确认对方的身份。对商家而言，要考虑客户端是否是骗子，而客户也会担心网上的商店是否是玩弄欺诈的黑店。因此，能方便而可靠地确认对方身份是交易的前提。

（3）交易的不可否认性。由于商情的千变万化，交易一旦达成是不能被否认的，否则必然会损害一方的利益。例如国际金价，当供货方收到订单时发现此时的黄金价格比订货时已经上涨，如果此时其能够否认收到订单的实际时间，甚至否认收到订单的事实，则订货方就会蒙受损失。因此电子交易通信过程中的各个环节都必须是不可否认的。

（4）内容的完整性。电子商务的交易信息在网络的传输过程中，可能会受到非法用户或者侵入者的篡改，使得交易信息的完整性和公平性受到破坏。篡改的方式主要有插入、删除或修改等。如在交易的信息中插入一些非法信息迷惑接受方，或者是删除、修改一些信息和条款来误导接受方，使接受方蒙受经济损失。

（5）认证性。电子商务的交易模式与传统的面对面商务模式不同，其交易全部通过网络这个平台来完成，交易的双方都不是按照传统的方式来确认对方的身份，辨别对方身份的真伪，防止伪造身份和伪装身份攻击的情况发生。

（6）访问的控制。不同访问用户在一个交易系统中的身份和职能是不同的，任何合法用户只能访问系统中授权和指定的资源，非法用户将被拒绝访问系统资源，如图 8-2 所示。

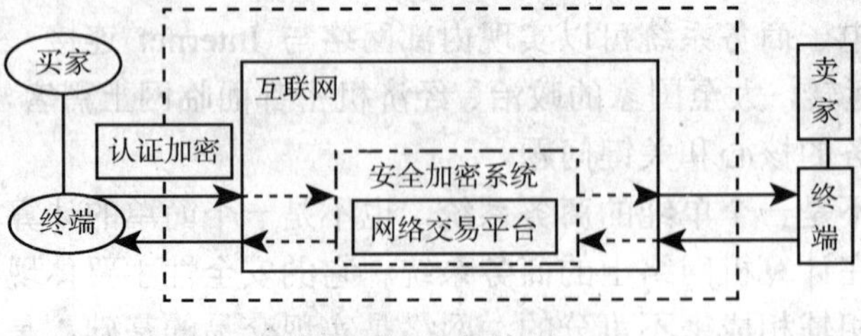

图 8-2 访问控制

为保证电子商务的交易安全，还必须考虑网络建设中的安全策略，从交易实施的基本载体上提高安全性。一方面，网络提供了资源共享性，提高了系统的可靠性，通过分散工作负荷提高了工作效率，并且还具有可扩充性。这些特点使得计算机网络深入经济、国防、科技与文教等各个领域。另一方面，也正是这些特点，增加了网络安全的脆弱性和复杂性，资源共享和分布增加了网络受威胁和攻击的可能性。一个计算机网络进行通信时，一般要通过通信线路、调制解调器、网络接口、终端、转换器和处理机等部件。通信线路的安全令人担忧，通过通信线路和交换系统互联的网络是窃密者、非法分子威胁的对象。

网络安全面临的威胁主要有以下四个方面：

（1）网络部件的不安全因素。

① 电磁泄漏。网络端口、传输线路和处理机都有可能因屏蔽而造成电磁泄漏。目前，大多数机房屏蔽和防辐射设施都不健全，通信线路也同样容易出现信息泄露。

② 搭线窃听。随着信息传递量的不断增加，传递数据的密级也在不断提高，犯罪分子为了获取大量情报，可能在监听通信线路，非法接收信息。

③ 非法终端。有可能在现有终端上并接一个终端，或合法用户从网上断开时，非法用户乘机接入并操纵该计算机通信接口，或由于某种原因使信息传到非法终端。

④ 非法入侵。非法分子通过技术渗透或利用电话线侵入网络，非法使用、破坏或获取数据及系统资源。目前的网络系统大都采用口令来防止非法访问，一旦口令被窃，很容易侵入网络。

⑤ 线路干扰。当公共载波转接设备陈旧和通信线路质量低劣时，会产生线路干扰，导致数据传输出错。调制解调器会随着传输速率的上升，错误迅速增加。

⑥ 病毒入侵。计算机病毒可以以多种方式侵入计算机网，并不断繁殖，然后扩散到网上的计算机来破坏系统。轻者使系统出错或处理能力下降，重者可使整个系统瘫痪或崩溃。

（2）软件的不安全因素。

① 网络软件安全功能不健全或安装了带有病毒的软件。

② 未对用户进行分类和标识，使数据的存取未受限制和控制。

③ 不妥当的标定资料，导致所修改的程序构成版本错误；程序员没有保存程序变更的记录，没有做拷贝，未建立保存记录的业务。

（3）工作人员的不安全因素。

① 保密观念不强或不懂保密守则，随便泄露机密。打印、复制机密文件；随便打印系统保密字或向无关人员泄露有关机密信息。

② 因规章制度不健全造成人为泄密事故。如网络上的规章制度不严、对机密文件管理不善、各种文件存放混乱、违章操作等造成不良后果。

③ 熟悉系统的工作人员故意改动软件，或用非法手段访问系统，或通过窃取他人的口令字和用户标识码来非法获取信息。

④ 利用硬件的故障部位和软件的错误非法访问系统，或对系统各部分进行破坏。

（4）环境因素。除了上述因素之外，还有环境因素威胁着网络的安全，如地震、火灾、水灾、风灾等自然灾害或掉电、停电等事故。

案例 8-2

海星木马

特洛伊木马

木马（Trojan）这个名字来源于古希腊荷马史诗中特洛伊木马的故事，斯巴达国王美内劳斯联合希腊各城邦组成希腊联军攻打特洛伊，久攻不下，于是想出一计：首先他们假装被打败，撤退时留下一个木马，而木马里面却藏着最强悍的勇士，特洛伊人将其当做战利品带回城内。当天晚上，当特洛伊士兵为胜利庆祝时，藏匿在木马中的希腊战士们却从木马中钻出来，悄悄打开城门，里应外合，一夜间占领了特洛伊城。这个故事早已经有了数字化版本。那些有着技术天赋的黑客们，编写出一段特定的程序，把预谋的功能隐藏在公开的功能里，掩饰真正的企图，供用户在互联网上下载。通常这些程序的目的是远程控制有木马程序植入的计算机，然后窃取用户的各种资料。

在大多数人眼中，木马是一种病毒，其实木马并没有完全具备病毒的传播、潜伏、感染文件的性质。它的主要目的也不像病毒一样是单纯的破坏与恶作剧，而是为了“控制”与“偷窃”。但是木马对计算机用户的侵害要比病毒更甚，因为它们没有蛰伏期，永远是实时运转的。

“2007年病毒量大概比2006年增长了近30倍，接近30万种，其中70%是恶意的木马程序，每天感染的用户接近100万。”360安全卫士的总经理傅盛说。

最初，恶意软件的生产制造以有组织或有来头的公司为主，他们做的东西以谋取经营利益为目标，比如弹出广告等。恶意软件也由此形成一条产业链，有制作者、渠道、广告等，不仅是大公司在做，很多小组织也在参与其中。经过2006年扫除恶意软件运动之后，参与制造恶意软件的公司及小组织们的广告利益链条被瓦解，恶意软件的声势也就逐渐降低了下来，但是，这些小组织们却在这时发现了另一个能带来巨大利益也更加隐蔽的方式，那就是利用木马程序来盗取用户在虚拟世界中的账号。

这直接导致了木马的制作传播从有组织的公司行为，转变为分散式的、找不到首领无法预知群体数量的海星式组织。由于网络游戏及QQ等卖虚拟道具的商业模式出现，很多用户都会在互联网虚拟世界中拥有大量的财富，而且这些财富是可以与现实中的货币直接对接的，木马盗号这时就开始演化成了一门生意。“当那些小组织、个人程序员无法再做恶意软件弹出广告之后，开始大规模地转向木马制作，‘革命式创新’也就发生了。他们充分利用了互联网来传播，并在互联网上进行沟通与协作，原来以公司为组织的方式也被瓦解抛弃了。”傅盛说。

海星木马

海星式组织最大的一个特点就是分散分权化，表面上混乱无序，但他们是极具效率与弹性的团体。比如P2P技术产生的服务就是典型的海星式组织，即使传统唱片业不断赢得对P2P公司的诉讼，音乐侵权问题的整体情况却越来越恶化；唱片业反击得越厉害，激起的反抗就越激烈。在木马这个领域也是同样，无论传统病毒公司再打击，木马程序的制作与传播却丝毫未受影响，而且波及的面也越来越广。

机器狗是2007年在互联网上流行的木马病毒，两周的时间它产生了几十万的变种，侵占了几千万台的机器。它的生产与传播是这样的一个途径：首先是一些程序员为了炫耀自己，在互联网上那些开源软件的社区里散播出一些程序漏洞的编译代码，这会引发另外一些程序员针对这个漏洞写出更多的改编加工程序，继而被一群专门搞木马的人利用，再把它逆向为源代码，在这个基础上，无数的人会进行各式各样的加工。“虽然还叫机器狗，其实它已经被几十万人进行了更改，而最初的作者，可能都没有想到会造成这样的后果。”傅盛说在互联网上这样的例子数不胜数。海星木马入侵电脑的基本原理如图8-3所示。

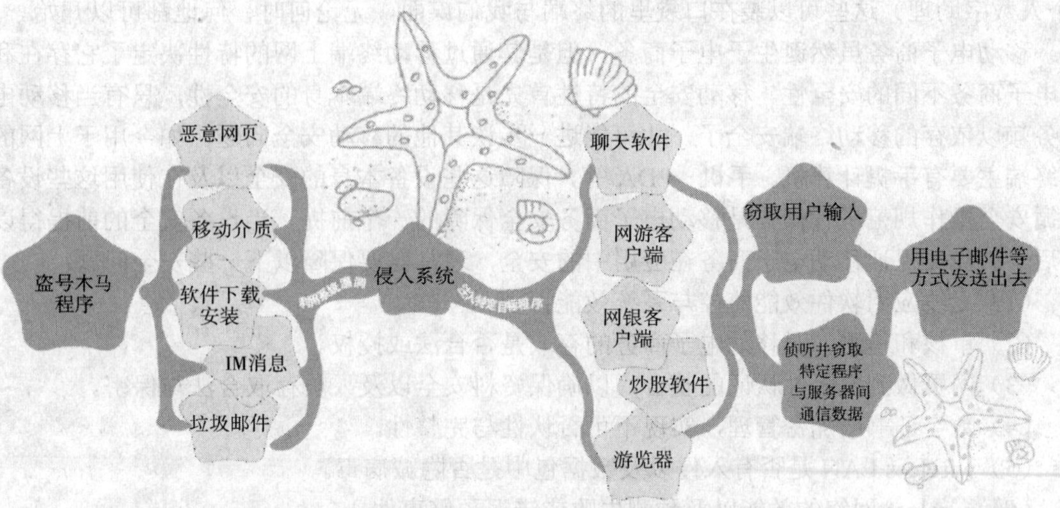

图 8-3　海星化的木马已经开始用更多的新手段侵入计算机

造成木马成为海星化组织的首要原因就是能够获取直接的利益，这个利益链条从发现漏洞、制作木马、传播木马、贩卖账号等每个环节都由众多的群体参与，这些群体不以任何有领导的组织出现，所以极为隐蔽，而且链条的每一个环节都能获得直接的利益。“据说前一段发现微软 ANI 光标漏洞的一个人光是卖发现的漏洞就获得了 800 万元。这个漏洞被发现后，一夜之间互联网上就被挂满了针对这个漏洞的木马。”

利益的驱动是木马海星化组织的最大原动力，这比任何有领导且有着严密组织结构的公司更具效率也更具创新性。

木马在传输渠道上也开始有了创新改变。以前，木马程序主要是利用网站的漏洞进行“挂马”，之后又演变为与某些正常工具进行捆绑。在这些常规途径之外，传播木马者还渗透到了 U 盘的生产线上，在 U 盘出厂之前就把木马植入了 U 盘 AUTORUN 的程序中，同样盗版光盘也是植入的目标；还有一些木马传播者疯狂地寻找着第三方软件的漏洞，他们以群体的智慧对抗某一个软件提供商技术团队，比如最近流行的迅雷、暴风影音等都成了不计其数的木马制造者发现漏洞的对象。在这个组织中，还有一些人在进行针对局域网的攻击，通过伪装把中了木马的机器变成局域网中的服务器，然后再向局域网中的计算机成员发送木马。

不仅是在传播渠道中有创新，在商业模式上，这些木马制造者与传播者也在利用群体的智慧开创新的模式。比如机器狗与磁碟机，它们实际上成为一个木马平台，通过某个漏洞潜入进用户的机器，但是他们本身并不进行盗号的活动，而是在后台大量地下载其他类型的木马，是一个木马的母体，然后再以下载木马的种类和数量收取费用。这种按效果付费的模式在互联网广告中也还处于尝试的阶段，而在木马的世界里，这种方式已经运作很成熟了。

资料来源：杜晨，与海星木马作战。《IT 经理世界》，2008 年第 7 期。

8.1.2　移动电子商务的安全问题

移动电子商务（M-Commerce），它由电子商务（E-Commerce）的概念衍生出来，现在的电子商务以 PC 机为主要界面，是“有线的电子商务”；而移动电子商务，则是通过手机、PDA

（个人数字助理）这些可以装在口袋里的终端与我们谋面，无论何时、何地都可以开始。

移动电子商务虽然诞生于电子商务，但是其通过移动终端上网的特性决定了它存在和普通电子商务不同的安全性。移动安全的特性首先是移动终端本身的安全性，只有当移动电子商务赖以依存的移动终端安全了，才可能进一步谈其他的移动安全问题。如今用于上网的移动终端主要有手提计算机、手机、PDA等，保障这些设备本身的安全以及在使用这些设备时遵循安全操作规范进行操作是移动电子商务安全保障的一个前提。当设备安全的前提得以保证后，就需要保证移动电子商务在应用中的安全，通常需要保障以下一些安全问题：

（1）无线应用软件效能监控与系统效能管理。

（2）审核和检测针对移动电子商务的存取是否合法或授权。

（3）网页做到安全性认证的整合，以确保资料安全以及人员存取合法与保密。

（4）数字证书或加密管理，实现不可否认性与完整性。

（5）wireless LAN是否有入侵以及数据包中是否隐藏病毒。

（6）wireless网络的效能以及预测失败或错误预警事件。

（7）PDA等设备在与计算机连接存取时的安全（包括WAP、wireless等存取方式）。

（8）Gateway主机以及所提供的服务加以监控。

（9）实网络环境中加强防火墙、入侵侦测和弱点扫描，使企业交易内部的主机得到完全的保护。

针对移动的特性，可通过VPN来解决移动上网中的安全问题。VPN（Virtual Private Network）——虚拟专用网，就是在公用的Internet网络上通过隧道协议建立起安全的私有网络，它主要基于以下技术：

（1）IPSec，IETF（Internet工程师任务组）制定的IP安全标准。

（2）通过认证机构（CA）发放数字证书和进行第三方认证，或使用“共享密钥认证”用于小规模的安全虚拟专用网。

（3）隧道技术（Tunneling）是一种通过使用互联网络的基础设施在网络之间传递数据的方式，隧道协议将其他协议的数据帧或包重新封装然后通过隧道发送。新的帧头提供路由信息，以便通过互联网传递被封装的负载数据。

通过这些技术，再集成上PKI（公共密钥体系）就可以说是最完美最严密的VPN解决方案了，它通过密钥管理、安全交换以及隧道协议来实现上述的移动设备的通信安全。它可以满足以下三个安全的需要：

（1）认证，确认信息源。

（2）信息保密性，传输的信息是加密的。

（3）数据完整性，确认数据没有被篡改。

只有达到了这三点要求，才有可能保证移动电子商务在交易过程中的安全。

移动电子商务还有一个显著的特征就是通过无线上网来进行商务交易。目前所用的无线上网技术主要有：无线应用协议（WAP）、蓝牙技术、802.11b协议。

（1）无线应用协议是移动电子商务的核心技术之一，通过WAP，手机用户就可以随时随地地接入互联网。

（2）蓝牙技术是一种取代线缆、实现数字空间的无线互联的一种技术，它可以很方便地和周围的网络设备进行连接，建立一个基于个人空间的无线网络。

（3）802.11b协议实现的功能和蓝牙一样，但是其传输协议和传输距离都要强于蓝牙，它是基于企业的无线网络。

这些无线协议本身的安全直接关系到移动电子商务的安全问题。假如我们使用的是 802.11b 技术进行移动上网，那么就等于将无线登录入口公之于众，并“鼓励”所有拥有与之相匹配的网络适配卡的人登录，这时就需要使用 WEP（一种资料加密的处理方式）和虚拟专用网共同来保障其安全性。使用手机上网，要注意数据传输过程中的加密问题，WAP 手机无法进行端到端的加密，因此使用的是 WAP 网关来保障数据的保密性。但是 WAP 网关在使用过程中极易被黑客攻破，因此要真正实现安全，通常把无线传输层安全协议（WTLS，Wirless Transport Layer Security）和 WAP 网关配套使用，并针对窄带通信信道进行优化，从而实现以下的功能：

（1）数据完整性。确保终端和应用程序服务器之间传送数据的正确性。

（2）私有性。确保在终端和应用程序服务器之间传送数据的私有性，任何中途试图截获数据流的设备均无法破译。

（3）签权机制。可以在终端和应用程序服务器之间建立签权机制。

（4）拒绝服务保护。可以检测和拒绝那些要求重传的数据或未成功检验的数据。WTLS 使许多常见的拒绝服务攻击更难以实现，从而保护了上层协议。

这样就可以有效地解决人们在使用手机进行电子商务活动时的安全问题了。目前，由于蓝牙产品本身的安全性没有得到很好的解决，其安全机制很薄弱，因此在移动电子商务交易过程中建议暂时不使用蓝牙产品，待其本身的安全机制得以提高后，那么蓝牙技术在移动电子商务中的运用就会逐步增多。

8.2　加密与解密技术

前面涉及的协议或标准，是指所有采纳该标准的系统所必须包含的一些安全电子交易的方法和手段。而在各种协议或标准中，典型的方法和手段可以分为两类：数据加密技术和认证技术。数据保密变换，或密码技术，是对计算机信息进行保护的最实用和最可靠的方法，它是网络安全技术中的核心技术。

8.2.1　数据加密技术

网络安全技术主要包括监控、扫描、检测、加密、认证、防攻击、防病毒以及审计等几个方面，网络安全技术的体系结构如图 8-4 所示。其中加密技术是信息安全的核心技术，已经渗透到大多数安全产品之中，并正向芯片化方向发展。

加密技术是一门古老而深奥的学科，它对一般人来说是陌生的，因为长期以来，它只在很小的范围内，如军事、外交、情报等部门使用。计算机加密技术是研究计算机信息加密、解密及其变换的科学，是数学和计算机的交叉学科，也是一门新兴的学科。在国外，它已成为计算机安全主要的研究方向，也是计算机安全课程教学中的主要内容。任何一个加密系统至少包括下面四个组成部分：

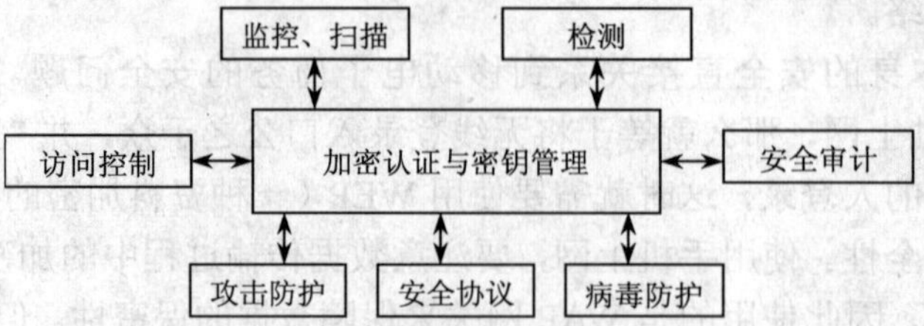

图 8-4 网络安全技术的体系结构图

（1）未加密的报文，也称明文。

（2）加密后的报文，也称密文。

（3）加密解密设备或算法。

（4）加密解密的密钥。

加密的概念在军事、电信领域的应用由来已久。在数据的传送过程中，为防止第三者非法窃取信息，保障交易的安全性，必须使用数据加密技术。加密技术与密码学紧密相连，利用密码技术可以把某些重要信息或数据从一个可理解的明文形式变换成为一种错乱的、不可理解的密文形式，称为加密过程；密文经过线路传送到达目的端后，用户按特定的解密方法将密文还原为明文，称为解密的过程。由于信息是以密文方式进行传送的，不知道解密方法的人将无法得到信息的真实内容，从而保证了数据传送过程中的安全性。

不论截取者获得了多少密文，但在密文中没有足够的信息来唯一地确定出对应的明文，则这一密码体制称为无条件安全的，或称为理论上不可破的。在无价格限制的条件下，目前几乎所有使用的密码体制都是可破的。因此，人们关心的是要研制出在计算机上不可破的密码体制。如果一个密码体制的密码不能被可以使用的计算资源破译，则这一密码体制称为计算上是安全的。

当然，一种密文的保密程度是与加密算法的强度（或称算法复杂度）相关，加密强度越大，密文越不容易被破译，保密性也就越好；然而，随加密强度的加大，算法的计算复杂度亦会相应增加，加密解密的执行效率也会相应降低。因此，合理确定系统的加密强度也是一个成功电子交易系统的重要环节。也就是说，要通过合理的密码机制，一方面尽可能少地增加系统运行开销，降低对操作执行效率的影响；另一方面保证在现实计算机资源中密码不容易或无法破译。

密码技术是最常用的安全交易手段，在电子商务中常用的加密方法有传统密钥密码方法和公开密钥密码方法。前者以数据加密标准 DES 算法为典型代表，后者通常以 RSA 算法为代表。传统密钥密码具有对称性，即加密密钥和解密密钥相同或相近，知道其中一种即可推导出另一种。而公开密钥密码方法的加密、解密密钥不同，加密密钥（又称公钥）可以公开，而解密密钥（又称私钥）需要保密。

8.2.2 数据加密算法

数据加密算法有很多种，密码算法标准化是信息化社会发展的必然趋势，是世界各国保密通信领域的一个重要课题。按照发展进程来看，密码经历了古典密码、对称密钥密码和公开密钥密码三个阶段。

密码技术的应用从根本上来说是对密码算法的使用。根据密码算法所使用的加密密钥和解密密钥是否相同，能否由加密过程推导出解密过程，或由解密过程推导出加密过程，可将密码算法分为对称密码算法（也称单钥密码算法、对称密钥密码算法）和公开密钥密码算法（也称非对称密码算法），除此之外，密码学中还较多使用 Hash 函数作为辅助的加密算法。

1. 对称加密与算法

对称加密又称为私有密钥加密，其特点是数据的发送方和接收方使用的是同一把私有密钥，即把明文加密成密文和把密文解密成明文用的是同一把私有密钥。

利用私有密钥进行对称加密的过程是：

（1）发送方用自己的私有密钥对要发送的信息进行加密。

（2）发送方将加密后的信息通过网络传送给接收方。

（3）接收方用发送方进行加密的那把私有密钥对接收到的加密信息进行解密，得到信息明文。整个加解密过程如图 8-5 所示。

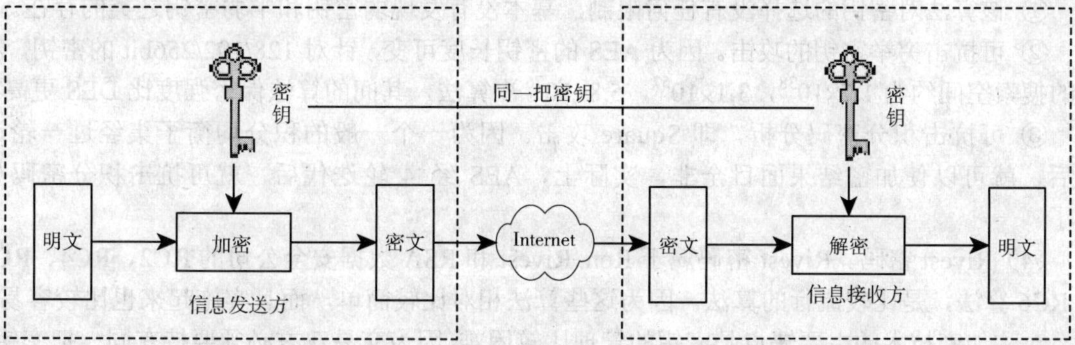

图 8-5 对称加密系统

对于一个比较好的对称加密系统来说，除非在解密时能提供正确的密钥，否则是不可能利用解密功能来获得明文信息的。

使用对称加密技术可以简化加密的处理，进行电子商务的交易双方采用相同的加密算法并只需交换共享的专用密钥，如果进行通信的双方能够确保专用密钥在密钥交换阶段未曾泄露，那么数据的机密性和完整性就可以通过随数据一起发送的数据摘要（见 8.3.2）来实现。由于加密与解密有着共同的算法，从而计算速度非常迅速，且使用方便，计算量小，加密效率高，所以对称加密算法广泛用于对大量数据文件的加密过程中。

对称密码根据加密模式又可分为分组密码和序列密码。分组密码的典型算法有：DES，3DES（三重 DES），IDEA，AES，SKIPJACK，Karn，RC2 和 RC5 等，分组密码是目前在商业领域比较重要、使用较多的密码，广泛用于信息的保密传输和加密存储。序列密码的典型算法有 RC4，SEAL，A5 等。序列密码多用于流式数据的加密，特别是对实时性要求比较高的语音和视频流的加密传输。下面是几种常见的对称加密算法：

（1）数据加密标准（DES）。DES 于 1977 年被接纳为美国联盟标准，又于 1981 年被采纳为金融业标准，是近 20 年来用于保护不加密的政府信息和金融业交易信息的主要算法。DES 是一种密码块加密方法，加密和解密用的是相同的算法（除密码的编排不同以外），对 64 位的明文进行操作，通过一个初始置换，将明文分成左右两部分，各 32 位长，而后进行 16 轮完全相同运算，在运算过程中，数据与密钥结合，经过 16 轮运算后，左、右半部分合在一起经过一个末置换（初始置换的逆置换），完成算法。

（2）三重 DES。使用多重加密方法可以增加 DES 的有效密钥长度。三重 DES 加密首先用密钥 a 对 64 位的信息块进行加密，再用密钥 b 对加密的结果进行解密，然后用密钥 c 对解密结果再进行加密。其中使用了两个或是三个 56 位的密钥（密钥 a 和密钥 c 有时是相同的）。通常人们认为这种算法要比 DES 更强大。但是三重 DES 也有一个缺点，那就是需要使用相对较多的处理器资源，尤其是在使用软件进行处理时更是如此。

（3）高级加密标准（AES）。1997 年美国商务部开始了 AES 研究项目，该研究项目的目的是要建立更强大的算法标准来代替 DES。其密码设计出发点强调三个准则：

① 可抵抗所有已知的攻击。

② 适应多个平台快速的运算和紧凑编码。

③ 设计力求简单。

以这种思想，AES 算法突出一个可变的数据块长度和可变钥长度迭代型分组加密算法。数据块长度分别指定为 128bit，192bit 及 256bit。该算法具有良好的安全性。归结起来，主要有：

① 该算法对密钥的选择没有任何限制，基本没有发现弱密钥和半弱密钥之类的存在。

② 可抗击穷举密钥的攻击。因为 AES 的密钥长度可变，针对 128/192/256bit 的密钥，对应的搜索空间约为 1.7×10^{38}，3.1×10^{57}，5.8×10^{76} 次算法，其间的算法保密强度比 DES 更高。

③ 可抗击积分密码分析，即 Square 攻击。因为一个一般的积分均衡子集经过一轮迭代后，就可以使加密结果面目全非，实际上，AES 经 4 轮迭代后，就可抗击积分密码分析了。

（4）Rivest 密码。Rivest 密码属于 Ron Rivest 和 RSA 数据安全公司的 RC2、RC4、RC5 和 RC6 算法，是比较流行的算法，因为这些算法相对比较简单，而且实施起来也比较容易。

对称加密技术的主要缺点是密钥的管理比较困难，因为交易双方必须要持有同一把密钥，且不能让人知道。一旦密钥泄露，则信息就失去了保密性，发送方和接收方在进行通信就必须要使用新的密钥。而把新密钥发送给接收方也是件困难的事情，因为必须要对传送的新密钥进行加密，而这就又要求有一把新密钥。采用新密钥的另一个问题是其规模很难适应互联网这样的大环境，因为如果某一交易方有 n 个贸易关系的话，每把密钥对应了一个交易方，那它就要维护 n 把专用密钥。

2．非对称加密与算法

非对称加密又称为公开密钥加密，需要采用两个数学上相关的密钥——公开密钥和私有密钥来对信息进行加密。

与对称加密系统相比，公开密钥技术需要使用一对相关的密钥：一个用来加密，另一个用来解密。该技术的设想是，密钥对是与相应的系统联系在一起的，其中私有密钥是由系统所保密持有的，而公开密钥则是公开的，但知道公开密钥并不能推断出私有密钥。

自公钥加密问世以来，学者们提出了许多种公钥加密方法，它们的安全性都是基于复杂的数学难题。根据所基于的数学难题来分类，有以下三类系统目前被认为是安全和有效的：大整数因子分解系统（代表性的有 RSA）、椭圆曲线离散对数系统（ECC）和离散对数系统（代表性的有 DSA）。其他的典型算法还有：ElGamal 和 Diffie-Hellman（DH）等。公钥密码能够用于数据加密、密钥分发、数字签名、身份认证、信息的完整性认证、信息的非否认性认证等。其中可以用于加密的算法有：RSA，ECC，ElGamal 等；可以用于密钥分发的算法有：RSA，ECC，DH 等；可以用于数字签名、身份认证、信息的完整性认证、信息的非否认性认证的有 RSA，ECC，DSA，ElGamal 等。

依据公开密钥是用作加密密钥还是解密密钥，公开密钥加密系统有两种基本的模式：加密模式和验证模式。加密模式可以实现数据的保密，而验证模式可以使得第三者无法冒充发送者来发送信息，以及发送方无法抵赖。两种模式的结合使用则既能实现数据的安全，又能实现发送方身份的确认。

（1）加密模式。在加密模式中，公开密钥系统对于信息的加密和解密过程为：

① 发送方用接收方的公开密钥对要发送的信息进行加密。

② 发送方将加密后的信息通过网络传送给接收方。

③ 接收方用自己的私有密钥对接收到的加密信息进行解密，得到信息明文。

整个加解密过程如图 8-6 所示。

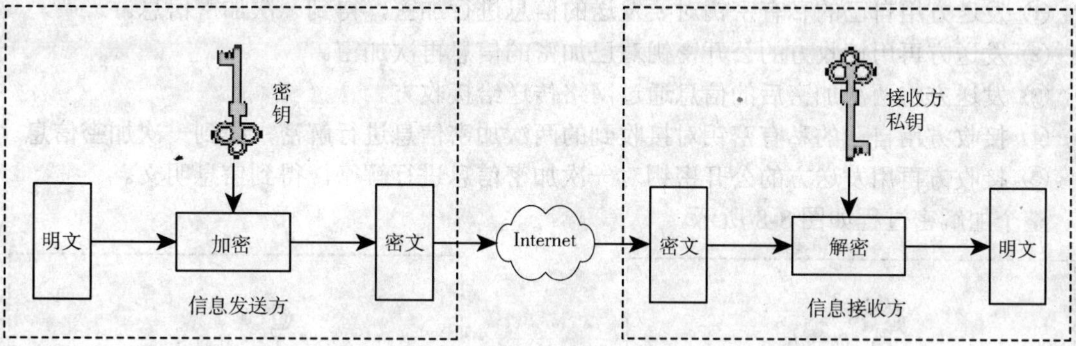

图 8-6　公开密钥系统：加密模式

在这一过程中，只有真正的接收方才能解开密文，因为私有密钥是在接收方的手中。与对称加密系统不同的是任何拥有该接收方公开密钥的发送方都可以向该接收方发送信息，而不是仅局限于与接收方拥有同一把密钥的发送方。

（2）验证模式。在验证模式中，公开密钥系统对于信息的加密和解密过程为：

① 发送方用自己的私有密钥对要发送的信息进行加密。

② 发送方将加密后的信息通过网络传送给接收方。

③ 接收方用发送方的公开密钥对接收到的加密信息进行解密，得到信息明文。

整个加解密过程如图 8-7 所示。

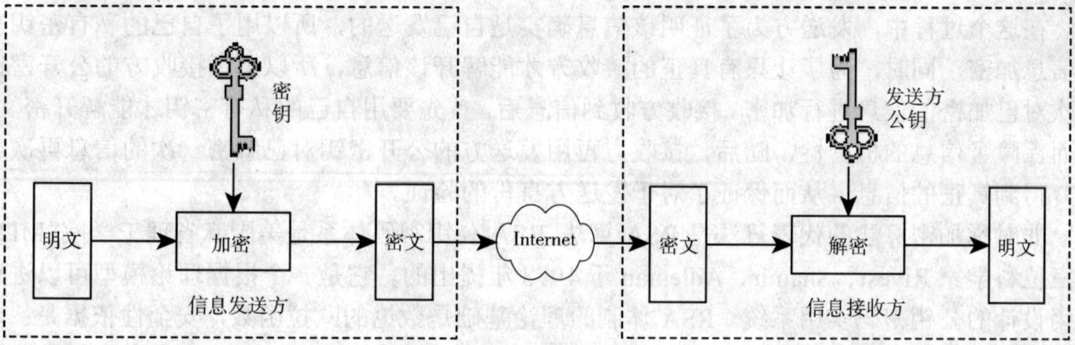

图 8-7　公开密钥系统：验证模式

在这个过程中，任何能够成功地解密接收到的密文的接收方，都能肯定该消息确实是来自发送方，因为只有发送方才拥有与解密公钥相对应的加密私钥，从而验证了该信息确实是来自发送方。

一般来说，既能以加密模式又能以验证模式运作的公开密钥加密系统被称为可逆的公开密钥加密系统。有些公开密钥加密系统只能运作在验证模式而不能运作在加密模式，这种系统被称为不可逆的公开密钥加密系统。

与对称加密系统相比，公开密钥加密系统的功能更为强大。但公开密钥加密系统对算法的设计提出了更高的挑战，因为公开密钥代表了在攻击该算法时所要用到的额外信息。

（3）加密与验证模式的结合。对于公开密钥加密系统来说，无论单独使用加密模式还是验证模式，都无法在保障信息机密性的同时又验证发送方的身份，而电子商务安全中又需要同时实现这两个目的，为此，需要把两种模式结合起来使用。两种模式的结合使用过程为：

① 发送方用自己的私有密钥对要发送的信息进行加密，得到一次加密信息。

② 发送方再用接收方的公开密钥对已加密的信息再次加密。

③ 发送方将两次加密后的信息通过网络传送给接收方。

④ 接收方用自己的私有密钥对接收到的两次加密信息进行解密，得到一次加密信息。

⑤ 接收方再用发送方的公开密钥对一次加密信息进行解密，得到信息明文。

整个加解密过程如图 8-8 所示。

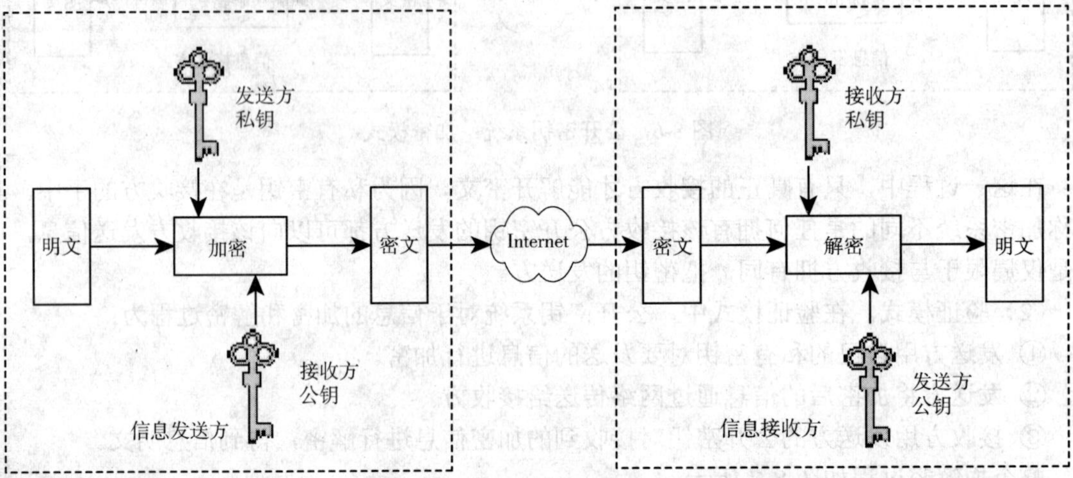

图 8-8　加密模式与验证模式的结合

在这个过程中，发送方为了证明该信息确实是自己发送的，所以用了自己的私有密钥来对信息加密，同时，为了让只有真正的接收方才能解开该信息，所以用了接收方的公开密钥再次对已加密的信息进行加密。接收方收到信息后，首先要用自己的私有密钥才能解开密文，从而保障了信息的机密性，随后，接收方再用发送方的公开密钥对已解密一次的信息再次解密，得到真正的信息，从而保证了对于发送方身份的验证。

非对称加密算法的代表算法是 RSA 算法。RSA 公钥密码体系是美国麻省理工学院（MIT）的三位科学家 Rivest、Shamir、Adleman 于 1978 年提出的。它是一个根据理论模型可以进行应用设计的公钥密码实用系统。RSA 体制的理论基础是数论的欧拉函数，安全性依据是：求两个大素数乘积是计算上容易的，但要分解大数的素因子是困难的。因此迄今为止仍被公认为是一个最有影响的密码体系。

在加密应用时，某个用户总是将一个密钥公开，让需发信的人员将信息用其公共密钥加密后发给该用户，而一旦信息加密后，只有用该用户一个人知道的私用密钥才能解密。具有数字证书人员的公共密钥可在网上查到，可以在请对方发送信息时主动将公共密钥告知对方，从而保证在 Internet 上信息传送的保密和安全。

RSA 算法的主要优点是在网络中容易实现密钥管理，便于进行数字签名，从而保证数据的不可抵赖性；主要缺点是算法复杂，加、解密速度慢。RSA 体系的基础在于大素数因子分解困难，因子分解越困难，密码就越难以破译，加密强度就越高。反之，如果能有办法或者在一定条件下对大素数进行因子分解，就能够对密文进行破译，就会动摇这种加密体制的基础。

3．两种加密方法的联合使用

公开密钥加密必须要由两个密钥的配合使用才能完成加密和解密的全过程，因而有助于加强数据的安全性。但是，公开密钥加密系统加密和解密的速度很慢，用公开密钥加密算法和解密同样的数据所花费的时间是利用私有密钥加密算法的 1 000 倍。所以，公开密钥加密不适合对大量的文件信息进行加密，一般只适用于对少量数据进行加密。考虑到公开密钥加密和私有密钥加密各有所长，在实际应用中，往往将公开密钥加密和私有密钥加密算法结合起来使用。

在实际运用中，用户如果要对数据进行加密，需要生成一对自己的密钥对。密钥对中的公开密钥是公开的，但私有密钥则由密钥的主人妥善保管。发送方和接收方在对文件进行加密和解密时的实际过程如下：

① 发送方生成一个私有密钥，并对要发送的信息用自己的私有密钥进行加密。

② 发送方用接收方的公开密钥对自己的私有密钥进行加密。

③ 发送方把加密后的信息和加密后的私有密钥通过网络传输给接收方。

④ 接收方用自己的私有密钥对发送方传送过来的私有密钥进行解密，得到发送方的私有密钥。

⑤ 接收方用发送方的私有密钥对接收到的加密信息进行解密，得到信息明文。

整个加解密过程如图 8-9 所示。

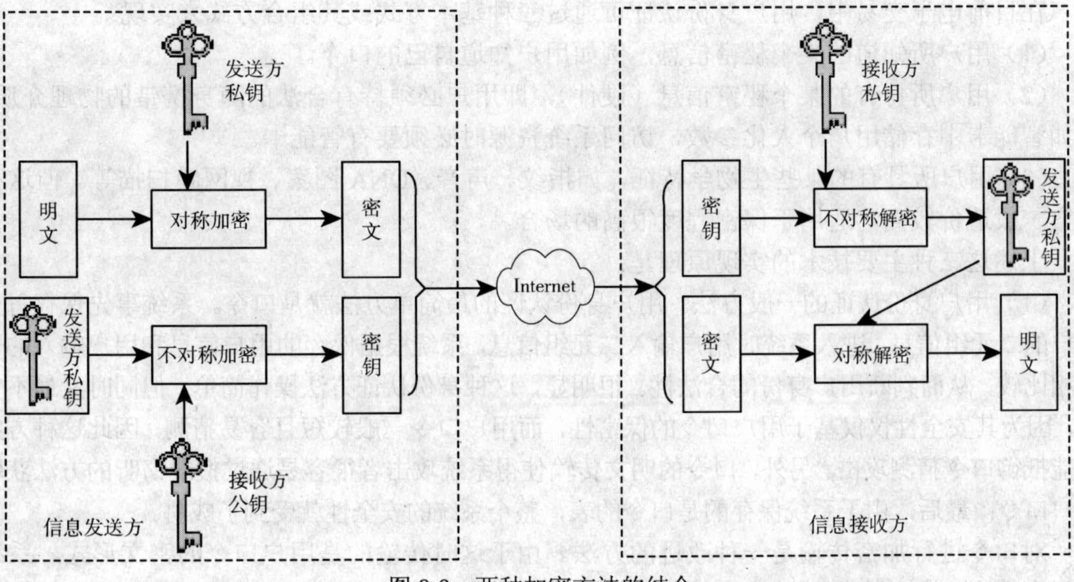

图 8-9　两种加密方法的结合

因为只有接收方才拥有自己的私有密钥，所以即使其他人得到了经过加密的发送方的私有密钥信息，也无法进行解密，从而保证了这把私有密钥的安全性，在上述过程中，实际上分别实现了两次加密解密过程，即文件信息本身的加密解密和发送方私有密钥的加密解密，这是通过私有密钥加密和公开密钥加密算法的结合来实现的。

通过公开密钥加密技术实现对发送方私有密钥的管理，使相应的密钥管理变得更加简单和安全，同时还解决了对称加密中存在的可靠性问题和鉴别问题。发送方可以为每次交换的信息生成唯一的一把私有密钥，并用接收方的公开密钥对密钥进行加密，然后再将加密后的密钥与用该密钥加密的信息一起发送给相应的接收方。由于对每次信息交换都对应生成了唯一的一把密钥，因此，交易各方就不再需要对密钥进行维护和担心密钥的泄露或过期。这种方式的另一个优点是即使泄露了一把密钥，也只不过影响一笔交易，而不会影响到交易双方之间所有的交易关系。这种方式还提供了交易伙伴之间发布私有密钥的一种安全途径。

8.3 认 证 技 术

安全认证的主要作用是进行信息认证。信息认证的目的有两个：确认信息发送者的身份；验证信息的完整性，即确认信息在传送或存储过程中未被篡改过。常用的安全认证技术主要有身份认证、数字摘要、数字签名、数字证书、数字时间戳等。

8.3.1 身份认证

身份认证是判明和确认贸易双方真实身份的重要环节，也是电子商务交易过程中最薄弱的环节。因为非法用户常采用窃取口令、修改或伪造、阻断服务等方式对网络交易系统进行攻击，阻止系统资源的合法管理和使用。

在目前电子交易中，用户身份认证可通过三种基本方式或其组合方式来实现：

（1）用户所知道的某个秘密信息，例如用户知道自己的口令。

（2）用户所持有的某个秘密信息（硬件），即用户必须持有合法的随身携带的物理介质，例如智能卡中存储用户个人化参数，访问系统资源时必须要有智能卡。

（3）用户所具有的某些生物学特征，如指纹、声音、DNA 图案、视网膜扫描等。但这种方案一般造价较高，适用于保密程度很高的场合。

上述这三种主要技术的实现原理是：

（1）用户身份认证的一般方法。用户身份认证的最简单方法就是口令。系统事先保存每个用户的二元组信息，进入系统时用户输入二元组信息，系统根据保存的用户信息和用户输入的信息相比较，从而判断用户身份的合法性。很明显，这种身份认证方法操作简单，但同时又最不安全，因为其安全性仅仅基于用户口令的保密性，而用户口令一般较短且容易猜测，因此这种方案不能抵御口令猜测攻击。另外，口令的明文传输使得系统攻击者很容易通过拨线窃听的方法获取用户口令；最后，由于系统保存的是口令的表，整个系统的安全性就受到了威胁。

对口令进行加密传输是一种改进的方法。由于这时传输的是用户口令的密文形式，系统仅保存用户口令的密文，因而窃听者不易获得用户的真实口令，但是这种方案仍然可以受到口令猜测的攻击，另外系统入侵者还可以采用离线方式对口令密文实施字典攻击。

（2）基于智能卡的用户身份认证。基于智能卡的用户身份认证机制属于双因素法，它结合了基本认证方式中的第一种和第二种方法。即用户的二元组信息预先存于智能卡中，然后在认证服务器中存入某个事先由用户选择的某个随机数。用户访问系统资源时，用户输入二元组信息。系统首先判断智能卡用户的合法性，然后由智能卡鉴别用户身份，若用户身份合法，再将智能卡中的随机数送给认证服务器作出进一步认证。这种方案基于智能卡的物理安全性，即不易伪造和不能直接读取其中数据。没有管理中心发放的智能卡，则不能访问系统资源，即使智能丢失，入侵者仍然需要猜测用户口令。

（3）一次口令机制。最安全的身份认证机制是采用一次口令机制，即每次用户登录系统时口令互不相同，主要有两种实现方式。第一种采用“请求响答”方式。用户登录时系统随机提示一条信息，用户根据这一信息连同其个人化数据共同产生一个口令字。用户输入这个口令字，完成一次登录过程，或者用户对这一条信息实施数字签名后发送给认证服务器进行鉴别。第二种方法采用“时钟同步”机制，即根据这个同步时钟信息连同其个人化数据共同产生一个口令字，这两种方案均需要认证服务器端也产生与用户端相同的口令字（或检验签名），用于确认用户身份。

8.3.2　数字摘要（digital digest）

数字摘要加密方法又可以称为安全 Hash 算法（SHA——Secure Hash Algorithm）或 MDS（MD Standards for Message Digest）。该编码法由 Ron Rivest 所设计，采用单向 Hash 函数，将需加密的明文“摘要”成一串 128bit 的密文，这一串密文亦称为数字指纹（Finger Print），它有固定的长度，且不同的明文摘要成密文，其结果总是不同的，而同样的明文其摘要必定一致。只有完全一致，才可以证明信息在传送过程中是安全可靠，没有被进行篡改的。

下面以数字摘要在电子商务网络支付业务过程中的应用为例，来描述其产生过程。例如，客户甲给银行乙发送“支付通知”单的数据摘要产生示意图，如图 8-10 所示。从图 8-10 可以看出，只要获得较好的产生数字摘要的 Hash 算法，产生数字摘要就比较容易。虽然 Hash 算法是公开的，但算法精度上还是有区别的，即产生数字摘要的长度是有区别的。太短，容易重复，失去防伪的意义；太长，对算法要求高，产生时间长，传播时间也长，开销大。所以数字摘要的长度只要能基本保证不重复就可以了，当然也不能保证绝对不可能重复，像指纹一样几率无限小就可以了。

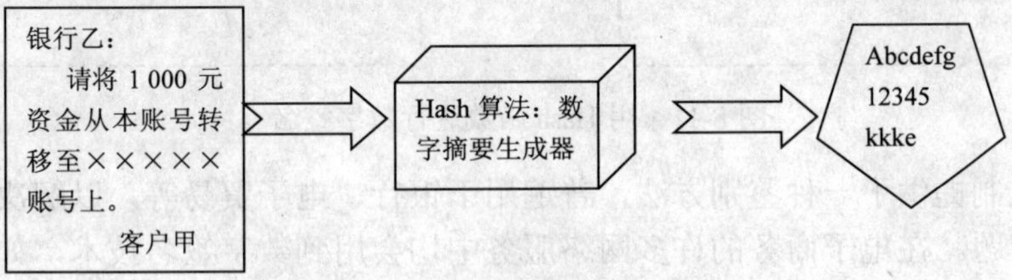

图 8-10　数字摘要产生过程

8.3.3　数字签名（digital signature）

在书面文件上签名是日常生活中确认文件的一种最为常用的手段，签名的作用有两点：一是因为自己的签名难以否认，从而确认了文件已经签署这一事实；二是因为签名不易被人模仿假冒，从而确定了文件的真实性。数字签名与书面文件签名有相同之处，可以做到既保证签名者无法否认自己的签名，又保证接收方无法伪造发送方的签名，还可以作为信息发收双方对某些有争议信息的法律依据。而且，它除了具有手工签名的全部功能外，还具有难伪造、可通过远程线路传输等优点。数字签名具有通常所说的认证功能，近几年来在金融电子化系统中得到越来越广泛的应用。

数字签名是通过密码技术对电子文档以电子形式签名。数字签名采用 Hash 函数和公钥算法两种机制双重加密的方法来实现防伪、防盗，保证了数据完整性的同时又保证了数据的真实性，其完整性保证传输的数据没有被修改，真实性则保证是由确定的合法者产生的 Hash，而不是由其他人假冒。

数字签名的过程为：

（1）被发送文件用 SHA 编码加密产生数字摘要。

（2）发送方用自己的私用密钥对摘要再加密，这就形成了数字签名。

（3）将原文和加密的摘要同时传给对方。

（4）对方用发送方的公共密钥对摘要解密，同时对收到的文件用 SHA 编码加密产生又一摘要。

（5）将解密后的摘要和收到的文件在接收方重新加密后产生的摘要相互对比，如两者一致，则说明传送过程中信息没有被破坏或篡改过。

整个签名过程如图 8-11 所示。

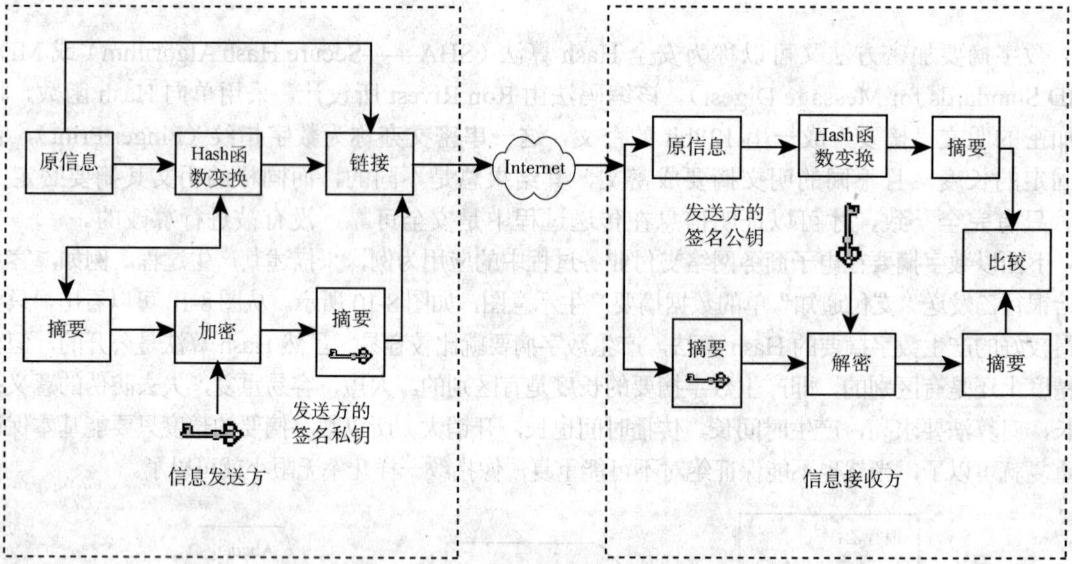

图 8-11　用 Hash 函数进行数字签名

数字签名机制提供了一种鉴别方法，普遍用于银行、电子贸易等，以解决伪造、抵赖、冒充、篡改等问题。在电子商务的许多网络服务中均会用到数字签名技术，如电子合同的认证、网络支付单据的认证、电子政务中政府公文的传递等，电子签名技术在防止网络假冒、抵赖等行为的发生，保障电子商务安全方面发挥着重要作用。

8.3.4　数字证书（digital certificate，digital ID）

所谓数字证书就是用电子手段来证实一个用户的身份及用户对网络资源的访问权限。数字证书是认证中心为交易各方颁发的身份凭证，它是一个经 CA 数字签名的、包含证书申请者（公开密钥拥有者）个人信息及其公开密钥的文件。基于公开密钥体制（PKI）的数字证书是用来确认安全电子商务交易双方身份的工具，由于它由证书管理中心作了数字签名，因此任何第三方都无法修改证书的内容。任何交易双方只有申请到相应的数字证书，才能参加安全电子商务的网上交易。数字证书一般有四种类型：个人数字证书、企业（服务器）数字证书、软件（开发者）数字证书等。

（1）个人数字证书（Personal Digital ID）。它仅仅为某一用户提供证书，以帮助其个人在网上进行安全交易操作。个人身份的数字证书通常是安装在客户端的浏览器内的，并通过安全电子邮件（S/MIME，见 10.2.2）来进行交易操作。

（2）企业（服务器）数字证书（Server ID）。它通常为网上的某个 Web 服务器提供证书，拥有 Web 服务器的企业就可以用具有证书的万维网站点（Web Site）来进行安全电子交易。有证书的 Web 服务器会自动地将其与客户端 Web 浏览器通信的信息加密。

（3）软件（开发者）数字证书（Developer ID）。它通常为 Internet 中被下载的软件提供证书，该证书用于和微软公司 Authenticode 技术（合法化软件）结合的软件，以使用户在下载软件时能获得所需的信息。此类证书用于较为特殊的场合，能提供该类证书的认证中心并不普遍。

数字证书可用于电子邮件、电子商务、群件、电子资金转移等各种用途，是将公钥体制用于大规模安全电子商务的基本要素。数字证书的内部格式是由 CCITT X.509 国际标准所规定的，如表 8-1 所示。

表 8-1　数字证书的内容

域	含　义
Version	证书版本号，不同版本的证书格式不同
Serial Number	序列号，同一身份验证机构签发的证书序列号唯一
Algorithm Identifier	签名算法，包括必要的参数
Issuer	身份验证机构的标识信息
Period of Validity	有效期
Subject	证书持有人的标识信息
Subject's Public	Key 证书持有人的公钥
Signature	身份验证机构对证书的签名

8.3.5　数字时间戳（digital time-stamp）

时间在交易文件中是十分重要的信息。在书面合同中，文件签署的日期和签名一样均是十分重要的——防止文件被伪造和篡改的关键性内容。因此，在电子交易中，同样需要对交易文件的日期和时间信息采取安全措施，而数字时间戳服务（DTS——Digital Time-stamp Service）就能提供电子文件发表时间的安全保护。

数字时间戳服务是网上安全服务项目，由专门的机构提供。时间戳（time-stamp）是一个经加密后形成的凭证文档，它包括三个部分：

（1）需加时间戳的文件的摘要。

（2）DTS 收到文件的日期和时间。

（3）DTS 的数字签名。

时间戳产生的过程为：用户首先将需要加时间戳的文件用 Hash 函数编码加密形成摘要，

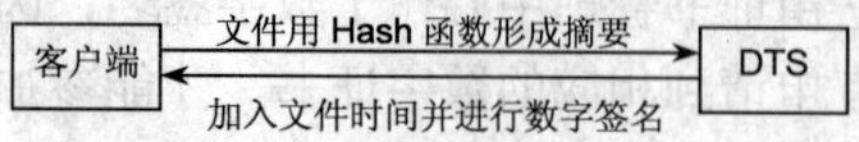

图 8-12 DTS 加盖时间戳的过程

然后将该摘要发送到 DTS，DTS 在加入了收到文件摘要的日期和时间信息后再对该文件加密（数字签名），然后送回用户。DTS 加盖时间戳的过程如图 8-12 所示。

与书面签署文件的时间由签署人自己填写不同，数字时间戳是由认证单位 DTS 来加入的，以 DTS 收到文件的时间为依据。

8.3.6 认证中心（Certification Authority，CA）

CA 的主要目的是建立一整套标准的、基于银行卡的互联网上电子交易机制。在这套机制保证下，交易的各参与者——消费者、商家和银行之间能够形成广泛而一致的交易关系。交易的一致性是指在一笔具体的交易中，参与者之间各司其职，密不可分；交易的广泛性则是指在任意时间和任意地点，消费者可以和任意的（某个协议空间内）商家、银行发生交易。

在通常的交易行为中，交易主要由消费者和商家完成，消费者和商家到银行完成账务变动的过程是独立进行的。而在电子商务交易系统中，银行是交易的积极参与者，持卡人的账务信息只能由银行处理，对于商家是不可见的；同时，相应的订单信息对银行也不可见，只能由商家来处理。因此，需要对交易过程严格定义和交易过程中使用严格的加密算法，交易和支付才能得到足够安全的保护。

除此之外，在电子交易中，无论是数字时间戳服务还是数字凭证的发放，都不是由交易的双方来进行的，而是需要由一个具有权威性和公正性的第三方来完成。CA 就是承担网上安全电子交易认证服务，能签发数字证书，并能确认用户身份的服务机构。认证中心通常是企业性的服务机构，主要任务是受理数字凭证的申请、签发及对数字凭证的管理。认证中心依据认证操作规定来实施服务操作。

CA 是与具体交易行为无关的第三方机构或组织，交易范围越广泛，所需的 CA 权威性就要越高；反过来也一样，CA 的权威性越高，交易的协议空间就越大，交易的范围也就越广泛。一个认证中心从机构组织形式上看不是一个孤立的机构，而是限定在某个应用或协议下的体系，比如 SET 的认证中心体系。今后随着电子商务的不断发展，有可能形成一个 Internet 范围的交易空间，即存在一个 Internet 级的树状 CA 认证系统，同 Internet 域名系统一样，被普遍接受并且稳定工作。

目前在全球处于领导地位的认证中心是美国的 VeriSign 公司，它创建于 1995 年 4 月，总部在美国加州的 Mountain View。该公司所提供的数字凭证服务达 50 个国家和地区，接受该公司的服务器数字凭证的 Web 站点服务器已超过 45 000 个，而使用该公司个人数字凭证的用户已超过 200 万名。

VeriSign 公司管理的数字认证服务是 PKI/CA 行业内最成熟的一项服务，VeriSign 的近 5 000 家大企业客户因此获益良多。为了扩展自己的服务领域和范围，VeriSign 与 American Express、Checkpoint、Microsoft、RSA 等建立了战略合作关系，包括英国、法国、德国、中国、日本、韩国等几十个国家和地区在内的 50 多家数字认证服务提供商加入了 VeriSign 的信任网络。

国内部分客户服务器证书包括：招商银行网上银行、工商银行网上银行、中国人民财产保险公司、友邦保险等。图 8-13 是 VeriSign 的网站，借助其 VeriSign 安全 Web 站点链接，可以进入到安全服务与认证页面。

图 8-13　VeriSign 的服务站点（http://www.verisign.com）

8.4　电子商务安全协议与安全机制的实现

电子商务的所有活动环节都离不开安全，包括安全技术、安全管理和安全协议的支持。其中电子商务的安全又可以分为网络安全和交易安全两部分，因为所有的电子商务都是基于网络的平台来执行，所以网络安全尤为重要。网络安全包括：信息加密、病毒防范、防火墙、访问控制等。交易安全是为电子商务交易提供技术上的支持，包含：数字签名、安全加密、身份认证等。安全管理是电子商务安全体系中不可或缺的一部分，通过制定一系列的管理制度来规范电子商务的运作过程以保证安全。而安全协议是整个安全技术的骨架，所有的安全技术和措施的实现都要遵守相应的安全协议，包括安全超文本传输协议、安全交易技术协议、安全套接层协议以及安全交易协议等。

8.4.1　安全协议

1. 安全超文本传输协议（S-HTTP）

依靠密钥对的加密，保障 Web 站点间的交易信息传输的安全性。

2. 安全交易技术协议（STT——Secure Transaction Technology）

由 Microsoft 公司提出，STT 将认证和解密在浏览器中分离开，用以提高安全控制能力。Microsoft 在 Internet Explorer 中采用这一技术。

3. 安全套接层协议（SSL——Secure Sockets Layer）

由 Netscape 公司 1994 年提出的安全交易协议，提供加密、认证服务和报文完整性，发展到现在已有 SSL 2.0 版本和 SSL 3.0 版本。SSL 被用于 Netscape Communicator 和 Microsoft IE 浏览器，用以完成需要的安全交易操作。SSL 协议被广泛应用于 Web 浏览器与服务器之间的传输数据加密、身份认证以及完整性检验等。

（1）数据加密。SSL 采用对称密钥技术与公开密钥技术相结合，对从连接建立开始，直至会话结束的全部通信过程进行加密。其中，连接建立阶段采用公开密钥技术，在会话过程中采用对称密钥技术。数据加密为传输信息的保密性提供保障。

（2）身份认证。SSL 协议利用数字认证技术和可信的第三方认证方法对客户与服务器的身份进行认证。其中对服务器认证是必需的，对客户的认证是可选择的。因此 SSL 提供的认证服务可以是部分认证服务。

（3）完整性检验。SSL 协议采用密码算法和 Hash 的方式通过对传输信息特征值的提取来验证信息的完整性，确保传输的信息能够全部到达接收方。

SSL 协议的优势在于它是与应用层协议独立无关的，高层的应用层协议能“透明”建立于 SSL 协议之上，也就是说，SSL 协议在应用层协议通信之前就已经完成加密算法、通信密钥的协商以及通信服务器认证工作。在此之后应用层协议所传送的协议数据都会被加密，从而保证通信的私密性。

除此之外，其他的安全标准还包括 First Virtual Holding 标准、NetCash 标准、NetCheque 标准、Net Bill 标准、DigiCash 标准和 NetScape 标准等。

4. 安全交易协议（SET——Secure Electronic Transaction）

SET 是由 Visa 和 MasterCard 两家公司提出的、用于 Internet 事务处理的一种标准。SET 是计算机网络上的一种开放式标准，也是银行卡安全付款的具体规范。SET 包含多种协议，每一协议用于处理一个事务的不同阶段，通过使用公共密钥和私有密钥技术，单个 SET 事务最多可用 6 个不同的公共密钥加密。SET 实现了信息的集成、全部金融数据的证实、敏感数据的加密等工作。SET 采用数据加密和数字签名等先进技术实现了对持卡人、商家、付款要求、支付授权的认证以及支付过程的记录等金融支付的安全工作。

（1）SET 协议空间中的角色。

① 持卡人。在电子商务环境中，消费者和团体购买者通过计算机与商家交流，持卡人通过由发卡机构颁发的付款卡（例如信用卡、借记卡）进行结算。在持卡人和商家的会话中，SET 可以保证持卡人的个人账号信息不被泄露。

② 发卡机构。它是一个金融机构，为每一个建立了账户的顾客颁发付款卡，发卡机构根据不同品牌卡的规定和政策，保证对每一笔认证交易的付款。

③ 商家。提供商品或服务，使用 SET 就可以保证持卡人个人信息的安全。接受卡支付的商家必须和银行有关系。

④ 银行。在线交易的商家在银行开立账号，并且处理支付卡的认证和支付。

在一个利用 SET 协议的网上购物过程中，各部门之间的关系如图 8-14 所示。

（2）SET 的加密技术。目前广为使用的加密方法主要有两种：密钥加密系统和公钥加密系统，在 SET 的加密处理中，这两种方法都用到了。SET 除了将对称密钥的快速、低成本和非对称密钥的有效性结合在了一起，还应用了双重签名技术。例如，A 先生要买 B 小姐的一处房产，A 先生发给 B 小姐一个购买报价单及对 A 先生对银行的授权书的消息，如果 B 小姐同意按此价格出卖，要求银行将钱划到 B 小姐的账上。但是 A 先生不想让银行看到报价，也不想让 B 小姐看到他的银行账号信息。而报价和付款是相连、不可分割的，仅当 B 小姐同意 A 先生的报价，钱才会转移。要达到这个要求，必须采用双重签名才能实现。

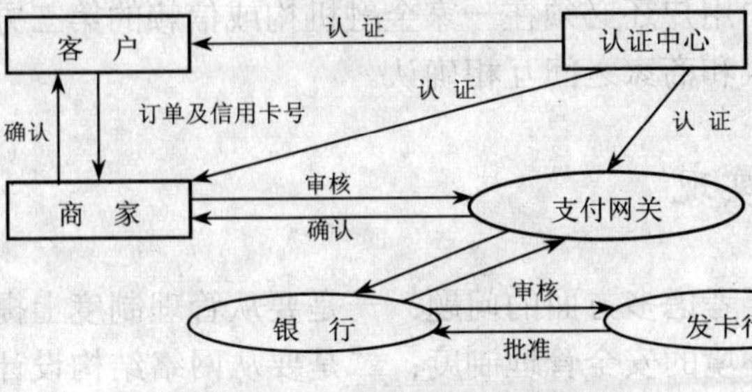

图 8-14　SET 网上购物过程

首先，生成两条消息的摘要，将两个摘要连接起来，生成一个新的摘要（称为双重签名），然后用签发者的私有密钥加密，为了让接收者验证双重签名，还必须将另外一条消息的摘要一块传过去。这样，任何一个消息的接收者都可以通过以下方法验证消息的真实性：生成消息摘要，将它和另外一个消息摘要连接起来，生成新的摘要，如果它与解密后的双重签名相等，就可以确定消息是真实的。拿上面的例子来说，如果 B 小姐同意，她发一个消息给银行表示她同意，另外包括报价单的消息摘要，银行能验证 A 先生授权的真实性，用 A 先生的授权书生成的摘要和 B 小姐消息中的报价单的摘要验证双重签名。银行根据双重签名可以判定报价单的真实性，但却看不到报价单的内容。

（3）持卡人注册。网上支付中所涉及的各参与方都需要密钥证书来发送 SET 信息。当持卡人打算使用 SET 来完成网上支付时，他必须从认证中心（CA）获得一张公开密钥证书。持卡人需要包含其公开签名密钥的签名证书，从而使得由他签发的信息是可被验证的。图 8-15 所示为持卡人张三获取一张 CA 签发证书。

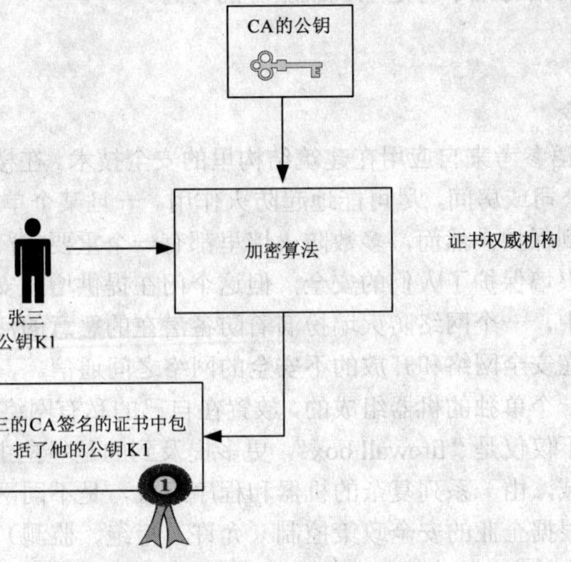

图 8-15　持卡人获取 CA 签发证书

（4）SET 标准的局限性。尽管目前 SET 的支持者众多，但其要成为电子交易的统一标准仍面临着为数不少的障碍。SET 最根本的挑战在于定期通过 Internet 购买产品的消费者极少，特别是在欧洲和亚洲这些电子商务滞后于美洲的国家和地区。

另一方面，SET 为了保证安全而牺牲了简便性。由于该协议提供了多层次安全保障，复杂程度当然也随层次的增加而增加。用户必须下载或从 CD-ROM 上安装一个电子钱包，以便在浏览器上加入付款功能。用户还必须在一家金融机构或信赖的第三方进行登记，然后获得一个数字证明，以供持卡人和商家之间互相确认。

8.4.2 网络安全机制的实现

要实现网络的安全需要考虑多方面的问题：一是要从管理制度上提高安全防范水平，形成一套完整的适合于网络环境的安全管理制度；二是要从网络结构设计上提高抵御外来入侵的能力。目前，从网络结构设计上讲，有以下两种常用的网络安全方案。

1. 包过滤路由器

使用包过滤路由器（Router）除了可以完成不同网段间的寻址功能以外，由于它独特的带有包过滤工作表的特性，还可以用来滤除不受欢迎的一些主机的地址和服务。

Internet/Intranet 的基础协议是 TCP/IP 协议，网络规划者们对 Internet/Intranet 网上的每台机器都给定了唯一的地址，就像门牌号一样，称之为 IP 地址。通过 IP 地址可以在网络上访问任何一台 Internet/Intranet 主机。在 IP 数据包内有源地址、目的地址的信息，用于在网络上找到通信的目的地并实现原始数据的重现。

另外，确定在实现通信时各功能部件行为的语义和语法规则称之为协议（如 FTP、HTTP、Gopher、Telnet、UDP、SNMP 等），通信双方必须有一致的协议才能彼此理解，而这些协议是用端口来标识的。另外，相应的服务也用端口来表示，如 Gopher 的端口为 70，WWW 的端口为 80，FTP 的端口为 20 或 21。这样，包过滤路由器就通过 IP 地址和端口地址以及允许、禁止两种状态来控制网络对某个特定主机或服务的访问。

2. 防火墙体系

（1）防火墙的概念。

“防火墙”这个术语参考来自应用在建筑结构里的安全技术。在楼宇里用来起分隔作用的墙，用来隔离不同的公司或房间，尽可能地起防火作用。一旦某个单元起火，由于有防火墙，其他的居住者可以受到保护。然而，多数防火墙里都有一个重要的门，允许人们进入或离开大楼。因此，虽然防火墙保护了人们的安全，但这个门在提供增强安全性的同时允许必要的访问。在计算机网络中，一个网络防火墙扮演着防备潜在的恶意的活动的屏障，并可通过这道“墙”来允许人们在安全网络和开放的不安全的网络之间通信。

一个防火墙是由一个单独的机器组成的，放置在自己的私有网络和公网之间。近些年来，防火墙机制已发展到不仅仅是“firewall box”，更多提及到的是堡垒主机，它涉及整个从内部网络到外部网络的区域，由一系列复杂的机器和程序组成，是不同网络或网络安全域之间信息的唯一出入口，能根据企业的安全政策控制（允许、拒绝、监测）出入网络的信息流，且本身具有较强的抗攻击能力。防火墙是提供信息安全服务，实现网络和信息安全的基础设施。

在逻辑上，防火墙是一个分离器、一个限制器，也是一个分析器，有效地监控了内部网和 Internet 之间的任何活动，保证了内部网络的安全。防火墙的基本组成如图 8-16 所示。

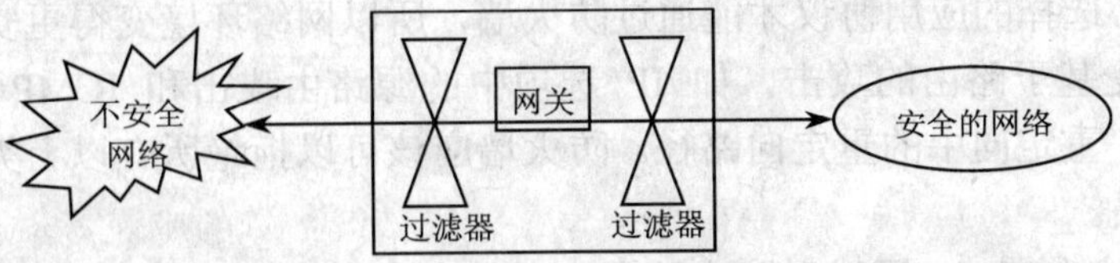

图 8-16　防火墙的基本组成

（2）防火墙的发展历程。

全球第一个商用防火墙系统是 1986 年美国 Digital 公司在 Internet 上安装的，并第一次提出了防火墙的概念，随后防火墙技术得到了飞速的发展。目前全球有上百家公司推出了功能不同的防火墙系统产品，从早期的简单包过滤技术到应用代理技术，再到状态包过滤技术，防火墙技术总共经历了三个主要的发展阶段。其中，状态包过滤技术安全性、性能都比较好，得到了广泛的应用。

包过滤是一种最早的通用防火墙技术手段，其实现简单、成本低且效率高，因而受到广大用户的认可。包过滤防火墙技术不针对各个具体的网络服务采取特殊的处理方式。包过滤主要作用于网络层和传输层，根据分组包的源、目的地址，端口号及协议类型、标志确定是否允许分组包通过，包过滤只检查源于 IP、TCP 或 UDP 的数据包的报头。但这种防火墙很难抵御 IP 地址欺骗等攻击，而且审计功能很差。

应用代理型防火墙是内部网与外部网的隔离点，起着监视和隔绝应用层通信流的作用，同时也常结合包过滤器的功能。应用代理防火墙工作在 OSI 模型的最高层，即应用层，掌握着应用系统中可用作安全决策的全部信息。应用代理用于复制和传递网络上的数据，防止在受信任服务器和客户机与不受信任的客户机间直接建立联系，它能够理解应用层上的协议，来做更为复杂一些的访问控制。

状态检测防火墙又称动态包过滤防火墙。状态检测防火墙在网络层由一个检查引擎截获数据包并抽取出与应用层状态有关的信息，且以此作为依据决定对该数据包是接受还是拒绝。检查引擎维护一个动态的状态信息表并对后续的数据包进行检查，一旦发现任何连接的参数有意外变化，该连接就被中止。状态检测防火墙克服了包过滤防火墙和应用代理服务器的局限性，它能够根据协议、端口及源地址、目的地址的具体情况决定数据是否可以通过，同时对于每个安全策略允许的请求，状态检测防火墙启动相应的进程，可以快速地确认符合授权流通标准的数据包，这使得其本身的运行非常快速。状态检测防火墙目前在国内外均得到了广泛应用，这种防火墙唯一的缺点是状态检测可能造成网络连接的性能问题，不过如果硬件可以得到有效的保障，对于连接的迟滞问题还是可以解决的。

随着网络攻击手段和信息安全技术的发展，新一代的功能更强大、安全性更强的防火墙已经问世，这个阶段的防火墙已超出了原来传统意义上防火墙的范畴，已经演变成一个全方位的安全技术集成系统，称之为第四代防火墙。它可以抵御目前常见的网络攻击手段，如 IP 地址欺骗、特洛伊木马攻击、Internet 蠕虫、口令探寻攻击、邮件攻击等。

（3）防火墙的功能作用。

作为在安全领域中最早出现的主流安全防护产品之一，防火墙到目前为止仍然处于不可替代的地位，它所具备的主要功能如下：

① 作为内外网安全的主要保护屏障。通过使用防火墙为网络的内外网之间创建一个阻塞点，这种方式能极大地提高一个内部网络的安全性，并通过过滤不安全的服务而降低风险。由于只有经过精心选择的应用协议才能通过防火墙，所以网络环境变得更安全。防火墙同时可以保护网络免受基于路由的攻击，如 IP 选项中的源路由攻击和 ICMP（Internet Control Message Protocol）重定向中的重定向路径。防火墙应该可以拒绝所有以上类型攻击的报文并通知防火墙管理员。

② 强化网络安全策略。通过以防火墙为中心的安全方案配置，能将所有安全软件（如口令、加密、身份认证、审计等）配置在防火墙上。与将网络安全问题分散到各个主机上相比，防火墙的集中安全管理更经济实用。

③ 对网络存取和访问进行监控审计。如果所有的访问都经过防火墙，那么，防火墙就能详细地记录下这些访问日志，同时也能提供网络使用情况的统计数据。当网络中发生一些异常行为时，防火墙能进行适当地报警，并提供网络是否受到监测和攻击的详细信息。通过在防火墙上实现日志服务，安全管理员可以监视所有从外部网或互联网的访问。好的日志策略是实现适当网络安全的有效工具之一，防火墙为管理员进行日志存档提供了更多的信息。

④ 防止内部信息的外泄。通过利用防火墙对外部网、DMZ 区域和内部网络的划分，可实现对重点网段的隔离，从而限制了局部重点或敏感网络安全问题对全局网络造成的影响。另外，隐私是内部网络非常关心的问题，一个内部网络中不引人注意的细节可能包含了有关安全的线索而引起外部攻击者的兴趣，甚至因此而暴露了内部网络的某些安全漏洞而导致非法入侵。使用防火墙就可以隐蔽那些透漏内部细节信息如 Finger、DNS 等服务。攻击者可以通过诸如 Finger 这样的服务知道一个系统账户使用的频繁程度，这个系统是否有用户正在连线上网等相关信息。防火墙可以同样阻塞有关内部网络中的 DNS 信息，以防止主机的域名和 IP 地址被外界所了解。

下面以 Windows XP 版的防火墙为例，具体说明它的功能。

在 Windows XP 中防火墙的“常规”选项卡上有三个设置，如图 8-17 所示。以下是这些设置的功能以及使用条件：

① 启用（推荐）。默认情况下已选中该设置。当 Windows 防火墙处于打开状态时，大部分程序都被阻止通过防火墙进行通信。如果想要解除阻止某一程序，可以将其添加到“例外”列表（位于“例外”选项卡上）。“例外”列表如图 8-18 所示。例如，在将即时消息程序添加至“例外”列表之前，可能无法使用即时消息发送照片。

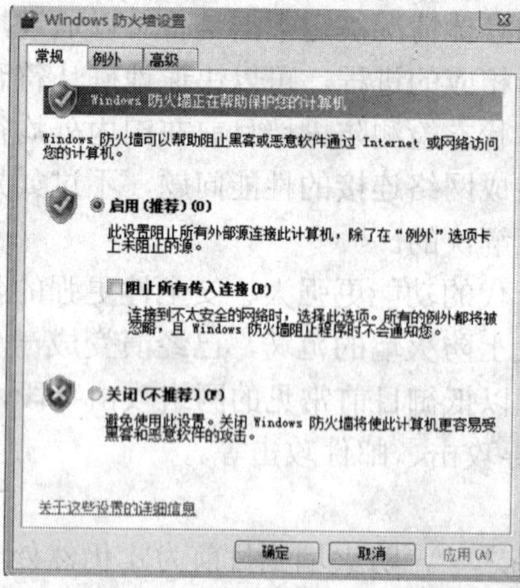

图 8-17　Windows 防火墙设置

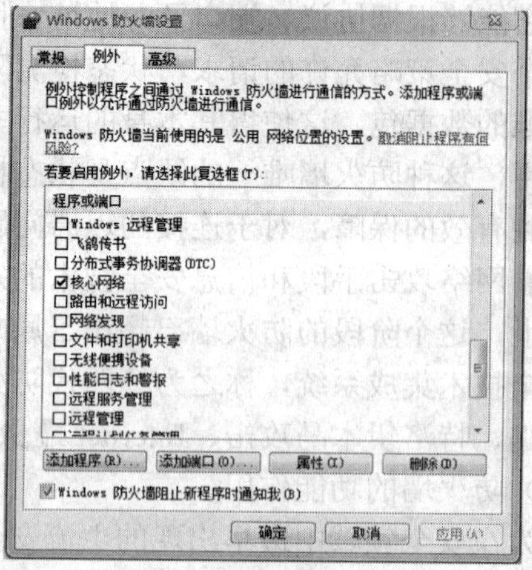

图 8-18　Windows 防火墙中的“例外”列表

② 阻止所有传入连接。此设置将阻止所有主动连接您计算机的尝试。当需要为计算机提供最大限度的保护时（例如，当您连接到旅馆或机场的公用网络时，或者当计算机蠕虫正在 Internet 上扩散时），可以使用该设置。如果使用“阻止所有接入连接”，Windows 防火墙在阻止程序时将不会通知您，并且将会忽略“例外”列表中的程序，但仍然可以查看大多数网页，发送和接收电子邮件，以及发送和接收即时消息。

③ 关闭（不推荐）。避免使用此设置，除非计算机上运行了其他防火墙。关闭 Windows 防火墙可能会使计算机更容易受到黑客和恶意软件（如蠕虫）的攻击。

（4）防火墙的局限性。

对于整体的安全性而言，防火墙确实起到了很大的安全保障性能，但它也有局限性。企业加强网络安全，首先想到的措施就是安装防火墙，防火墙的确可以帮助管理员加强内部网的安全性，它隐藏了被保护对象大量的网络细节和一些安全问题。但是，要发挥防火墙的最大作用，还在于管理员是否能够进行良好的管理和配置。

首先，一个不具体实施任何安全策略的防火墙无异于高级摆设。很多防火墙厂商在销售完防火墙以后并没有针对客户的情况帮助完善防火墙规则。这导致在很多企业的网络中，有的防火墙甚至仅仅起了一个网关的作用，还有大量的防火墙没有设置必要的安全规则，或者安全规则设置不够严密，甚至设置错误等。

其次，防火墙对一些通过正常服务进行攻击的手段无反应和防护。这是防火墙致命的一点。例如，对于很多客户必须开放的 HTTP 服务，通过 CGI 程序的漏洞进行攻击，其破坏可能是毁灭性的，且现在针对 CGI 的攻击千变万化，特别是客户自己开发的系统，没有固定模式，使得那些基于应用层过滤和脚本过滤的防火墙无用武之地。除了手工做 CGI 和应用程序审计或源码测试能大大降低这种风险以外，目前没有任何产品能解决这样的问题。

最后，大部分防火墙主要用来防止外部攻击，一旦攻击点在网络内部，防火墙不能起任何作用。因此，对于那些高安全性要求的客户来说，采用防火墙只是一个必要的手段，而绝不是网络安全的全部。

8.5　安全技术应用

8.5.1　PKI 在电子商务中的应用

公钥基础设施（Public Key Infrastructure，PKI）是提供公钥加密和数字签字服务的安全基础平台，目的是管理密钥和证书。PKI 是创建、颁发、管理、撤销公钥证书所涉及的所有软件、硬件的集合体，它将公开密钥技术、数字证书、证书发布机构（CA）和安全策略等安全措施整合起来，成为目前公认的在大型开放网络环境下解决信息安全问题最可行、最有效的方法。PKI 是电子商务安全保障的重要基础设施之一。它具有多种功能，能够提供全方位的电子商务安全服务。图 8-19 是 PKI 的主要功能和服务的汇总。

1. PKI 的结构模型

PKI 框架有三类实体：管理实体、端实体和证书库。管理实体是 PKI 的核心，是 PKI 服务的提供者；端实体是 PKI 的用户，是 PKI 服务的使用者；证书库是一个分布式数据库，用于证书或用户证书作废表（CRL）的存放和检索。

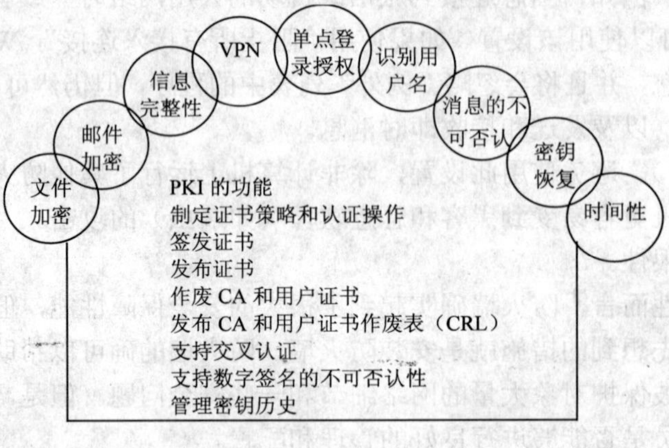

图 8-19 PKI 主要功能与服务

PKI 包括证书签发机构（CA）和注册机构（RA）两种管理实体。CA 是 PKI 框架中唯一能够发布/撤销证书的实体，维护证书的生命周期；RA 负责处理用户请求，在验证了请求的有效性后，代替用户向 CA 提交。RA 可以单独实现，也可以合并在 CA 中实现。作为管理实体，CA/RA 以证书形式向端实体提供公开密钥的分发。

持有者和验证者是两种端实体。持有者是证书的拥有者，是证书所声明事实的主体。持有者向管理实体申请并获得证书，也可以在需要时请求撤销或更新证书。持有者使用证书鉴别自己的身份，从而获得相应的权利。验证者通常是授权方，确认持有者所提供的证书的有效性和对方是否为该证书的真正拥有者，只有在成功鉴别之后才可授权对方。

证书库可有 WEB、FTP 或 X.500 目录来实现。由于证书库中存取对象是证书和 CRL，其完整性有数字签名来保证，因此，对证书库的操作可在无特殊安全保护的信道上传输。

2. PKI 的层次模型

PKI 描述为三个层次：最底层是传输层，向上提供 PKI 操作报文的可靠传输，可以是传输层协议（如 TCP），或应用层协议（如 HTTP、SMTP、FTP）；中间是密码学服务层，向上提供加密解密、数字签名和报文摘要等基本密码学服务，可由 RSA、MD5 和智能卡接口等模块实现；最高层是证书服务层，使用下两层提供的加密和传输服务，向用户提供证书的请求、签证、发布、撤销和更新等服务。

PKI 的三类实体使用了三层服务。证书库无需特殊的安全交互措施，所以仅使用传输层服务分发证书和 CRL；管理实体和端实体使用证书服务层构造 PKI 证书操作报文，使用密码学服务层作鉴别和保护交互信息，使用传输层服务传送报文。

3. PKI 的运行操作

PKI 的运行操作主要经过 6 个步骤：

（1）署名用户向注册机构（RA）提出数字证书申请。

（2）RA 验明署名用户身份，CA 签发数字证书。

（3）CA 将证书公布到证书库中。

（4）署名用户对电子信件数字签名作为发送认证，确保信件完整性、不可否认性，并发送给依赖方。

（5）依赖方接收信件，用署名用户的公钥验证数字签名，并到证书库查明署名用户证书的状态和有效性。

（6）证书库返回证书检查结果。

运行模型如图 8-20 所示。这 6 个步骤，可分为以下 3 个阶段：

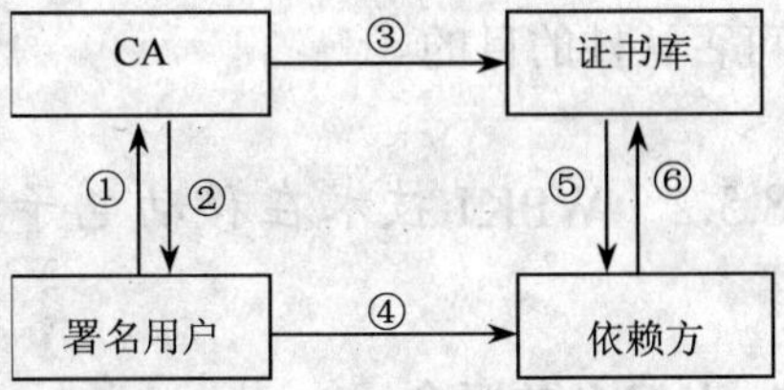

图 8-20　PKI 运行模型

（1）初始化阶段。在终端实体能够使用 PKI 支持的服务之前，它们必须初始化以进入 PKI。初始化由以下几步组成：

① 终端实体注册申请，即用户证书申请。

② 注册机构审核。

③ 密钥产生及备份。

④ 证书创建和签发。

（2）使用阶段。一旦私钥和公钥证书已经产生并适当地分发，PKI 运行操作的使用阶段即开始。这个阶段包括：

① 证书检索及验证。远程资料库的证书检索，并确定一个证书的有效性（包括证书路径的验证）。

② 密钥恢复和更新。当不能正常访问密钥资料时，从 CA 或信任第三方处恢复；当一个合法的密钥即将过期时，进行新的公 / 私钥的自动产生和相应证书的颁发。

（3）撤销阶段。PKI 运行操作以撤销阶段来结束。此阶段包括如下内容：

① 证书过期和撤销。过期，指的是证书生命周期的自然结束；撤销指的是宣布一个合法证书（及其相关私有密钥）不再有效。

② 密钥历史。维持一个有关密钥资料的记录（一般是关于终端实体的），以便被过期的密钥资料所加密的数据能够被解密。

③ 密钥档案。出于对密钥历史恢复、审计和解决争议的考虑，由第三方储存密钥资料以确保安全。

4．PKI 的电子商务应用模式

电子商务按应用模式分为 B2C、B2B 和 B2G 等模式，按类型可分为买方主导型、卖方主导型和电子交易市场型。各种应用模式和类型及交易流程虽然各不相同，但国内外电子交易市场型是发展主流，其一般流程如下：

（1）一般电子商务的参与方有买方、卖方、银行和作为中介的电子交易市场。买方通过自己的浏览器上网，登录到电子交易市场的 Web 服务器，寻找卖方虚拟电子商场。当买方登录服务器时，互相要验证对方证书，确认对方身份，称双向认证（B2B 要求）。

（2）互相身份确认以后，建立起安全通道，买方浏览卖方的商品，进行讨价还价之后向商场提交订单，其中电子交易市场起中介作用。订单里有两种信息，一部分是订货信息，包括商品名称和价格；另一部分是提交银行的支付信息，包括金额和支付账号。买方对这两种信息进行“双重数字签名”，分别用商场和银行的证书公钥加密上述信息。

（3）当商场收到这些交易信息后，留下订货单信息，而将支付信息转发给银行。商场只能用自己专有的私钥解开自己的公钥加密的订货单信息，验证签名，而没有银行的私钥，解不开加密的支付信息，看不到买方的账号。同理，银行只能用自己的私钥解开加密的支付信息，验证签名，进行划账，而看不到买方买的什么商品，保护隐私权。银行在完成划账以后，通知起中介作用的电子交易市场、物流中心和买方，并进行商品配送。

整个交易过程都可以在PKI所提供的安全服务下进行，从而达到安全、可靠、保密和不可否认性的目的。

8.5.2　WPKI技术在移动电子商务中的应用

1. WPKI的概念

WPKI（无线安全基础设施体系）是一套完善的无线安全解决方案。它的主要功能是为移动网络的各类移动终端用户、移动数据服务提供商提供基于WPKI体系的各种安全服务，解决各种移动数据业务服务过程中遇到的数据传输的安全性、完整性、用户的身份认证、交易的不可抵赖性等问题，为移动用户提供全面的安全解决方案。与PKI不同，WPKI针对解决的是无线设备进行网络数据传输的安全问题。

WPKI系统除提供证书的申请、发布、作废、更新等服务外，还提供证书状态查询、黑名单查询服务等，并为各类无线数据应用软件开发商和应用服务提供标准的应用开发包和开发接口标准。在接入方式上，主要的无线接入方式有目前2.5G的GPRS、CDMA和未来的WLAN、3G。

WPKI技术及应用，将使无线互联网广泛用于银行、证券、商务、政务、保险、教育等多个领域，使移动银行、移动证券、无线购物、移动定位等无线电子商务和无线数据服务成为可能。

无线网络的安全性同有线网络一样，大致可以粗略地分为四个相互交织的部分：保密、鉴别、抗否认性和完整性控制。保密是指保护信息在存储和传输的过程中的机密性，防止未授权者访问；鉴别主要指在揭示敏感信息或进行事务处理前必须先确认对方的身份；抗否认性要求能够保证信息发送方不能否认已发送的信息，这与签名有关；完整性控制要求能够保证收到的信息的确是最初的原始数据，而没有被第三者篡改或伪造。

2. WPKI的内容

WPKI中定义了三种不同的通信安全模式，在证书编码方面，WPKI证书格式想尽量减少常规证书所需的存储量。采用的机制有两种：其一是重新定义一种证书格式，以此减少X.509证书尺寸；其二是采用ECC算法，减少证书的尺寸，因为ECC密钥的长度比其他算法的密钥要短得多。WPKI也在IETF PKIX证书中限制了一个数据区的尺寸。由于WPKI证书是PKIX证书的一个分支，还要考虑与标准PKI之间的互通性。

3. WPKI的技术原理

WPKI并不是一个全新的PKI标准，它是传统的PKI技术应用于无线环境的优化扩展。它同样采用证书管理公钥，通过第三方的可信任机构—认证中心（CA）验证用户的身份，从而实现信息的安全传输。与PKI系统相似，一个完整的WPKI系统必须具有以下部分：PKI客户端、注册机构（RA）、认证机构（CA）和证书库以及应用接口等基本构成部分，其构建也将围绕着这五大系统进行，其结构如图 8-21 所示。

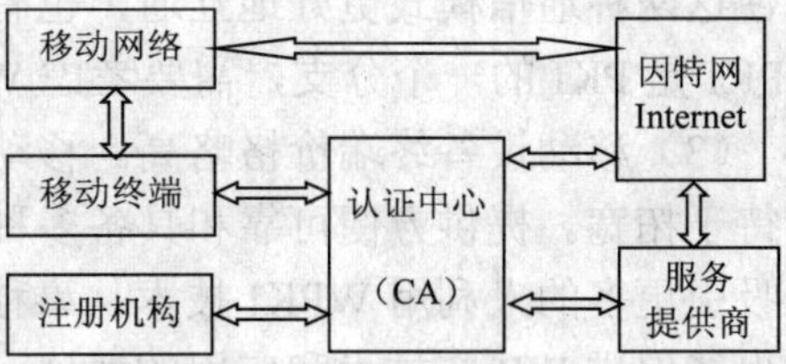

图 8-21　WPKI 体系结构

通常来说，CA 作为数字证书的签发机关，它是 WPKI 系统的核心。RA 提供用户和 CA 之间的一个接口，作为认证机构的校验者，在数字证书分发给请求者之前对证书进行验证，它捕获并认证用户的身份，向 CA 提出证书请求认证的处理质量决定了证书中被设定的信任级别。

一个完整的 WPKI 必须提供良好的应用接口系统，使各种各样的应用能够以安全、一致、可信的方式与 WPKI 交互，确保安全网络环境的完整性和易用性。PKI 和 WPKI 最主要的区别在于证书的验证和加密算法。WPKI 采用了优化的 ECC 椭圆曲线加密和压缩的 X.509 数字证书。比如说一个 1 024 位加密算法，手机需要半分钟才能完成，所以传统的 PKI X.509 就不适合移动计算。因此 WPKI 采用的椭圆曲线密码体制，密码长度可以为 165 位，实际应用和传统 PKI 的 1 024 或 2 048 位安全强度一样，但运算量要小，复杂度也随之降低。

4．WPKI 技术在移动电子商务中的应用

在移动商务中，如何实现在线、实时、安全的支付是技术实施的核心，尤其在移动环境下，需要准确地识别人员身份、判别账号真伪，并迅速、安全地实现资金转账处理。WPKI 技术在移动商务中有如下几方面的应用：

（1）网上银行。用户可以用移动设备通过网上银行轻松实现电话费缴纳、商场购物、缴泊车费、自动售货机买饮料、公交车付费、投注彩票等手机支付服务。如果在网上银行系统中采用了 WPKI 和数字证书认证技术，即使窃取了卡号和密码，也无法在网上银行交易中实现诈骗。从世界范围看，数字证书技术已经被广泛地应用在国内外网上银行系统中。网上银行的应用主要有如下两种：无线电子支付和无线电子转账。

（2）网上证券。用户使用移动终端比如手机进行网上证券交易，要求随时随地都能自由、方便、安全地进行各种证券交易。客户通过手机短信息输入有关授权信息如股票代码和股票数量，交易信息以加密的短信息进行传输，服务器对这些信息进行解密，当交易完成，结果信息以加密形式返回给客户，客户读取反馈的结果信息。

（3）指纹识别系统。公安机关可以使用附有指纹识别与网络浏览器的 PDA 装置，运用无线上网方式，连接至已经建立好的指纹、相片甚至脸形、声音特征等资料库进行即时的线上查询与对比，这些资料采用 WPKI 体系加密后再传输于 PDA 资料库之间，可以达到安全保密的效果。

（4）其他方面的应用。移动电子商务应用内容广泛，比如网上柜台、网上学习、网上游戏等，对于这些商务活动，共同要求实时可靠。随着移动电子商务的发展，基于 WPKI 技术的应用范围将逐步拓展。

5．WPKI 技术应用存在的问题

目前，虽然 WPKI 技术有着广泛的应用，但在技术实现和应用方面仍面临着一些问题：

（1）无线终端的处理能力相对较低。比如手机，它的存储容量小、处理速度慢。针对此种问题，可以从两方面来着手：一是增强无线终端的处理能力；二是减少证书的长度和处理难度。

（2）通信模式互通不够。从现有的通信模式来看，存在无线网络和有线网络的通信，如

何使这两种通信模式更好地互通，也有待于快速解决。PKI 是有线网络下通信的安全技术，WPKI 是 PKI 的一个分支，需要考虑 WPKI 与标准 PKI 之间的互通性。

（3）移动设备终端价格略高。移动设备终端价格需要降低，功能还需要改进，应用内容有待于拓宽。提供方便可靠和具备多种功能，同时价格为大多数消费者所接受的设备，有利于吸引更多的人利用 WPKI 技术从事移动商务等活动。消费者的多种应用内容，在一定程度上也能促进 WPKI 技术和应用的发展。

（4）线信道资源短缺。线信道资源短缺，带宽成本高，时延长，连接可靠性较低，因而技术实现上需要保证各项安全操作的速度，这是 WPKI 技术成功的关键之一。

（5）移动电子商务下的法律还不完善，交易安全得不到充分的保障。我国没有正式颁布有关数字签名、电子文件及认证中心等方面的法律法规，使得数字签名得不到法律的保护，这影响了人们对 WPKI 的信任，同时也影响它的应用和普及。一个安全环境也存在两个方面内容：一是技术上固有的安全，真正在技术上实现了可靠的安全，这点做到比较难，因为任何一种技术都是在不断的发展，可能还会有新问题产生；二是从法律上，以法律的形式来规范这个领域，解决技术上的不足，利于移动电子商务更好地展开。

虽然 WPKI 还存在上述问题，但从技术方面来讲，将移动通信工具与因特网连接起来的无线上网技术以及因特网服务商所提供的无线上网服务已具备，因此，移动电子商务以其方便快捷、节省时间的特点将会带动传统电子商务走向一个崭新的世界，WPKI 应用将因此而更为普遍化。

8.6 问题讨论

1. 目前威胁电子商务安全的因素有哪些？
2. 安装了防病毒软件的计算机就可以对病毒免疫了吗？为什么？

8.7 实践项目

1. 上网访问相关网站，搜索关于网络安全信息，总结过去 1 个月内关于个人计算机软件的主要安全漏洞。
2. 找出国内两家认证中心，比较它们提供的数字证书的区别。
3. 试提出一个电子商务安全解决方案。

习题

1. 数据加密算法有哪几种？
2. 简要介绍公钥加密体系的工作原理。
3. 简述数字签名、数字摘要、数字证书和数字时间戳技术。
4. 认证中心的作用是什么？
5. 简述本章介绍的安全协议。
6. 简述 PKI 机制是什么样的？

第 9 章　网络支付与结算

本 章 要 点

1. 了解网络支付与结算的构成、特点和支撑平台。
2. 掌握网络支付的流程与基本模式。
3. 熟悉各种电子支付手段的流程与特点。
4. 了解网络银行的结构与业务。
5. 了解网络支付的发展现状与问题。

案例 9-1

在线支付提供契机

中文互联网的在线购物发展一直滞后。与搜索引擎百度或门户网站搜狐这些受益于广告业务而令其收入与股票大涨的网络企业相比，中国电子商务商的处境明显要艰难很多。一个很主要的原因就是信用卡没有普及：在这样一个持卡人数有限、且持卡人因担心网上交易风险而不愿使用信用卡的国家里，在线出售商品自然困难重重。而实际在网上购物的消费者往往愿意选择对于商家来说既昂贵又不方便的支付方式——货到付款。网上支付交易额规模如图 9-1 所示。

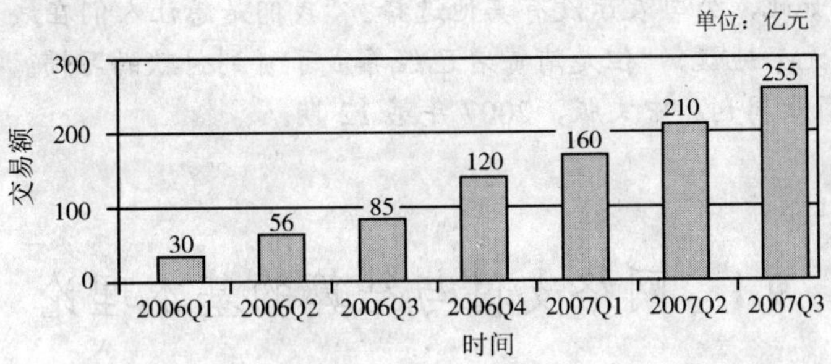

图 9-1　2006Q1-2007Q3 中国第三方网上支付交易额规模

然而现在，中国在线商务正在走上复苏之路。根据中国互联网协会的数据，中国电子商务 2007 年的交易额有望突破 10 亿美元，并将在未来 3 年内以年均 34%的速度增长。尽管中国人网上刷卡消费的数量依旧很少，但电子零售商正在因由银行和类似于美国 PayPal 的支付服务商所提供的数十个在线支付系统而得到巨大的发展。市场调查公司 iResearch 称，企业和个人的在线支付规模预期在未来两年会翻两番，达到 240 亿美元。亚马逊网站中国业务——卓越亚马逊的首席执行官王汉华表示："在线支付已经有了长足的进步。"如今卓越15%的销售都通过在线支付来完成，这一水平是两年前的两倍。

中国最大的互联网营销企业阿里巴巴于2007年11月6日挂牌上市，这把中国的在线支付提升到新的水平。这家在登陆香港股市首日市值就翻了近两番的杭州公司，为中小企业买卖从半导体处理器到鱼翅的各种物品提供着交易平台。其被雅虎控股的母公司拥有中国顶级的拍卖网站淘宝网。

淘宝网之所以能够如此成功，很重要的一个因素就是得益于"支付宝"这一中国首屈一指的在线支付平台。支付宝系统为用户在淘宝网消费提供免费的服务，大大提升了网上商户的信心。淘宝网现有用户4 700多万，每天处理着约78万笔、总价达到2 000万美元的交易。"只有买家收到货品时，卖家才能得到货款。"生活在北京的25岁作家邵杰说道。邵杰已经通过支付宝购买过"不计其数"的商品，下至4美元的成箱速食面、上到435美元一个的限量版泰迪熊。

支付宝也面临着来自多方面的挑战。卓越网已经在使用自己的支付系统且不允许用户使用其他系统。

而同在香港上市的中国顶尖即时通信服务提供商腾讯公司也拥有自己的支付服务；很多银行也加入了这一行列。总体算来，中国现有约50个类似的在线支付服务平台，北京一家咨询公司BDA的分析师刘斌如是说。另外一个制约因素仍是信用卡。刘斌表示，中国消费者依旧"担心网络诈骗，所以不愿意去使用它"。

支付方式的发展为新的互联网商务提供了增长契机。Soleil中国是广州一家生产宠物玩具和遛狗链、项圈等相关配件的出口企业，曾经因网上支付的障碍而在国内市场上放弃了电子商务渠道。随着新兴支付系统的出现，公司正在重建以中国消费者为目标的网上商城。公司总经理凯特·冯表示，在线支付"对于我们是非常好的机会"。

当然，大多数电子商务业者仍不会立即放弃技术含量相对较低的支付方式。仍以卓越网为例，公司已将货到付款服务扩展到345个城市，而在两年前的范围仅是35个城市。货到付款很难成为理想的支付方式，因为员工必须学会辨别假钞，而送货员身背大把钞票穿梭于街道更有风险。尽管如此，公司表示没有其他选择。"我们是想让人们在线支付，"卓越亚马逊首席执行官王汉华无奈地说，"但是消费者已经养成了货到付款的习惯。"

资料来源：《商业周刊》中文版，2007年第12期。

9.1 网络支付与结算的基本理论

基于以Internet为平台的在线支付与结算方式是伴随Internet应用的普及、电子商务的开展而逐渐研发出来的。应该说与电子商务一样，它是个新生事物，它依赖于国家电子银行系统的建设与应用水平。目前，世界上基于Internet平台的在线支付与结算方式正在大力发展、应用并且日趋完善，随着技术的进步和日益迫切的电子商务的需求及人们传统观念的革新，越来越多的更加安全、可靠、方便、快捷的网络支付手段正不断被研发出来并且投入实践，这是新时代商务支付结算方式的发展趋势。

9.1.1　网络支付与结算的产生与定义

在很长一段时间内，银行作为金融业务的中介，通过自己创造的信用流通工具为商人与商家办理转账与结算，主要利用传统的各种纸质媒介进行资金转账，称为传统支付。在 20 世纪 70 年代，计算机和网络通信技术得到普及和应用，银行的业务开始以电子数据的形式通过电子信息网络进行办理，诸如信用卡、电子汇兑等一些电子支付方式开始投入使用，这是将电子信息技术手段用于商务支付结算的开端，一直发展到现在，出现了很多电子支付与结算方式。

电子支付与结算，也称电子支付，一般描述为 Electronic Payment，简称 e-Payment，它是通过电子信息化的手段实现交易中的价值与使用价值交换的过程，即完成支付与结算的过程。信用卡专线支付与结算方式在 20 世纪 70 年代就已经开始了，因此电子支付与结算方式的出现要早于现在的 Internet。随着 20 世纪 90 年代全球范围内 Internet 的普及和应用，电子商务的深入发展标志着信息网络经济时代的到来，一些电子支付结算方式逐渐采用费用更低、应用更为方便的公用计算机网络，特别是 Internet 作为运行平台，网络在线支付与结算方式就应运而生了。

网络支付与结算，也称在线支付与结算，或者在线支付、网络支付等，英文一般描述为 Net Payment 或 Internet Payment，它指以金融电子化网络为基础，以商用电子化工具和各类交易卡为媒介，采用现代计算机技术和通信技术作为手段，通过计算机网络系统特别是 Internet，以电子信息传递形式来实现资金的流通和支付。

9.1.2　网络支付与结算的基本构成

基于 Internet 公共网络平台的电子商务网络支付与结算体系的基本构成主要涉及七大构成要素。这些要素是：客户、商家、客户开户行、商家开户行、支付网关、金融专用网络以及 CA 认证中心。它们的关系如图 9-2 所示。

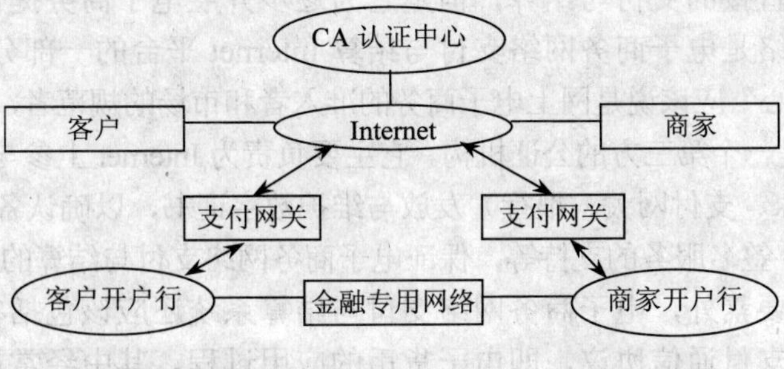

图 9-2　电子商务网络支付与结算体系的基本构成

(1)“客户”指在 Internet 上与某商家或企业有商务交易关系并且存在未清偿的债权、债务关系的一方。客户用自己拥有的网络支付与结算工具（如信用卡、电子钱包、电子支票等）发起支付，它是网络支付与结算体系运作的原因和起点。

(2)“商家”则是拥有债权的商务交易的另一方，可以根据客户发起的支付指令向终结的金融体系请求获取货币给付，即请求结算。商家一般设置专门的后台服务器来处理这一过程，包括协助身份认证及不同网络支付与结算工具的处理。

(3)“客户开户行”指客户在其中拥有资金账户的银行，客户所拥有的网络支付与结算工具主要是由开户银行提供的。客户开户行在提供网络支付工具的时候，同时提供一种银行信用，即保证支付工具是真实并可兑付的。在利用银行卡进行网络支付与结算的体系中，客户开户行又被称为发卡银行。

(4)“商家开户行”是商家在其中开设资金账户的银行，其账户是整个支付结算过程中资金流向的地方或目的地。商家将收到的客户支付指令提交其开户行后，就有开户行进行支付授权的请求，以及商家开户行与客户开户行之间进行清算等工作。商家开户行是依据商家提供的合法账单（客户的支付指令）来工作的，因此又称为收单行或接受行。

(5)“支付网关”(Payment Gateway)是 Internet 公用网络平台和银行金融专用网络平台之间的安全接口，网络支付与结算的电子信息必须通过支付网关进行处理后才能进入安全的银行内部支付结算系统，进而完成安全支付的授权和获取。支付网关的建设关系着整个网络支付与结算的安全及银行自身的安全，关系着电子商务支付与结算的安全及金融系统的安全，必须十分谨慎。

相对传统交易平台而言，作为网络平台的 Internet 公共信息存在不安全性。在电子商务交易过程中，网络平台上同时传输两种电子信息，即交易信息与支付信息，必须保证这两种电子信息在网络传输过程中不能被无关的第三者阅读，包括商家也不能看到其中客户的支付信息（如客户的信用卡号、商品总价等），以保护客户及商家商业交易的隐私。这就要求支付网关必须有商家以外的第三方银行或其委托的信用卡发行机构来建设。不过，支付网关这个网络节点也不能分析通过的交易信息。支付网关对送来的双向支付信息也只是起保护与传输作用，即这些保密数据对网关而言是“透明”的，而无需网关进行一些涉及数据内容级的处理。

(6)“金融专用网络”则是银行内部及银行间进行通信的专用网络，它不对外开放，因此具有很高的安全性，如中国国家金融通信网，其上运行着中国国家现代化支付系统、中国人民银行电子银行系统、中国工商银行电子汇兑系统、银行卡授权系统等。目前中国传统商务中的电子支付与结算应用如信用卡 POS 支付结算、ATM 资金存取、电话银行、专业 EFT 系统等，均运行在金融专用网络上。银行的金融专用网络发展迅速，虽然不能直接为基于 Internet 平台的电子商务进行直接的支付与结算，但是它为逐步开展电子商务提供了必要的条件。归根结底，金融专用网络是电子商务网络支付与结算 Internet 平台的一部分。

(7)“CA 认证中心”应该说是网上电子商务的准入者和市场的规范者，它与传统商务中工商局的作用有点类似，是一个第三方的公证机构。它主要负责为 Internet 上参与网上电子商务活动的各方（包括客户、商家、支付网关、银行）发放与维护数字证书，以确认各方的真实身份，也发放公共密钥及提供数字签名服务的支持等，保证电子商务网络支付与结算的安全与有序进行。

除以上七大构成要素外，电子商务网络支付与结算系统还应该包括在线支付时使用的网络支付工具及遵循的支付通信协议，即电子货币的应用过程。其中经常被提及的网络支付工具有银行卡、电子现金、电子支票等。支付通信协议主要指支付的安全通信与控制模式，如 SSL 模式与 SET 模式等。

9.1.3 网络支付与结算的基本功能

虽然网络支付与结算体系的基本构成和方式在不同的环境下不尽相同，但安全、有效、方便、快捷是所有网络支付方式追求的共同目标。对于一个网络支付与结算系统而言（可能专门针对一种网络支付与结算方式，也可能兼容几种网络支付方式），它至少应该具有以下七种基本功能：

（1）能够使用数字签名和数字证书等实现对网上商务各方的认证，以防止支付欺诈。

（2）能够使用较为尖端的加密技术，对相关支付信息流进行加密。

（3）能够使用数字摘要（即数字指纹）算法确认支付电子信息的真伪性，防止伪造假冒等欺骗行为。

（4）当网上交易双方出现纠纷，特别是有关支付结算的纠纷时，系统能够保证对相关行为或业务的不可否认性。

（5）能够处理网上贸易业务的多边支付问题，网络支付与结算牵扯客户、商家和银行等多方，传送的购货信息与支付指令信息还必须连接在一起，因为商家只有确认了某些支付信息后才会继续交易，银行也只有确认支付指令后才会提供支付。

（6）整个网络在线支付结算的过程对网上贸易各方，特别是对客户来讲，应该是方便易用的，手续与过程不能太烦琐，大多数支付过程对客户与商家来讲应该是透明的。

（7）能够保证网络支付结算的速度，即应该让商家与客户感到快捷，这样才能体现电子商务的效率，发挥网络支付与结算的优点。

9.1.4　网络支付与结算的特征

传统的支付与结算普遍使用的是“一现三票一卡”（即现金、发票、本票、汇票和信用卡）方式，而以 Internet 为主要平台的网络支付与结算方式表现出更多的优点和特征。

（1）网络支付与结算主要在开放的公共网络系统中，通过看不见但先进准确的数字流，完成相关支付信息传输，即采用数字化的方式完成款项支付与结算。传统支付与结算方式是通过纸质现金的流转、纸质票据的转让和银行的汇兑等物理实体的流转来完成款项支付，需要在较为封闭的系统中运行，大多需要面对面处理。而网络支付与结算的工作是基于一个开放的系统平台，如 Internet 平台。其 Internet 应用的特点就是兼容性强，对软、硬件设施要求不高，联网与应用均十分方便。

（2）网络支付与结算具有方便、快捷、高效、经济的优势。用户只要拥有一台能够上网的个人计算机，便可以足不出户，在很短的时间内完成整个支付与结算的过程。支付费用仅相当于传统支付费用的几十分之一，甚至几百分之一。传统的支付方式，由于票据传递迟缓和手工处理的手段落后，形成大量的在途资金，无法做到银行间当天结算，因而交易双方的资金周转都很慢。网络支付与结算系统还可以直接将钱打到收费者的银行账号上，这比通过邮寄或第三方转款大大缩短了付款时间，提高了资金的周转率和周转速度，既方便了客户，又提高了商家的资金运作效率，也方便了银行的处理。例如，据咨询公司 Booz 所作的调查，在美国，一桩通过 Internet 完成的网络结算成本仅为 1 美分，而通过 POS 专线支付或营业员柜台操作完成结算的成本分别高达 27 美分和 1.07 美元。

（3）网络支付与结算具有轻便性和低成本性。与电子货币相比，一些传统的货币如纸质货币和硬币则越发显示出其奢侈性。在美国，每年搬运有形货币的费用高达 60 亿美元，英国则需要 2 亿英镑，中国由于电子支付比例小，费用也非常庞大，而世界银行体系之间的货币结算和搬运费用占到其全部管理费的 5%。采用网络支付与结算方式，由于电子信息系统的建立和维护开销都很小，且 Internet 的应用费用很低，接入非常简便，使得普通消费者与小公司也有机会使用网络支付与结算系统，无论小公司还是大企业都可从中受益。

（4）网络支付与结算具有较高的安全性和一致性。支付的安全性是保护买卖双方不会被非法支付和抵赖，一致性是保护买卖双方不被冒名顶替。网络支付与结算系统和实现的交易基本一致，而网络支付协议充分借用了尖端加密与认证技术，其设计细致、安全、可靠。所以，网络支付与结算远比传统的支付与结算更安全可靠。

（5）网络支付与结算可以提高开展电子商务的企业资金管理水平，但也增大了管理的复杂性。采用网络支付与结算方式以后，不仅可以做原有的网络广告宣传，而且能够十分方便地利用搜集的客户信息建立相关决策支持系统，比如进行账单分析、估测市场趋势、预算新举措费用等，为企业进行科学的决策、降低经营风险等提供有力支持。由于网络支付工具和支付过程具有无形化、电子化的特点，它将传统支付方式中面对面的信用关系虚拟化，因此对网络支付工具的安全管理不能依靠普通的防伪技术，而是通过用户密码、软硬件加密和解密系统及防火墙等网络安全设备的安全保护功能实现。为了保持网络支付工具的通用性，还要制定一系列标准与规则。因此，网络支付与结算使得企业资金管理的复杂性在开始时增大，但随着网上各种资金监测系统的发展，系统的自动处理能力越来越强，其复杂性将逐渐降低。

（6）银行提供网络支付与结算的支持使得客户的满意度与忠诚度上升，这为银行与开展电子商务的商家实现良好的客户关系管理提供了支持。例如，美国花旗银行自开展网络银行与网络支付业务以来，由于网络支付的便利，通过对客户的抽样调查，客户的满意度提高了，反映在具体的数据上是客户账户的资金余额增加了，客户流失率降低了。

当然，就目前的技术水平而言，网络支付与结算作为新兴的方式，还存在一定的安全性以及支付环境、管理规范不完善等问题。伴随电子商务的蓬勃发展，电子货币和网络支付与结算的发展已经呈现加速的趋势。网络支付与结算和电子货币的出现使得在全球范围内统一货币成为可能，货币的统一将进一步推动全球经济的一体化进程，货币交换速度的提高也将加快社会经济的增长速度。

9.2 网络支付与结算的支撑网络平台

包括网络支付与结算在内的电子支付是一种通信频次大、数据量不定、实时性要求较高、分布面很广的电子通信行为，因此电子支付的网络平台通常是交换型的、通信时间较短的、安全保密性好的且稳定可靠的通信平台，它必须面向全社会，对所有公众开放。

电子支付的常见网络平台有电话交换网 PSTN、公用数据网、专用数据网、EDI（Electronic Data Interchange，电子数据交换）专用网络平台以及近年发展起来的 Internet 等。最早的电子支付网络平台主要有 PSTN，X.25 和 X.400 网络等，后来出现了 X.435，X.500 等网络平台。随着网络时代的到来，这些网络的普及面以及速度都明显跟不上当前业务发展的需要，特别是不能支撑以 Internet 为平台的电子商务在线支付结算的需要。

目前，网络支付与结算的支撑网络平台主要有两类平台，一类是传统成熟的 EDI 专用网络支付平台，另一类是大众化网络平台 Internet。它们各有优缺点和应用环境，随着 Internet 在全社会各行各业的大规模普及应用，加上其方便快捷、多媒体、互动性强以及经济的应用特点，大众化网络平台 Internet 已成为网络支付与结算支撑网络平台的发展趋势。EDI 正从专用网络逐渐向 Internet 转移，如 Web_EDI 的发展就是支付平台的关注热点，也体现出上述两个平台的融合趋势。

9.2.1　早期的传统网络平台

1．电话交换网 PSTN

在中国，电话普及率几乎达到 100%，电话交换网 PSTN 的网络规模非常大，这为开展以 PSTN 为平台的电话支付结算业务提供了支持，发达国家的许多银行早在 20 世纪 70 年代就开展了这种电话转账、查询业务。近几年在中国各地，包括转账、支付、查询在内的电话银行业务也逐渐开展起来。由于基于 PSTN 网络平台，用户入网比较方便灵活，相关技术比较成熟。随着电子支付用户的大量增多和交易量的大幅度增加，基于模拟电话网的电子支付业务便暴露了一些问题，如直观性差、交易时间长、“重拨”现象明显、接通率低、可靠性较低、保密性较差、误码率高等，使电话银行的业务受到影响，更不能满足电子商务的需求。因此，现代化大容量的电子支付与电子商务下的网络支付与结算需要数字化、安全、可靠、快捷的网络平台来支撑。

当然，现在移动电话已经非常普及并且使用方便，基于无线通信网络的移动电话支付是非常有发展潜力的，特别对小额的个体消费支付。比较高级的移动支付实质上已经不是语音服务了，而是数据服务，它主要借助无线网络来处理数据业务。如现在的 WAP 服务就为手机上网后进行支付提供了支持，它实际上也是基于 Internet 的支付，只不过是无线的 Internet 平台。

2．分组交换数据网

分组交换数据网主要有 X.25，X.400，X.435 和 X.500 网络等，以 X.25 网络为典型代表，也就是包交换（Package Exchange）或帧交换网络，网络通信协议遵循 OSI 七层模型，非常规范。分组交换数据网应用上有很多特点，本身非常适合于业务量较小的数据传输。比如，虚拟电路的灵活设置适用于多台终端同时与银行进行通信，且使扩容变得非常容易；带宽的统计服务消除了原来因中继线争用而带来的通信不畅；通信协议的多层纠错功能保障误码率比电话交换网低很多，基本能使商务伙伴间支付与结算等交易数据准确无误地传递；组网模式也可以与原有的 PSTN 模式兼容，以便分别发挥各自的优势，如电话交换网对散点终端入网较为适用，分组交换数据网则对较为集中的大商场更能显示其优势。目前中国已经形成覆盖全国的公用分组交换数据网络，这为实现全国范围内的电子支付网络打下了物理基础。

分组交换数据网在电子支付领域具有固有的安全性能，这不仅体现在数据网本身良好的网络拓扑结构和网络管理能力上，VPN（虚拟专用网）、CUG（闭合用户群）、Firewall（防火墙）等技术的广泛应用也为分组交换数据网上电子支付的应用提供了有力的保障，有效防止了非法用户的侵入。例如，借助 VPN，银行利用公用数据网组成专用的虚拟金融支付网络，可由自己来管理 VPN 资源。由于是专用线路专用网络，VPN 比较安全可靠。还可以借助闭合用户群 CUG 业务，即由若干用户组成一个固定或临时的通信群体，群体内的用户之间可以互相通信，本群体外的用户则无法与内部用户通信，该业务也可为电子支付的安全通信提供方便。

用户应用分组交换数据网络毕竟是专网租用，比较昂贵，而且在应用人群的普及面上还比较狭窄，与支持电子商务开展的 Internet 在技术上还有不同。这些都不能满足电子商务中即时、经济、方便、快捷的在线支付与结算的需要。现在银行的金融专用网还采用分组交换数据网技术或专线 DDN 技术，支付 POS 技术、ATM 服务和 HB 服务等。

9.2.2 专用成熟的 EDI 网络平台

EDI 业务出现在美国 20 世纪 70 年代初，最早应用于物流企业的贸易服务，现已成为国际贸易的主要模式之一，广泛应用于各行各业。EDI 是一种在贸易企业之间借助通信网络，以标准格式传输订货单、发货通知单、运货单、装箱单、收据发票、保险单、进出口申报单、保税单、缴款单等贸易作业文件的电子文本，可以快速交换贸易双方或多方之间的商务信息，从而保证商务快速、准确、有序并且安全进行。可以说，EDI 是一种以网络为平台的基于电子处理的商务形式，它被称为企业间的“无纸贸易”。EDI 业务代表了电子商务真正的开端，只不过网络平台是 EDI 专用通信网，而非 Internet。

在 EDI 系统中交易的信息需要根据国际标准协议进行格式化，形成标准电子版本，通过计算机通信网络对这些数据进行交换和自动化处理，从而有机地将商业贸易过程的各个环节（包括海关、运输、银行、商检、税务等部门）连接起来，实现包括电子支付在内的全部业务，在效率上较传统手工或传真商务有很大的优越性。EDI 系统具有一整套成熟的安全技术体系，能够有效防止信息的丢失、泄密、篡改、假冒、商务抵赖和拒绝服务等。

从广义上讲，EDI 业务属于 B2B 电子商务的范畴，所以 EDI 专用网络平台是现在很多企业开展这种 EDI 式电子商务的成熟平台。但是，毕竟目前的 EDI 专用网络平台与 Internet 不一样，不能有效支持所有出现的电子商务拓展领域，如网上大学、网络图书馆、个人网上购物、网络收费游戏、网络银行等，所以 EDI 专用网络平台作为电子商务的依托平台是有局限性的。

随着 Internet 的进一步发展，目前 EDI 与 Internet 有相互结合的发展趋势，即 Web_EDI 的出现。所谓 Web_EDI，就是把 EDI 系统建立在 Internet 平台上，而不是原来的专用网络，而 EDI 运作规则与标准基本不变。这样，Web_EDI 就能大大减少中小企业实现 EDI 的费用，允许中小企业只需要通过 Web 浏览器和 Internet 连接来执行 EDI 信息交换，大大拓展了 EDI 的应用范围。这里，Web 是 EDI 报文的接口，一般情况下，其中一个参与者是比较大的企业，针对每个 EDI 报文开发或购买相应的 Web 表单，改造成适合于自己的译文，然后把这些表单放在 Web 站点上，Web 表单就成为 EDI 系统的接口；另外一个参与者是较小的公司，它登录到 Web 站点，选择所感兴趣的 Web 表单填写，填写结果递交 Web 服务器后，通过服务器程序进行合法性检查，把它变成通常的 EDI 报文，报文的处理就与传统的 EDI 报文处理一样，为了保证报文信息从 Web 站点返回它的参与者，报文还被转变成 Web 表单或以 E-mail 的形式通知贸易双方。

9.2.3 大众化网络平台 Internet

在传统通信网和专用网络上开展网络支付与结算业务，由于终端和网络本身的技术难以适应电子商务业务量的急剧上涨等一些局限性因素，使用户面很难扩大，且使用户、商家和银行承受昂贵的通信费用。因此，寻求一种物美价廉、易用且对大中小型企业与普通消费者都能使用的大众化平台，成了当务之急。全球数量庞大的因特网用户并飞速发展的 Internet 就顺其自然地成为焦点。与此同时，与网络支付与结算相关的技术、标准和实际应用系统也不断涌现，使得基于 Internet 上进行网络支付与结算已经成为现代化支付系统，成为支撑电子商务支付与结算的发展趋势。

Internet 网络支付平台并不只包括 Internet 部分，从图 9-2 可以知道，大众化 Internet 网络支付平台主要由 Internet、支付网关、银行内部专用业务网络三个部分组成。支付网关的作用是特殊而重要的，它是位于 Internet 和传统的银行专用网之间，用于连接银行专用网络与 Internet 的一组专用服务器。设置支付网关的主要目的是安全地连接 Internet 和银行专用网，完成两者之间的通信、通信协议转换和进行相关支付数据的加密、解密，将目前不安全的、开放的 Internet 上的交易信息传给内部封闭的、安全的银行专用网络，起到隔离和保护银行内部网络的作用。正是有了支付网关，整个 Internet 网络支付平台才是一个安全可靠的平台，大大方便了商家与客户对网络支付与结算系统的应用，因为支付网关的运作对商家与客户来讲均是“透明”的，它由第三方或银行来研发运作。

支付网关的主要应用过程简略描述如下：

（1）将从 Internet 传来的相关支付数据报进行解密，按照银行系统内部的通信协议将数据重新打包，完成协议转换，发送给银行内部业务处理服务器。

（2）接受从银行内部业务处理服务器传回的响应或反馈消息，将此数据转换为外面 Internet 网络使用的数据格式（即 TCP/IP 包），对其进行加密，防止失密。

（3）支付网关将经过加密的 Internet 数据报转发相关的商家或客户，这样一次支付结算的信息处理流程结束。后面继续这个处理流程，直至客户的一次网上支付结算业务处理完毕。

在 Internet 这个大众化的网络支付与结算平台中，CA 认证中心也是一个很重要的角色，它是安全支付的控制与管理中心。在完成网络支付与结算时，客户、商家、支付网关甚至银行服务器均需频繁地与 CA 认证中心进行信息交互，如数字证书的产生、数字签名的辅助运作等，因此，可以说，CA 认证中心是保证网络支付与结算安全可靠的核心。

9.3　网络支付与结算的基本流程和基本系统模式

9.3.1　网络支付与结算的基本流程

在处理网络支付与结算时借鉴了很多传统支付方式的应用机制与过程，只不过流动的媒介不同，一个是电子货币和网上作业；另一个是传统纸质货币与票据，大多是手工作业。可以说，基于 Internet 平台的网络支付与结算流程和传统的支付与结算过程是类似的。如果熟悉传统的支付与结算方式，如纸质现金、支票、POS 信用卡等方式的支付与结算过程，将有助于对网络支付与结算流程的理解。例如，用户通过 Internet 进行在线支付的过程与目前商店中的 POS 信用卡支付结算系统的处理过程非常相似，其主要不同在于在线支付的客户是通过 PC、Internet、Web 服务器作为操作和通信工具，而 POS 信用卡支付结算使用专用刷卡机、专用终端、专用通信等。

基于 Internet 平台的网络支付与结算的一般流程如图 9-3 所示。

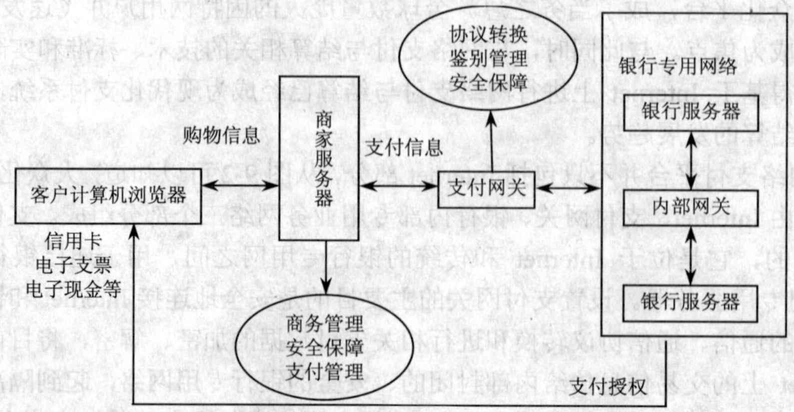

图 9-3 基于 Internet 平台的网络支付与结算一般流程

（1）客户连接 Internet，用 Web 浏览器进行商品的浏览、选择与订购，填写网络订单，选择在线支付结算工具，并且得到银行的授权使用，如信用卡、电子钱包、电子现金、电子支票或网络银行账号等。

（2）客户机对相关订单信息，如支付信息进行加密，在网上提交订单。

（3）商家服务器对客户的订购信息进行检查、确认，并把相关的、经过加密的客户支付信息等转发给支付网关，直至银行专用网络的银行后台业务服务器确认，以及从银行等电子货币发行机构验证得到支付自己的授权。

（4）银行验证确认后，通过建立起来的经由支付网关的加密通信通道，给商家服务器回送确认，即支付结算信息，为进一步保障安全，给客户回送支付授权请求。

（5）银行得到客户传来的进一步授权结算信息后，把资金从客户账号转拨至该开展电子商务的商家银行账号上，借助金融专用网进行结算，并分别给商家、客户发送支付结算成功信息。

（6）商家服务器收到银行发来的结算成功信息后，给客户发送网络付款的成功信息和发货通知。至此，一次典型的网络支付与结算流程结束。商家和客户可以分别借助网络查询自己的资金余额信息，以进一步核对。

图 9-3 所示的网络支付与结算一般流程只是对目前各种在线支付结算方式应用流程的普遍归纳，并不表示各种在线支付结算方式的应用流程与该图一模一样，或不同在线支付结算工具的应用流程是一样的。在实际应用中，这些网络支付与结算方式的应用流程由于技术上、资金数量上、管理机制上的不同还是有所区别的，像信用卡、电子现金、网络银行账号的在线支付与结算流程就有差别，但大致遵守该图所示流程。

图 9-3 所示的网络支付与结算流程还有一个特点，即实现的是资金的立即支付，它特别适用于交易众多且交易额较小的电子商务业务，对客户与商家来讲都是方便的。对较大金额的支付与结算，如大企业与大企业间的电子商务，实现 Internet 上的立即支付并不现实。这时，传统上采用独立于商务交易环节的金融 EDI 或银行专业 EFT 系统是目前比较普遍采用的支付与结算方式。随着网络银行业务，特别是企业网络银行转账业务的成熟与开展，也可基于 Internet 平台在电子商务交易与支付环节分离时进行较大额度资金的在线支付与结算。

9.3.2　网络支付与结算的基本系统模式

网络支付与结算的应用流程，其实就是电子货币的流动过程。不同的电子货币，其应用流程也不同。

根据电子货币支付流程的差别，可把网络支付与结算的基本系统模式大体分为“类支票电子货币支付系统模式”和“类现金电子货币支付系统模式”两种。

1．类支票电子货币支付系统模式

类支票电子货币支付系统模式是典型的基于电子支票、电子票证汇兑、信用卡、网络银行账号等方式的网络支付系统模型，它支持大、中、小额度的资金支付与结算。

类支票电子货币支付系统模式是类似传统的纸质支票应用系统模式。它主要涉及三个当事实体，即买方、卖方和各自的开户银行。银行可以是同一个，也可以是不同银行。而且，在网络平台上还涉及 CA 认证中心。

类支票电子货币支付系统支付与结算的基本应用过程可简要描述如下：

（1）电子商务买卖双方都在银行拥有账户，而买方应在开户行有一定数额的存款。

（2）在买卖双方开始交易之前，买方先从银行得到电子支付票证，即授权的电子货币。

（3）买方把授权的电子货币交给卖方，卖方验证好电子票证的有效性后，继续交易过程。

（4）卖方将收到的电子票证转给自己的开户银行，要求自己兑付。

（5）银行收到卖方的电子票证，验证确认后进行后台的资金清算工作，且给买卖双方回复支付结算成功消息。至此，这次在线支付过程完毕。

图 9-4 所示即为类支票电子货币支付系统模式的运作示意图，它反映了上述五个步骤。其中，作为电子货币载体的电子票证如电子支票、信用卡号、网络银行账号等就是网络支付工具，由银行发行与管理，代表着一种信用，而且其发出和传输、信用的运用几乎是立刻发生的。如果买卖双方不在同一银行，那么在银行之间就要应用一些标准的清算中心体系，这通常由国家中央银行（对国内交易）或一个第三国银行（对国际贸易，且第三国中央银行有良好的信用）协调。

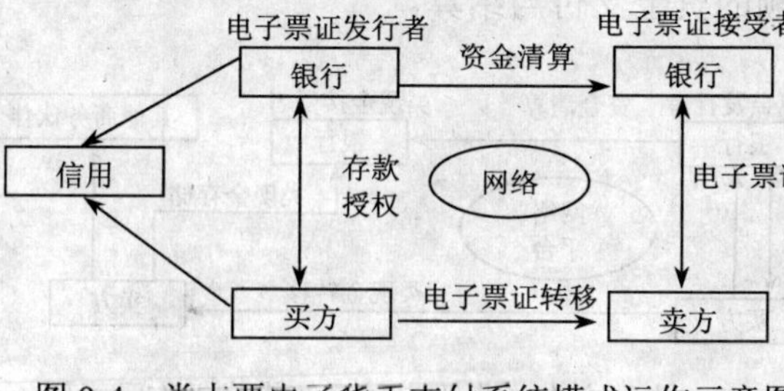

图 9-4　类支票电子货币支付系统模式运作示意图

2．类现金电子货币支付系统模式

类支票电子货币支付，包括信用卡网络支付过程在内，虽然减少了材料费用、运输费用等，并且应用快捷方便，但每次支付与结算都需要银行的支持与中介，时间上与成本上均存在一定的开销，而且都是不匿名的，不能保护交易双方的身份，这是其弱点。所以，它用于

微小数额的支付还是不方便。传统的纸质现金作为目前人们日常生活中最常用的一种支付结算工具，使用方便直观，支付成本低，且是匿名使用和不可追踪的。这可保证买卖双方的自由不受干涉，在一定程度上保护了客户的隐私。正是借助纸质现金的这些优点，一些企业与研究机构推出了类现金电子货币支付系统，以满足电子商务在线支付与结算的个性化要求。

类现金电子货币支付系统模式是一种新的网络支付与结算模式。其主要的网络支付工具是类现金电子货币，较有代表性的是电子现金。顾名思义，类现金就是类似传统的纸质现金。所以，类现金电子货币的网络支付系统模式与传统纸币的支付模式基本类似，原理上差不多，只是在货币表现形式上有所不同。类现金电子货币表现为经过特殊加密的电子信息传送，用户可像纸币一样用类现金在网络平台上进行日常买卖。

类现金电子货币支付系统模式同样主要涉及三个当事实体，即买方、卖方和各自的开户银行。银行可以是同一个，也可以是不同银行。而且，在网络平台上还涉及 CA 认证中心。

类现金电子货币支付系统支付与结算的基本应用过程可简要描述如下：

（1）电子商务中的买方先在开户银行存入一定数额的存款，且对应其类现金账号。

（2）在买卖双方开始交易以前，买方先从银行通过银行存款请求兑换类现金，就像向银行从资金账号中提取纸质现金一样。

（3）银行根据买方的请求把相应的类现金发送至买方的计算机中，即可随时使用。

（4）买方根据付款数额把相应数目的类现金发送给卖方计算机，卖方验证此类现金的有效性后，继续交易过程。

（5）卖方可把收到的类现金暂时储存起来，也可发送相应银行，银行清算后增加卖方账号的对应数额，卖方还可以把收到的那份现金发送给自己的另一个商务伙伴，如供应商进行网络支付。至此，这次类现金的网络支付过程完毕。

图 9-5 就是类现金电子货币支付系统模式的运作示意图，它反映了上述 5 个步骤。从支付应用过程可以看出，与传统的纸质现金非常类似，每次网络支付与结算并不需要银行的中介参与，接受者收到后可灵活支配，不需要马上去银行兑换，还可支付给其他的商业伙伴，真正体现货币的流通特点。银行在类现金电子货币的在线支付与结算过程中，无需每次都表现它的存在，只是在与发行兑换时才参与运作，所以支付与结算速度比类支票更快，运作成本更低，但不适于较大数额的资金支付与结算。

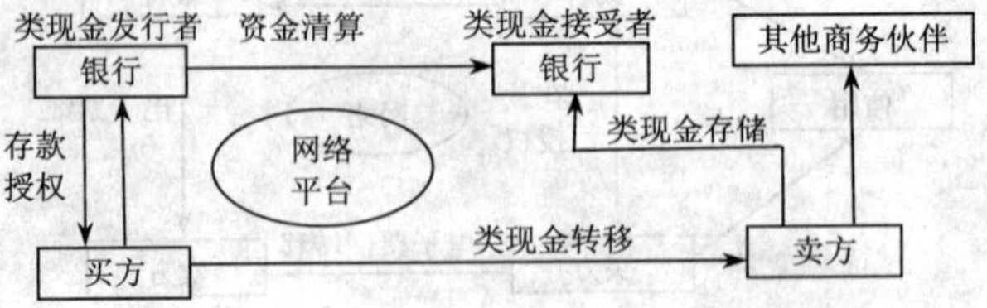

图 9-5　类现金电子货币支付系统模式运作示意图

9.4　电子支付工具概述

随着电子银行的兴起和微电子技术的发展，电子支付技术日趋成熟，电子支付工具品种不断丰富。电子支付工具从其基本形态上看是电子数据，它以金融电子化网络为基础，通过计算机网络系统以传输电子信息的方式实现支付功能，利用电子支付工具可以方便地实现现金存取、汇兑、直接消费和贷款等功能。电子支付工具包括卡基支付工具、网上支付和移动支付等。目前主要的支付工具有：银行卡、电子钱包、智能卡、电子现金和电子支票等。

9.4.1　银行卡

银行卡是商业银行向社会公开发行，具有消费信用、转账结算、存取现金等全部或部分功能，作为结算支付工具的各类卡的统称，是商业银行签发的允许信用良好者据以赊购商品和劳务的身份证明卡，这是银行卡本来的含义。银行卡通常用塑料磁性卡片制成。银行卡上印有持卡人的姓名、号码、有效期等信息，这些信息凸印在卡片上，可以通过压卡机将信息复制到能复写的签购单上。为了加强保密性及利用电子技术，银行卡的磁条上通常也记录有持卡人的账号等有关资料，这些资料肉眼是看不见的，可供 ATM、POS 等专门电脑终端在鉴别银行卡真伪时使用。

如今银行卡已经成为一种十分普及的支付工具，也使银行卡支付方式成为近年来最为常见的网上支付解决方案。银行卡网上支付中的主要问题是安全问题。网上支付所产生的欺诈风险较传统支付方式更大，主要因为网络传输的快速特征，使恶意欺诈在发生之前就有可能已经蔓延，而网络全球性特征又使欺诈行为的扩散不受地域限制。同时因特网作为开放的网络，其本身在安全性方面就有许多漏洞。因此，围绕安全问题的解决，产生各类银行卡网上支付方案。

1. 信息加密传输方式

在现代加密技术的支持下，即使网上传送的信息被截获，由于受到加密机制的保护，造成信息泄露的可能性也很小。但信息的加密往往要求信息发出方和接受方采用相同的软件，这对电子商务来说是一大障碍。近年来出现了一些加密标准，以使不同的软件遵守共同的协议，以下将介绍两种协议在网络支付与结算系统中的应用。

（1）基于 SET 的网上支付。SET 协议并未对电子商务的一般流程进行改动，只是在一般流程之上，对信息的传递规定了复杂的流程和加、解密方式。在电子商务网上支付与结算流程中，当消费者选择用 SET 方式付款时，SET 开始起作用。

SET 保证网上支付信息的安全性、完整性、商机和持卡人、银行各方的合法性和交易的不可否认性，特别是保证了不会把持卡人的信用卡信息泄露给商家。SET 间接建立交易各方彼此间的信任关系，平等保护支付各方，这是信用经济必不可少的。

（2）基于 SSL 的网上支付。SSL 协议是国际上最早的一种电子商务安全协议，至今仍有许多网上商店在使用。这个协议是根据邮购的原理设计的。在传统的邮购活动中，客户首先寻找商品信息，然后汇款给商家，商家再把商品寄给客户。这里，商家是可信赖的，所以，客户先付款给商家。在电子商务交易过程中，按照 SSL 协议，客户购买信息（包括银行卡信息）首先发给商家，商家再将信息发给银行，这里客户支付信息由于是加密的，对商家来说是不可读的，从而保证了客户信息的安全。银行验证客户的合法信息后，进行划账，并通知商家付款是否成功。

2. 第三方参与支付的方式

第三方参与支付的方式是指具备一定实力和信誉保障的独立机构，采用与各大银行签约的方式，与银行支付结算系统接口，提供网络支付与结算的网络平台。在第三方参与支付模式中，买方选购商品后，使用第三方平台提供的账户支付贷款，并有第三方通知卖家货款到账、要求发货；买方收到货物，并检验商品进行确认后，就可以通知第三方付款给卖家；最后第三方再将款项转至卖家账户上。

第三方参与支付模式使商家看不到客户的信用卡信息，同时又避免了信用卡信息在网络多次公开传输而导致的信用卡信息被盗事件。以B2C交易为例，第三方参与支付交易流程如下：

（1）客户在电子商务网站上选购商品，最后决定购买，买卖双方在网上达成交易意向。

（2）客户选择利用第三方作为交易中介，客户用信用卡将货款划到第三方账户。

（3）第三方支付平台将客户已经付款的消息通知商家，并要求商家在规定时间内发货。

（4）商家收到通知后按订单发货。

（5）客户收到货物并验证后通知第三方。

（6）第三方将其账户上的货款划到商家账户中，交易完成。图9-6显示了第三方参与支付平台——支付宝的支付模式。

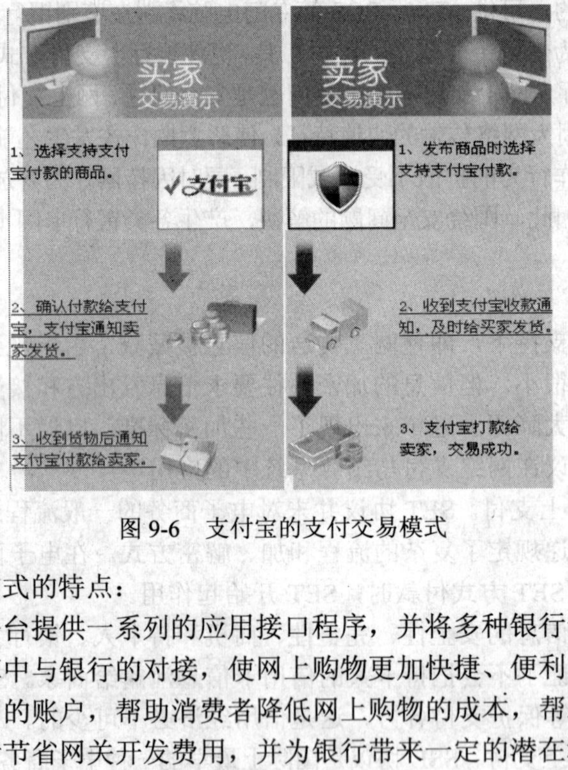

图9-6 支付宝的支付交易模式

第三方参与支付方式的特点：

（1）第三方支付平台提供一系列的应用接口程序，并将多种银行卡支付方式整合到一个界面上，负责交易结算中与银行的对接，使网上购物更加快捷、便利。消费者和商家不需要在不同的银行开设不同的账户，帮助消费者降低网上购物的成本，帮助商家降低运营成本；同时，还可以帮助银行节省网关开发费用，并为银行带来一定的潜在利润。

（2）较之SET、SSL等支付协议，利用第三方参与支付平台进行支付操作更加简单而易于被消费者接受。有了第三方参与支付平台，商家和客户之间的交易由第三方来完成，使得网上交易变得更加简单。

案例9-2

第三方支付成新宠

使用第三方交易平台已被越来越多的网民接受。易观国际的研究表明，中国第三方电子支付交易额总规模在2007年第3季度已达到198.47亿元，同比增幅高达200%。

网上信用卡

正如很多人实体消费离不开信用卡，目前很多网上交易的网友已经离不开第三方支付系统。从小到个人网上购物、手机及点卡充值、订购机票、购买彩票、生活缴费，大到公司集中采购和收款还款等，都可以通过第三方交易平台轻松完成。不仅如此，如果要和朋友进行聚会、K 歌、旅游等 AA 活动，可以通过第三方交易平台向朋友收取 AA 款或是把款项付到对方的账户上。图 9-7 是支付宝可以提供的服务。除此之外，当用户的支付宝账户资金或账户信息发生变更时，用户会收到支付宝的短信提醒，从而保护用户账户的安全。

功能	账户激活前	账户激活后
账户充值	⊖	✔
账户提现	⊖	✔
AA收款	⊖	✔
银行卡付款	⊖	✔
余额支付	⊖	✔
卡通支付	⊖	✔
手机支付	⊖	✔
积分兑换	⊖	✔
商家工具	⊖	✔
支付宝红包	⊖	✔

图 9-7　支付宝的账户功能

此外，许多第三方支付平台都提供跨境交易功能，用户可以用人民币购买国外产品，而不需要考虑汇率等问题。例如，使用第三方支付平台 PayPal，如果付款人和收款人在两个不同的银行开户，可以是两个相距甚远的国家或者地区的银行，但是只要他们都是 PayPal 的用户，就可以减少跨行之间、跨国和跨地区之间的转账次数。

由于第三方支付平台几乎具有现行的信用卡的所有功能，不仅已成为多数网络用户的支付首选，而且随着第三方支付平台和银行业务结合紧密度的日益提升，使其成为网络支付与结算平台的“信用卡”趋势越来越明显。

信用保障是第一

对于支付安全来说，第三方支付的作用和防火墙有些相同，在收款者和用户的资料间筑起了一道安全屏障。通过第三方支付平台转账或者付款给商家，多了一层密码保护，支付页面由第三方支付平台提供，所以除了用户和第三方支付平台，没有人（包括网上商店）能够接触到用户的银行账号或者信用卡持卡人的个人资料。因此，这样的交易模式必须以信用保障为前提，信用也逐渐成为支付平台竞争的核心资源。

例如，阿里巴巴旗下网站支付宝，在 2005 年 2 月提出“你敢用，我就敢赔”的理念，此后推出“支付宝认证”身份识别服务，核实身份信息和银行账户等信息。而 PayPal 则是专门设置了一系列针对网上交易的安全支付政策，取得用户的信任。其中包括买方申诉政策、卖方保护政策、买方保护政策和退款担保政策等。

第三方支付在为用户提供安全、简便、快捷的解决方案的同时，在很大程度上解决了日益庞大的网上群体和个人用户的在线支付需求，在给用户创造更多价值的同时，也逐渐成为网络时代的新宠。

9.4.2 电子钱包

电子钱包有两种概念：一是纯粹的软件，主要用于网上消费、账户管理，这类软件通常与银行账户是连接在一起的；二是小额支付智能卡，持卡人预先在卡上存入一定的金额，交易时直接从储值账户中扣除交易金额。从第一种概念看，电子钱包是顾客在网上交易活动中的一种支付工具，是小额购物或购买小商品市场用的新式钱包，与现实生活中使用的传统钱包功能类似。

使用电子钱包购物，通常需要在电子钱包服务系统中进行。电子商务活动中的电子钱包的软件通常都是免费提供的，可以直接使用与自己银行账号相连接的电子商务系统服务器上的电子钱包软件，也可以从 Internet 上调出来，采用各种加密方式利用 Internet 上的电子钱包软件。目前世界上有 VISA cash 和 Mondex 两大电子钱包服务系统，其他电子钱包服务系统还有 MasterCardcash、EuroPay 的 Clip 和比利时的 Proton 等。

（1）电子钱包的功能。

① 个人资料管理。消费者成功申请钱包后，系统将在电子钱包服务器为其建立一个属于他自己的电子钱包档案，消费者可在此档案中增加、修改、删除个人资料。

② 网上付款。消费者在网上选择商品后，可以登录到电子钱包，选择入网银行卡，向银行的支付网关发出付款指令来进行支付。

③ 交易记录查询。消费者可以查询所有历史交易记录。

④ 银行卡余额查询。消费者可以通过电子钱包查询个人银行卡余额。

（2）软件形式电子钱包支付流程。

① 客户到电子钱包支付银行申请信用卡，在银行网站下载电子钱包客户端软件；

② 客户安装电子钱包客户端软件，并设置用户名与密码；

③ 客户向电子钱包添加电子货币（电子现金、电子支票等），申请并安装信用卡证书；

④ 客户在网上浏览商品，填写订单，提交订单，商家网站送回订单消息；

⑤ 客户确认后，利用电子钱包支付；

⑥ 经发卡银行确认，证明卡有效，则完成支付，并回复商家与客户；

⑦ 商家按要求发货。

（3）电子钱包的缺点。尽管银行电子钱包从 20 世纪 90 年代开始就出现了，但是在实际应用中，却没有得到普遍推广。迄今为止，纯粹的银行电子钱包（不包括联名卡）发行量只有 200 多万张。

从商业银行的整体收益考虑，电子钱包和借记卡一样，可以吸收存款，而且不用付息，不占用银行后台系统、通信资源，是收益较大的卡种。但是，电子钱包的推广仍存在一定的困难。

首先，中国和美国一样，通信成本大大低于欧洲，电子钱包离线交易在成本上的优势就显得微不足道。在银行借记卡和贷记卡可以进入的小额支付领域，电子钱包只在交易速度方面占有优势。

其次，目前对交易速度要求比较高的小额支付领域主要有高速公路、停车场、地铁、公交车、出租车以及快餐店等，非接触式卡片比较实用，而银行电子钱包目前还没有非接触标准，因此在一些小额支付领域的应用受到限制。

另外，在营销手段方面，行业卡之所以能够推广的重要原因之一是其能够开具商业发票，集团购买形成储值卡销售的主要渠道，而银行电子钱包不具备这种集团购买的营销渠道。因此，对于纯支付功能的银行电子钱包，各家银行投资很谨慎。

9.4.3　智能卡

智能卡本质上是硬式的电子钱包，它既可支持电子现金的应用，也可与信用卡一样应用；既可应用在专用网络平台上，也可用于基于 Internet 公共网络平台的电子商务网络支付与结算中。

智能卡（Integrated Circuit，IC）外形上类似信用卡，但卡上不是磁条，而是计算机集成电路芯片（如微型 CPU 与存储器等），用来存储用户的个人信息及电子货币信息，且具有支付与结算等功能的消费卡。由于 IC 卡是在 IC 芯片上将消费者信息和电子货币信息储存起来，因此不但存储信息量大，还可用来支付购买的产品、服务和储存信息等，具有多功能性。

（1）智能卡的结构。智能卡的结构主要包括 3 个部分：

① 建立智能卡的程序编制器。程序编制器在智能卡开发过程中使用，它从智能卡布局的层次描述了智能卡的初始化和个人化所有所需数据。

② 作为智能卡操作系统的代理，包括智能卡操作系统和智能卡应用程序接口的附属部分。该代理具有极高的可移植性，它可以集成到芯片卡阅读器设备、个人计算机或客户机/服务器系统上。

③ 作为智能卡应用程序接口的代理。该代理是应用程序到智能卡的接口。它有助于对不同智能卡代理的管理，并且还向应用程序提供了一个智能卡类型的独立接口。

（2）智能卡的支付流程。智能卡有在线支付和离线支付两种方式。在线支付时流程与软件形式电子钱包大同小异，离线支付时流程如下：

① 持卡人到电子现金银行申请电子现金，并将现金下载存入智能卡；

② 客户上网浏览商家商品，并订购，填写订单，选择智能卡支付；

③ 支付时将智能卡插入智能卡读卡器中，并输入智能卡 PIN 码，确认支付；

④ 读卡器进行确认，并将客户智能卡中的电子现金发送给商家；

⑤ 商家收到电子现金后，确认并发货。

（3）智能卡的应用。由于智能卡具备诸多无可比拟的优点，因此在金融、税务、公安、交通、邮电、通信、医疗、保险等各个领域都得到了广泛的重视和应用。其主要的应用范围涉及如下四个方面：

① 传统的电子支付。在一些专用网络上的支付，如 IC 电话卡、IC 电表卡、IC 路费卡、IC 月票卡等。

② Internet 上的在线支付。充当硬式电子钱包，存放信用卡号、存折号、电子现金等电子货币及个人的相关信息，在 Internet 上支付。

③ 电子身份识别。能把相关授权信息存放在卡里，控制对门户、应用信息系统等入口的访问。很多银行都把网络银行业务中与客户身份有关的数字证书等信息做成 IC 卡方式，存在卡里面的密钥、密码等就更加安全了。

④ 信息存储。存储和查询持卡人的相关信息，如存储和查询病历、目标跟踪信息或处理验证信息。如 IC 卡身份证、学生证中就存储了大量这种信息。

9.4.4 电子现金

电子现金（e-cash），又称数字现金，是一种以数据形式流通的，能被客户和商家普遍接受的，通过 Internet 购买商品或服务时使用的货币。电子现金是一种隐性货币，表现为由现金数字转换而来的一系列电子加密序列数，通过这些加密序列数来表示现实中各种金额的币值。比如，利用特殊加密方法制作的加密序列数“1101...xyaza100”表示 100 元人民币，而用“1100… bjbkv50”表示 50 元人民币。这些加密序列数就像现实生活中使用的现金一样。只不过现金用纸张等有形物作为媒介，电子商务中用摸不着的电子字符串作为媒介，其本质都是货币的一种。

可以说，电子现金是纸质现金的电子化，具有与纸质现金一样的许多优点。随着电子商务的发展，电子现金必将成为网络支付的一种重要工具，特别是涉及个人的、小额网上消费的电子商务活动。

（1）电子现金的特点。

① 银行和商家之间具有协议和授权关系。

② 用户、商家和银行都需使用电子现金软件。

③ 银行负责用户和商家之间资金的转移。

④ 身份验证是由电子现金本身完成的。

⑤ 电子现金具有匿名性。

⑥ 电子现金可以存、取、转让，适用于小额交易。

（2）电子现金的支付过程。

① 用户在电子现金发放银行开立电子现金账户，用现金服务器账户中预先存入的现金来购买电子现金证书，这些电子现金就有了价值，并被分成若干成包的“硬币”，可在商业领域中流通。

② 使用电子现金终端软件从电子现金发放银行开立的账户中取出一定数量的电子现金存在本地计算机上。

③ 用户与同意接受电子现金的商家洽谈，签订交易合同，使用电子现金支付所购商品的费用。

④ 接受电子现金的商家与电子现金发放银行之间进行清算。

图 9-8 是电子现金网络支付与结算流程示意图。

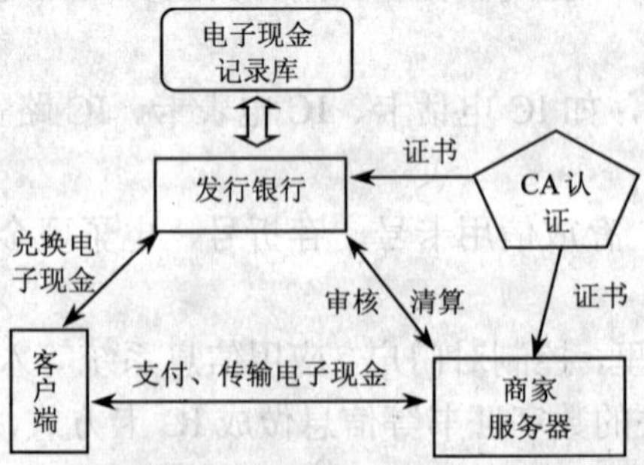

图 9-8 电子现金网络支付与结算流程示意图

（3）电子现金的缺点。

① 目前电子现金没有一套国际开放的标准。

② 接受电子现金的商家和提供电子现金开户服务的银行都很少，不利于电子现金的流通。

③ 电子现金对硬件和软件的技术要求都很高，需要大型的数据库来存储用户完成的交易和电子现金序列号以防止重复消费。

④ 存在货币兑换问题，跨国贸易仍需要特殊的兑换软件。

⑤ 风险较大，如果用户硬盘损坏，电子现金就会丢失，且无法恢复。

⑥ 存在电子伪钞问题。

⑦ 存在洗钱问题。

9.4.5　电子支票

电子支票（e-check）也称为数字支票，是将传统支票的全部内容电子化和数字化，形成标准格式的电子版，借助计算机网络完成其在客户与客户之间、银行与客户之间以及银行与银行之间的传递与处理，从而实现银行客户间的资金支付与结算。简单地说，电子支票就是传统纸质支票的电子版。它包含和纸质支票一样的信息，如支票号、收款人姓名、支票金额、签发日期、开户银行名称等，具有和纸质支票一样的支付与结算功能。电子支票系统传输的是电子资金，最大限度地利用当前银行系统的电子化与网络化设施的自动化潜力。例如，借助银行的金融专用网络，可以进行跨省市的电子汇兑和清算，实现全国范围的大额资金传输，甚至可以实现世界范围内银行之间的资金传输。

由于电子支票为数字化信息，因此处理极为方便，处理的成本也比较低。电子支票通过网络传输，速度极其迅速，大大缩短了支票的在途时间，使客户的在途资金损失减为零。电子支票采用公共密钥体系结构（PKI），可以实现支付的保密性、真实性、完整性和不可否认性，从而在很大程度上解决了传统支票支付流程中大量存在的伪造问题。

（1）电子支票的属性。

① 货币价值。电子支票像电子现金一样，必须有银行的认证、信用与资金支持，从而具有货币价值。

② 价值可控性。电子支票可用若干种货币单位，如美元电子支票、人民币电子支票，并且可像普通的纸质支票一样，用户可以灵活填写支票代表的资金数额。

③ 可交换性。电子支票可以与纸币、电子现金、商品与服务、银行账户存储金额、纸质支票等进行互换。

④ 不可重复性。同一个客户在已用某张票号的电子支票后，就不能再用第二次，也不能随意复制使用。发行银行有巨大的数据库存储电子支票序列号，应用相应的技术与管理机制防止其被复制或伪造等。

⑤ 可存储性。电子支票能够在许可期限内存储在客户的计算机硬盘、智能卡或电子钱包等特殊用途的设备中，一般是不可修改的专用设备，也可直接在线传递给银行要求兑付。

⑥ 应用安全与方便。电子支票在整个应用过程中不可随意否认、更改与伪造，安全、可靠、方便。

（2）电子支票的支付流程。电子支票支付模式按照参与银行的情况，可分为同行电子支票网络支付模式和异行电子支票网络支付模式两种。异行电子支票由于涉及两个或多个银行，以及用于银行间资金清算的自动清算所，所以流程较为复杂。一个完整的异行电子支票支付流程如图 9-9 所示。

① 付款人（消费者）和收款人（商家）达成购销协议并选择用电子支票支付。

② 付款人利用自己的私钥对填写的电子支票进行数字签名后，通过网络发送给收款人，同时向银行发出付款通知单。

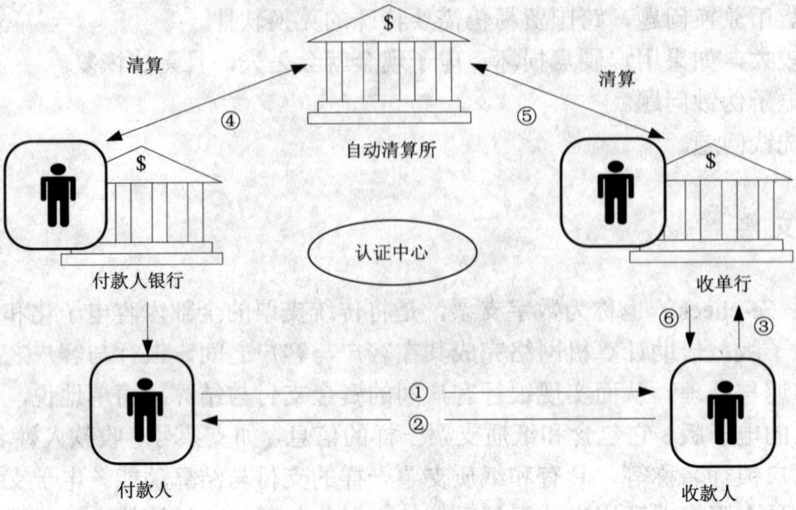

图 9-9 异行电子支票支付流程

③ 收款人通过认证中心对消费者提供的电子支票进行验证，验证无误后将电子支票送交收单行索付。

④ 收单行把电子支票发送给自动清算所的资金清算系统，以兑换资金进行清算。

⑤ 自动清算所向付款人的付款银行申请兑换支票，并把兑换的相应资金发送到收款人的收单行。

⑥ 收单行向商家发出到款通知，资金入账。

电子支票与电子现金的系统架构类似，最大的不同点是电子现金需要发行单位为其所发行的现金担保，因此电子现金发行单位在电子现金上的数字签名很重要。而电子支票的开票人即付款人要为其所开出的支票兑现做担保，因此付款人在电子支票上的数字签名很重要。

（3）电子支票模式的优缺点。电子支票模式有以下优点：

① 与传统支票类似，用户比较熟悉，易于接受。可广泛应用于 B2B 结算。

② 电子支票具有可追踪性，所以当使用者支票遗失或被冒用时可以停止付款并取消交易，风险较低。

③ 通过应用数字证书、数字签名及各种加密/解密技术，提供比传统纸质支票中使用印章和手写签名更加安全可靠的防欺诈手段。加密的电子支票也使它们比电子现金更易于流通，买卖双方的银行只要用公开密钥确认电子支票即可，数字签名也可以被自动验证。

电子支票模式有以下缺点：

① 需要申请认证，安装证书和专用软件，使用较为复杂。

② 不适合小额支付及微支付。

③ 电子支票通常需要使用专用网络进行传输。

9.5 网络银行

网络银行，是指一种依托信息技术和 Internet 发展，主要基于 Internet 平台开展和提供各种金融服务的新型银行机构与服务形式。也可以说，网络银行是银行利用 Internet 将客户的电脑终端连接到银行网站，实现将银行的金融服务直接送到客户办公室、家中和手中的金融服务系统。网络银行可向客户提供开户、销户、对账、行内转账、跨行转账、信贷、网上证券、投资理财、财务查询、网络支付、代发工资、集团公司资金头寸管理、银行信息通知、金融信息查询等传统金融服务项目。

一方面，网络银行服务是银行业开展电子商务的主要领域；另一方面，对其他行业的电子商务来讲，基于网络银行的网络支付与结算服务也是目前比较新颖而且比较先进方便的网络支付方式。网络银行体现了综合的网络支付特点，个人的网络银行可以进行小额的资金支付与结算，属于 B2C 型；企业网络银行则可进行企业或组织间中大额度的资金支付与结算，属于 B2B 型。

9.5.1 网络银行的产生与发展

网络银行运行模式早在 20 世纪 50 年代就有类似雏形，只是那时并没有 Internet，而是在专用网络上进行。其发展是伴随着银行的电子化与信息化的发展进程而发展的。

20 世纪 50 年代末，计算机逐渐在美国和日本等国家的银行业务中得到应用。但是，最初银行应用计算机的主要目的是解决手工操作速度慢、提高财务处理能力和减轻人员负担的问题。

20 世纪 60 年代末兴起的电子资金转账技术及应用，为网络银行的发展奠定了技术基础。电子资金转账改变了传统的手工处理票据模式，可以快速有效地处理支付信息，降低处理成本、票据纸张费用等交易成本。

20 世纪 70 年代末，在北欧国家兴起了电话银行，到了 80 年代中后期得到迅速发展。电话银行服务主要依靠语音识别、记录系统提供金融服务。

20 世纪 80 年代中后期，随着个人计算机普及率的提高，商业银行逐渐将发展的重点从电话银行调整为 PC 银行。在此基础上，出现了各种新型的电子网络服务，如以自助方式为主的在线银行服务、ATM、家庭银行系统和企业银行系统等。

随着银行电子化的发展，电子货币转账逐渐成为银行服务中的主要业务形式。电子货币以分布在金融机构和服务网点的终端机（如 POS 或 ATM）及计算机网络为物质条件，以现金卡、信用卡、IC 卡和电子支票等形式为媒介，使货币以电子数据的形式在银行网络间进行传递，从而形成电子货币流通系统。

20 世纪 90 年代中期以来，伴随 Internet 在各行各业中的广泛应用，银行为满足电子商务发展和金融行业竞争的需要，纷纷借助 Internet 及其他网络开展各种金融业务，以达到拓展业务触角、降低运营成本、满足顾客个性化需求的目的，直接导致基于 Internet 平台的网络银行的出现。网络银行的出现是银行从传统银行转变到现代电子银行的一次重大变革。

9.5.2 网络银行的特征

网上银行提供了一种全新的金融业务模式，具有以下特点：

（1）虚拟性。网上银行的虚拟性主要体现在网上银行经营地点和经营业务，以及经营过程逐步虚拟化。经营地点虚拟性表现为网上银行没有实体的营业厅和网点，仅仅只有虚拟化的地址，即网址。经营业务的虚拟性是指网上银行经营的金融产品和金融业务大多属于电子货币、数字货币和网络服务，且其产品没有具体的实物形态。而经营过程虚拟化是指网络银行经营的过程全部通过数字指令实现。

（2）超地域、时间性。网上银行的虚拟性直接导致其具有全天营业、不限地域和多服务手段的特征，即“三 A”（Anytime，Anywhere，Anyhow）。网上银行的客户可以在任何时间、任何地点，通过各种数字手段使用银行提供的金融服务，使得办理银行业务变得更加便利、快捷，同时银行也能更好地满足客户的需求。例如中国银行的企业网上银行在实现网上银行与后台业务系统自动联机处理的基础上，能为客户提供实时高效、覆盖全国、7×24 小时的财务管理、资金集中管理和现金管理服务。

（3）服务的广域覆盖性。通过网络技术，网上银行能够将银行、证券、保险等不同种类的金融服务集中在一起，使后台为分业经营的金融机构可以表现为一个整体，从而增加对客户需求的满足程度，有利于营销新客户和留住老客户。利用网上银行这个渠道，整合银行的资金、信息、客户群等方面的优势，配套提供证券、保险等其他金融服务，将使银行由原来单一的存贷款中心和结算中心演变为无所不能的“金融超市”。

（4）服务的便捷性和高效性。由于网上银行大量采用自动处理交易，因此其服务具有高速和高效的特性。客户可以在提交交易指令后立即得知交易结果，大大提高了效率。网上银行可以同时处理成千上万笔交易，且错误率极低。网络的快捷性使得网上银行可以通过互联网向全球客户迅速推广和介绍产品和业务，同时也可以使银行的各项通知迅速正确地传递到客户手中。

（5）资源共享性。由于网上银行要求其业务通达的各实体银行（分支行）必须具有统一的、电脑可识别的编码和基本信息，因此客观上就要求这些行必须实现信息的同步和共享。同时网上银行的远程性和跨地域性，又使其系统的软硬件资源的共享成为可能。因此，在实际中，各家银行均对网上银行实现了全部或部分的资源共享。

（6）低成本性。网上银行的虚拟性和超地域性，使网上银行的运营中心可以集中人员、硬件，也可以远离昂贵、繁华的商业中心，同时网上银行的自动处理功能可以承担大量原传统银行的柜台业务，从而节约传统银行的人员和营业面积，使银行经营成本大幅降低。同时自动服务也大量减少了人工服务的错误，减少了银行的损失，从另一方面降低了银行的经营成本。根据英国艾伦米尔顿国际管理顾问公司的调查，利用网络进行付款交易的每笔成本平均为 13 美分或更低，而利用银行本身软件的个人电脑银行服务为 26 美分，电话银行服务为 54 美分，银行分支机构服务则高达 108 美分。网络银行的经营成本只占经营收入的 15%～20%，而相比之下传统银行的经营成本占经营收入的 60%左右。

（7）个性化服务。相对于传统银行，网上银行的客户散布于不同的终端，传统的大众营销方式，已不适合新的客户结构。在网络银行的竞争环境中，如何根据客户的实际需要，为客户提供个性化的服务，是网上银行竞争成败的关键所在。借助网上银行完善的交易记录，银行可以对客户的交易行为进行分析和数据挖掘，从中发现重要价值客户。通过对客户行为偏好的分析，细分服务市场，利用互联网交互性特点，制定投其所好的营销策略和服务内容，对产品进行金融创新，从而为客户提供量身订制的服务。

9.5.3 网络银行的体系结构

在面临全球金融一体化的环境里，银行业内的竞争及银行业与其他行业的竞争也日益加剧。银行为加强竞争能力，在积极进行银行电子化建设的同时，也不断地拓展自身的业务领域，以构筑现代的电子银行体系。结合对发达国家现代银行体系的综合分析，网络银行一般具备如图 9-10 所示的金融信息和交易体系。

该体系的核心是客户，第二层是会计结算，第三层是包含支付与结算在内的交易服务，最外层是金融信息服务。银行借助先进的信息网络技术，将银行的这四层金融业务集成在一起，可把涉及四个方面业务的所有数据全部存于联机的集中式（或分布式）业务数据库和数据仓库里，通过设置软、硬件保护数据的安全，又为所有经授权的各方存取。

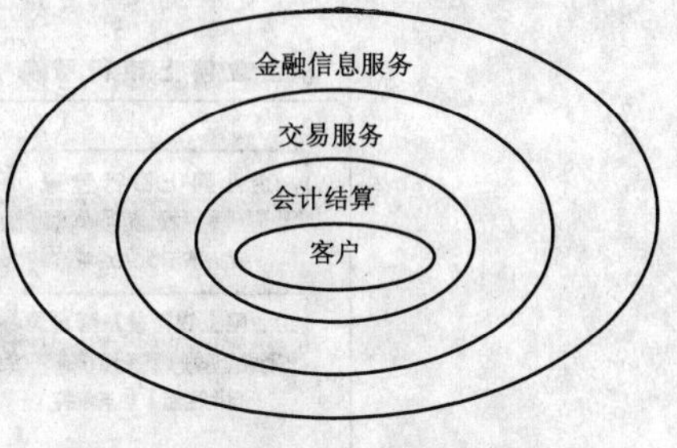

图 9-10　网络银行的金融信息和交易体系

为保证上述金融业务的良好运行，现代网络银行体系里，必须包含如下三类系统。

（1）建立在联机的集中式（或分布式）业务数据库上的金融综合业务服务系统，即银行传统业务如支付与结算、存取款的电子化、网络化处理。

金融综合业务服务系统是金融业对客户提供各类支付与结算服务的系统，是其他两类系统的基础。除向客户提供传统的金融业务服务如支付与结算外，还提供新的自助银行服务，如自动柜员机，自助银行终端等。金融综合业务服务系统的推广应用，加强了银行的信用中介作用。

（2）建立在数据仓库之上的以 IT 为核心技术的金融增值信息服务系统。金融增值信息服务是在金融综合业务服务系统基础上建立起来的金融信息服务系统。它采用 IT 和数据挖掘技术，对各种金融交易数据进行归并、统计和分析，同时向客户提供各种信息增值与个性化服务。

（3）金融安全监控和预警系统。金融安全监控和预警系统是保障上述两类系统安全、正常运行的独立安全保障系统。网络银行系统是建立在电子网络与电子业务工具基础上的，其信息传输和处理过程，伴随资金转移，因此数据处理必须保证正确、完整、安全与即时，整个操作和处理过程都必须在严格的监控下进行。随着银行应用的电子信息设备越来越多，越来越复杂，银行工作人员与客户均对这些电子信息设备越来越依赖，因为网络的瘫痪或电子辅助工具的故障，常常带来几乎整个银行业务系统的瘫痪，所以银行建立金融安全监控和预警系统显得日益重要与必要。

9.5.4　网络银行的金融业务

网络银行根据服务对象的不同可以分为企业网络银行和个人网络银行。由于商务的性质不同，企业网络银行和个人网络银行虽然在应用模式上基本类似，但在应用条件、业务功能上也还存在很多不同的地方。

1. 企业网络银行的金融业务

企业网络银行将传统银行和现代新型银行服务结合起来，利用成熟先进的诸多信息网络技术，以保证企事业单位客户使用的安全性和便利性。企业网络银行的金融业务主要包括账务查询、内部转账、对外支付、代发工资、信用管理、集团支付、定/活期存款互转、B2B 电子商务、银行信息通知等功能，几乎涵盖并延伸了现有的对公银行业务。无论中小型企业还是大型集团公司，企业网络银行都可以使企业随时掌握自己的财务状况，轻松处理大量的支付、工资发放、大额转账等业务，图 9-11 是中国工商银行企业网上银行的服务页面。

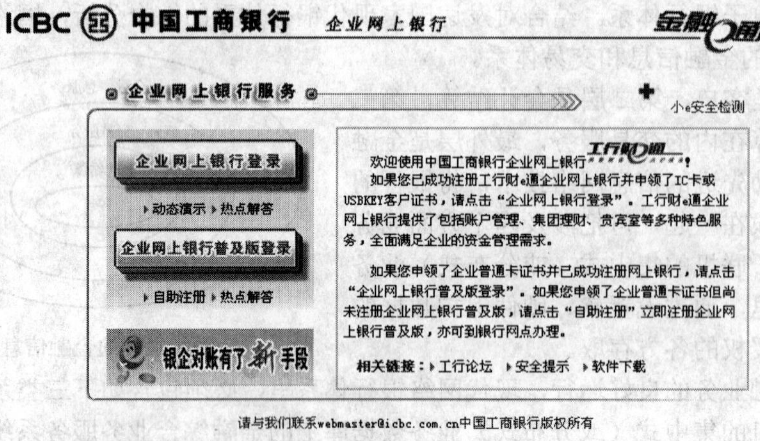

图 9-11 中国工商银行企业网上银行的服务页面

2. 个人网络银行的金融业务

个人网络银行主要面向个人及家庭，它体现了网络时代的特点，满足了顾客个性化的需求。个人网络银行将传统银行面向个人的金融服务和现代信息网络技术结合起来，真正把银行办公桌面直接送到客户家里，既便利又快捷。在中国，为节省运作成本与方便管理，充分利用银行的各种资源，个人网络银行账户通常与个人银行卡账户绑定在一起。

个人网络银行的金融业务主要包括账户查询、转账、汇款、缴费、自助贷款、网络支付、证券服务、个人理财等功能。借助个人网络银行可以使客户随时掌握自己的财务状况，轻松处理大量的生活费用支付、消费、转账等业务，图 9-12 是中国工商银行个人网上银行的服务页面。

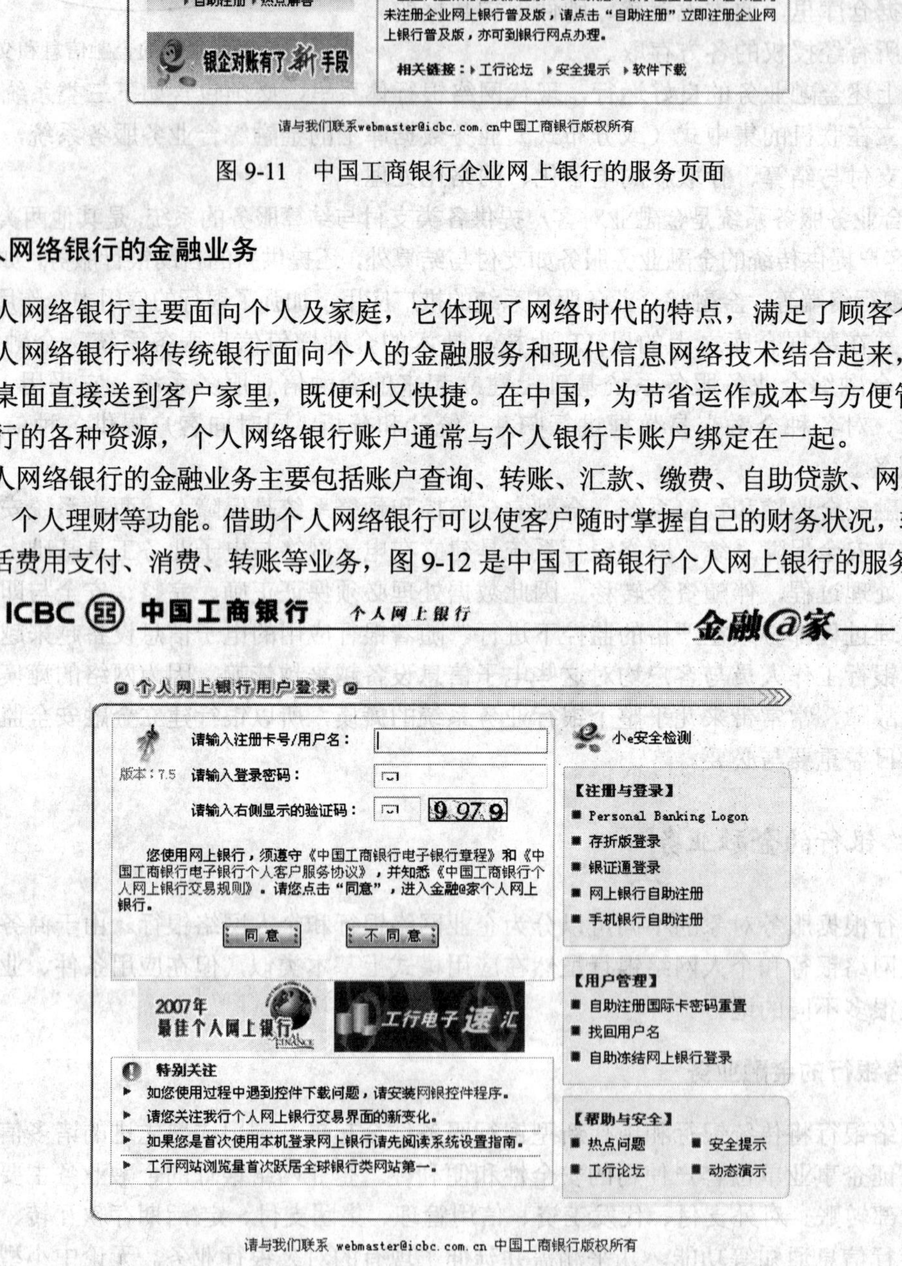

图 9-12 中国工商银行个人网上银行的服务页面

9.6　网络支付与结算的发展状况与问题

案例 9-3

网银盗窃回首

2006 年 9 月，某银行海南省分行的储户魏先生发现个人账户上的 5 980 元被转到一个名为张朝金的账上，但其本人并不认识张朝金。经调查，张朝金通过同一台电脑登录网上银行进行转账，后被警方抓获。还有国内杀毒软件厂商监测到光大证券阳光网提供的多款网上证券交易程序捆绑了木马病毒。用户运行这些安装程序的同时，会下载网银木马，威胁用户工商银行网上银行的账号密码安全。以上只是网上银行盗窃案的冰山一角。据了解，目前银行因网银失窃问题而被告上法庭的例子已经越来越多。

为了防范网银诈骗、保障用户资金安全，上海市部分银行已取消自助注册的网上银行交易功能，市民如要通过网上银行进行转账、支付、汇款等交易行为，须申请专业版网上银行，并提前备好银行认可的安全工具。而工商银行上海分行已经停止了大众版网银的交易功能，用户通过自助注册的大众版网银，只具有基本的查询功能。而如果要通过网上银行进行转账、支付等交易，则先要申请专业版网银，并使用 U 盾或动态口令卡等安全工具。另外，虽然还有不少银行的网银并没有关闭自助注册客户的交易权限，但交易限额却普遍下调。从原来的 1 000 元左右下调至目前 300 元、500 元不等。同时，对于使用专业版网银的个人客户，银行在交易限额上也有规定，一般是单笔 1 000 元，每日 5 000 元。

20 世纪 80 年代要成为一个黑客需要深厚的网络基础知识。而如今，速成型黑客可能只需要花几十元钱便能完成从电脑盲到黑客的飞跃。互联网商业化也带来了黑客的商业化。一些盘踞在互联网上的不法分子开发出木马程序，再把它出售给他人，用以达到个人目的。图 9-13 所显示的就是攻击的复杂性与入侵者所需知识的变化，随着技术的发展，攻击的复杂性在增加，而入侵者需掌握的知识却在减少，这意味着一个普通人也可以成为“黑客”，这为网络安全带来了更大的隐患。

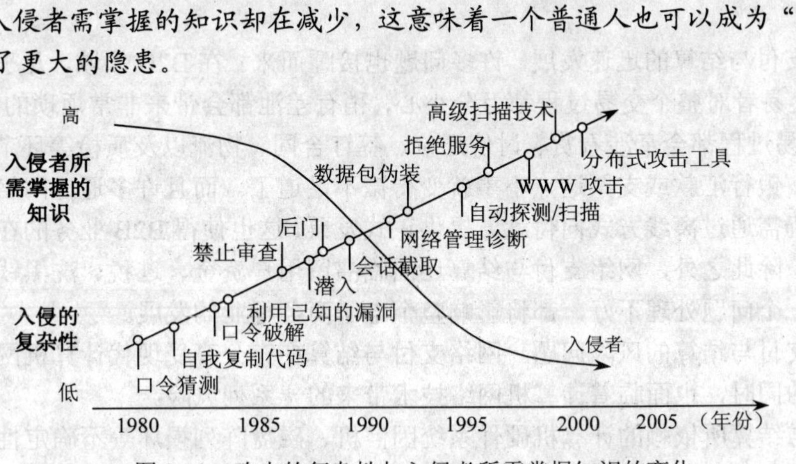

图 9-13　攻击的复杂性与入侵者所需掌握知识的变化

而在一些黑客网站上，甚至有大量免费木马程序提供下载，拥有了这些现成的工具，一个普通网民要成为黑客也轻而易举。网络支付与结算使得传统的银行存取款业务形式发生了重大改变。深圳一位王先生办理了民生银行的借记卡，结果他在没有任何网上消费经历的情况下，被人从网上盗取了15 000余元。他想不通的是，自己的银行卡一直没有丢，怎么就有人只通过卡号和密码就取走了自己的钱。在以往的银行交易中，个人用户必须通过银行卡与银行完成交易。当银行卡丢失或损坏时，所能使用的凭据包括用户的身份证件、银行卡卡号和密码等，只有综合使用这些数据，才可能达成交易。实物卡的限制使得交易具有一定的安全性，只要用户保护好银行卡，出现问题的概率就被降到了最低。

9.6.1 网络支付与结算的发展状况

在国内最先开展网上支付与结算业务的是银行，开始是招商银行，工商银行等在系统大集中之后也进入了这块领域。银联的网关在2001年左右也开始建立。第三方网上支付平台是在银联网关之前建立的，如首信开展网上支付的历史就比较早。非银行机构的参与，一定程度上缓解了目前电子商务发展过程中的支付瓶颈问题，对电子商务发展起到了促进作用。2005年被称为中国电子商务的网上支付年。第三方支付平台成为投资热点，得到迅速成长。2005年2月，阿里巴巴旗下的淘宝网投入3 000万美元巨资，联合中国工商银行、中国建设银行等国内多家金融机构共同打造“支付宝”交易服务工具；随后，通融通公司推出YeePay电子支付平台，云网推出企业级在线支付系统支付@网；网银在线携手VISA国际组织推出“VISA验证服务”信用卡安全支付标准；PayPal推出“贝宝”。作为电子商务的核心环节，基于互联网的支付系统正在迅速发展。

根据艾瑞咨询公司推出的《2007—2008年中国电子支付行业发展报告》研究显示，在政策鼓励及第三方电子支付企业的努力和创新下，2007年中国第三方电子支付市场交易额规模突破1 000亿元，预计2008年仍将保持100%以上的增长，有望达到2 100亿元。总体来看，现阶段我国网上支付业务发展具有以下特点：一是网上支付业务初具规模；二是网上支付市场潜力巨大；三是技术设备和支付工具等基础设施不断完善。

9.6.2 网络支付与结算的问题

伴随网络支付与结算的迅速发展，许多问题也接踵而来。在B2B领域，几乎每笔交易都在万元以上，交易者对整个交易过程都万分小心，稍有差池都会带来非常烦琐的纠纷。另外，每一笔B2B交易过程都会牵涉看货、讨价还价、签订合同、物流以及质检等环节，跟这些环节的烦琐相比，银行汇款或支票这点小事就变得微不足道了。而且许多通过网络支付与结算系统的收款方仍需通过离线方式向付款方提供正式发票，这也使得B2B业务的在线支付变得可有可无起来。除此之外，网络支付与结算还面临滞留用户资金、逃税、洗黑钱、信用机制等问题，任何一个问题处理不好，都将影响整个电子商务行业的发展。

（1）网络支付与结算的风险问题。网络支付与结算在充分享受现代计算机网络技术带来的方便和快捷的同时，也面临着计算机网络技术带来的一系列风险。

网络支付与结算所依赖的计算机硬件系统因停机、磁盘阵列损坏等不确定性因素都会形成网络银行的系统风险。计算机系统软件或应用软件的不够完善，如存在某种设计缺陷、容错能力差、兼容问题等引起系统故障，甚至导致系统崩溃，也带来了系统风险。此外来自网络银行系统外部的正常客户或非法入侵者在与网络银行的业务交往中，可能将计算机病毒带入网络银行的计算机系统。计算机病毒感染轻则改变和破坏银行业务数据，重则可使银行系统整体瘫痪。

因特网的安全问题也决定了网络支付与结算所面临的风险。网络支付与结算容易受到来自网络内部和网络外部的数字攻击。虽然网络支付与结算都有多层安全系统，并不断出现新的、安全性的技术及方案，以保护网络支付与结算系统的平稳运行，但是其安全系统仍然是支付业务中最为薄弱的环节。随着黑客攻击技术的提高，他们可能通过因特网侵入银行专用网络或银行电脑系统，修改或删除服务程序，窃取银行及客户的资料，盗用他人身份接管网上银行客户的储蓄和信用账户，将银行或客户的利息收入划入自己的个人账户中，甚至直接非法进行电子资金转账。

（2）消费者信心问题。网络支付与结算虽然已达到一定的客户规模，但仍难以消除消费者对网络银行安全的疑虑。美国波士顿咨询公司曾对客户不愿使用网络银行的原因进行过市场调查，结果显示，80%的客户是出于对风险因素的担心，尽管从目前来看，这种担心已远远超过了其必要的程度。

事实上，安全问题始终是与信用机制联系在一起的。由于国内缺乏信用基础，在电子商务出现之前邮购与目录销售等西方的交易形式均无法普及，因此发展至今用户仍旧缺乏足够的对“先付款，后收货”的体验。在这种情况下，让用户在网上“划卡”还有难度。

（3）网络支付与结算标准问题。我国还没有一个完整的网络银行网上支付的业务标准。目前所有提供网络银行业务的国家，都面临着如何选择业务标准，以防将来因不能与国际上通行的标准相兼容，而成为一个“孤岛”。在大多数国家，这些标准由银行业建立并控制，但也有一些国家，如英国、瑞士等，是由银行业和 IT 业共同控制。现有的标准主要有：由微软、Intuit 和 Checkfree 等公司实际开发的“开放式金融交易”标准（Home Banking Computer Interface，HBCI）。除此之外，还有诸如 Microsoft 的“公开金融联结”标准（OFC）、VISA 公司的“维萨交互”标准等。

（4）网络支付与结算的监管问题。网络支付与结算以技术为核心，对监管机构的技术水平和设备提出了较高的要求。日新月异的信息技术不断改变着传统银行的经营方式和内容，监管机构必须不断更新其技术和知识，才能跟上形势发展的要求。因此，监管人员必须具有良好的素质，对信息技术和金融知识都能熟练掌握。此外，由于网络技术的发展，对于什么是银行越来越模糊，非银行机构很容易在网上提供类似银行的服务，而未经监管机构的许可或监督，这也增加了监管的难度。我国网络支付与结算的监管实践存在着许多亟须解决的问题。并且随着我国网络支付与结算的进一步发展，这些问题的解决将显得越来越迫切。

9.6.3 解决方案

（1）强制使用签名机制。强调使用合法认证机构提供的数字签名。根据《电子签名法》及《电子认证服务管理办法》，经信息产业部颁发许可证的认证机构目前大概是 20 家。而现实中仍有一些机构在颁发电子签名，据中国金融认证中心（CFCA）统计，目前使用合法电子签名的不足 3%，这些非法电子认证机构认为，他们提供的不是对外第三方的认证，是为内部提供的服务，不需要取得国家的有关许可，这种现象需要制止。

银行的责任划分有待明确。《电子支付指引》的基本原则是以银行与交易方关系为主，不涉及其他关系。而支付平台、交易平台、系统提供商的法律责任尚处于空白阶段，认证方的责任在电子签名法中有所涉及，但非常笼统，网络运营商的责任有待电信法的进一步明确。具体到银行与用户的责任划分问题，仍需完善对网络银行用户的法律保护。目前的法律规范中关于银行与用户的责任划分问题主要见于《电子银行业务管理办法》和《电子支付指引》，银行方因与其合作的第三方带来的责任，同样也要承担相应责任，然后再向第三方追偿。

（2）提高消费者信心。要提高消费者的信心，最主要的是要提高网络安全性，建立完整的、健全的法律体系。银行和商家还要做好宣传工作，使消费者对网络支付与结算有更好的认识，并指导消费者如何进行操作，如何做好安全防范。

国内的运营商也一直在寻找解决方案，例如最为有效的解决方案之一是建立用户在网上的信用档案，目前就有相当多的网络交易网站极为看重这一部分的管理。他们把商家规模、在线时间、交易记录、买家评价以及发布信息的数目等方面都加以考核，然后对这些方面设置相应的积分，最后根据积分为这些“网上店铺”评定星级。当一家网站运营时间足够长，有足够的评价机制后，用户根据星级状况便可以选择相对更为稳妥的卖家进行交易，在这种情况下选择网络支付与结算的可能性也会更大。

（3）逐步建立业务标准。在我国由于网络支付与结算的起步比较晚，法律法规还不是很健全，因此相应的业务标准还不是很完善，随着经济全球化的进一步发展，我国的网络支付与结算将会面临国际同行业越来越多的挑战。为了与国际接轨，我国的网络银行标准也要遵循国际标准。

（4）完善监管机制。针对目前网络支付与结算的监管问题，相关部门应及时调整和转变传统的监管思路和监管理念，加快监管法律、规章、制度的建设，严格规范网络银行的市场准入。现阶段，在审批过程中应重视制度建设和风险防范、化解机制的建设。

9.7 问 题 讨 论

1．网络银行是在怎样的环境下产生的？分析其出现的原因。

2．电子支付目前存在哪些问题，该如何解决？

3．网络支付与结算现在面临的问题有哪些？

4．讨论消费者网络交易时使用第三方支付平台（例如 PayPal、支付宝）的原因。

5．讨论电子钱包对用户有哪些用处。

6．企业在利用电子钱包进行网上交易时会存在哪些问题？

9.8 实 践 项 目

1．去淘宝网进行一次网上购物，体验一下“支付宝”的具体流程。

2．登录几家银行的网上银行系统，了解一下他们的网上银行都提供什么样的服务。

3．20 世纪 90 年代网上贸易迅速发展的时候，许多大银行都建立了在线支付系统，但是没有一家像 PayPal 这样成功。其中两家银行系统是花旗银行（Citibank's c2it）和万恩银行（Bank

One's eMoney）。利用图书馆或是因特网查找相关资料，总结这两家银行没有超过 PayPal 的原因。

习　题

1．简述网络支付与结算的构成。
2．解释什么是电子钱包。
3．网络支付与结算的基本系统模式有哪几种？
4．电子支付包括哪些方式？其各自的支付流程是什么样的？
5．网络银行的特点是什么？其金融业务有哪些？

第 10 章　电子商务基础技术

本 章 要 点

1．了解 Internet 的历史、有关协议、地址与域名以及下一代 Internet。
2．了解 Internet 提供的服务，如 WWW 信息浏览、电子邮件、搜索引擎等。
3．掌握 Intranet、Extranet 与 VPN 的相关知识。
4．掌握数据库、数据仓库与数据挖掘。
5．熟悉 Web 开发技术。

案例 10-1

云　计　算

“用户只需要 640 KB 的内存就足够了。”比尔·盖茨 1989 年在谈论“计算机科学的过去、现在与未来”时如是说。那时，所有的程序都很小，100 MB 的硬盘简直用不完。互联网还在实验室被开发着，超文本协议刚刚被提出。它们的广泛应用，将在 6 年之后开始。

时至 2008 年，在一家提供装机服务的网站上可以检索到这样的信息，一个普通白领上班所需的电脑配置是：低端酷睿双核、1 GB 内存、100 GB 硬盘。计算机硬件配置飞速飙高的背后，是互联网上数据飞速的增长——这简直在挑战人类想象力的极限，海量数据作为一个概念被提出时，单位以 GB 计。而现在这只是一个小网站的数据量单位。如果有一天，互联网上可用的数据是现在的 1 000 倍甚至更多时，我们的 PC 将变成什么样子？计算机硬件会进化到怎样的形态？又或者，个人计算机根本就不必承受如此海量的数据计算？

云计算给出了另一种可能。

什么是“云计算”

云计算（cloud computing）是一个新兴的商业计算模型。利用高速互联网的传输能力，将数据的处理过程从个人计算机或服务器移到互联网上的计算机集群中。这些计算机都是很普通的工业标准服务器，由一个大型的数据处理中心管理着，数据中心按客户的需要分配计算资源，达到与超级计算机同样的效果。

“云”，既是对那些网状分布的计算机的比喻，也指代数据的计算过程被隐匿起来，由服务器按用户的需要，从大云中“雕刻”出用户所需要的那一朵。这实在是非常浪漫的比喻。

云计算被它的支持者视为“革命性的计算模型”，因为它使得超级计算能力通过互联网自由流通成为可能。企业与个人用户无须再投入昂贵的硬件购置成本，只需要通过互联网来购买或租赁计算能力，“把你的计算机当做接入口，一切都交给互联网吧”。

畅想一下，当计算机的计算能力不受本地计算机硬件的限制，那么更小尺寸、更轻重量，却能进行更强劲处理的移动终端触手可得。人们完全可以在如纸一样轻薄的笔记本计算机上运行对计算机硬件最苛刻的网络游戏，也完全可以在手机上通过访问在线 Photoshop 来编辑、处理照片。

更为诱人的是，企业可以以极低的成本投入获得极高的计算能力，不用再投资购买昂贵的硬件设备，负担频繁的保养与升级。例如，美国的房地产网站 Goosipy.com 希望建立一个数据库，计算 67 万个家庭在 12 年间购入沽出房产的数据，以便为消费者提供更好的建议。如果他们自己动手，初步预计，需要花费 6 个月的时间和几百万美元的费用。而最后，他们租赁了 Amazon.com 所提供的“弹性计算机云”服务，通过使用 Amazon 强大数据分析能力，这个项目的完成仅用了 3 个星期，费用不到 5 万美元——云计算的妙处之一，即是按需分配的计算方式能够充分发挥大型计算机群的性能。如果你只需使用 5%的资源，就只需要付出 5%的价格，而不必像以前那样，为 100%的设备买单。

云计算兴起

这场技术竞赛吸引了众多参赛者。包括 Sun、IBM、微软、Google（www.google.cn）、亚马逊（www.amazon.com）等信息业巨头都已经循迹而来。“云计算正在兴起，”微软超级计算机研究员 Dan Reed 也说，“推动云计算兴起的动力是高速互联网连接的发展、更加廉价且功能强劲的芯片以及硬盘、数据中心的发展。”

互联网企业是这方面的先行者，Google 的搜索引擎可以视为云计算的早期产品。用户的搜索请求经过互联网发送到 Google 的大型服务器集群上，完成之后再返回用户桌面。亚马逊最近向开发者开放了名为“弹性计算机云”的服务，它可以让小软件公司按照自己的需要购买亚马逊数据中心的处理能力。

IT 巨头从中窥到了更大的商机。2006 年，Sun 公司推出了基于云计算理论的“黑盒子”计划。按照它的规划，将来的数据中心将不会局限于拥挤、闷热的机房中，而是一个个可移动的集装箱——它装载的是 10 吨经过合理安置的服务器，作为一个可移动的数据中心。它既可以为拥有上万名雇员的大型公司服务，也能为中小企业提供支持。至于这种数据中心的最佳安放位置，有人推荐是郊外的田野上，最好是发电站附近，这样可以实现成本最低化。

蓝色巨人 IBM 对此也投下了重注，并为此命名为“蓝云”计划。2007 年，IBM 和 Google 达成了一项合作，两家公司将各自出资 2 000 万～2 500 万美元，为从事计算机科学研究的教授和学生提供所需的电脑软硬件和相关服务。IBM 负责系统和技术团队的高级副总裁 William M.Zeilter 表示：“对我来说，这种感觉就像 2000 年面对 Linux。”

10.1 Internet 概述

10.1.1 Internet 的历史

Internet 是由美国 20 世纪 60 年代的 ARPANET（阿帕网）发展和演化而成的。Internet 的形成与发展，经历了试验研究网络、学术性网络以及商业化网络这三个历史阶段。

1. 试验研究网络

1969 年，美国国防部国防高级科研计划局（Advanced Research Project Agency，ARPA）

建立了一个采用存储转发方式的分组交换广域网——ARPANET，该网络仅有四个结点，分别建在加州大学洛杉矶分校（UCLA），斯坦福研究所（SRI）、加州大学圣巴巴拉分校（UCSB）以及犹他大学（UTAH），该网络是为了验证远程分组交换网的可行性而进行的一项试验工程，以防止核战争爆发引起大量电话业务中断导致军事通信瘫痪的局面出现。ARPANET 就是今天 Internet 的前身。

虽然初期 ARPANET 各结点之间的连接只能使用 56Kbps 的专线，但是网络的扩展是相当惊人的。1972 年首届国际计算机通信会议（ICCC）公开展示了 ARPANET 的远程分组交换技术，当时 ARPANET 已有约 20 个分组交换结点机和 50 台主机。在总结最初的建网实践经验的基础上，开始了被称为网络控制协议（NCP）的第二代网络协议的设计，美国国防部国防高级科研计划局随后又组织有关专家开发了第三代网络协议——TCP/IP 协议，该协议于 20 世纪 70 年代中期由斯坦福大学的 Vinton Cerf 和 BBN 的 Robert Kahn 开发，1983 年正式在 ARPANET 上启用，这是 Internet 发展中的一个里程碑。

1983 年，美国国防部国防高级科研计划局将网络控制权交给防卫通信局（DCA），并将 ARPANET 分割成两个部分，一部分是专用于国防的 MilNET（非保密的军事通信网络），另外一部分仍称 ARPANET。与此同时，美国还相继建成了 CSNET 和 BITNET 两个网络。ARPANET 的建立，产生了网络互联的概念。

从 1969 年 ARPANET 诞生直到 20 世纪 80 年代中期，是 Interent 发展的第一个阶段——试验研究阶段。

2. 学术性网络

1986 年，美国国家科学基金会建立了以 ARPANET 为基础的学术性网络，即 NSFNET，它是 Internet 发展中的一个先驱。为了达到信息资源共享的目的，NSFNET 把全美国的主要研究中心和 5 个科学教育计算中心的近 8 万台计算机连成一体，并与 ARPANET 相连。随后又把由各大学校园网络为基础构成的地区性网络再互联成为全国性网络。同时，美国国家科学基金会又大力倡导网络用户发扬奉献精神，反对以赢利为目的使用网络。在此期间，美国国家科学基金会投入大量经费支持 NSFNET 的发展，支付了大约 10%的线路租用费用。到了 1990 年，ARPANET 的大部分已被 NSFNET 所取代。

NSFNET 的形成和发展，使它成为 Internet 的最重要的组成部分。与此同时，许多国家相继建立本国的主干网并接入 Internet，例如加拿大的 CANET、欧洲的 EBONE 和 NORDUNET、英国的 PIPEX 和 JANET，以及日本的 WIDE 等。

3. 商业化网络

Internet 最初的宗旨是用于支持教育和科研活动，而不是用于商业性的赢利活动。1991 年，美国国家科学基金会放松了有关 Internet 使用的限制，开始允许使用 Internet 进行部分商务活动，例如宣布一些科学研究与教学过程中所用的新产品和服务。但不允许做广告。随着 Internet 规模的迅速扩大，政府已无法在财政上提供更多的支持，因此鼓励民间公司 MERIT、MCI 与 IBM 来形成一个非营利性组织——网络服务促进协会（ANSC），以促进 Internet 在商业中的应用。

1994 年，美国国家科学基金会宣布不再给 NSFNET 在运行、维护上的经费支持，由 MCI、Sprint 等公司运行、维护。这样不仅商业用户可以进入 Internet，而且 Internet 的经营也商业化了。1995年，NSFNET结束了它作为Internet主干网的历史使命，Internet从学术性网络转化为商业性网络。

随着各国信息基础设施（信息高速公路）建设步伐的加快，Internet网络规模与传输速率的不断扩大，在网上的商务活动也日益增多，一些大公司纷纷加入Internet的行列。同时还出现了专门从事Internet活动的企业，例如向企业和个人提供Internet接入服务的Internet服务提供商，并建立了各自的主干网络，Internet的商业化时代全面到来。

10.1.2 Internet协议

Internet协议由多个协议组成，包括TCP/IP协议、HTTP协议和FTP协议等。

1. TCP/IP协议

TCP/IP协议是一整套数据通信协议，其名字是由这些协议中的其中两个协议组成，即传输控制协议（Transmission Control Protocol，TCP）和网际协议（Internet Protocol，IP）。Internet虽然还有很多其他协议，但是TCP/IP协议是其中最重要的两个。

TCP/IP协议最早是由斯坦福大学两名研究人员于1973年提出的。1973年，TCP/IP被UNIX4.2BSD系统采用。随着UNIX的成功，TCP/IP逐步成为UNIX系统的网络标准协议。后来随着UNIX系统在ARPANET上的应用，TCP/IP很快地被广泛接受，并用于沟通ARPANET与其他系统之间的联系，ARPANET逐渐发展成Internet，TCP/IP就成为Internet的标准连接协议。

IP协议提供了能适应各种各样网络硬件的灵活性，而对底层网络硬件几乎没有任何要求。任何一个网络只要可以从一个地点向另一地点传送二进制数据，就可以使用IP协议加入Internet。IP协议指定了要传输的信息“包”的结构，它要求计算机将要发送的信息分为若干个较短的包，该包除包含一部分信息外，还包含被送往目的地的地址等。

TCP协议是传输控制协议，它向应用程序提供可靠通信连接。TCP协议能够自动适应网络的各种变化，即使在Internet暂时出现堵塞的情况下，也能够保证通信的可靠。TCP规定了为防止传输过程中包丢失的检错方法，用以确保最终传送信息的正确。接入Internet中的任何一台计算机必须有一个地址，而且地址不允许重复，以便区分网上的各台计算机，这就像电话有唯一的电话号码一样。在Internet上传送的任何数据的开始部分都要附上发送方和接受方的地址。

TCP协议和IP协议是互补的，两者结合保证了Internet在复杂环境下正常的运行。尽管这两个协议可以分开使用，各自完成自己的功能，但由于它们是在同一时期作为一个系统来设计的，并且在功能上也是相互配合、相互补充的，也就是说，连接Internet的计算机必须同时使用这两个协议，因此常把这两个协议称作TCP/IP协议。简言之，IP协议负责数据的传输，而TCP协议负责数据的可靠传输。

2. HTTP协议

HTTP（Hyper Text Transfer Protocol，超文本传输协议），它是负责传输和显示WWW页面的Internet协议。HTTP运行在TCP/IP模型的应用层。和其他的Internet协议一样，HTTP采用客户机/服务器模式，即用户的WWW浏览器打开一个HTTP会话并向远程服务器发出

WWW 页面请求。作为回答，服务器产生一个 HTTP 应答信息，并将它送回到客户机的 WWW 浏览器，应答包括客户机和服务器上显示过的页面。如果客户机确定收到的信息是正确的，就断开 TCP/IP 连接，HTTP 会话便结束了。HTTP 从一个请求到另一个请求不保留任何有关连接的信息，而且每次连接，HTTP 只完成一个请求，在一次请求完成以后就断开连接。

HTTP 是互联网上应用最广泛的一种网络传输协议，所有的 WWW 文件都必须遵守这个标准，这就是在浏览器中看到的网页地址大部分是以"http://"开头的原因。

3．FTP 协议

FTP（File Transfer Protocol，文件传输协议），是一个用于从一台主机到另一台主机传送文件的协议。它的主要作用，就是让用户连接上一个远程计算机（这些计算机上运行着 FTP 服务器程序）并察看远程计算机有哪些文件，然后把文件从远程计算机上复制到本地计算机，或把本地计算机的文件送到远程计算机上。

与大多数 Internet 服务一样，FTP 也是一个客户机/服务器系统。用户通过一个支持 FTP 协议的客户机程序，连接到在远程主机上的 FTP 服务器程序。用户通过客户机程序向服务器程序发出命令，服务器程序执行用户所发出的命令，并将执行的结果返回到客户机。比如说，用户发出一条命令，要求服务器向用户传送某一个文件的一份拷贝，服务器会响应这条命令，将指定文件送至用户的机器上。客户机程序代表用户接收这个文件，将其存放到用户目录中。

FTP 可以一次传输一个文件，也可以一次传输多个文件。FTP 还可以提供其他一些服务，如显示远程或本地计算机目录、改变客户机或服务器的现有活动目录、创建并移动本地或远程目录。FTP 采用 TCP 协议及其内置错误控制功能来准确无误地把文件从一台计算机复制到另一台计算机。

10.1.3　IP 地址与域名

Internet 地址能够确定 Internet 上每台计算机与每个用户的位置。对于用户来说，Internet 地址有两种表示形式：IP 地址与域名。

1．IP 地址

当连在某个网络上的两台计算机之间相互通信时，在它们所传送的数据里都会含有某些附加信息，这些附加信息就包含发送数据的计算机的地址和接受数据的计算机的地址。当网络中存在以 IP 协议为基础的通信时，这些发送和接收数据的地址就是 IP 地址。

这里谈及的 IP 地址是 IPv4，它是长度为 32 位的地址码。通常采用点分十进制的方式（即 x.x.x.x 的格式，每个 x 的取值为 0～255）来表示。

IP 地址由网络号与主机号两部分构成。其中网络号用来标识一个逻辑网格，主机号用来标识网络中的一台主机。一台 Internet 主机至少有一个 IP 地址，而且这个 IP 地址是全网唯一的。如果一台 Internet 主机有两个或多个 IP 地址，则该主机属于两个或多个逻辑网格。例如：172.10.255.2 为一台主机的 IP 地址，在不划分子网的情况下，其中 172.10 为网络号，255.2 为主机号。

2．域名

IP 地址解决了 Internet 的地址编址问题，计算机可以很容易地跟踪这些地址。但对于用户来说很难记住由一串数字表示的 IP 地址。为了方便用户对地址的记忆与理解，提出了域名的概念。域名用来标识一组或一台计算机，它与一个或一组 IP 地址相对应，一个 IP 地址对应一个或几个域名。

域名可分为不同级别，包括顶级域名、二级域名等。顶级域名又分为两类：一是国家顶级域名（national top-lenel domainnames，简称 nTLDs），目前 200 多个国家都按照 ISO3166 国家代码分配了顶级域名，如表 10-1 所示；二是机构顶级域名（national top-lenel domain-names，简称 nTDs），如表 10-2 所示。

表 10-1 部分国家顶级域名

域名类型	说明	域名类型	说明
au	澳大利亚	ca	加拿大
de	德国	fr	法国
it	意大利	jp	日本
ru	俄罗斯联邦	cn	中国
ch	瑞士	dk	丹麦
gb	英国	us	美国

表 10-2 部分机构顶级域名

域名类型	说明	域名类型	说明
.com	工、商、金融等企业	.net	互联网类公司或企业
.org	非营利性的组织	.cc	商业公司
.tv	网络电视	.biz	商业或公司
.edu	教育机构	.name	个人域名
.info	信息技术服务类公司	.gov	政府部门

二级域名是指顶级域名之下的域名，在机构顶级域名下，它是指域名注册人的网上名称，例如 ibm，yahoo，microsoft 等；在国家顶级域名下，它是表示注册企业类别的符号，例如 com，edu，gov，net 等。常用域名结构情况如图 10-1 所示。

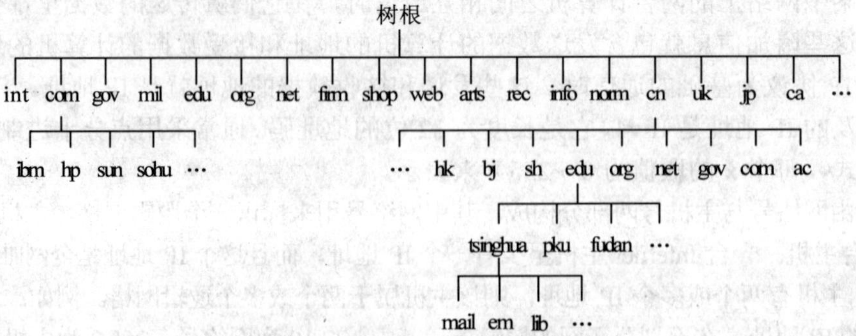

图 10-1 国内外常用域名结构

使用域名应该注意以下 5 点：

（1）域名在整个 Internet 中必须是唯一的，当高级子域名相同时，低级子域名不允许重复。

（2）大小写字母在域名中没有区别。

（3）一台计算机可以有多个域名（通常用于不同的目的），但只能有一个 IP 地址。

（4）主机的 IP 地址和主机的域名对通信协议来说具有相同的作用，从使用的角度看，两者没有区别。但是，当你所使用的系统没有域名服务器时，只能使用 IP 地址而不能使用域名。

（5）为主机确定域名时应尽量使用有意义的符号。

10.1.4　下一代 Internet

1. 下一代 Internet 的提出

现在的 Internet 发展很快，规模逐渐扩大，但是其速率却依然达不到人们的要求。特别是对于研究机构和高等院校的人来说，现在的宽带速度显然不足以支持许多新的应用需求。比如，因为带宽不足，他们不得不购买昂贵的设备，而不是通过网络共享这些设备；或者不得不前往某个实验室，以印证实时的数据。这不仅仅是一个需要更多带宽的问题。目前的 Internet 还缺少某些功能，这些功能对速率更高的下一代网络应用来说是至关重要的。

在 Internet 上运行的 TCP/IP 第 4 版（IPv4），不具备服务质量保证功能，不能适应当今在这种功能上的划分业务等级的措施。IPv4 不能预留带宽，不能限定网络时延，也不能提供足够的安全保证。

高等院校和科研机构需要上述这些功能，企业和用户现在也开始看到商用 Internet 中这种功能的价值，从而产生对下一代 Internet 的需求。但是，要实现这种下一代 Internet 则需要新一代的硬件（如交换机和路由器）、新的协议、新的网络管理工具等。

美国政府 1993 年提出的“信息高速公路”计划不仅推动了互联网本身的发展，也促进了对下一代互联网的研究。1996 年 10 月，美国政府宣布启动“下一代互联网 NGI”研究计划，并建立了相应的高速网络试验床 vBNS。1998 年，“先进互联网开发大学组织 UCAID”成立，开始 Internet2 研究计划，并建立了高速网络试验床 Abilene。1998 年亚太地区先进网络组织 APAN 成立，建立了 APAN 主干网。2001 年欧盟建成 GéANT 高速试验网。2002 年，各国发起“全球高速互联网 GTRN”计划，积极推动下一代互联网技术的研究和开发。

2. 下一代 Internet 的目标

下一代 Internet 具有广泛的应用前景，支持医疗保健、国家安全、远程教学、能源研究、生物医学、环境监测、制造工程以及紧急情况下的应急反应和危机管理等，它有直接和应用两个方面目标。

（1）直接目标。

① 使连接各大学和国家实验室的高速网络的传输速率比现有 Internet 快 100～1 000 倍，比如在 1s 内可以传输一部大英百科全书。

② 推动下一代 Internet 技术的实验研究，如研究一些技术使 Internet 能提供高质量的会议电视等实时服务。

③ 开展新的应用以满足国家重点项目的需要。

（2）应用目标。

① 在医疗保健方面要让人们得到最好的诊断医疗，分享医学的最新成果。

② 在教育方面要通过虚拟图书馆和虚拟实验室提高教学质量。

③ 在环境监测上通过虚拟世界为各方面提供服务；在工程上通过各种造型系统和模拟系统缩短新产品的开发时间。

④ 在科研方面要通过NGI进行大范围的协作，以提高科研效率等。

3．IPv6

随着Internet的发展，IPv4的局限越来越暴露出来，严重制约了IP技术的应用和未来网络的发展。IPv6（Internet Protocol Version 6）也被称做下一代互联网协议，是由IETF（The Engineering Task Force）设计的用来替代现行IPv4的协议的一种新的IP协议。作为下一代网络的基础以其鲜明的技术优势得到广泛的认可。

4．IPv6的优势

IPv6的发展是从1992年开始的，经过了12年的发展时间，IPv6的标准体系已经基本完善，在这个过程中，IPv6逐步优化了协议体系结构，为业务发展创造机会。归纳起来，IPv6的优势包括以下几个特点。

（1）地址充足。IPv6产生的初衷主要是针对IPv4地址短缺问题，即从IPv4的32位地址，扩展到了IPv6的128位地址，充分解决了地址匮乏问题。同时IPv6地址是有范围的，包括链路本地地址、站点本地地址和任意传播地址，这也进一步增加了地址应用的扩展性。

（2）简单是美。通过简化固定的基本报头、采用64 bit边界定位、取消IP头的校验和域等措施，以提高网络设备对IP报文的处理效率。

（3）扩展为先。引入灵活的扩展报头，按照不同协议要求增加扩展头种类，按照处理顺序合理安排扩展头的顺序，其中网络设备需要处理的扩展头在报文头的前部，而需要宿端处理的扩展头在报文头的尾部。

（4）层次区划。IPv6极大的地址空间使层次性的地址规划成为可能，同时国际标准中已经规定了各个类型地址的层次结构，这样既便于路由的快速查找，也有利于路由聚合，缩减IPv6路由表大小，降低网络地址规划的难度。

（5）即插即用。IPv6引入自动配置以及重配置技术，对于IP地址等信息实现自动增删更新配置，提高IPv6的易管理性。

（6）安全。IPv6集成了IPSec，用于网络层的认证与加密，为用户提供端到端安全，使用起来比IPv4简单、方便，可以在迁移到IPv6时同步发展IPSec。

（7）移动便捷。MobileIPv6增强了移动终端的移动特性、安全特性、路由特性，降低了网络部署的难度和投资，为用户提供了永久在线的服务。

可以说，IPv6的上述特点充分迎合了未来网络向IP融合统一的发展方向，并提升了IP网络的可运营可管理性。

5．IPv6业务应用发展现状及存在的问题

自从1991年IPv6的概念被提出以来，在各方的努力下，包括地址结构、路由、IPv4/IPv6过渡、移动IPv6在内的各项IPv6基本协议标准目前已经完成，IPv6技术也从研究阶段过渡

到实施阶段。许多厂家已经开发了各种类型的 IPv6 设备，测试表明这些设备可以初步满足运营商对网络的要求。一些运营商和研究机构建立了规模不等的 IPv6 网络，并实现了全球互联，向企业用户和个人用户提供接入服务。在中国，国家发改委联合科技部、教育部、信产部和自然科学基金会等部门启动 CNGI（中国下一代互联网）核心网项目，该项目通过建设一个高性能的网络平台，促进中国电信运营业的新业务和应用的开发，带动中国民族信息产业的发展，IPv6 协议是 CNGI 核心网的重要网络层协议。

对于 IPv6 及下一代互联网来说，业务是成功的关键。IPv6 的优势在于能更好地支持各种端到端及多媒体业务，如视频会议、voip、文件共享、信息家电、即时通信以及上面提到的移动数据业务。目前，部分国外厂家在此领域也进行了一些前瞻性的开发，实现了相应的原型产品，但这些产品侧重于功能的初步开发，缺乏完整的体系结构和良好的可扩展性，也没有配套的支撑管理系统，因此和实际的电信级业务产品之间还有较大的距离。

随着以 IPv6 协议为核心的下一代互联网的逐步部署，厂商和运营商合作开发新型业务及应用成为非常重要的工作。对于运营商来说，需要明确用户在下一代互联网中的实际业务需求，并研究制定下一代业务平台的体系架构，解决在实施下一代业务中所需的关键技术，并制定新型业务的规范，争取在下一代互联网的价值链中占据有利地位。对于设备制造商来说，根据运营商的业务需求和网络业务现状，尽早开发出符合市场需求的业务产品，使这些业务能充分发挥 IPv6 协议的新特性。另外，尽管 IPv6 和 IPv4 协议都是网络层技术，但在支持业务方面，IPv6 还需要解决一些关键问题，如：业务质量、业务安全、用户的标识与认证、用户状态及定位等，这些问题需要在下一代互联网的背景下重新研究与解决，而不能照搬传统 IPv4 网络的解决方案。

10.2 Internet 提供的服务

10.2.1 WWW 信息浏览

1．WWW 的概念

WWW 是目前 Internet 上最流行的服务项目。WWW 是一个结构性的框架，其目的是访问遍布在整个 Internet 上数百万台机器中相互链接的文档，它是由超级链接连接而成，通常通过网络浏览器上网观看的，就是 WWW 的内容。

WWW 以 HTML 语言和 HTTP 协议为基础，建立在客户机/服务器模型之上，能够提供各种面向 Internet 服务的，用户界面统一的信息浏览系统。它采用超媒体（Hypermedia）、超文本（Hypertext）和超级链接技术（Hyperlink），将 Internet 上不同网址的各种类型的信息（文本、图像、声音、影像等）有机地集成起来，用户可以通过浏览器（Browser）方便地查询这些信息。浏览器提供了一种友好的信息查询界面，用户可以用 URL 直接连接到主页，或者从已启动的主页出发通过超级链接逐级浏览下去，通过超级链接将全世界的网页都连接在一起，从而漫游整个 WWW 资源。

2．WWW 的发展

1989 年 Web 诞生于欧洲原子能研究中心 CERN。CERN 有几台加速器，来自各个欧洲参与国的大型科学家研究组利用这些加速器进行粒子物理研究。这些研究组的成员常常来自于6个或者更多的国家。大多数试验非常复杂，需要几年时间的预先计划和设备建造。Web源于这样一个需求：让这些分散在各个国家的大型研究组通过使用经常变化的报告、计划、绘图、照片和其他文档来进行合作。

1989年3月，CERN的物理学家伯纳斯·李（Berners-Lee）提出了最初的链接文档网的建议。18个月后，第一个（基于文本的）原型投入运行。伯纳斯·李开发出了超文本服务程序代码，并使之使用于互联网。超文本服务器是一种存储超文本标注语言文件的计算机，其他计算机可以连入这种服务器并读取这些HTML文件。今天在WWW上使用的超文本服务器通常被称为WWW服务器。伯纳斯·李为其超文本服务器程序开发的超文本标注语言是附加在文本上的一套代码（标记）语言。这些代码描述了文本元素之间的关系。例如，HTML中的标记说明了哪个文本是标题元素的一部分，哪个文本是项目列表元素的一部分。其中一种重要的标记类型是超文本链接标记。超文本链接可以指向同一HTML文件的其他位置或其他HTML文件。1991年12月，在得克萨斯州的圣安东尼奥举行的Hypertext'91会议上，进行了一次公开演示。

这次演示和随后的宣传引起了其他研究人员的注意，这时的伊利诺伊大学的Marc Andreessen开始开发第一个图形界面的浏览器Mosaic，并且于1993年2月发布。Mosaic非常受欢迎，以至于一年后Andreessen离开学校创办了一家公司，即Netscape公司，公司的目标是开发客户端、服务器及其他Web软件。当1995年Netscape公开发售股票时，投资者想当然地认为这是下一个微软，他们花了15亿美元来购买股票。这项纪录非常令人吃惊，因为这家公司只有一个产品，而且正在负债经营，并且在招股说明书中宣称该公司不期望在可预见的将来就能赢利。在接下来的3年时间里，Netscape Navigator与微软的Internet Explorer卷入了一场"浏览器大战"，每一方都疯狂地增加比对手更多的功能（也因而增加了更多的错误）。1998年美国在线（America Online）以42亿美元收购了Netscape公司，从而结束了Netscape作为独立公司的短暂生涯。

1994年，CERN和麻省理工学院签署了建立万维网联盟（World Wide Web Consortium，W3C）的协议，该组织致力于进一步开发Web、对协议进行标准化，并鼓励站点之间的互操作性。伯纳斯·李担任联盟的主管。从那时起，已经有几百所大学和公司加入了联盟。尽管现在关于Web的书籍数不胜数，但是获取关于Web最新信息的最佳途径还是在Web本身上。W3C联盟的主页是www.w3.org。

3. WWW的客户端/服务器工作模式

WWW客户端的应用程序是Web浏览器，如Microsoft Explorer。WWW服务器的应用程序是Web服务器。在浏览器中输入一个URL，并将请求发送给服务器，服务器响应客户端的请求，将用户所要求的相关文件传送给浏览器，浏览器再显示相关文档，这样就完成一次WWW工作过程。这一过程对用户来说是感觉不到的。

Web系统有两种模式：

（1）B/S（Browser/Server，浏览器/服务器）模式。在这种模式中，其中一台或几台较大的计算机集中进行事物逻辑处理和共享数据库的管理和存取，称为服务器。将事物处理结果的呈现交给分散在网络中的客户机浏览器，从而构成分布式的信息处理系统。在B/S模式中，一般可分为表示层、功能层、数据层等三个相对独立的单元。其体系结构如图10-2所示。

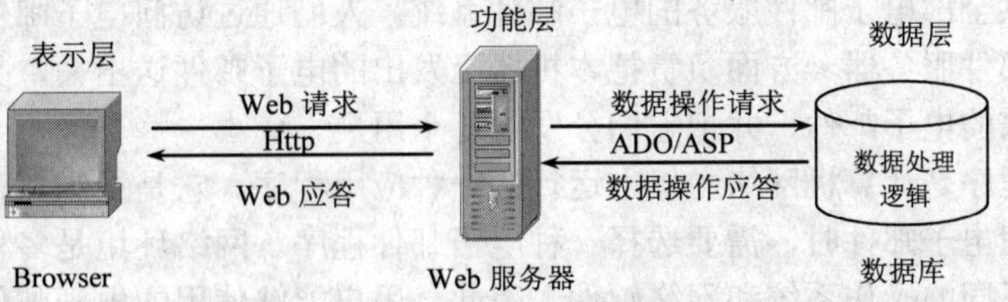

图 10-2　B/S 三层体系结构

（2）B/A/S（Browser/Application/Server，浏览器/应用服务器/服务器）模式。应用 Windows DNA 技术，并将 COM（Componet Object Model，组织对象模型）概念应用于 B/S 结构，利用 COM 组件对象在中间层进行事物逻辑服务，处理各种复杂的商务逻辑计算和演算规则。这种进行事物逻辑服务的中间层就是应用服务器，这样就将三层结构扩展成四层结构，即 B/A/S 模式，如图 10-3 所示。

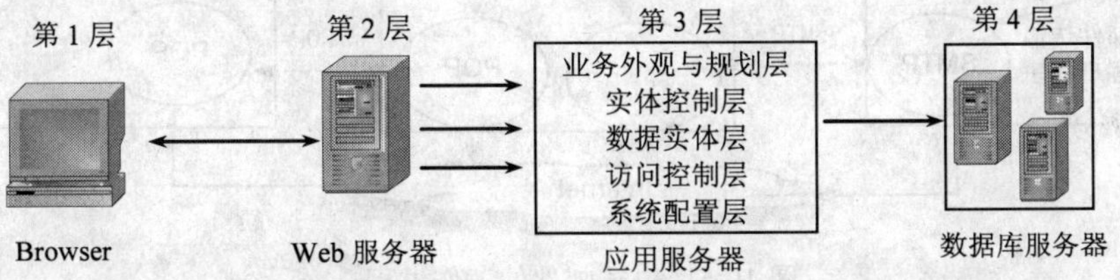

图 10-3　B/A/S 四层体系结构图

无论是三层架构的 B/S 模式，还是四层架构的 B/A/S 模式，客户机与服务器之间的通信均依靠 HTTP 协议。显然，HTTP 协议也是 Web 的重要组成部分，Web 系统的工作原理实际上就是 HTTP 的工作原理。HTTP 的基本工作模式十分简明，如图 10-4 所示。

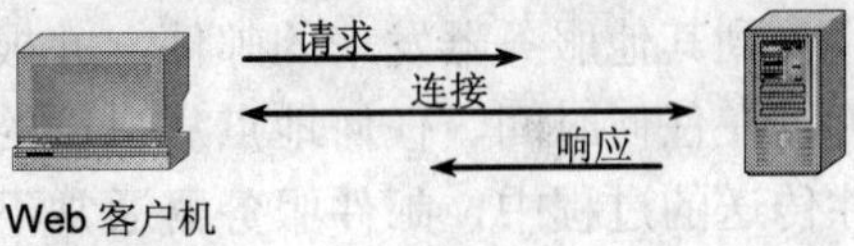

图 10-4　HTTP 系统的基本工作模式

10.2.2　电子邮件服务

1．电子邮件的概念

所谓电子邮件（Electronic Mail，E-mail），就是利用计算机网络交换的电子媒体信息，它是随计算机网络而出现的，依靠网络的通信手段实现普通邮件信息的传输。电子邮件诞生于 20 世纪 70 年代，兴起于 80 年代，可以说是 Internet 历史上最为悠久的基本服务之一。

电子邮件模拟现实社会中人们通信的基本方法，通过双方确切可知的信箱——电子邮箱来实现信息的高速传递。使用电子邮件服务的前提是拥有自己的电子邮箱地址（E-mail Address），电子邮箱是提供电子邮件服务的机构为用户建立的，实际上是该机构在与 Internet 联网的计算机上为用户分配的一个专门用于存放往来信件的磁盘存储区域，这个区域是由电子邮件系统管理的。用户可以通过电子邮件系统同世界上任何地方的朋友交换电子邮件，只要对方也是 Internet 的用户。

电子邮件服务器是处理邮件交换的软硬件设施的总称，包括电子邮件程序、电子邮箱等，它是为用户提供全部电子邮件服务的电子邮件系统。人们通过访问电子邮件服务器实现邮件的交换。电子邮件服务器一方面负责把本机器上发出的电子邮件送出去，另一方面负责接收别的主机发过来的电子邮件，并把它们分发给各个用户。

电子邮件程序是计算机网络主机上运行的一种应用程序。它是操纵和管理电子邮件的系统。在用户处理电子邮件时，需要选择一种电子邮件程序。网络环境是多种多样的，各种网络环境运行着不同的操作系统和网络软件。因此，用户能够使用的电子邮件程序是很多的。现在的电子邮件不只是传送文字信息，还可以传送声音、影像等多媒体信息。而且只要写上对方电子邮箱的地址，就可以在任何时间、任何地点向任意多个人发送邮件。电子邮件的工作过程如图 10-5 所示。

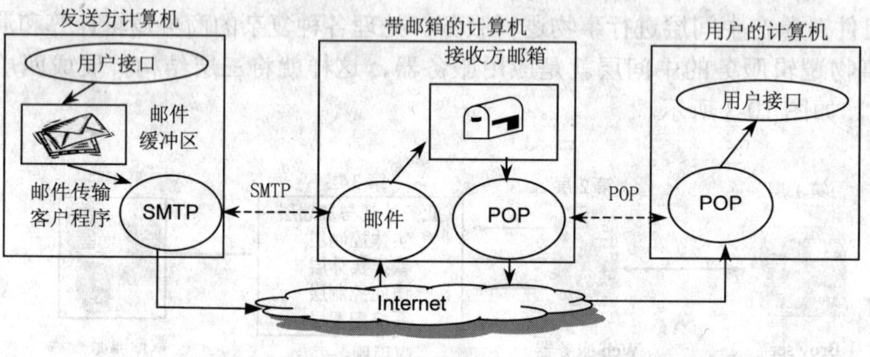

图 10-5 电子邮件的工作过程

首先邮件的发送方将写好的电子邮件发送给自己的邮件服务器；发送方的邮件服务器接收用户送来的邮件，并根据收件人的地址发送到对方的邮件服务器中；接收方的邮件服务器即收到其他服务器发来的邮件，并根据收件人的地址分发到相应的电子邮箱中，最后接收方可以在任何时间、任何地点从自己的邮件服务器中读取邮件，并对这些邮件进行处理。在邮件传送的过程中，邮件服务器通常不能由用户启动，而是一直在系统中运行。

2. 有关的协议

（1）简单邮件传送协议（Simple Mail Transfer Protocol，SMTP）。简单邮件传送协议是 Internet 电子邮件应用的核心，从发送方的邮件服务器到接收方的邮件服务器都要用到它。尽管电子邮件应用在 Internet 上的独特地位可以证明简单邮件传送协议有着众多非常出色的性质，但它所具有的某种“陈旧”特征表明它仍然是一种遗留下来的技术，例如它只能传送可打印 ASCII 码邮件，在今天多媒体的时代，这种方式就不能适应应用的需要了。因此，在 1993 年又制定了新的电子邮件标准，即“通用 Internet 邮件扩充”。

（2）通用 Internet 邮件扩充（Multipurpose Internet Mail Extensions，MIME）。为了适应多媒体报文的需要，通用 Internet 邮件扩充在其邮件首部中说明了邮件的数据类型（如文本、声音、图像等）。通用 Internet 邮件扩充没有改动或取代简单邮件传送协议，而是继续使用目前的格式，但增加了邮件主体的结构，并定义了非 ASCII 码的编码规则，也就是说通用 Internet 邮件扩充邮件可以在现有的电子邮件程序和协议下传送。

（3）邮局协议（Post Office Protocol，POP3）。TCP/IP 专门设计了一个提供对电子邮箱进行远程存取的协议，即邮局协议。邮局协议容许用户的邮件安置在某个运行邮件服务器程序的计算机（邮件服务器）上，并允许用户从本地计算机对邮件进行存取。用户在取回邮件并中断与服务器的连接后，可在自己的计算机上慢慢处理收到的邮件，因此邮局协议是一个脱机协议。现在使用的是邮局协议的第 3 个版本 POP3。

（4）因特网邮件访问协议（Internet Mail Access Protocol，IMAP）。一些用户可能更喜欢使用远程服务器上的层次目录，这样用户可以从任何一台机器上对所有邮件进行访问。POP3 不可能做到这一点。为了解决这个问题，因特网邮件访问协议应运而生。和 POP3 一样，因特网邮件访问协议也是一个邮件访问协议，但是它比 POP3 具有更多的功能，同时也比 POP3 复杂得多。

当邮件第一次到达服务器的时候，邮件被放在收件人的收件箱里。收件人可以把邮件移到自己创建的文件夹，并阅读和删除邮件等。因特网邮件访问协议为用户提供了创建文件夹以及在文件夹之间移动邮件的命令。此外，因特网邮件访问协议还为用户提供了在远程文件夹中查询邮件的命令，按指定条件去查找匹配的邮件。因特网邮件访问协议的另一个特征是允许用户可以只读取邮件的首部，或只是 MIME 报文的一部分。当用户使用低带宽连接的时候，这个特征非常有用。

POP3 协议使得邮件可以存放在本地计算机上，但这将给移动办公的用户带来问题；而因特网邮件访问协议的缺点是如果用户没有将邮件复制到自己的计算机上，则邮件一直存放在服务器上，这使得用户需要经常与因特网邮件访问协议服务器建立连接。

3．基于 Web 的电子邮件

今天越来越多的用户使用他们的浏览器收发邮件。20 世纪 90 年代中期由 Hotmail 的兴起而引入了基于 Web 的电子邮件系统；现在，每个门户网站以及著名大学或者公司都提供了基于 Web 的电子邮件。另外，许多网站为了吸引用户推出了 Gmail（即存储空间为 1GB 以及以上的邮箱），使得电子邮件的应用更为方便。

使用这种服务，用户代理就是普通的浏览器，用户和远程邮箱之间的通信则通过 HTTP 进行。当收件人想从他的邮箱中收发报文时，使用的是 HTTP 而不是 SMTP、POP3 或者 IMAP 协议。不过在邮件服务器之间发送和接收邮件时使用的仍然是 SMTP。

10.2.3　多媒体网络

Internet 上已经开发了很多应用，归纳起来大致可分成两类，一类是以文本为主的数据通信，包括文件传输、电子邮件、远程登录、网络新闻和 Web 等，另一类是以声音和电视图像为主的通信。通常把任何一种声音通信和图像通信的网络应用称为多媒体网络应用（Multimedia Networking Application）。网络上的多媒体通信应用和数据通信应拥有较大的差别，多媒体应用要求在客户端播放声音和图像时要流畅，声音和图像要同步，因此对网络的时延和带宽要求很高。而数据通信应用则把可靠性放在第一位，对网络的时延和带宽的要求不那么高。

这些多媒体网络应用包括视频流、IP 电话、电话会议、交互游戏、远程教育、远程诊断和很多其他类型。这些应用不同于下载播放应用，因为下载播放应用是先下载文件，而这同传统的因特网应用一样，没有任何特殊的时延要求。流媒体技术是实现多媒体网络应用的主要基础。流媒体（Streaming Media）使音乐、视频和其他大型文件能够分段传输给用户，以便于文件能够不间断地被接收并播放。

广义多媒体应用类别主要有 3 种：流式存储音频、视频、流式实况音频、视频和实时交互音频、视频。流式存储音频、视频主要用于点播音频或视频文件，流式多媒体产品包括 RealNetworks 公司的 RealPlayer、苹果公司的 QuickTime 和微软公司的 Windows Media 等。流式实况音频、视频应用类似于传统的电台广播和电视，只是它通过因特网来传输。实时交互音频、视频应用指人们使用音频、视频媒介互相实时通信，例如因特网电话、交互式电视、视频会议等。

10.2.4 Internet 的其他信息获取工具

Internet 作为一个信息资源的王国，能为用户提供几乎无所不包的信息。但是，对用户来说，至关重要的是获得特定信息的手段。用户所需的都是对自己有用而数量极其有限的信息。任何人要想从 Internet 获得的都只不过是其信息海洋中的“沧海一粟”而已。这就非常需要有效的信息查询工具，使各种用户能够从 Internet 方便地获取有用的信息。

在 Internet 上发展了许多获取信息的工具。前面介绍的 WWW、电子邮件都是信息获取工具，除此之外还包括以下几种工具。

1. BBS（电子公告板系统）

BBS（Bulletin Board System）是 Internet 上著名的信息服务系统之一，发展非常迅速，几乎遍及整个 Internet。BBS 最初是为了通过电话线远程传送文件和信息，以后由于用户的需求，BBS 已经不再是一个简单的“布告栏”了，它提供的服务很多，例如讨论区、信件区、聊天区、文件共享区等。

BBS 所以能如此发展，是因为它以其独特的方式带给广大用户包罗万象的信息服务。它提供的信息服务领域包括科学、教育、政治、经济、股市、法律、图书、社区服务、校园信息、文化、体育、艺术、娱乐，等等。

提供 BBS 服务的系统叫做 BBS 站。不同的 BBS 服务由不同的 BBS 站提供，它们各具不同的风格和特色。Internet 用户可以访问分布在世界任何地方的 BBS 站。

BBS 站为用户开辟一块展示“公告”信息的公用存储空间作为“公告板”。这就像实际生活中的公告板一样，用户在这里可以围绕某一主题开展持续不断的讨论。人们可以把自己参加讨论的文字“张贴”在公告板上，或者从中读取其他参与者“张贴”的信息。BBS 不仅涉及的题材广泛，讨论的深度也不尽相同，对大多数主题的讨论是容易被人们理解的，但也有一些高深的或特别专门的讨论，要求参加者具备特定的知识背景。一个电子公告板的用户，有的限于某些个人、地区或组织，有的则遍及世界各处。电子公告板的信息可以由用户“订阅”。每条信息也能像电子邮件一样被拷贝和转发。

2. FTP（文件传输协议）

在科学技术交流中，经常需要传输大量的数据和文献。这也是 Internet 使用初期的主要用途之一。在科学技术界和教育界，用 Internet 传输试验与观测数据、科技文献以及数据处理和科学计算软件，是对外进行科技合作与交流的重要手段之一。FTP 是一种实时的联机服务，其任务是将文件从一台计算机传送到另一台计算机，它不受这两台计算机所处的位置、联结方式和所用操作系统的限制。FTP 是在 Internet 上最早用于传输文件的一种通信协议，通常也就把采用这种协议传输文件的应用程序称作 FTP。

FTP 同 Internet 的大多数应用软件一样采用客户/服务器（Client/Server）模式，包含支持

FTP 服务器的服务器软件合称为用户接口的 FTP 客户机软件。FTP 工作时，客户机只提出请求和接受服务，服务器只接收请求和执行服务。在利用 FTP 进行文件传输之前，用户先连入 Internet，再在本地计算机上启动 FTP 程序，利用它与远程计算机系统建立联系，激活远程计算机系统上的 FTP 协议程序，然后就可以进行文件传输。这样，本地计算机的 FTP 程序就成为一个客户，而远程计算机的 FTP 程序则成为服务器，它们之间经过 TCP 协议进行通信。这样，用户便可使用 FTP 提供的应用界面，以不同方式从远程计算机系统获取所需文件，或者从本地计算机对目标计算机发送文件。

分布在 Internet 上的 FTP 文件服务器简称为 FTP 服务器，其数量已达数万个，内容极其广泛，涉及现代人类文明的各个领域。这些服务器能为用户查询文件和传送文件服务。对在各个不同领域工作的人来说，FTP 是一个开放的非常有用的信息服务工具，可用来在全世界范围内进行信息交流。

3．Telnet（远程登录服务）

Telnet 是 TCP/IP 协议中提供的进行远程连接的一个标准协议。同 FTP 一样，Telnet 是一个客户/服务器系统，通过 Telnet 客户服务软件，用户可以像使用本地计算机一样使用 Internet 上的其他远程主机。Telnet 有两种服务方式，一种是在欲连接的远程计算机上有自己的账号，即自己的用户名和口令，否则，将无法登录到该远程计算机上；另一种是公众 Telnet 服务，每一个 Internet 用户都可以自由地访问。

4．Usenet（新闻组服务）

Usenet 是一种利用网络进行专题讨论的国际论坛。到目前为止，Usenet 仍是 Internet 最大规模的网络新闻组。拥有数以千计的讨论组，每个讨论组都围绕这个专题展开讨论。

Usenet 并不是一个网络系统，只是建立在 Internet 上的逻辑组织，也是 Internet 及其他网络系统的一种文化体现。Usenet 是自发产生的，并像一个有机体一样不断地变化着。新的 Usenet 不断地产生，大的 Usenet 可能分裂成小的 Usenet，同时有些 Usenet 也可能会解散。

Usenet 不同于 Internet 上的交互式操作方式，在 Usenet 服务器上存储的各种信息，会周期性地转发给其他 Usenet 服务器，最终传遍世界各地。Usenet 的基本通信方式是电子邮件，但它不是采用点对点通信方式，而是采用多对多的传递方式。

用户可以使用 Usenet 阅读程序访问 Usenet 服务器，发表意见、阅读网络新闻。Usenet 阅读程序是客户端程序，可以完成以下工作：搜索用户指定的新闻组，列出未曾读过的文章；根据用户的命令显示文章的内容；保存用户阅读的文章；允许用户选择感兴趣的新闻组；允许用户针对某文章发表自己的意见；允许用户提出自己的问题。

10.3　Intranet、Extranet 与 VPN

10.3.1　Intranet

随着现代企业的发展越来越集团化，企业的分布也越来越广，遍布全国各地甚至跨越国界的公司越来越多，以后的公司将是集团化的大规模、专业性强的公司。这些集团化的公司需要及时了解各地分公司的经营管理状况、制定符合当地情况的经营方向，公司内部人员更需要及时了解公司的策略性变化、公司人事情况、公司业务发展情况以及一些简单但又关键的文档，如通讯录、产品技术规格和价格、公司规章制度等信息。

通常情况下，公司将这些信息印刷成册，如员工手册、报价单、办公指南、销售指南等。这类印刷品的生产既昂贵又耗时，而且不能直接送到员工手中。另外，这些资料无法经常更新，很多公司在规章制度已经变动了的情况下也无法及时准确地通知下属员工执行新的规章制度。如何保证每个人都拥有最新最正确的版本？如何保证公司成员及时了解公司的策略和其他信息是否有改变？利用过去的技术，这些问题都难以解决。市场竞争激烈、变化快，企业必须随时进行调整和改变，而一些内部印发的资料甚至还未到员工手中就已过时了。浪费的不只是人力、财力和物力，还浪费非常宝贵的时间。

解决这些问题的方法就是联网，建立企业的信息系统。已有的方法可以解决一些问题，如利用电子邮件系统在公司内部发送邮件，建立信息管理系统。Internet 技术正是解决这些问题的有效方法。利用 Internet 各个方面的技术解决企业的不同问题，这样 Intranet（企业内部网）诞生了。

Intranet 是 Internet 技术在企业内部的应用，它实际上是采用 Internet 技术建立的企业内部网络，它的核心技术是基于 Web 的计算。Intranet 的基本思想是：在内部网络上采用 TCP/IP 作为通信协议，利用 Internet 的 Web 模型作为标准信息平台，同时建立防火墙把内部网和 Internet 分开。当然 Intranet 并非一定要和 Internet 连接在一起，它完全可以自成一体而作为一个独立的网络。其构成如图 10-6 所示。

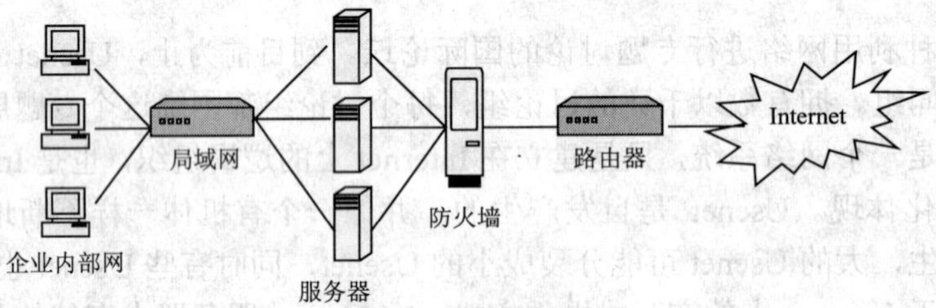

图 10-6　Intranet 结构

Intranet 与 Internet 相比，可以说 Internet 是面向全球的网络，而 Intranet 则是 Internet 技术在企业机构内部的实现，它能够以极少的成本和时间将一个企业内部的大量信息资源高效合理地传递到每个人。Intranet 为企业提供了一种能充分利用通信线路、经济而有效地建立企业内联网的方案，应用 Intranet，企业可以有效地进行财务管理、供应链管理、进销存管理、客户关系管理等。

过去，只有少数大公司才拥有自己的企业内部网，而现在不同了，借助于 Internet 技术，各个中小型企业都有机会建立起适合自己规模的企业内部网。企业关注 Intranet 的原因是它只为一个企业内部专有，外部用户不能通过 Internet 对它进行访问。

与传统的局域网、广域网相比，Intranet 具有以下优点：

（1）高效、方便、低成本和环保的内部交流。Intranet 可以加快企业事务处理速度，同时协调各部门实现无纸化办公，这样既提高了公司的办公效率，又提高了信息传送的正确性。基于浏览器的客户端软件使操作变得更为容易，节省了大笔的培训费用。同时 Intranet 为员工提供了一个交流平台，大家可以通过企业论坛等栏目进行经验交流，这种交流为领导者提供了了解企业员工情况的渠道。基于电子邮件的通信方式加强了企业内部员工之间的沟通与交流，使上传下达变得更为容易；对外也能很大程度地代替传真、电话、邮寄等传统通信方式，节省办公费用。

（2）增加了信息的共享性。Intranet 可以发布大量的共享信息，有助于员工实现资源的共享。例如，可以在 Intranet 上存放一些常用的工具软件、政策规定，这样可以节省人力，若要更新新的系统只需要将新系统的安装软件上传，由用户自行更新，而不需要工作人员一台一台计算机进行安装。

（3）准确及时地获取信息。Intranet 可以通过发布消息的方式，及时地将公司的最新通知、新闻、新的决策等进行发布，有助于员工及时地获取企业的动态情况。同时员工可以将财务报表、销售报表、工作计划、工作总结进行发布，管理者可以准确及时地掌握公司的运作情况。基于 WWW 的信息发布使企业内部员工能及时地了解公司的各种情况，增强内部凝聚力；而外界客户也能及时了解公司的商品信息、市场动向，从而带来无限商机。

（4）实现企业信息化管理。企业信息化是企业发展的必经阶段，特别是跨地区的大型公司，不仅需要信息交流，还需要做好企业间的协调控制，要实现这类公司的信息化管理，只有 Internet 是不够的，Internet 提供了企业与企业外部人员的交流平台，而 Internet 提供了企业内部的交流平台，易于实现电子商务。

（5）实现远程办公。经过授权的用户通过一台笔记本电脑在世界各地均能及时地查询到企业产品库存量、最新销售价格，并下载协议书、合同等相关文件，为异地的企业员工提供支持和帮助。

10.3.2 Extranet

Extranet（企业外部网）是一个可为企业外部用户提供选择性服务的 Intranet，它是将企业的内部网连入其业务伙伴、客户或供应商的网络。Extranet 可以是下列几种网络类型的任何一种：公共网络、专用网络或 VPN（虚拟专用网络）。这几种网络都能实现企业间的信息共享。Extranet 必须是安全的，要防止企业内部信息泄露给未经授权的用户。企业授权用户可以方便地通过 Extranet 连入其他企业的网络，并获取信息。Extranet 为企业提供了便捷的通信联络手段，帮助企业协调采购，通过 EDI 交换业务单证，实现企业彼此之间的交流和沟通。

Extranet 通常与 Intranet 一样位于防火墙之后，但不像 Internet 为大众提供公共的通信服务，也不像 Intranet 只为企业内部服务和不对公众公开，而是对一些有选择的合作者开放或向公众提供有选择的服务。Extranet 的访问是受限制的，Extranet 的用户是由关系紧密的企业结成的，Extranet 的信息可在信任的企业内共享。Extranet 非常适合于具有时效性的信息共享和企业间完成共同利益目的的活动。

Extranet 的功能体现在以下几个方面：

（1）信息资源共享。利用共享数据库、WWW 和搜索引擎实现对企业内部的某些信息资源与外部企业共享。

（2）合作业务处理。和外部企业相关的业务处理建立协同处理的连接，包括数据交换、数据更新，形成完整的业务流程。

（3）共同开发新的业务与工程合并。利用 WWW 系统与技术面向工程项目中不同的企业实现虚拟的联合企业，灵活合作。

10.3.3 VPN

VPN（Virtal Private Network，虚拟专用网）是一条穿过公用网络的安全、稳定的隧道。通过对网络数据的封包和加密传输，在一个公用网络（通常是 Internet）建立一条临时的、安全的连接，从而实现在公用网络上传输私有数据、达到私有网络的安全级别，如果接入方式为拨号方式，则称之为 VPDN。

通常，VPN 是对 Intranet 的扩展，通过它可以帮助远程用户、公司分支机构、商业伙伴及供应商同公司的内部网建立可信的安全连接，并保证数据的安全传输。VPN 可用于不断增长的移动用户的全球 Internet 接入，以实现安全连接；可用于实现企业网站之间安全通信的虚拟专用线路，用于经济有效地连接到商业伙伴和用户的安全外部网虚拟专用网。

虽然 VPN 是一种外部网，但并不是每个外部网都是 VPN。设计虚拟专用网络可以节省成本，尽管其主要目的是利用合作企业间的联盟创造一种竞争优势。与使用专线的专用网络不一样，VPN 适时地建立了一种临时的逻辑连接，一旦通信会话结束，这种连接就断开了。

VPN 中"虚拟"一词的含义是：这种连接看上去是永久的内部网络连接，但实际上是临时的。一旦两个内部网之间发生交易，VPN 就建立起来，交易通过 Internet 完成，交易结束后，连接就终止了。图 10-7 给出了 VPN 模型。

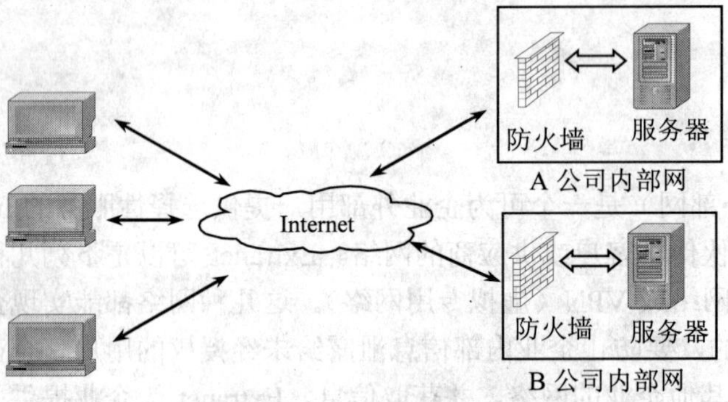

图 10-7 安全的 VPN 外部网

10.4 数据库、数据仓库与数据挖掘

10.4.1 数据库

1. 数据库的概念

数据库是按照数据结构来组织、存储和管理数据的仓库。在经济管理的日常工作中，常常需要把某些相关的数据放进这样的"仓库"，并根据管理的需要进行相应的处理。例如，企业或事业单位的人事部门常常要把本单位职工的基本情况（职工号、姓名、年龄、性别、籍贯、工资、简历等）存放在一张表中，这张表就可以看成是一个数据库。有了这个"数据仓

库”企业就可以根据需要随时查询某职工的基本情况，也可以查询工资在某个范围内的职工人数等等。这些工作如果都能在计算机上自动进行，那么企业的人事管理就可以达到很高的水平。此外，在财务管理、仓库管理、生产管理中也需要建立众多的这种“数据库”，使其可以利用计算机实现财务、仓库、生产的自动化管理。

学者 J.Martin 给数据库下了一个比较完整的定义：数据库是存储在一起的相关数据的集合，这些数据是结构化的，无有害的或不必要的冗余，并为多种应用服务；数据的存储独立于使用它的程序；对数据库插入新数据，修改和检索原有数据均能按一种公用的和可控制的方式进行。当某个系统中存在结构上完全分开的若干个数据库时，则该系统包含一个“数据库集合”。

2．数据库的分类

（1）关系数据库。数据库通常分为层次数据库、网络数据库、关系数据库三种。目前，关系数据库的应用范围最广，占据了数据库的主流地位。随着客户机/服务器方式的流行和应用，关系数据库经历了客户/服务器时代，并获得了极大的发展。关系数据库基于 Internet 的应用模式表现为一种三层或四层的体系结构。在这种多层结构体系下，关系数据库解决了数据库的 Internet 应用方法问题，使得基于关系数据库能够开发各种网上数据库数据的发布、检索、维护、管理等一般性应用。

虽然关系数据库具备完备的理论基础、简洁的数据模型、透明的查询语言和方便的操作方法等优点，但是由于它本身并没有针对网络的特点和要求进行设计，因此并不适合用于网络环境。应该研究开发新的数据库技术，从开始就考虑到 Web 的信息和结构特点，使数据库能真正与 Web 融为一体，充分兼容二者的特点，建立合理的 Web 数据库。

（2）Web 数据库。Web 数据库技术采用三层或多层的体系结构，与 WWW 和数据库的应用结构模式一样，Web 数据库也是属于 B/S 结构的一种——基于三层的客户/服务器的结构应用模式，即 Browser/Web Server。一个典型的 Web 数据库应用系统，有一个 Web 浏览器作为用户界面，一个数据库服务器作为信息存储和数据采集，和一个连接前两者的 Web 服务器作为应用服务器，如图 10-8 所示。

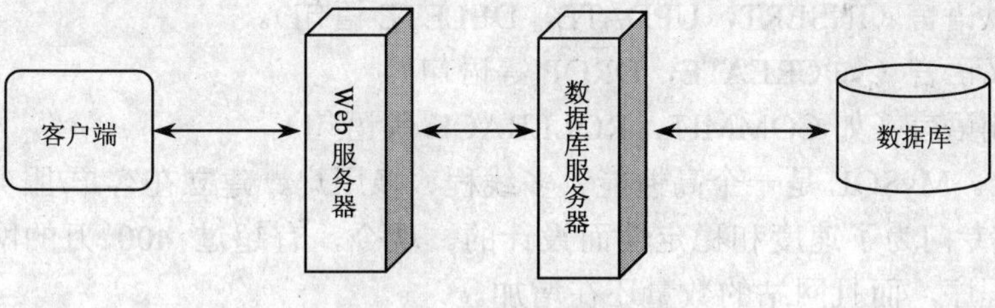

图 10-8　Web 数据库体系结构

3．数据库管理系统

数据库管理系统（DBMS）是位于用户与操作系统之间的一类重要的系统软件，用于管理数据库，完成数据库的一切操作，包括定义、查询、更新以及各种控制。主流的数据库管理系统有 Oracle、Sybase、DB2 和 SQL server 等。

数据库管理系统的主要功能包括：

（1）数据定义功能。数据库管理系统提供数据定义语言（Data Definition Language，DDL）。

用户通过它可以对数据库中的数据对象进行定义。

（2）数据操纵功能。数据库管理系统提供数据操纵语言（Data Manipulation Language，DML），用户可以使用数据操纵语言操纵数据实现对数据库的基本操作，如查询、插入、删除和修改。

（3）数据库的运行管理。数据库在建立、运用和维护时由数据库管理系统统一管理、统一控制，以保证数据的安全性、完整性、多用户对数据的并发使用及发生故障后的系统恢复。

（4）数据库的建立和维护功能。它包括数据库初始数据的输入、转换功能，数据库的转储、恢复功能，数据库的重组织、重构造功能和性能监视、分析功能等。这些功能通常是由一些实用程序完成的。

4．常用数据库

（1）SQL。SQL 全称是“结构化查询语言（Structured Query Language）”，最早是 IBM 的圣约瑟研究实验室为其关系数据库管理系统 SYSTEMR 开发的一种查询语言，它的前身是 SQUARE 语言。SQL 语言结构简洁，功能强大，简单易学，所以自从 IBM 公司 1981 年推出以来，SQL 语言得到了广泛的应用。如今无论是像 Oracle、Sybase、Informix、SQL server 这些大型的数据库管理系统，还是像 Visual Foxpro、Power Builder 这些微机上常用的数据库开发系统，都支持 SQL 语言作为查询语言。

SQL 是高级的非过程化编程语言，允许用户在高层数据结构上工作。它不要求用户指定对数据的存放方法，也不需要用户了解具体的数据存放方式，所以具有完全不同底层结构的数据库系统可以使用相同的 SQL 语言作为数据输入与管理的接口。它以记录集合作为操纵对象，所有 SQL 语句接受集合作为输入，返回集合作为输出，这种集合特性允许一条 SQL 语句的输出作为另一条 SQL 语句的输入，所以 SQL 语言可以嵌套，具有极大的灵活性和强大的功能，在多数情况下，在其他语言中需要一大段程序实现的一个单独事件只需要一个 SQL 语句就可以达到，这也意味着用 SQL 语言可以写出非常复杂的语句。

SQL 语言包含 4 个部分：

① 数据查询语言（SELECT 语句）。

② 数据操纵语言（INSERT，UPDATE，DELETE 语句）。

③ 数据定义语言（如 CREATE，DROP 等语句）。

④ 数据控制语言（如 COMMIT，ROLLBACK 等语句）。

（2）MySQL。MySQL 是一个高性能、多线程、多用户、建立在客户/服务器结构上的数据库管理系统，专门为了速度和稳定性而设计的。现今，有超过 400 万的网站使用了基于 MySQL 的应用程序，而且网站的数量还在增加。

MySQL 由以下两部分组成：

① 服务器端工具。包括 MySQL 数据库服务器以及优化和修改 MySQL 表、创建故障记录的工具。MySQL 数据库服务器是核心系统，负责创建和管理数据库、执行查询和返回查询结果，并且对数据库的安全性负责。

② 客户端工具。包括一个命令行方式的 MySQL 客户机、管理 MySQL 用户许可的工具以及导入导出 MySQL 数据库的实用程序。还包括查看和复制 MySQL 数据库和表、维护表和检索服务器状态信息的命令行工具。

（3）Oracle。Oracle 在数据库领域一直处于领先地位。1984 年，首先将关系数据库转到了桌面计算机上。然后，Oracle5 率先推出了分布式数据库、客户/服务器结构等崭新的概念。Oracle6 首创行锁定模式以及对对称多处理计算机的支持。Oracle8 主要增加了对象技术，成为关系—对象数据库系统。目前，Oracle 产品覆盖了大、中、小型机等几十种机型，Oracle 数据库成为世界上使用最广泛的关系数据库管理系统之一。

Oracle 具有以下特点：

① Oracle7.X 以来引入了共享 SQL 和多线程服务器体系结构。这减少了 Oracle 的资源占用，并增强了 Oracle 的能力，使之在低档软硬件平台上用较少的资源就可以支持更多的用户，而在高档平台上可以支持成千上万个用户。

② 提供了基于角色分工的安全保密管理。在数据库管理功能、完整性检查、安全性、一致性方面都有良好的表现。

③ 支持大量多媒体数据，如二进制图形、声音、动画以及多维数据结构等。

④ 提供了与第三代高级语言的接口，能在 C，C++等主语言中嵌入 SQL 语句，对数据库中的数据进行操纵。加上它有许多优秀的前台开发工具如 Power Builder、Visual BASIC 等，可以快速开发生成基于客户端 PC 平台的应用程序，并具有良好的移植性。

⑤ 提供了新的分布式数据库能力。可通过网络较方便地读写远端数据库里的数据，并有对称复制的技术。

（4）PostgreSQL。PostgreSQL 是以加州大学伯克利分校计算机系开发的 POSTGRES（版本 4.2）为基础的对象关系型数据库管理系统。POSTGRES 支持大部分 SQL 2003 标准并且提供了许多其他现代特性：复杂查询、外键、触发器、视图、事务完整性、多版本并发控制。

同样，PostgreSQL 可以用许多方法扩展，比如，通过增加新的数据类型、函数、操作符、聚集函数、索引方法、过程语言等。并且，因为许可证很灵活，任何人都可以以任何目的免费使用、修改和分发 PostgreSQL，不管是私用、商用，还是学术研究使用。

PostgreSQL 是世界上可以获得的最先进的开放源码的数据库管理系统，提供了多版本并行控制，支持几乎所有 SQL 构件（包括子查询、事务、用户定义类型和函数），并且支持非常广范的开发语言，包括 C，C++，Java，perl，tcl 和 python 等。

10.4.2　数据仓库

1. 数据仓库的概念

数据仓库领域的权威 W. H. Inmon 给出了数据仓库的一个简短而全面的定义：数据仓库是一个面向主题、集成、时变、非易失的数据集合，是支持管理部门的决策过程。根据该定义，数据仓库具备以下四个关键特征：

（1）面向主题（Subject Oriented）。数据仓库通常围绕一些主题，如“产品”、“销售商”、“消费者”等来进行组织。数据仓库关注的是决策者的数据建模与分析，而不针对日常操作和事务的处理。因此，数据仓库提供了特定主题的简明视图，排除了对于决策无用的数据。

（2）集成（Integrated）。数据仓库通常由多个异种数据源结合构成，异种数据源可能包括关系数据库、面向对象数据库、文本数据库、Web 数据库和一般文件等。

（3）时变（Time Variant）。数据存储从历史的角度提供信息，数据仓库包含时间元素，它所提供的信息总是与时间相关联的。数据仓库存储的是一个时间段的数据，而不仅仅是某一个时刻的数据。

(4) 非易失（Nonvolatile）。数据仓库总是与操作环境下的实时应用数据物理地分离存放，因此不需要事务处理、恢复和并发控制机制。数据仓库里的数据通常只需要两种操作：初始化载入和数据访问，因此其数据相对稳定，极少或根本不更新。

综上所述，数据仓库是一种语义上一致的数据存储，它充当决策支持数据模型的物理实现，并存放企业战略决策所需信息。数据仓库也常常被视为一种体系结构，通过将异种数据源中的数据集成在一起而构成，支持结构化和专门的查询、分析报告和决策制定。

2. 数据仓库的类型

根据数据仓库所管理的数据类型和它们所解决的企业问题范围，一般可将数据仓库分为下列 3 种类型：企业数据仓库（EDW）、操作型数据库（ODS）和数据集市（DataMart）。

（1）企业数据仓库为通用数据仓库，它既含有大量详细的数据，也含有大量累赘的或聚集的数据，这些数据具有不易改变性和面向历史性。此类数据仓库被用来进行涵盖多种企业领域上的战略或战术上的决策。

（2）操作型数据库既可以被用来针对工作数据做决策支持，又可用做将数据加载到数据仓库时的过渡区域。与企业数据仓库相比较，操作型数据库有下列特点：操作型数据库是面向主题和面向综合的，并且是易变的，仅仅含有目前的、详细的数据，不含有累计的、历史性的数据。

（3）数据集市是数据仓库的一种具体化，它可以包含轻度累计、历史的部门数据，适合特定企业中某个部门的需要，几组数据集市可以组成一个企业数据仓库。

随着数据仓库发展的需求，软件工具升级相当快，新产品也层出不穷。为了便于追踪其技术发展和更好地选择相关的工具，数据仓库的构造者应该广泛地收集这方面的文件和数据，以便做出最佳的选择。

3. 数据仓库与传统数据库的比较

传统的关系数据库遵循一致的关系型模型，其中的数据（记录）以表格的方式存储，并且能用统一的结构化查询语言进行数据查询，因此它的应用常被称为联机事务处理（OLTP），其重点在于完成业务处理，及时给予客户响应。关系数据库能够处理大型数据库，但不能将其简单地堆砌后，就直接作为数据仓库来使用。

数据仓库主要工作的对象为多维数据，因此又称为多维数据库。多维数据库的数据以数组方式存储，既没有统一的规律可循，也没有统一的多维模型可循，它只能按其所属类别进行归类。以应用而言，多维数据库应该具备极强的查询能力，多维数据库中存储的信息既多又广，但由于其完成的是一种联机分析处理（OLAP），因此并不追求瞬时的响应时间，在有限的时间中给予响应即被认可。

尽管数据仓库与传统数据库之间存在着如此大的差异，但数据仓库可利用现有的传统工作数据，从中进行信息的综合，从而构造出满足不同需求的数据仓库。从理论上说，从工作数据中引入到期的数据可以完成这种转变，但是由于受到实际存储容量和技术的限制，实际上这是不可能的。因此，必须从工作数据中分离和筛选数据，再进入到数据仓库中。鉴于以上各种因素，为保证联机分析处理的性能，必须将数据仓库和传统工作数据相分离。

10.4.3　数据挖掘

1. 数据挖掘的概念

数据挖掘（Data Mining），又称为数据库中的知识发现（Knowledge Discovery in Database, KDD），就是从大量数据中获取有效的、新颖的、潜在有用的、最终可理解的模式的非平凡过程，简单地说，数据挖掘就是从大量数据中提取或“挖掘”知识。

不是所有的信息发现任务都被视为数据挖掘。例如，使用数据库管理系统查找个别的记录，或通过 Internet 的搜索引擎查找特定的 Web 页面，这是信息检索领域的任务。虽然这些任务是重要的，可能涉及复杂的算法和数据结构，但是它们主要依赖传统的计算机科学技术和数据的明显特征来创建索引结构，从而有效地组织和检索信息。尽管如此，数据挖掘技术也已用来增强信息检索系统的能力。

现在，由于各行业业务处理自动化的实现，商业领域产生了大量的业务数据，这些数据不再是为了分析的目的而收集的，而是由商业运作而产生的。分析这些数据也不再是单纯为了研究的需要，更主要的是为商业决策提供真正有价值的信息。但所有企业面临的一个共同问题是：企业数据量非常大，而其中真正有价值的信息却很少。因此，从大量的数据中经过深层分析，获得有利于商业运作、提高竞争力的信息，就像从矿石中淘金一样，数据挖掘也由此而得名。所以，数据挖掘的商业应用可以描述为：按企业既定业务目标，对大量的企业数据进行探索和分析，揭示隐藏的、未知的或验证已知的规律性，并进一步将其模型化的先进有效的方法。

2. 数据挖掘的数据环境

数据挖掘应建立在联机分析处理的数据环境基础之上。数据挖掘对大量数据探索式分析的起点是联机分析处理。数据挖掘需要对大量数据进行反复查询操作，关心数据存取方式的方便性与可操作性。

目前，多数企业内部的数据状况是分散的，业务数据往往被存放在缺乏统一设计和管理的异构环境中，不易综合查询访问，而且还有大量的历史数据处于脱机状态，不能在线集中存储查询。数据挖掘在对这些数据进行分析前，必须对这些数据进行不同程度的整合和清理，这是数据挖掘的首要环节，但一般的联机事物处理系统的数据环境是不具备这种能力的。

因此，合理而科学的数据环境是确保数据挖掘有效和正确实施的基础和关键。这需要联机分析处理系统与联机事物处理系统的分离，需要服务于数据挖掘总体目标的数据再组织，需要有单独的数据分析和数据处理环境。数据仓库正是为了构建这种新的分析处理环境而出现的一种数据存储和组织的技术产品。

10.4.4　数据库技术与电子商务

随着互联网的出现，信息过量几乎成为人人需要面对的问题。如何才能不被信息的汪洋大海所淹没，从中及时发现有用的知识，提高信息利用率，就变得十分重要。同时对于一家企业，大量的客户信息、产品信息如何存储，这些都成为企业所面临的重要问题。

数据库技术就为企业的各种商务活动提供了一个良好的存储、分析平台。在企业实现电子商务的过程中，数据库对企业的支持表现在以下两个方面：

（1）存储和管理各种商务数据。随着企业信息化的发展，为了更好地存储企业产品信息与客户信息，就需要借助于数据库来实现。企业建立企业内部信息系统，来实现企业员工的管理与企业客户的管理，而通过 Web 构建企业商务网站，实现客户的登记，产品的发布等操作。正是由于后台数据库的支持，才使这一切成为可能。

（2）决策支持。随着数据仓库和数据挖掘技术的产生和发展，使企业可以科学地对数据库中海量的商务数据进行科学的组织、分析和统计，从而更好地服务于企业的决策。特别是对于销售类型的企业，采用数据挖掘技术，可以分析潜在的客户，以及不同的客户对不同产品的偏好等信息，为企业进一步制订营销计划和生产计划提供重要的依据，从而提升企业的核心竞争力。

10.5 Web 开发技术

10.5.1 Java

1. Java 的由来

1991 年，SUN 公司推出 Java 的前身 OAK（一种橡树的名字）语言，这是一种独立于平台的、为一些消费性电子产品而设计的、通用环境的程序设计语言。

1994 年，SUN 开始将 OAK 技术应用于 Web 上，并且开发出了 Hot Java 的第一个版本。

1995 年，SUN 正式将 OAK 更名为 Java。Java 以其无可比拟的优势迅速成为网络编程的首选语言。

2. Java 的特点

Java 具有如下关键特性：

（1）简易。Java 的语法比 C++的简单，另一个方面就是 Java 能使软件在很小的机器上运行，对基础解释库和类库的支持约需 40 KB 内存，增加对基本标准库和线程的支持需要增加 125 KB 内存。

（2）分布式。Java 带有强大的 TCP/IP 协议族例程库，Java 应用程序能够通过 URL 穿过网络来访问远程对象。由于 servlet 机制的出现，使 Java 编程非常高效，现在许多 Web Server 都支持 servlet。

（3）面向对象。面向对象设计是把重点放在对象及对象的接口上的一种编程技术。其面向对象和 C++有很多不同，表现在对多重继承的处理及 Java 的原类模型。

（4）健壮性。Java 采取了一个安全指针模型，能减小重写内存和数据崩溃的可能性。

（5）安全。Java 多用来设计网络和分布系统，这带来了新的安全问题，可以用 Java 来构建防病毒和防攻击的系统。事实证明，Java 在防病毒这一方面做得比较好。

（6）中立体系结构。Java 编译生成体系结构中立的目标文件可以在很多处理器上执行，这通过编译器产生的指令字节码（Javabytecode）来实现。

（7）可移植性。Java 对基本数据结构类型的大小和算法都有严格的规定，所以可移植性很好。

（8）多线程。Java 处理多线程的过程很简单，Java 把多线程实现交给操作系统或线程程序完成，所以对多线程的支持是 Java 作为服务器端主流开发语言的原因之一。

3．Java 与 Internet

早先的 WWW 可以传送文本和图片，Java 的出现实现了互动的页面。Java 并不是为 Internet、WWW 设计的，它可以用来编写独立的应用程序。实际上有两种 Java 程序：一种 Java 应用程序是一个完整的程序，如 Web 浏览器；另一种 Java 应用程序是 Java 小程序，它应用于 Web 浏览器中的程序。

Java 程序和 Java 小程序，提供了浏览器运行程序的方法。可以从浏览器里直接播放声音，还能播放页面里的动画。Java 还能提示浏览器怎样处理新的类型文件和显示视频。

传统的编程语言难以胜任电子商务，电子商务对程序代码的基本要求包括：安全、可靠、能够运行于不同平台机器的、全球的客户开展业务。Java 以其较强的安全性、平台无关性、硬件结构无关性、语言简洁同时面向对象等特点，在网络编程语言中占据无可比拟的优势地位，成为实现电子商务系统的首选语言。

Java 程序放置在 Internet 服务器上，当用户访问服务器时，Java 程序被下载到本地的客户机上，由浏览器解释运行。

4．Java 的应用

Java 发展到现在，其开发工具按应用来分主要分为三大块：J2SE、J2ME 和 J2EE。这三块相互补充，应用范围不同。

（1）J2SE（Java SDK Standard Edition）就是 Java 的标准版，主要用于开发一般台式机应用程序。人们平时所说的 JDK 就指 J2SE，而初学者学 Java 就是从学习 J2SE 开始的。

（2）J2ME（Java SDK Micro Edition）主要应用于嵌入式系统开发，如掌上电脑、手机等移动通信设备上使用的应用程序。并不是所有的移动设备都支持 Java，只有具备 J2ME 运行环境（JVM+J2ME API）的设备才能运行 Java 程序。

（3）J2EE（Java SDK Enterprise Edition）是 Java 的企业版，主要用于分布式网络程序的开发，如电子商务网站和 ERP 系统。J2EE 是很多技术的集合体，其中的核心是 Enterprise Java Beans（EJB，分布式 Java 组件）的开发。

J2EE 用来建设大型的分布式企业级应用程序，这些企业可能大到拥有中心数据库服务器、Web 服务器集群和遍布全国的办公终端，也可能小到只是一个网站。

在这一市场目前只有一种技术可以和 J2EE 竞争，那就是 Microsoft 的.NET。相对来说，.NET 要“新”一些而 J2EE 要“老”一些。但是.NET 只能用于 Windows 平台。

10.5.2　HTML 与 XML

1．HTML

HTML（Hypertext Marked Language，超文本标记语言）的基础是 SGML，是一种用来制作超文本文档的简单标记语言。用 HTML 编写的超文本文档称为 HTML 文档，它能独立于各种操作系统平台（如 UNIX，Windows 等）。自 1990 年以来，HTML 就一直被用作 WWW 的信息表示语言，用于描述主页的格式和在 WWW 上与其他主页的链接信息。使用 HTML 语言描述的文件，需要通过 WWW 浏览器显示出效果。

所谓超文本，因为它可以加入图片、声音、动画、影视等内容，它可以从一个文件跳转到另一个文件，与世界各地主机的文件相连。

通过 HTML 可以表现出丰富多彩的设计风格，如

图片调用：<IMG SRC="文件名">

文字格式：<FONT SIZE="+5 " COLOR="00FFFF">文字</FONT>

通过 HTML 可以实现页面之间的跳转，如

页面跳转：<A HREF="文件路径/文件名"></A>

通过 HTML 可以展现多媒体的效果，如

声频：<EMBED SRC="音乐文件名" AUTOSTART=true>

视频：<EMBED SRC="视频文件名" AUTOSTART=true>

（1）HTML 的基本结构。超文本文档分文档头和文档体两部分，在文档头里，对这个文档进行了一些必要的定义，文档体中才是要显示的各种文档信息。图 10-9 是一个最基本的超文本文档的源代码。其中<HTML>在最外层，表示这对标记间的内容是 HTML 文档，有时还会看到一些主页省略<HTML>标记，因为.html 或.htm 文件被 Web 浏览器默认为是 HTML 文档。<HEAD>之间包括文档的头部信息，如文档总标题等，若不需要头部信息则可省略此标记。<BODY>标记一般不省略，表示正文内容的开始。

```
<HTML>
<HEAD>
<TITLE>一个简单的 HTML 示例</TITLE>
</HEAD>

<BODY>
<CENTER>
<H3>欢迎光临我的主页</H3>
<BR>
<HR>
<FONT SIZE=2>
这是我第一次做主页，无论怎么样，我都会努力做好！
</FONT>
</CENTER>
</BODY>

</HTML>
```

图 10-9 最基本的超文本文档的源代码结构

（2）超文本中的标签。刚刚接触超文本，遇到的最大的障碍就是一些用“<”和“>”括起来的句子，我们称它为标签，是用来分割和标记文本的元素，以形成文本的布局、文字的格式及五彩缤纷的画面。表 10-3 是 HTML 语言中定义的标签。

表 10-3 HTML 语言中定义的标签

标 签	说 明
<HTML>…</HTML>	声明这是用 HTML 写成的超文本文档
<HEAD>…</HEAD>	定义页面的首部

续 表

标　签	说　明
<TITLE>…</TITLE>	定义页面的标题，此标题并不在浏览器的显示窗口中显示
<BODY>…</BODY>	定义页面的主体
<Hn>…</Hn>	定义一个 n 级题头
<B>…</B>	设置标记文本为黑体字
<I>…</I>	设置标记文本为斜体字
<UL>…</UL>	设置标记文本为无序列表，列表中每一个项目前面出现一个圆点
<OL>…</OL>	设置标记文本为编号列表
<MENU>…</MENU>	设置标记文本为菜单
<LI>	开始一个列表项目，</LI>不可用
 	强制换行
<P>	一个段落开始，与上个段落空一行或缩进几个字符。</P>不可用
<HR>	强制换行，同时画出一条水平线
<PRE>…</PRE>	设置标记文本为已排版的文本，浏览器显示时不再进行排版
<IMG SRC="…">	插入一张图像，其文件名为引号括起来的内容
<A HREF="…">X</A>	定义一个超级链接。超级链接的起点为 X，终点为引号括起来的内容

单标签：某些标记称为“单标签”，因为它只需单独使用就能完整地表达意思。这类标记的语法是

<标签名称>

最常用的单标签是
，它表示换行。

双标签：它由“始标签”和“尾标签”两部分构成，必须成对使用，其中始标签告诉 Web 浏览器从此处开始执行该标记所表示的功能，而尾标签告诉 Web 浏览器在这里结束该功能。始标签前加一个斜杠（/）即成为尾标签。这类标记的语法是

<标签> 内容</标签>

其中“内容”部分就是要被这对标记施加作用的部分。例如用户想突出对某段文字的显示，就将此段文字放在<EM> </EM>标记中：

<EM>第一：</EM>

（3）标签属性。许多单标记和双标记的始标记内可以包含一些属性，其语法是

<标签名字 属性 1 属性 2 属性 3 … >

各属性之间无先后次序，属性也可省略（即取默认值），例如单标签<HR>表示在文档当前位置画一条水平线，一般是从窗口中当前行的最左端一直画到最右端。它带一些属性：

<HR SIZE=3 ALIGN=LEFT WIDTH="75%">

其中，SIZE 属性定义线的粗细；ALIGN 属性表示对齐方式，可取 LEFT（左对齐，缺省值），CENTER（居中对齐），RIGHT（右对齐）；WIDTH 属性定义线的长度，可取相对值，也可取绝对值，缺省值是"100%"。

（4）HTML 的版本。HTML 的第一版 1.0 版是在 1991 年夏天发布的。HTML 2.0 发布于 1995 年 9 月。它是 HTML 几个改进版本中的一个成为行业标准的版本。HTML 2.0 版是第一个支持内

联图形和填表的版本。

HTML 2.0 版发布不久，HTML 3.0 版就出现了。1997 年，HTML 3.2 发布，它支持图表、复杂数字以及图像之间的文本流动。1997 年 12 月，WWW 共同体发布了 HTML 4.0。HTML 4.0 版第一次支持 OBJECT 标记和层叠风格表单（CSS），还考虑了语言的国际化。

2．XML

XML（Extensible Markup Language，可扩展的标记语言）。与 HTML 相似，是一种显示数据的标记语言，它能使数据通过网络无障碍地进行传输，并显示在用户的浏览器上。XML 是一套定义语义标记的规则，这些标记将文档分成许多部件并对这些部件加以标识。它也是元标记语言，即定义了用于定义其他与特定领域有关的、语义的、结构化的标记语言的句法语言。

XML 不只是像超文本标记语言或是格式化的程序。这些语言定义了一套固定的标记，用来描述一定数目的元素。如果标记语言中没有所需的标记，用户也就没有办法了。但是 XML 是一种元标记语言。用户可以定义自己需要的标记。这些标记必须根据某些通用的原理来创建，但是在标记的意义上，也具有相当的灵活性。例如，用户正在处理与家谱有关的事情，需要描述人的出生、死亡、埋葬地、家庭、结婚、离婚等，这就必须创建用于每项的标记。新创建的标记可在文档类型定义（Document Type Definition，DTD）中加以描述。

（1）XML 的特点。

① 使用有意义的标记（TAG）。

HTML：给浏览器读取，不能传达数据的语义。

XML：具有语义。

② 数据的语义与显示方式分开。

HTML：决定数据显示方式的语言。

XML：描述数据内容的语言，本身并不决定数据该如何显示，数据的显示由 XSL 决定。

③ 可自定义的标记。

HTML：标记由少数权威团体制定，种类有限且不能随意添加。

XML：可由用户按需要增加标记。如数学标记语言 MATHML、财经标记语言 FPML、电子商务标记语言 EBXML 等。

④ 严格的语法控制。

HTML：语法规则比较多元化，具有较大灵活性。文件结构比较松散，不易转换为其他类型格式，难用程序来做大量而有效的处理，数据再利用的潜力大为降低。

XML：对语法有严格的要求，所有 XML 的文件都必须经过严格的“验证”过程才算完成，文件格式容易转换。

（2）XML 的优势。XML 最大的优势在于对各种数据的管理。任何系统都可以通过 XML 的解析器来读取 XML 数据，因此它的数据可以通行各处，而不用担心系统不支持的问题。

① 数据的检索。Internet 上主要的数据检索方式有分类检索和全文检索两种。检索效率低，或找不到。

XML 将语义标记作为搜索索引；在文件中截取关键部分。所有标记内的数据都可视为一个元素，而每一个元素都可以作为数据的索引。

② 数据的显示。XML 将数据保存的格式与数据显示的方式分开，使得 XML 文件可以

轻易地更换数据显示的方式，仅需改变 XSL 的设置，用户就可以将同一数据制作成 HTML、PDF、WML（Wireless Markup Language）、HDML（Hand-Held Device Markup Language）等不同格式，供不同的硬件显示。

③ 数据的交换。XML 语法简单，可以被所有的机器解读，又可以在各种平台上使用，使得 XML 有潜力成为一种通行四海皆可的标记语言。

（3）XML 的应用。XML 的应用主要有：内容管理（Content Management）、电子邮件的收发与管理、智能型日历、个性化信息服务、电子商务等。

10.5.3　ASP、PHP、JSP

1．ASP

ASP 全名 Active Server Pages，是一个 Web 服务器端的开发环境，利用它可以产生和执行动态的、互动的、高性能的 Web 服务应用程序。ASP 采用脚本语言，如 VBScript、JavaScript 作为自己的开发语言。

2．PHP

PHP 是一种跨平台的服务器端的嵌入式脚本语言。它大量地借用 C、Java 和 Perl 语言的语法，使 Web 开发者能够快速地写出动态页面。它支持目前绝大多数数据库。还有一点，PHP 是完全免费的，用户可以从 PHP 官方站点（www.php.net）自由下载，而且可以不受限制地获得源码，甚至可以从中加进用户自己需要的特色。

3．JSP

JSP 是 Sun 公司推出的新一代网站开发语言，Sun 公司借助自己在 Java 上的不凡造诣，使得 Java 除 Java 应用程序和 Java 小程序之外，又有新的硕果，就是 JSP。JSP 可以在 Serverlet 和 JavaBean 的支持下，完成功能强大的站点程序。

在 ASP、PHP、JSP 环境下，HTML 代码主要负责描述信息的显示样式，而程序代码则用来描述处理逻辑。普通的 HTML 页面只依赖于 Web 服务器，而 ASP、PHP、JSP 页面需要附加语言引擎分析和执行程序代码。程序代码的执行结果被重新嵌入到 HTML 代码中，然后一起发送给浏览器。ASP、PHP、JSP 三者都是面向 Web 服务器的技术，客户端浏览器不需要任何附加的软件支持。

4．应用范围

ASP 是微软开发的动态网页语言，也继承了微软产品的一贯传统，只能执行于微软的服务器产品，即 IIS（Internet Information Server）（Windows NT）和 PWS（Personal Web Server）（Windows 98）上。UNIX 下也有 ChiliSoft 的组件来支持 ASP，但是 ASP 本身的功能有限，必须通过 ASP+COM 的群组合来扩充，Unix 下的 COM 实现起来非常困难。

PHP3 可在 Windows，Unix，Linux 的 Web 服务器上运行，还支持 IIS，Apache 等一般的 Web 服务器，用户更换平台时，无须变换 PHP3 代码，可即拿即用。

JSP 同 PHP3 类似，几乎可以执行于所有平台。如 Windows NT、Linux、UNIX。在 Windows NT

下IIS通过一个外加服务器，例如JRUN或者ServletExec，就能支持JSP。知名的Web服务器Apache支持JSP。由于Apache广泛应用在Windows NT、Unix和Linux上，因此JSP有更广泛的执行平台。

从性能上看，一些有关的测试表明JSP比其他两种语言要好，而且JSP也越来越成为应用最广泛的一种技术。由于PHP本身存在的一些缺点，使得它不适合应用于大型电子商务站点，而更适合一些小型的商业站点。首先，PHP缺乏规模支持。其次，缺乏多层结构支持。对于大负荷站点，解决方法只有一个：分布计算。数据库、应用逻辑层、表示逻辑层彼此分开，而且同层也要根据流量分开，群组成二维数组。而PHP则缺乏这种支持。此外，PHP提供的数据库接口不统一，这就使得它不适合运用在电子商务中。

ASP和JSP则没有以上缺陷，ASP可以通过COM/DCOM获得ActiveX规模支持，通过DCOM和Transcation Server获得结构支持；JSP可以通过Java Class和EJB获得规模支持，通过EJB/CORBA以及众多厂商的Application Server获得结构支持。三者中，JSP应该是未来发展的趋势。世界上一些大的电子商务解决方案提供商都采用JSP/Servlet。比较出名的如IBM的E-business，它的核心是采用JSP/Servlet的Web Sphere。它们都是通过CGI来提供支持的。

10.5.4 Web服务器

目前比较流行的Web服务器软件有微软操作系统自带的IIS和Apache，JBoss、WebLogic等。

1. IIS

IIS是网络信息服务器，应用于Windows NT/2000/XP，属于系统的一个组件。IIS服务器的优点是有可视化的界面，安装、管理比较方便，入门容易，但是缺点也很明显，就是安全性较差，IIS成了在网络上黑客们向主机渗透的重点途径之一。

微软在其桌面操作系统（Windows 2000/XP Professional）和服务器操作系统中都嵌有IIS，属于可选的安装组件。安装好后，点击“开始→程序→管理工具→Internet服务管理器”，就可以打开IIS界面。在服务器名称上右击，在弹出的菜单中将鼠标移至“新建”项，会出现子菜单——设定Web站点说明。

目前IIS常用的版本是IIS 6.0，它能够轻松快速地部署强大的Web站点和应用系统。此外，新的IIS社区站点www.iis.net上的TechCenter也为Web管理员和开发人员提供了由IIS产品组不断更新的资源，如图10-10所示。

2. Apache

根据Web服务器调查公司Netcrafe（http://www.netcraft.co.uk/Survey/）调查，全Internet有50%以上的Web服务器都在用Apache。

Apache web server是一款开放源码的Web服务器软件，由apache software foundation开发和维护。它是目前世界上使用最广泛的Web服务器软件，支持各种Unix平台和Windows平台。

（1）官方网站如图10-11所示。

（2）源码软件包。Apache是开源的软件，可以去其官方网站下载。

（3）帮助文档。http://www.apache.org/docs-project/有该软件比较全面的帮助文档。

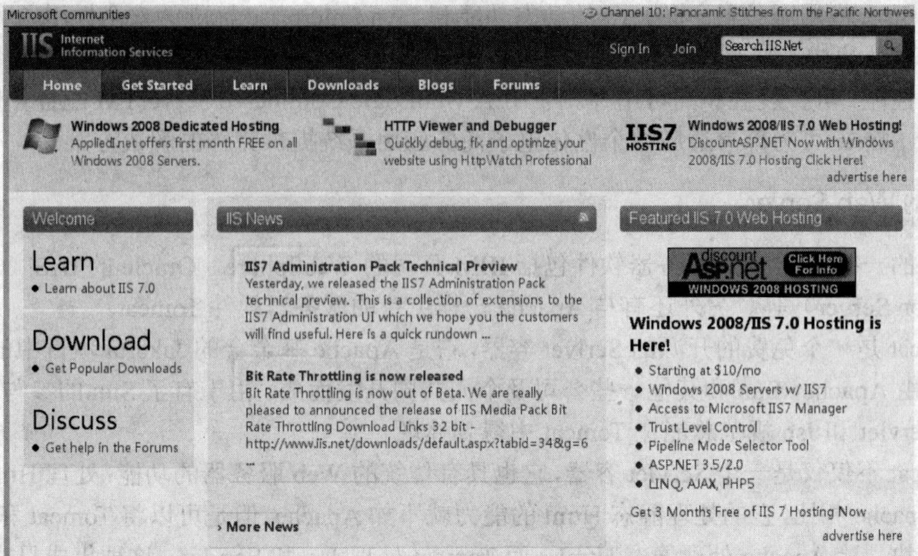

图 10-10　IIS 社区站点

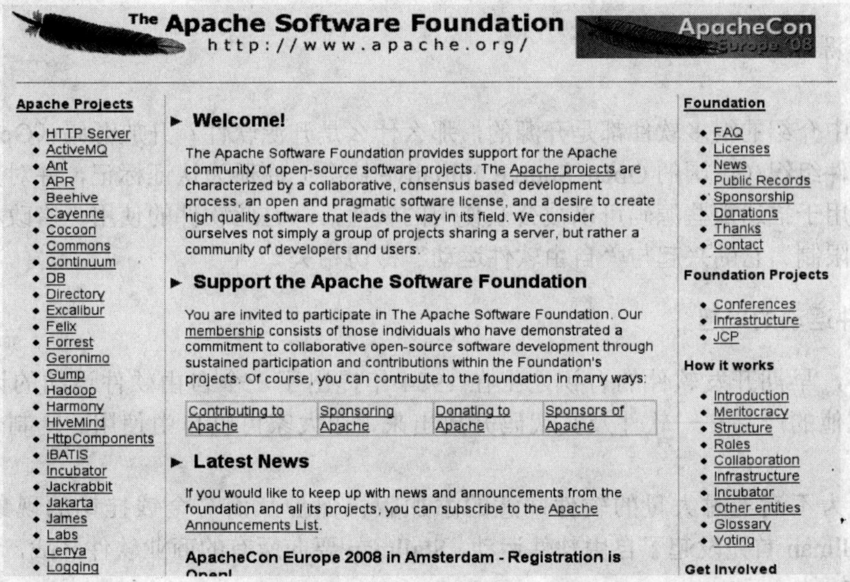

图 10-11　Apache 站点（http://www.apache.org/）

（4）FAQ。http://www.apache.org/docs/misc/FAQ.html 回答了该软件的常见问题。

3．JBOSS

JBOSS（http://www.jboss.org）是开放源代码，遵从 J2EE 规范，100%纯 Java 的 EJB 服务器。JBOSS 的开发团队有 500 多人，核心开发人员有 50 多个，均为 J2EE 专家。JBOSS 的用户数以万计，遍及世界。JBOSS 采用 Java Manage eXtension API 实现软件模块的集成与管理。

4．WebLogic

BEA WebLogic 是用于开发、集成、部署和管理大型分布式 Web 应用、网络应用和数据库应用的 Java 应用服务器。将 Java 的动态功能和 Java Enterprise 标准的安全性引入大型网络应用的开发、集成、部署和管理之中。BEA WebLogic Server 拥有处理关键 Web 应用系统问题所需的性能、可扩展性和高可用性。与 BEA WebLogic Commerce ServerTM 配合使用，BEA WebLogic Server 可为部署适应性个性化电子商务应用系统提供完善的解决方案。

5. 其他的 Web Server

其他的一些 Web 应用服务器软件包括 IBM 公司的 WebSphere、Oracle 的 IAS（Oracle 9i Application Server）等。另外还有与 Apache 一样免费的服务器软件 Tomcat。

Tomcat 是一个免费的开源的 Serlvet 容器，它是 Apache 基金会的 Jakarta 项目中的一个核心项目，由 Apache，Sun 和其他一些公司及个人共同开发而成。由于有了 Sun 的参与和支持，最新的 Servlet 和 Jsp 规范总能在 Tomcat 中得到体现。

Tomcat 不仅仅是一个 Servlet 容器，它也具有传统的 Web 服务器的功能：处理 Html 页面。但是与 Apache 相比，它的处理静态 Html 的能力就不如 Apache。但是可以将 Tomcat 和 Apache 集成到一块，让 Apache 处理静态 Html，而 Tomcat 处理 Jsp 和 Servlet。这种集成只需要修改一下 Apache 和 Tomcat 的配置文件即可。

10.5.5 开源软件

在本章中介绍的很多软件都是开源的，那么什么是开源软件？开放源码（Open Source）被非营利软件组织（美国的 Open Source Initiative 协会）注册为认证标记，并对其进行了正式的定义，用于描述那些源码可以被公众使用的软件，并且此软件的使用、修改和发行也不受许可证的限制。它的兴起与“自由软件运动”密切相关。

1. 自由软件运动的兴起

在国外，早期开发软件的有识之士在 1984 年提出了一个自由软件运动的计划。软件程序员要把他的产品——软件及其代码开放出来，让大家可以自由使用、复制分发、研究学习。

这是因为不满当时大量的软件肆意的添加版权保护从而与金钱挂钩的现象，Richard Matthew Stallman 首先发起了自由软件运动，Stallman 要向所有的商业软件开战，让人们可以自由的享有软件。

自由软件运动的主要项目就是著名的 GNU 项目。由于每个计算机用户都必须使用操作系统，而当时没有免费的操作系统，Stallman 在 1984 年开始了一项宏伟的计划：创造一套完全自由、免费、兼容于 UNIX 的操作系统 GNU（“GNU’s Not UNIX!”，GNU 不是 UNIX，GNU 指一种大型的哺乳动物——牛羚）。

在这个计划之初，没有人肯来帮助他，Stallman 就自己先花费近一年的时间来完成了一个 GNU 软件——GNU EMACS（一个编辑器，类似于一种集成开发环境）。EMACS 的功能很强大，而且可以自由地分发拷贝，很快，EMACS 就到处流传，并且开始有人帮助 EMACS 来添加些新功能、修补错误。渐渐的，EMACS 日益完善，广为人们使用，EMACS 获得了成功。

由于 EMACS 的成功，在 1985 年，Stallman 成立了一个基金会：FSF（Free Software Foundation，自由软件基金会，网址：http://www.fsf.org），以用来筹集资金帮助开发 GNU 项目。

FSF 创立以后，不断接到很多厂商的捐款与赞助，Stallman 开始以较低的工资雇用有理想的软件工程师编写 GNU 项目中的自由软件，他自己是不支薪的。

1985 年 9 月，Stallman 正式发表了著名的 GNU 宣言（GNU Manifesto，网址：http://www.gnu.org/gnu/manifesto.html），对于 GNU 计划作了更详细的阐述。

1989 年，Stallman 与一群律师起草了广为使用的 GNU GPL（GNU General Public License，GNU 通用公共协议证书），创造性地提出了“反版权”或“版权属左”，即 copyleft 的概念。同时，GNU 项目中的 GCC（GNU C Compiler，GNU 的 C 编译器）由于其优越的性能和自由的特点，也获得了巨大的成功。

到了 1990 年，所有 GNU 计划的重要组件均已基本找到或编写，就剩下了操作系统的内核，内核系统的编写一般极为复杂，需要大量的人力物力财力，当时 Stallman 的 FSF 并没有办法或能力来开发。

1991 年，芬兰大学生 Linus Benedict Torvalds 在 GNU GPL 条例下发布了他自己创作的操作系统内核，该操作系统内核被命名为 GNU/Linux 或简称 Linux。这个计划得到了全世界的众多开发者的参与与支持，这个计划做到了过去商业软件认为自由软件不可能做到的事——用分散的开发者、没有严格管理与计划的团队通过互联网，开发像内核系统这么复杂的软件。

2. 自由软件运动真正开始声名远扬

Linux 的成功开发却成了自由软件运动的分水岭。

在商业软件方面，人们看到了自由软件运动中很多好的项目，一些人开始谋求自由软件的商业化，但是 Stallman 的自由软件运动强调商业不能凌驾于自由软件之上，以 GNU GPL 发布的软件在商业经营模式上也不太可能再是过去软件商的制造业模式，这种思想与限制对于当时的软件公司来说是很难接受的，所以一般公司不愿使用和加入自由软件（即使自由软件功能很强大，他们仍然有一定的顾虑）。而在自由软件方面，遍及世界的众多自由软件开发者却没有像 Stallman 那样那么讨厌商业化软件（这毕竟是很多开发者的谋生之道）。所以，有人就开始寻求一种更温和的概念。

1997 年，美国电脑黑客 Eric Steven Raymond 在他的著作《大教堂与市集》（*The Cathedral and the Bazaar*）一文中首先提出了开放源代码软件概念，并用了一系列的论文加以描述和讨论。

Raymond 强调的不是完全用自由软件来替代现存的商业软件，而是通过在自由软件、特别是 Linux 的发展过程中所体现出的巨大开发能力来强调这种新式的开发模式——开放源代码让所有人可以参与的开发模式，因为这样可以快速提升程序本身的质量。

Raymond 的这些论文很快得到了一些大公司的回应：当 Netscape 公司的高层人员读过《大教堂与市集》后，很受启发。在 1998 年 1 月，宣布将它的 Netscape 浏览器（就是 Mozilla 项目的前身，现在著名的 Firefox 浏览器就是 Mozilla 项目的一员）开放源代码。

1998 年 2 月，Raymond 成立了开放源代码促进会（网址：http://www.opensource.org），提供 OSS 的定义与认证。

1998 年 8 月，微软意识到要应对 OSS 运动对自己的冲击，便组织其工程师编写了著名的万圣节文档。而后，这份文档被泄露并公开。该文档描述了微软对付 Linux 和其他开放源代码计划的卑鄙手段和险恶用心，整个世界一片哗然。

2006 年，SUN 公司开放 Java，并且计划重振其 UNIX 产品 Solaris 的雄风。

根据 W3Counter 公司（http://www.w3counter.com）的报告，在 2008 年 2 月 29 日，全球桌

面 Linux 用户首次超过 2%大关，这也意味着 Linux 逐渐走向普通用户，具体如图 10-12 所示。

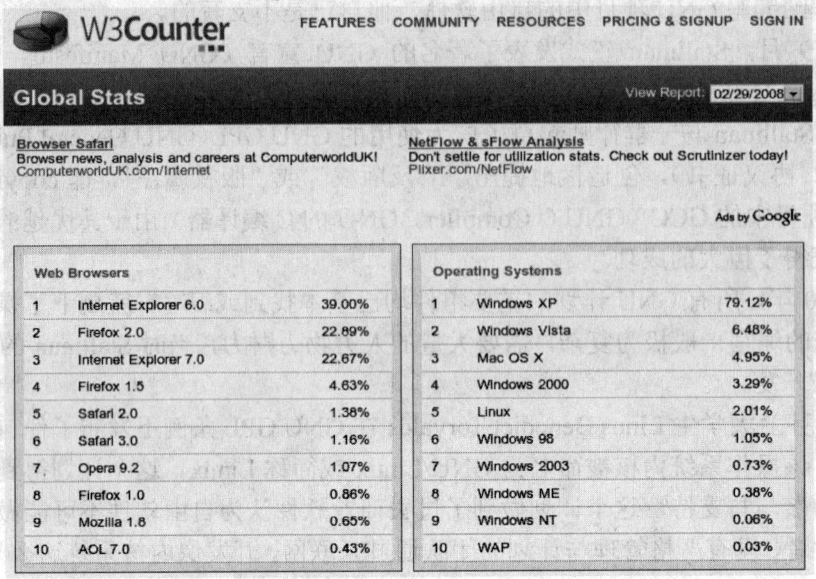

图 10-12 W3Counter 网站的排名

2007 年 2 月，Dell 公司推出了 IdeaStorm 论坛，对客户进行广泛的调查，结果在所征集到的意见中，前三条都是与建议 Dell 预装桌面 Linux 有关，共计 8.3 万名用户发表评论并建议 Dell 预装 Linux 操作系统。2007 年 3 月 13 日，Dell 又进行了一次问卷调查，超过 10 万名消费者参加了此次调查，其中 70%都希望使用预装 Linux 的 Dell PC 机。在 2007 年下半年，Dell 推出了预装 Linux 的产品，比如 Dell 500 笔记本预装 ubuntu。同样，联想、惠普等各大厂商都推出了自己的预安装 Linux 的电脑。沃尔玛在 2007 年 10 月开始在其 600 个店面推出预装 Linux 的电脑，虽然由于成本的原因在之后几个月内又撤销，但桌面 Linux 挑战 Windows 的情形再度出现。

3. 开放源代码软件（OSS）运动开始兴起

OSS 运动可以说是自由软件运动的分支，但两者的差别并不明显。一般而言，自由软件运动更多的是基于政治及哲学思想（有时被称为所谓黑客文化）的理想主义运动。而 OSS 运动则是对自由软件运动的另一种解释，它让自由软件变得更为温和，更能为人们所接受。

而实际上，OSS 的提出，可以说是向一些商业公司变相地解释了自由软件的优点，让他们可以消除顾虑，从新的观点来看待自由软件，也以新的方式来利用自由软件；OSS 也确实给了很多商业公司以机会来利用自由软件的各种优点，从而向另一种商业模式去转变。很多的公司从开放源代码中看到了一些不一样的世界，他们开始将自己的产品或协议开放出来，因为这样做确实可以给他们带来更多的利益。同时，商业公司的加入又壮大了 OSS 运动的声势，加快了 OSS 运动这个雪球的滚动速度，OSS 运动已经开始变得越来越大、越来越难以阻挡了。

2004 年，Netscape 公司的浏览器终于又借助开源的动力卷土重来。Firefox 成功地发布了 1.0 版，并以其优越的安全性能，在浏览器市场上又开始重新抢夺微软 IE 的市场份额。

4. OSS 项目的优势

总的来说，OSS 的最大优势是软件信息的共享，这有助于整个软件产业的快速发展，这也是 OSS 能拥有无数的拥护者与巨大动力的根源。但是在软件业现存的还有闭源软件，也就是传统的软件开发模式，而且闭源软件的开发可以说仍是当今的主导。以下是相对于闭源软件项目，OSS 的优势：

（1）创新能力的分享。这是 OSS 项目的一大特点。从过去来看，一个 OSS 项目中的很多创新可能都不是来自于原作者或者来自于一个作者，而是来自于关心这个项目的所有的人，他们会对项目提出一些很有见解的意见，这时，只要 OSS 项目的领导者能够及时发现并采用，项目就会充满创新。企业的动力在于创新，当然这种创新可以来源于公司内部，也可以来源于外部。如果企业能开放地接受来自外部的创新，那么企业的创新能力将被有效提高。

（2）风险均摊。由于一个 OSS 项目可以拥有众多的自由开发者，所以公司的开发风险被显著降低，同时公司的投资也相应减小，公司不必为了一个项目而雇用大量的开发人员，特别是软件测试人员。一般公司需要雇用几个项目的领导者，负责项目的基本协调工作，或者是主要的编程工作，而剩下的就是如何来开拓智域，让自由开发者加入到项目中来。

（3）软件信用提高。由于开放源代码，顾客不必担心如果公司倒闭这个软件会怎么办，他们会相对更加信任这个软件。例如，顾客一般会认为由于拥有软件的源代码，自己也是有能力修补软件的错误、甚至添加软件的新功能。

（4）软件质量的提高。一些研究已经表明：开放源代码软件与功能相似的商业软件相比具有更高的可靠性。由于 OSS 的更加有效的开发模式，更多的独立同行对代码和设计的双重审查，以及大部分 OSS 作者对自己作品的极大荣誉感，使得 OSS 项目的质量都相对较高。

（5）透明度与安全性的提高。闭源软件有很多“阴暗的死角”，隐藏着许多 Bug。这些 Bug 一般需要公司的大量测试人员不断进行各种测试来找出。而对于 OSS 项目的软件，他们的测试人员可以说是所有的软件使用者，所以 Bug 的查找工作变得相对较易。由于源代码的开放，所以安全公司的专家也可以很容易地通过查看代码的方式来找到软件的安全问题，从而立刻修补。

（6）强大的统一性。从过去的经验来看，一些开放源代码的项目是如此成功，以至于在商业方面，其竞争者无法存活。在开源设群里，没有人愿意再去与这些项目竞争，因为对玩家来说实在太难，大家最多是在这些成功的项目中添加自己所需的附加功能。

（7）便利的宣传与推广。采用 OSS 的项目比闭源的软件更容易获得大众的瞩目，宣传与推广也会相对容易一些。

10.6　问 题 讨 论

1．WWW 是什么？它与你理解的 Internet 有什么不同？

2．开源软件给你带来什么启示？

3．讨论 XML 和 HTML 的相同点和不同点，并举例至少使用 XML 和 HTML 时的两种情况。

10.7　实 践 项 目

访问几个著名的电子商务网站，分析每个网站所运用的硬件平台、所使用的 WWW 服务器软件。

习 题

1. IP 地址与域名的结构是什么样的？
2. Web 系统的模式是什么样的？
3. 简述 Internet、Extranet 与 VPN 的区别。
4. 什么是 Web 开发技术？
5. 什么是标记语言？主要的标记语言有哪些？
6. 比较 ASP、JSP 与 PHP 三种技术的优缺点。

参 考 文 献

[1] Tassabehji R. Applying E-Commerce in Business. London: SAGE Publications, 2003.

[2] Timmers P. Electronic Commerce: strategies and models for Business-to-Business Trading. John Wiley & Sons, Ltd. 1999.

[3] Turban E．电子商务：管理新视角．北京：电子工业出版社，2003.

[4] Kenneth C L, Guercio Traver C. E-Commerce: business, technology, society (3rd ed.). Prentice Hall，2007.

[5] Kenneth C L, Guercio Traver C．电子商务——商业、技术和社会．北京：高等教育出版社，2004.

[6] Michael E P．竞争战略．陈小悦 译．北京：华夏出版社，2005.

[7] Chaffey D, Fiona E C. Internet Marketing: strategy, implementation and practice (3rd ed.). Prentice Hall. 2006.

[8] 葛志远．电子商务应用与技术．北京：清华大学出版社&北京交通大学出版社，2005.

[9] 陆道生．第四方物流：理论探索与实践运作．上海：上海社会科学院出版社，2003.

[10] 威尔·梅绍祖．采购与供应链管理——分析、规划及其实践．巢来春译．北京：清华大学出版社，2002.

[11] 李明，刘伟，张彼德，等．ERP 环境下制造业实施集中采购之关键技术探讨[J]．重庆大学学报，2002(10).

[12] Ghobadian A．A Computerized Vendor Rating System.Proceedings International Symposium on Logistics，1990.

[13] 戴尔·尼夫．电子采购——从构想到实施．北京：中信出版社，2002.

[14] 徐晓雨，朱道立．基于互联网的电子采购模式研究[J]．物流与电子商务，2001(10):25-26.

[15] 龚国华，吴嵋山，王国才．采购与供应链．上海：复旦大学出版社，2005.

[16] Chaffey D. E-Business and E-Commerce Management (3rd ed.). Prentice Hall. 2006.

[17] Jeffrey F. Rayport & Bernard J J．电子商务．北京：中国人民大学出版社&北京大学出版社，2004.

[18] 冯英健．网络营销基础与实践（第 2 版）．北京：清华大学出版社，2004.

[19] 郭洪影，李凤．Wiki 技术及应用[J]．油气田地面工程．2005，24(6):53-54.

[20] 赖晓云．基于 Wiki 平台的中小学研究性学习[J]．软件导刊，2006(4)．

[21] Harbhajan S K, Varinder P S (Editor). Idea Group Publishing, 2005.

[22] Nir Vulkan. The Economics of E-commerce. Princeton University Press, 2003.

[23] Ji R, Meeker M．在数字中国创造客户价值——中国互联网概览．MorganStanley，2005 年 9 月.

[24] VanHoose D．电子商务经济学．北京：机械工业出版社，2003.

[25] 王克宏．电子商务软件技术教程．北京：清华大学出版社，2004.

[26] 徐华飞，周晓军．电子商务管理与应用．北京：机械工业出版社，2005．

[27] 金江军．企业信息化与现代电子商务．北京：电子工业出版社，2004．

[28] 王能民，孙林岩，汪应洛．绿色供应链管理．北京：清华大学出版社，2005．

[29] 吕廷杰，徐华飞．中国电子商务发展研究报告．北京：北京邮电大学出版社，2003．

[30] 张铎，周建勤．电子商务物流管理．北京：高等教育出版社，2002．

[31] 方美琪，刘鲁川．电子商务技术员教程．北京：清华大学出版社，2005．

[32] 黄京华．电子商务教程．北京：清华大学出版社，2003．

[33] 胡玫艳．电子商务教程．广州：华南理工大学出版社，2003．

[34] 沃伦·麦克法兰，理查德·诺兰，陈国青．IT 战略与竞争优势．北京：高等教育出版社，2003．

[35] 郑人杰，殷人昆，陶永雷．实用软件工程（第二版）．北京：清华大学出版社，1997．

[36] Nicholas G C．IT Doesn't Matter．Harvard Business Review．No.3, 2003．

[37] Gary P S．电子商务．成栋，韩婷婷 译．北京：机械工业出版社，2004．

[38] Borenstein S, Saloner G. Economics and Electronic Commerce. Journal of Economic Perspectives, Vol 15, No.1．

[39] 戚兆川，张殿明，李强华．电子商务的经济学影响．商场现代化，2006 年 8 月．

[40] Jeffrey F R & Bernard J J．电子商务．武忠 译．北京：中国人民大学出版社&北京大学出版社，2004．

[41] 曲洪敏，蒋桂林．电子商务下的渠道冲突及其管理研究．现代管理科学，2006 年第 6 期．

[42] Vaswani V．MySQL 完全手册．徐小青，等译．北京：电子工业出版社，2004．